第九辑

中国知识产权指导案例评注

《中国知识产权指导案例评注》编委会

主　　编　陶凯元（最高人民法院副院长）
副 主 编　宋晓明（最高人民法院知识产权审判庭庭长）
编　　委　王　闯　林广海　贺　禔　夏君丽　张志弘
　　　　　李　剑　王艳芳　秦元明　朱　理　郎贵梅
编　　务　王沛泽

中国法制出版社
CHINA LEGAL PUBLISHING HOUSE

出版说明

为促进创新型国家建设，充分展示人民法院知识产权司法保护力度，推动知识产权司法公开，提升社会公众知识产权保护意识，塑造诚信守法的知识产权法治文化，从2008年起，在各高级人民法院推荐的基础上，最高人民法院每年在4·26知识产权宣传周期间向社会公布中国法院知识产权司法保护10大案件和50件典型案例。为了便于知识产权各界人士了解和研究，本书编委会组织承办法官对2016年中国法院知识产权司法保护10大案件和50件典型案例进行了分析和解读，并组织最高人民法院知识产权审判庭法官对相关案例进行了审稿，形成本书。

本书以案例评析方式进行编写，每个案例一般包括如下部分：（1）阅读提示和裁判要旨。阅读提示同时体现在目录和正文中，有助于读者根据目录迅速判断出案例所涉法律或者其他裁判问题。裁判要旨在于展现法官在裁判具体案件过程中对法律适用、裁判方法、司法理念等案件焦点问题的精要评述。（2）案情和裁判。该部分全面完整地反映了当事人的诉辩主张、争议焦点以及法院审理查明的事实、裁判理由和裁判结果等内容。（3）法官评述。包括对本案争议焦点和不同意见、裁判思路和方法的深入分析，以及对本案纠纷发生的社会背景、裁判结果的社会影响和效果的介绍等内容。

本书力求能够展现法官的司法智慧和法律贡献，希望能为法律职业者和有关社会公众提供参考、指导和启迪。当然，法律适用是一个与时俱进的过程，对于本书案例中的有些观点，需要历史地、实事求是地理解和看待。除最高人民法院裁判的案件外，本书案例及评析中的观点也并不必然代表本书编委会的观点。由于时间仓促，水平有限，本书编辑过程中难免存在疏漏和不妥之处，敬请读者批评指正。

编　者

总目录

Contents

2016 年中国法院 10 大知识产权案件

2016 年中国法院 50 件典型知识产权案例

目 录

Contents

2016年中国法院10大知识产权案件

一、知识产权行政、民事案件

二、知识产权刑事案件

2016年中国法院50件典型知识产权案例

一、知识产权民事案件

（一）侵犯专利权纠纷案件

二、知识产权行政案件

三、知识产权刑事案件

IP

2016年中国法院10大知识产权案件

一、知识产权行政、民事案件

1

迈克尔·杰弗里·乔丹诉国家工商行政管理总局商标评审委员会、第三人乔丹体育股份有限公司商标争议行政纠纷系列案

——阅读提示：争议商标的注册是否损害了迈克尔·杰弗里·乔丹的姓名权？

【裁判要旨】

在适用2001年修正的《中华人民共和国商标法》（以下简称商标法）的规定对他人的在先姓名权予以保护时，不仅涉及对自然人人格尊严的保护，而且涉及对自然人姓名，尤其是知名人物姓名所蕴含的经济利益的保护。未经许可擅自将他人享有在先姓名权的姓名注册为商标，容易导致相关公众误认为标记有该商标的商品或者服务与该自然人存在代言、许可等特定联系的，应当认定该商标的注册损害他人的在先姓名权，违反商标法第三十一条的规定。

在适用商标法第三十一条关于“不得损害他人现有的在先权利”的规定时，自然人就特定名称主张姓名权保护的，该特定名称应当符合以下三项条件：其一，该特定名称在我国具有一定的知名度、为相关公众所知悉；其二，相关公众使用该特定名称指代该自然人；其三，该特定名称已经与该自然人之间建立了稳定的对应关系。

【案号】

一审：北京市第一中级人民法院（2014）一中行（知）初字第9163号

二审：北京市高级人民法院（2015）高行（知）终字第1915号

申请再审：最高人民法院（2015）知行字第319号

再审：最高人民法院（2016）最高法行再27号

【案情与裁判】

原告（上诉人、再审申请人）：迈克尔·杰弗里·乔丹

被告（被上诉人、被申请人）：国家工商行政管理总局商标评审委员会

一审第三人：乔丹体育股份有限公司（以下简称乔丹公司）

一、二审审理查明

2014年4月14日，商标评审委员会作出商评字（2014）第052058号关于第6020569号“乔丹”商标争议裁定（以下简称被诉裁定），裁定维持第6020569号“乔丹”商标（以下简称争议商标）。再审申请人向北京市第一中级人民法院（以下简称一审法院）提起行政诉讼，请求撤销被诉裁定。

一、二审法院审理查明的事实主要包括：1. 再审申请人作为篮球运动明星，自1984年起被《当代体育》《体育博览》《新体育》《篮球》《体育世界》《中国新闻周刊》《中学生百科》《中国广告》《经营与管理》等众多我国媒体所报道。其多被称为“迈克尔·乔丹”，在部分媒体的篮球运动相关报道中，也以“乔丹”指代。2. 2000年1月1日至2004年5月18日，乔丹公司支出广告费用、赞助体育和公益事业的费用总计为5317万元。3. 乔丹公司提交了其在全国5700余家经销商的具体地址、联系人姓名及联系电话。4. 除争议商标外，乔丹公司还申请注册有“侨丹”“桥丹”“乔丹王”“飞翔动力”等近二百件其他商标。5. 乔丹公司于2001年3月21日获准注册第1541331号“乔丹”商标，该商标曾在第3208768号商标异议案件中被国家工商行政管理总局商标局（以下简称商标局）认定为“足球鞋、爬山鞋”等商品上的驰名商标。乔丹公司还于2003年3月21日获准注册第3028870号图形商标，该商标曾于2005年6月被商标局认定为“运动鞋、运动服装”商品上的驰名商标。

一审判理和结果

一审法院认为：（一）关于商标法第三十一条。争议商标为“乔丹”，“乔丹”为美国人的姓氏，本案证据尚不足以证明单独的“乔丹”明确指向再审申请人。而且，争议商标指定使用的“体育活动器械”等商品与再审申请人具有影响力的篮球运动领域差别较大，相关公众不易将使用在“体育活

动器械”等商品上的争议商标与再审申请人相联系。现有证据亦不足以证明争议商标的注册与使用利用了再审申请人的知名度，或可能对再审申请人的姓名权造成其他影响。因此，本案证据尚不足以证明争议商标的注册损害了再审申请人的姓名权。（二）争议商标的注册未违反商标法第十条第一款第（八）项、第四十一条第一款的规定。综上，一审法院判决：维持被诉裁定。案件受理费100元，由再审申请人负担。

上诉与答辩

再审申请人不服一审判决，向北京市高级人民法院（以下简称二审法院）提起上诉。

二审判理和结果

二审法院认为，再审申请人关于商标法第十条第一款第（八）项、第四十一条第一款的上诉主张不能成立。二审法院判决：驳回上诉，维持原判。对于再审申请人关于商标法第三十一条的上诉理由，二审法院未予评述。

申请再审理由与答辩

再审申请人不服二审判决，向最高人民法院申请再审，其主要理由为：（一）商标法第三十一条规定的“在先权利”包括姓名权。（二）再审申请人对“乔丹”和“QIAODAN”享有姓名权。（三）再审申请人具有超越篮球运动领域的广泛知名度。（四）再审申请人是否主动使用“乔丹”“QIAODAN”对于其在本案中主张保护姓名权没有影响。（五）争议商标容易使相关公众联想到再审申请人，并认为标记有争议商标的商品与再审申请人有代言、许可等特定联系，损害了再审申请人的姓名权。（六）乔丹公司注册争议商标时存在明显的主观恶意。（七）乔丹公司的“知名度”是建立在相关公众混淆误认的基础上，其“知名度”并不是诚信经营的结果，不能使其恶意注册正当化。（八）再审申请人并未怠于保护其姓名权。（九）二审判决遗漏了其有关商标法第三十一条的上诉理由。

商标评审委员会辩称：争议商标的注册未违反商标法第十条第一款第（八）项、第三十一条、第四十一条第一款的规定。

乔丹公司述称：（一）商标法第三十一条虽规定了“在先权利”，但并未明确规定其中包括姓名权。（二）再审申请人不能就“乔丹”享有姓名权。

（三）再审申请人并未实际使用“乔丹”并对其贡献过商誉，或者受到财产损失。（四）乔丹公司基于信赖和防御目的申请注册争议商标，不违反法律规定。乔丹公司已经与再审申请人及耐克公司各自形成稳定的市场格局。再审申请人怠于行使权利，丧失了主张在先权利的机会。（五）乔丹公司对于争议商标的注册不具有主观恶意。（六）乔丹公司通过依法申请注册，有效地确立了与“乔丹”商标的具体联系。（七）本案应当严格解释商标法第三十一条中的“在先权利”。

申请再审判理和结果

最高人民法院于2015年12月18日作出（2015）知行字第319号等10项行政裁定，提审包括本案在内的10件案件。

再审审理查明

最高人民法院再审查明了以下事实：（一）关于再审申请人的本名；（二）与我国部分报纸、期刊、网站上刊登的与再审申请人相关的文章，以及与再审申请人相关的书籍、专刊有关的事实；（三）关于再审申请人代言有关产品的事实；（四）与再审申请人提交的调查报告有关的事实；（五）与乔丹公司提交的《乔丹品牌辨识度研究报告》有关的事实；（六）关于乔丹公司在本案及其他关联案件中的相关陈述；（七）关于乔丹公司《招股说明书》中记载的有关内容；（八）关于乔丹公司及其关联公司申请其他与再审申请人有关的商标的事实；（九）关于最高人民法院（2002）民三终字第9号民事判决的有关认定；（十）与331号商标是否曾被认定为驰名商标有关的事实。

再审判理和结果

最高人民法院认为，案件的争议焦点为争议商标的注册是否损害了再审申请人就“乔丹”主张的姓名权，违反商标法第三十一条关于“申请商标注册不得损害他人现有的在先权利”的规定①。该争议焦点分为以下八个具体问题：第一，再审申请人主张保护姓名权的法律依据是什么？第二，再审申请人主张的姓名权所保护的具体内容是什么？第三，再审申请人在我国具有

---

① 2001年商标法第三十一条规定：“申请商标注册不得损害他人现有的在先权利，也不得以不正当手段抢先注册他人已经使用并有一定影响的商标。”

何种程度和范围的知名度？第四，再审申请人及其授权的耐克公司是否主动使用“乔丹”，其是否主动使用的事实对于再审申请人在本案中主张的姓名权有何影响？第五，争议商标的具体情形是否会使相关公众误认为与再审申请人具有关联？第六，乔丹公司对于争议商标的注册是否存在明显的主观恶意？第七，乔丹公司的经营状况，以及乔丹公司对其企业名称、有关商标的宣传、使用、获奖、被保护等情况，对本案具有何种影响？第八，再审申请人是否具有怠于保护其主张的姓名权的情形，该情形对本案有何影响？经最高人民法院审判委员会讨论决定，最高人民法院就上述八个具体焦点问题分别进行了认定。①

【法官评述】

“乔丹”“QIAODAN”商标争议行政纠纷系列案件（以下简称系列案件）是近年来最高人民法院审理的最受关注的知识产权典型案件，在国际上产生了巨大影响。最高人民法院在审理过程中，按照“利益平衡”“平等保护”和“诚实信用”三项基本原则，对案件争议焦点进行了详细充分、逻辑严密的分析和说理。

（一）平等保护中外各方当事人的合法权益

开放是国家繁荣发展的必由之路。我国已经成为全球第二大经济体和世界第一大贸易国，在世界经济格局中占有举足轻重的力量。我国正在积极构建开放型经济体系，大力推动建立双边自由贸易区和亚太自由贸易区，实施“一带一路”倡议，特别需要良好的国际贸易、投资和知识产权保护环境。为了适应我国开放型发展战略的新需要，需要既立足现实和国情，又尊重国际标准和主流做法，平等保护中外各方当事人合法权益，树立负责任大国的良好国际形象。

本案中，再审申请人为美国职业篮球联赛NBA的著名球星，再审申请人主张姓名权保护的“乔丹”，以及商标评审委员会被诉裁定中错误认定为再审申请人全名的“迈克尔·乔丹”，实际上都是再审申请人完整英文姓名“Michael Jeffrey Jordan”的部分中文译名，故在认定再审申请人能否就“乔丹”享有姓名权时，实质上涉及外国人能否就其外文姓名的部分中

① 限于篇幅，相关内容请详见27号判决。

文译名主张姓名权保护的问题。该问题在我国商标授权确权审判实践中一直存在一定争议，法律适用标准也不尽统一，这也是系列案件在国际上引起广泛关注的重要原因之一。对此，最高人民法院重点考虑了以下三个方面：

1. 外国人姓名的部分中文译名可以获得姓名权的保护

关于姓名权，《中华人民共和国民法通则》（以下简称民法通则）第九十九条①、第一百二十条②和《中华人民共和国侵权责任法》（以下简称侵权责任法）第二条③均作出了明确规定。但是关于姓名权的客体或者对象的具体范围，民法通则、侵权责任法以及《最高人民法院关于贯彻执行〈中华人民共和国民法通则〉若干问题的意见》等司法解释中没有作出明确的规定。我国多数民法学者认为，姓名权所保护的姓名不仅限于本名，还应扩包括笔名、艺名等能够指代、区别特定自然人的其他名称④。

针对1993年施行的《中华人民共和国反不正当竞争法》（以下简称反不正当竞争法）第五条第（三）项规定的“姓名”，《最高人民法院关于审理不正当竞争民事案件应用法律若干问题的解释》（以下简称不正当竞争解释）第六条第二款规定：“在商品经营中使用的自然人的姓名，应当

---

① 民法通则第九十九条规定：“公民享有姓名权，有权决定、使用和依照规定改变自己的姓名，禁止他人干涉、盗用、假冒。法人、个体工商户、个人合伙享有名称权。企业法人、个体工商户、个人合伙有权使用、依法转让自己的名称。”

② 民法通则第一百二十条规定：“公民的姓名权、肖像权、名誉权、荣誉权受到侵害的，有权要求停止侵害，恢复名誉，消除影响，赔礼道歉，并可以要求赔偿损失。法人的名称权、名誉权、荣誉权受到侵害的，适用前款规定。”

③ 侵权责任法第二条规定：“侵害民事权益，应当依照本法承担侵权责任。本法所称民事权益，包括生命权、健康权、姓名权、名誉权、荣誉权、肖像权、隐私权、婚姻自主权、监护权、所有权、用益物权、担保物权、著作权、专利权、商标专用权、发现权、股权、继承权等人身、财产权益。”

④ 例如，王利明《人格权法》中认为，姓名权保护的客体不仅仅指本名，还包括别名、笔名、艺名、乳名等。只有那些能够代表某人、表现某人的符号，才能成为姓名权的客体（p211）。杨立新《人格权法》中认为，狭义的姓名为本名。广义的姓名包括本名以及字、号、笔名、艺名等区别自然人人身特征的文字符号（人格权法p177）。我国台湾地区学者王泽鉴在其撰写的《人格权法》中认为，姓名权应扩大解释或类推适用于自然人姓名以外的称谓，除姓名条例上的姓名外，并及于雅号、笔名、艺名，中文或外文在所不问（p118）。

认定为反不正当竞争法第五条第（三）项规定的‘姓名’[①]。具有一定的市场知名度、为相关公众所知悉的自然人的笔名、艺名等，可以认定为反不正当竞争法第五条第（三）项规定的‘姓名’。”根据该司法解释的规定，除本名外，包括自然人的笔名、艺名等其他名称也可能被认定为“姓名”并获得反不正当竞争法的保护。

关于在适用商标法第三十一条时如何确定姓名权的客体或者对象的范围，国家工商行政管理总局商标局、商标评审委员会2005年制定的《商标审查及审理标准》中规定：“姓名包括本名、笔名、艺名、别名等”[②]。北京市高级人民法院2014年制定的《北京市高级人民法院关于商标授权确权审理指南》第16条中规定：“姓名包括户籍登记中使用的姓名，也包括别名、笔名、艺名、雅号、绰号等。”第17条规定：“能够与特定的自然人建立起对应关系的主体识别符号视为该自然人的姓名。”从上述规定看，商标局、商标评审委员会、北京市高级人民法院在执法实践中均认为姓名不仅包括本名，也包括笔名、艺名等其他名称。

综合考虑我国民法学者的主流观点、不正当竞争解释的规定，以及商标局、商标评审委员会、北京市高级人民法院的观点，可以认定姓名权保护的客体不仅限于其本名。在符合系列案件判决所指出的三项条件的情况下，包括外国人姓名的中文译名等其他名称也能够获得姓名权的保护。这为外国人在我国主张姓名权的保护，平等保护中外当事人的合法权益奠定了法律基础。

2. 我国相关公众对外国人的称谓习惯

由于语言和文化等方面的差异以及为了便于称呼，我国相关公众通常

---

① 1993年反不正当竞争法第五条规定：“经营者不得采用下列不正当手段从事市场交易，损害竞争对手：

（一）假冒他人的注册商标；

（二）擅自使用知名商品特有的名称、包装、装潢，或者使用与知名商品近似的名称、包装、装潢，造成和他人的知名商品相混淆，使购买者误认为是该知名商品；

（三）擅自使用他人的企业名称或者姓名，引人误认为是他人的商品；

（四）在商品上伪造或者冒用认证标志、名优标志等质量标志，伪造产地，对商品质量作引人误解的虚假表示。”

② 2017年1月，修订后的《商标审查及审理标准》中也规定：“他人的姓名包括本名、笔名、艺名、别名等。”

习惯于以外国人外文姓名的部分中文译名来指代、称呼该外国人，而不会使用其完整姓名的中文译名，有时甚至对其完整姓名的中文译名不了解、不熟悉。例如，著名科学家牛顿、音乐家贝多芬在我国可谓家喻户晓，但是，很多人对于他们的全名“艾萨克·牛顿”“路德维希·凡·贝多芬”却鲜有知晓。因此，如果按照乔丹公司的主张，只对外国人外文姓名的全部中文译名才予以姓名权的保护，会与我国相关公众对外国人的称谓习惯明显冲突，也会与广大社会公众的生活常识不符。

3. 再审申请人是否主动使用“乔丹”及其对本案的影响

系列案件中，商标评审委员会和乔丹公司认为再审申请人及其授权的耐克公司并未主动使用“乔丹”，故再审申请人不能就“乔丹”享有姓名权。最高人民法院认为，对于外国人外文姓名的部分中文译名，即使该外国人并未在我国主动使用，在符合特定的条件下，仍然可以获得姓名权的保护。相关公众容易误认为标记有争议商标的商品或者服务与包括外国人在内的自然人存在代言、许可等特定联系，应当认定争议商标的注册损害违反该自然人的姓名权，违反商标法第三十一条的规定。

首先，本案再审申请人为美利坚合众国公民。对于具有一定知名度的外国人，虽然其本人或者利害关系人可能并未在我国境内主动使用其姓名，但随着互联网的普及，新闻资讯的传播，以及国际经济、文化、人文交流的不断深入，该外国人可能在我国相关公众中亦具有一定的知名度。或者即使其本人或者利害关系人在我国境内主动使用了特定的中文译名，但由于便于称呼、语言习惯、文化差异等原因，我国相关公众、新闻媒体所熟悉和使用的“姓名”与其主动使用的姓名并不完全相同。例如在本案中，我国相关公众、新闻媒体普遍以“乔丹”指代再审申请人，而再审申请人及其商业合作伙伴耐克公司则主动使用的是“迈克尔·乔丹”。但不论是“迈克尔·乔丹”还是“乔丹”，在相关公众中均具有较高的知名度，均被相关公众普遍用于指代再审申请人，且再审申请人并未提出异议或者反对。

其次，关于姓名权，民法通则第九十九条第一款规定：“公民享有姓名权，有权决定、使用和依照规定改变自己的姓名，禁止他人干涉、盗用、假冒。”因此，“使用”是姓名权人享有的权利内容之一，并非其承担的义务，更不是姓名权人“禁止他人干涉、盗用、假冒”，主张保护其姓名权的法定前提条件。

最后，在认定申请注册商标是否损害他人在先姓名权，违反商标法第三十一条的规定时，认定的标准是相关公众是否容易误认为标记有争议商标的商品或者服务与该自然人存在代言、许可等特定联系。因此，在符合有关姓名权保护的三项条件的情况下，自然人有权根据商标法第三十一条的规定，就其并未主动使用的特定名称获得姓名权的保护。这不仅有利于保护自然人的人格尊严及其姓名所蕴含的经济利益，也有利于防止相关公众误认，借以保护消费者的合法权益。基于上述理由，最高人民法院对于商标评审委员会、乔丹公司的主张未予支持。

（二）合理平衡在先姓名权人与商标权利人的利益

在认定争议商标的注册是否损害再审申请人的在先姓名权时，涉及在先姓名权与在后申请注册的注册商标权的权利冲突问题。系列案件判决立足于我国相关立法和法学理论研究的发展成果，适应经济社会发展和保护民事主体合法权益的需要，对自然人尤其是名人姓名权中蕴含的经济利益予以了明确肯定。最高人民法院在确定自然人就特定名称主张姓名权保护时应当符合的三项条件时，也充分考虑了维护在先权利人与商标权利人的利益平衡。

1. 对姓名中所蕴含的经济利益的确认

人身权是以人身所体现的利益为内容的，与权利人的人身不可分的民事权利，包括人格权和身份权。人身权的主要特点在于：其内容体现为人格和身份等精神利益，并不直接以财产利益为内容[①]。从人格权法发展来看，已经呈现出商业化利用发展的趋向，人格权的可利用性和财产属性也得到不断的彰显[②]。美国、德国及我国均以法院判决或立法，肯定姓名、肖像等人格特征具有一定的经济（财产）价值[③]。

姓名被用于指代、称呼、区分特定的自然人，姓名权是自然人享有的最为基本，也最为重要的人格权之一，是具有一定财产利益因素的人格权[④]。名人的姓名、肖像等具有一定的社会知名度，因此在商业上具有相当程度的利用价值，权利人可以许可他人使用，为人格权的商业化利用创

---

① 王利明：《人格权法》，中国人民大学出版社2016年版，第5~6页。

② 王利明：《人格权法》，中国人民大学出版社2016年版，第106页。

③ 王泽鉴：《人格权法》，北京大学出版社2013年版，第459页。

④ 杨立新：《人格权法》，法律出版社2015年版，第177页。

造了可能[1]。随着我国社会主义市场经济不断发展，具有一定知名度的自然人将其姓名进行商业化利用，通过合同等方式为特定商品、服务代言并获得经济利益的现象已经日益普遍。名人代言日益成为经营者提升品牌形象、推销商品或者服务、扩大知名度的一种重要的营销手段。2015年，我国对《中华人民共和国广告法》进行了修正，在第二条第五款中增加了有关“广告代言人”的规定：“本法所称广告代言人，是指广告主以外的，在广告中以自己的名义或者形象对商品、服务作推荐、证明的自然人、法人或者其他组织。”从立法上对广告代言行为予以了确认。侵权责任法第二十条关于侵害他人人身权益造成财产损失的赔偿的规定[2]，也充分体现了我国法律对包括姓名权在内的人身权益中所蕴含的经济利益（财产利益）的承认和保护。根据该条规定，侵害非物质性人身权益的财产损失，可以根据不同的侵权行为和相关证据具体判断处理[3]，主要也是针对人格权商业化利用现象[4]。基于上述认识，系列案件判决对姓名权中的经济利益予以了明确认定，判决指出，在适用商标法第三十一条的规定对他人的在先姓名权予以保护时，不仅涉及对自然人人格尊严的保护，而且涉及对自然人姓名，尤其是知名人物姓名所蕴含的经济利益的保护。鉴于商标的主要作用在于区分商品或者服务的来源，故未经许可擅自将他人享有在先姓名权的姓名注册为商标的，不仅会损害该自然人的人格尊严，而且容易导致相关公众误认为标记有该商标的商品或者服务与该自然人存在代言、许可等特定联系。该行为在损害该自然人姓名权的同时，也损害了消费者的合法权益。

---

① 王利明：《人格权法》，中国人民大学出版社2016年版，第106页。

② 侵权责任法第二十条规定：“侵害他人人身权益造成财产损失的，按照被侵权人因此受到的损失赔偿；被侵权人的损失难以确定，侵权人因此获得利益的，按照其获得的利益赔偿；侵权人因此获得的利益难以确定，被侵权人和侵权人就赔偿数额协商不一致，向人民法院提起诉讼的，由人民法院根据实际情况确定赔偿数额。”

③ 《中华人民共和国侵权责任法条文说明、立法理由及相关规定》，全国人大常委会法制工作委员会民法室编，北京大学出版社2010年版，第75页。

④ 王利明：《人格权法》，中国人民大学出版社2016年版，第106页。

2. 利益平衡与自然人就特定名称主张姓名权保护时应当符合的条件

在贯彻落实“比例协调”基本司法政策的过程中①，最高人民法院将依法合理平衡知识产权人权益、其他权利人合法权益及社会公共利益、国家利益，实现各利益相关方利益平衡和均衡发展作为重要的政策目标。

在系列案件中，再审申请人能否就“乔丹”“QIAODAN”享有姓名权是案件的核心争议之一。再审申请人认为，能够与特定自然人建立对应关系的主体识别符号都可以获得姓名权的保护，且这种对应关系不需要达到“唯一”的绝对程度。商标评审委员会认为，只有在特定名称与姓名权人之间已经形成唯一、固定的对应关系的情况下，该特定名称才可以获得姓名权的保护。乔丹公司则认为，再审申请人仅就其完整的名称享有姓名权，单纯“姓氏”或其翻译不能成为姓名权的客体。在上述各方当事人的观点中，再审申请人主张的“对应关系”相对最为宽松。按照该观点，只要相关公众能够认识到权利人与特定名称之间具有“对应关系”，而不论其对应程度或者状态如何，都可以获得姓名权的保护，该观点对姓名权人的保护最为有利，但也导致商标权的法律效力处于更加不稳定的状态，容易对我国的商标注册制度带来过度的冲击。而商标评审委员会主张的“唯一”对应则较为严格，为姓名权的保护设置了过高的门槛，不利于保护姓名权人的合法权益，也容易导致相关公众的误认。

最高人民法院将在先姓名权人与商标注册人的利益平衡作为重要的考量因素，参照不正当竞争解释第六条第二款的规定，明确了自然人就特定名称主张姓名权保护时应当符合的三项条件。判决指出，在解决本案涉及的在先姓名权与注册商标权的权利冲突时，应合理确定在先姓名权的保护标准，平衡在先姓名权人与商标权人的利益。既不能由于争议商标标志中使用或包含仅为部分人所知悉或临时性使用的自然人“姓名”，即认定争议商标的注册损害该自然人的姓名权；也不能如商标评审委员会所主张的那样，以自然人主张的“姓名”与该自然人形成“唯一”对应为前提，对自然人主张姓名权的保护提出过苛的标准。由于重名的原因，姓名与自然

① 2016年7月，最高人民法院结合知识产权审判工作的实际和新形势、新任务、新要求，提出在知识产权审判中应贯彻“司法主导、严格保护、分类施策、比例协调”的基本司法政策，要求以严格保护、深化改革、完善制度、统一规则为着力点，不断推进知识产权司法体系和司法能力现代化。

人之间难以形成唯一对应关系。而且，除本名外，自然人还可以有艺名、笔名、译名等其他名称。从我国的历史文化传统来看，古人还可以有字、号等①。在特定情况下，相关公众更熟悉并习惯以自然人本名之外的其他名称（如艺名、笔名等②）指代该自然人，其他名称的知名度可能比其本名的知名度更高。因此，如果以商标评审委员会主张的“唯一”对应作为主张姓名权的前提条件，将使得与他人重名的人，或者除本名之外还有笔名、译名等其他名称的人，不论各名称的知名度或者相关公众认知情况如何，均无法获得姓名权的保护。判决指出，自然人所主张的特定名称与该自然人已经建立稳定的对应关系时，即使该对应关系达不到“唯一”的程度，也可以依法获得姓名权的保护。

最高人民法院在系列案件中，还参照适用了不正当竞争解释第六条第二款的规定③，指出特定名称要获得姓名权的保护，还应具有一定知名度、为相关公众所知悉，并用于指代该自然人。虽然该司法解释规定是针对“擅自使用他人的姓名，引人误认为是他人的商品”的不正当竞争行为的认定而作出的司法解释，但该不正当竞争行为本质上也是损害他人姓名权的侵权行为。认定该行为时所涉及的“引人误认为是他人的商品”，与本案中认定争议商标的注册是否容易导致相关公众误认为存在代言、许可等特定联系，是密切相关的。因此，可参照适用上述司法解释的规定，确定自然人姓名权保护的条件。

（三）关于诚实信用原则在本案中的适用

诚实守信是人类社会普遍崇尚的基本价值，诚实信用原则是民事主体从事民商事活动时所应遵循的基本原则④。针对商标领域违反诚实信用原则的现象比较突出的问题，我国在2013年第三次修正商标法时，在商标法

---

① 例如在我国家喻户晓的宋代文学家苏东坡，其本名为苏轼，字子瞻，号东坡居士。

② 例如香港小说家金庸在我国具有极高的知名度，但金庸系其笔名，而其本名查良镛的知名度相对有限。

③ 具有一定的市场知名度、为相关公众所知悉的自然人的笔名、艺名等，可以认定为反不正当竞争法第五条第（三）项规定的“姓名”。

④ 民法通则第四条规定：“民事活动应当遵循自愿、公平、等价有偿、诚实信用的原则。”

第七条中增加了“申请注册和使用商标，应当遵循诚实信用原则”的规定[①]。

司法裁判具有重要的规则指引作用和价值引导作用，通过明辨是非和明晰法律标准，能够为当事人选择正确的行为模式提供指引，维护诚实守信等社会主义核心价值观。虽然2001年修正的商标法中没有直接明确规定“诚实信用”原则，但人民法院在多年的司法实践中，逐步确立了审理知识产权权利冲突案件所应遵循的诚实信用、维护公平竞争和保护在先权利等基本原则，这些原则已被广泛接受和普遍适用[②]。

在系列案件中，最高人民法院将诚实信用原则作为裁判的基本原则，主要从以下两个方面强调了诚实信用原则的重要性。

其一，将乔丹公司申请注册争议商标时是否存在主观恶意，作为认定争议商标的注册是否损害再审申请人姓名权的重要考量因素。诚实信用原则是市场经济活动中的道德准则，要求一切市场参加者符合诚实商人和诚实劳动者的道德标准，维持市场道德秩序[③]。判决从乔丹公司申请注册争议商标时对再审申请人姓名及其知名度的知晓情况、乔丹公司对于使用“乔丹”申请注册争议商标不能作出正当合理的解释、乔丹公司及其关联公司申请注册与再审申请人密切相关的其他商标三个方面，对乔丹公司的主观恶意进行了详细分析和认定。由于乔丹公司对再审申请人的姓名“乔丹”，球衣号码“23”，尤其是再审申请人两个孩子的姓名均不享有合法的在先权益，故最高人民法院对于乔丹公司、商标评审委员会关于乔丹公司的行为属于延续性注册、防御性注册的主张均未予支持。

其二，关于乔丹公司的经营状况，以及乔丹公司对其企业名称、有关商标的宣传、使用、获奖、被保护等情况，及其对本案具有何种影响。对此，《最高人民法院关于审理商标授权确权行政案件若干问题的意见》第一条规定：“……对于使用时间较长、已建立较高市场声誉和形成相关公众群体的诉争商标，应当准确把握商标法有关保护在先商业标志权益与维护市场秩序相协调的立法精神，充分尊重相关公众已在客观上将相关商业

---

① 郎胜主编：《中华人民共和国商标法释义》，法律出版社2013年版，第19页。

② 陶凯元主编：《最高人民法院知识产权司法解释理解与适用》，中国法制出版社2016年版，第178页。

③ 梁慧星：《民法总论》，法律出版社2011年版，第50页。

标志区别开来的市场实际，注重维护已经形成和稳定的市场秩序。”关于上述规定，一度有观点认为只要相关商业标志已经做大做强，形成一定的市场区分、消费群体或者知名度，就应当维护此种“市场秩序”。对此，最高人民法院在系列案件判决中认为，虽然乔丹公司经过多年的经营，已具有较大的规模，占据了一定的市场份额，在相关行业具有一定的知名度。其运动鞋产品及装潢分别被最高人民法院在另案中认定为知名商品和知名商品的特有装潢，相关商标曾被国家工商行政管理总局商标局认定为驰名商标，但并不影响关于争议商标的注册损害再审申请人在先姓名权的认定。其关键原因之一在于，乔丹公司系恶意申请注册争议商标，损害再审申请人的在先姓名权，明显有悖于诚实信用原则。乔丹公司主张的所谓“市场秩序”或者“商业成功”并不完全是乔丹公司诚信经营的合法成果，而是在一定程度上建立于相关公众误认的基础之上。乔丹公司将再审申请人球衣号码“23”，再审申请人两个孩子的姓名等与之密切相关的信息申请注册其他商标，在一定程度上体现了乔丹公司放任相关公众误认的损害后果。因此，维护此种市场秩序或者商业成功，不仅不利于保护姓名权人的合法权益，而且不利于保障消费者的利益，有悖于商标法的立法宗旨。

编写人：最高人民法院　杜微科

2

北京庆丰包子铺诉山东庆丰餐饮管理有限公司侵害商标权与不正当竞争纠纷案

——阅读提示：公民将自己的姓名作为商标或字号进行商业使用时是否能与他人的在先权利相冲突？

【裁判要旨】

公民享有其合法的姓名权，当然可以合理使用自己的姓名。但是，公民在将其姓名作为商标或企业字号进行商业使用时，不得违反诚实信用原则，不得侵害他人的在先权利。明知他人注册商标或字号具有较高的知名度和影响力，仍注册与他人字号相同的企业字号，在同类商品或服务上突出使用与他人注册商标相同或相近似的商标或字号，明显具有攀附他人注册商标或字号知名度的恶意，容易使相关公众产生误认，其行为不属于对姓名的合理使用，构成侵害他人注册商标专用权和不正当竞争。

【案号】

一审：山东省济南市中级人民法院（2013）济民初字第716号

二审：山东省高级人民法院（2014）鲁民三终字第43号

申请再审：最高人民法院（2015）民申字第205号

再审：最高人民法院（2016）民再238号

【案情与裁判】

原告（上诉人、再审申请人）：北京庆丰包子铺（以下简称庆丰包子铺）

被告（被上诉人、被申请人）：山东庆丰餐饮管理有限公司（以下简称庆丰餐饮公司）

起诉与答辩

庆丰包子铺于2013年7月向一审法院提起诉讼，请求判令庆丰餐饮公司：1. 立即停止商标侵权行为，包括拆除销毁含有“庆丰”标识的牌匾、招牌、价格单、名片等材料及删除网上“庆丰”标识的宣传；2. 立即停止使用含有“庆丰”字号的企业名称；3. 在《济南日报》上发表声明，消除影响；4. 赔偿经济损失50万元及为维权而支付的律师费、公证费和调查取证费9万元。

庆丰餐饮公司辩称：1. 该公司企业名称经工商部门依法核准，享有企业名称专用权，使用其企业字号，未突出使用涉案注册商标。其使用的字号与涉案注册商标不尽相同，使用范围不同也不类似；2. 其使用的企业字号是“庆丰”，而涉案注册商标为“老庆丰”“慶豐”，且商品、服务类型不同，范围仅系企业或学校的内部餐厅；3. 涉案商标并非驰名商标，且仅在北京使用；4. 该公司使用其法定代表人的名字注册字号，不存在冒用及搭便车的情形；5. 在网站上宣传和使用是对其字号的简化使用；6. 未给庆丰包子铺造成任何损害。请求驳回诉讼请求。

法院审理查明

1986年6月3日，北京市工商行政管理局颁发给北京市西城区饮食公司庆丰包子铺的营业执照载明：开业日期1956年，经营方式零售，经营范围面食。2000年5月15日，北京市工商行政管理局西城分局颁发给北京市西城区庆丰包子铺的企业法人营业执照载明：经营地址西安门大街85号，经济性质全民所有制，成立时间1982年1月5日，经营范围面食（含流质食品、冷荤、凉菜），零售酒、饮料。2007年7月24日，北京市西城区庆丰包子铺经核准变更名称为庆丰包子铺。北京华天饮食集团公司为庆丰包子铺的企业管理部门。1998年1月28日，北京华天饮食集团公司经核准注册取得“慶豐”商标，商标注册证第1171838号，核定服务项目第42类（现为第43类）：餐馆，临时餐室，自助餐室，快餐馆和咖啡馆。2003年7月21日，北京市西城区庆丰包子铺经核准注册取得“老庆丰+laoqingfeng”商标，商标注册证第3201612号，核定使用商品第30类：方便面，糕点，面包，饺子，大饼，馒头，元宵，豆沙，包子，肉泡馍。上述两商标分别于2008年8月14日、11月13日核准变更注册人为庆丰包子铺。2007年，庆丰包子铺月坛店被北京市商务局认定为“中国风味特色餐厅”。2007 年，庆丰包子铺在北京广播电台、北京电视台投入广告费用 1316604 元。2008 年至 2009 年 6 月 20 日，庆丰包子铺在上述媒体投入广告费用 3222500 元。2006 年 7 月 7 日，《新京报》欢娱·饭局版对庆丰包子铺作介绍。2009 年 2 月 4 日、12 月 22 日，庆丰包子铺分别与王娜、杨军签订特许经营合同，收取了品牌使用费、加盟费。2009 年 6 月 24 日，庆丰餐饮公司经核准登记成立，法定代表人徐庆丰，注册资本 50 万元，公司类型有限责任公司（自然人投资或控股），经营范围餐饮管理及咨询，公司股东为三自然人，其中徐庆丰出资 35 万元，占 70%。2013 年 7 月 23 日，北京市中信公证处应庆丰包子铺申请，登录网站 www. qingfengcanyin. com 进行了证据保全，证明庆丰餐饮公司网站设有“走进庆丰”“庆丰文化”“庆丰精彩”“庆丰新闻”等栏目，自 2009 年 7 月 15 日至 2012 年 8 月 26 日，庆丰餐饮公司开办了吉利餐厅等八家企业内设餐厅，并在济南吉利汽车有限公司餐厅开业时打出“庆丰餐饮全体员工欢迎您”横幅。

一审判理和结果

一审法院认为：在中国传统商业文化中，商家喜欢选择使用带有喜庆祥和含义的词汇作为企业的字号或者商标。而从字号或商标的商业标识性权利属性来看，这类字号或者商标的自有显著性并不明显，有赖于商家后天的使用和维护，以赋予其特定的含义，并与商家建立特定的联系。因庆丰餐饮公司使用“庆丰”二字与其使用环境一致，并未从字体、大小和颜色等方面突出使用，是对企业名称简称或字号的合理使用。故本案的争议焦点在于庆丰餐饮公司注册并使用其企业名称是否侵害庆丰包子铺的注册商标专用权。商标是区分商品或服务来源的商业标识，由文字、图形等组成要素构成，注册商标由国家工商行政管理总局商标局核准，注册商标专用权的效力及于全国。企业名称是区别市场主体的标志，依次由企业所在地的行政区划、字号、行业或者经营特点、组织形式四部分组成。其中字号是区别不同企业的主要标志。企业对其企业名称和字号的专用权受限于其企业名称核准的行政区划和行业或者经营特点。基于注册商标与企业名称核准主体和核准程序的不同，注册商标中的文字与企业名称中的字号产生冲突在所难免，这种冲突是否合法，需依法具体判断。庆丰餐饮公司注册并使用企业名称始于 2009 年 6 月 24 日，其经营地域为济南。两涉案商标分别核准于 1998 年 1 月 28 日和

2003年7月21日，庆丰包子铺受让两涉案商标的时间分别为2008年8月14日和2008年11月13日，庆丰包子铺无证据证明在庆丰餐饮公司注册并使用被诉企业名称时，其经营地域和商誉已经涉及或影响济南和山东，亦无证据证明庆丰餐饮公司注册并使用其企业名称有假借庆丰包子铺商标商誉的可能。现有证据也不能证明相关公众有误认或存在误认的可能，故庆丰餐饮公司注册并使用其企业名称具有合理性，未侵犯庆丰包子铺的注册商标专用权。依照《中华人民共和国商标法》（以下简称商标法）第五十一条、《最高人民法院关于民事诉讼证据的若干规定》第二条、《企业名称登记管理规定》第三条的规定，判决如下：驳回庆丰包子铺的诉讼请求。一审案件受理费9700元，由庆丰包子铺负担。

上诉与答辩

庆丰包子铺不服一审判决，上诉称：一审判决认定事实不清，适用法律错误。1. 庆丰餐饮公司将庆丰字号在经营场所和网站单独使用的行为构成对庆丰的突出使用，侵害了涉案注册商标专用权；2. 庆丰餐饮公司将与涉案注册商标相同的庆丰文字作为企业字号并使用的行为，具有主观恶意，构成不正当竞争；3. 一审法院认为庆丰包子铺无证据证明其经营地域和商誉影响到山东，庆丰餐饮公司的行为不会造成相关公众的混淆误认不当；4. 本案应当适用商标法、《中华人民共和国反不正当竞争法》（以下简称反不正当竞争法）《最高人民法院关于审理商标民事纠纷案件适用法律若干问题的解释》等法律及司法解释，一审法院适用《企业名称登记管理实施办法》不当。请求撤销一审判决，依法改判，一、二审诉讼费由庆丰餐饮公司承担。

庆丰餐饮公司答辩称：一审判决认定事实清楚，适用法律正确，请求驳回上诉，维持原判。

二审判理和结果

二审法院认为：1. 庆丰包子铺本案中主张保护的商标有两个，即繁体庆丰文字商标和简体老庆丰文字拼音商标。首先，庆丰餐饮公司使用“庆丰”二字时并未从字体、大小和颜色等方面突出使用，是对企业名称简称或字号的合理使用。其次，将被诉侵权标识“庆丰”与繁体庆丰文字商标比对来看，二者差别较大，不构成相同商标；将被诉侵权标识“庆丰”与简体老庆丰文字拼音商标比对来看，被诉侵权标识仅与涉案商标文字部分的“庆丰”

二字相同，与其他的文字拼音部分也不相同。最后，从庆丰包子铺提交的证据来看，涉案商标知名度主要限于北京地区，其未能证明涉案商标在被诉侵权行为发生时在山东及济南地区具有较高的知名度。综上，被诉侵权标识与涉案商标不构成相同或近似，不会使相关公众对商品的来源产生误认或者认为其来源与涉案注册商标的商品有特定的联系，庆丰餐饮公司的被诉侵权行为不侵害北京庆丰包子铺的涉案商标权。2. 涉案商标为繁体庆丰文字商标及简体老庆丰文字拼音商标，庆丰餐饮公司的企业字号“庆丰”与涉案商标并不相同。庆丰包子铺未能提供证据证明其涉案商标在庆丰餐饮公司使用庆丰作为企业字号时在山东及济南具有较高的知名度，故庆丰餐饮公司在主观上没有攀附庆丰包子铺商标商誉的意图，客观上不会造成相关公众的混淆误认，不违反诚实信用等原则，不构成不正当竞争。另外，一审法院在判决中未适用反不正当竞争法欠妥，应予纠正。综上，一审判决认定事实清楚，适用法律欠妥，但判决结果正确，应予维持。二审判决：驳回上诉，维持原判。二审案件受理费9700元，由庆丰包子铺负担。

申请再审理由与答辩

庆丰包子铺申请再审称：1. “庆丰”系庆丰包子铺在先的企业字号及注册商标，其登记及注册远早于庆丰餐饮公司成立日，具有较强的显著性，其在先权应受法律保护。2. 庆丰包子铺系北京传统小吃的代表、全国热门旅游景点，“庆丰”已经成为我国驰名老字号，具有较高的知名度和美誉度，为相关公众所广为知晓。2009年至2013年年均营业额、市场占有率位居全国第二名，成为我国规模最大的传统小吃企业之一。庆丰包子铺先后荣获“中国十佳连锁餐饮企业”“中国风味特色餐厅”“北京餐饮企业50强”“北京诚信经营企业”“早餐工程示范店”“最受吃货喜爱的十大餐厅”等荣誉。2007年至2009年，北京市工商行政管理局认定“庆丰”为著名商标；2011年“庆丰”被评为“北京餐饮十大品牌”；2012年、2014年“庆丰”被评为“中国包子文化节最受消费者欢迎品牌”；2010年、2013年“庆丰”两次被认定为“北京市著名商标”。北京交通发达，辐射范围遍及全国，庆丰包子铺服务地域早已不限于北京，“庆丰”已被消费者广为知晓，其影响已经及于庆丰餐饮公司注册地山东。二审法院以注册商标核定服务具有地域性限定商标权的保护范围，违反商标法对注册商标在全国范围保护的原则。3. 庆丰餐饮公司成立前，其法定代表人徐庆丰长期在北京从事餐饮服务，经营北京工业大学餐厅。庆丰包子铺在行业中具有较强影响力，徐庆丰不可能不知晓庆丰包子铺的商标及字号的知名度情况，却使用“庆丰”字号成立餐饮公司，并模仿庆丰包子铺的商标，在其官方网站、店面门头、菜单、广告宣传上突出使用，主观上具有搭便车的恶意，其使用“庆丰”或“庆丰餐饮”标识的行为属于商标性使用，构成商标侵权；其将“庆丰”作为企业字号登记使用，经营相同或类似的服务，构成不正当竞争。请求法院判令：1. 撤销一审、二审判决；2. 庆丰餐饮公司立即停止侵权行为，包括且不限于销毁任何带有“庆丰”标识的门头招牌、牌匾、价格单、名片、海报等广告，删除网页上“庆丰”标识等；3. 庆丰餐饮公司立即停止使用含有“庆丰”文字的企业名称，并责令限期变更企业名称；4. 庆丰餐饮公司在《济南日报》上刊登声明，消除影响；5. 庆丰餐饮公司赔偿庆丰包子铺经济损失及合理开支50万元；6. 庆丰餐饮公司负担一审、二审诉讼费。

再审审理查明

再审另查明：庆丰餐饮公司再审期间提交了一份山东松乔餐饮管理有限公司的证明，显示：徐庆丰2007年11月进入该公司工作，后被派往北京工业大学耿丹学院学习餐厅管理，该学院位于北京市顺义区。该公司于2008年4月安排其回济南，派驻济南工程职业技术学院进行餐厅管理。2008年10月10日离开该公司。最高人民法院认为，庆丰餐饮公司提交的上述证据结合庆丰餐饮公司针对庆丰包子铺提交证据所发表的质证意见，可以证明徐庆丰曾在北京学习餐饮并从事过与餐饮领域相关的工作。

再审判理和结果

最高人民法院再审认为：1. 关于庆丰餐饮公司在其网站、经营场所使用“庆丰”文字的行为是否侵害庆丰包子铺涉案注册商标专用权。根据商标法第五十二条第（一）项、《最高人民法院关于审理商标民事纠纷案件适用法律若干问题的解释》第一条第一款的规定，首先，关于庆丰餐饮公司对“庆丰”文字的使用状况。庆丰餐饮公司在其公司网站上开设“走进庆丰”“庆丰文化”“庆丰精彩”“庆丰新闻”等栏目，在经营场所挂出“庆丰餐饮全体员工欢迎您”的横幅，相关公众会将“庆丰”文字作为区别商品或者服务来源的标识，庆丰餐饮公司的使用行为属于对“庆丰”商标标识的突出使用，其行为构成商标性使用。其次，关于庆丰包子铺涉案注册商标的知名度情况。根据一审、二审法院查明的事实，庆丰包子铺的“慶豐”商标自1998年1月28日核准注册至庆丰餐饮公司2009年6月24日成立，已经有十多年的时间；庆丰包子铺的“老庆丰+laoqingfeng”商标的核准注册时间也比庆丰餐饮公司成立时间早近六年。庆丰包子铺的连锁店于2007年被北京市商务局认定为“中国风味特色餐厅”。庆丰包子铺于2007年在北京广播电台、电视台投入的广告费用为131万余元，2008年至庆丰餐饮公司成立之前，其在上述媒体上投入的广告费用为322万余元。庆丰包子铺采用全国性连锁经营的模式，经过多年诚信经营和广告宣传，取得了较高的显著性和知名度。再次，关于庆丰餐饮公司使用的“庆丰”文字与涉案注册商标的近似性判断。庆丰包子铺在餐馆服务上注册的“慶豐”商标及在方便面、糕点、包子等商品上注册的“老庆丰+laoqingfeng”商标，在全国具有较高的知名度和影响力。“慶豐”与“庆丰”是汉字繁体与简体的一一对应关系，其呼叫相同；“老庆丰+laoqingfeng”完全包含了“庆丰”文字。庆丰餐饮公司将“庆丰”文字商标性使用在与庆丰包子铺的上述两注册商标核定使用的商品或服务类似的餐馆服务上，容易使相关公众对商品或服务的来源产生误认或者认为其来源庆丰餐饮公司与庆丰包子铺之间存在某种特定的联系，可能导致相关公众的混淆和误认。最后，关于庆丰餐饮公司使用“庆丰”文字的合理性判断。庆丰餐饮公司主张其对“庆丰”文字的使用属于合理使用其企业字号，且系对其公司法定代表人徐庆丰名字的合理使用。庆丰餐饮公司的法定代表人为徐庆丰，其姓名中含有“庆丰”二字，徐庆丰享有合法的姓名权，当然可以合理使用自己的姓名。但是，徐庆丰将其姓名作为商标或企业字号进行商业使用时，不得违反诚实信用原则，不得侵害他人的在先权利。徐庆丰曾在北京餐饮行业工作，应当知道庆丰包子铺商标的知名度和影响力，却仍在其网站、经营场所突出使用与庆丰包子铺注册商标相同或相近似的商标，明显具有攀附庆丰包子铺注册商标知名度的恶意，容易使相关公众产生误认，属于前述司法解释规定的给他人注册商标专用权造成其他损害的行为，其行为不属于对该公司法定代表人姓名的合理使用。2. 关于庆丰餐饮公司将“庆丰”文字作为其企业字号注册并使用的行为是否构成不正当竞争。根据一审、二审法院查明的事实，庆丰包子铺1956年开业，自1982年1月5日起开始使用“庆丰”企业字号，至庆丰餐饮公司注册之日止已逾二十七年，属于具有较高的市场知名度、为相关公众所知悉的企业名称中的字号，庆丰餐饮公司擅自将庆丰包子铺的字号作为其字号注册使用，经营相同的商品或服务，具有攀附庆丰包子铺企业名称知名度的恶意，其行为构成不正当竞争。3. 关于庆丰餐饮公司民事责任。庆丰餐饮公司的被诉侵权行为构成侵害庆丰包子铺注册商标专用权的行为和不正当竞争，应当承担停止上述行为并赔偿损失的民事责任。因庆丰包子铺未提供因庆丰餐饮公司上述侵权行为所遭受的损失或庆丰餐饮公司所获利润的证据，故结合侵权行为的性质、程度及庆丰餐饮公司上述侵权行为的主观心理状态等因素，酌定庆丰餐饮公司赔偿庆丰包子铺经济损失及合理费用人民币5万元。因庆丰包子铺未举证证明其商标商誉及企业信誉因庆丰餐饮公司的侵权和不正当竞争行为受到的损害，故对要求庆丰餐饮公司在《济南日报》上发表声明消除影响的诉讼请求不予支持。最高人民法院判决如下：撤销一、二审判决，改判庆丰餐饮公司立即停止使用“庆丰”标识的侵害庆丰包子铺注册商标专用权的行为；立即停止在其企业名称中使用“庆丰”字号的不正当竞争行为；赔偿庆丰包子铺经济损失及合理费用5万元；驳回庆丰包子铺的其他诉讼请求。一审、二审案件受理费各9700元，合计19400元，由庆丰包子铺负担1400元，庆丰餐饮公司负担18000元。

【法官评述】

我国商标法鼓励生产、经营者通过诚实经营保证商品和服务质量，建立与其自身商业信誉相符的知名度，不断提升商标的品牌价值，同时保障消费者和生产者、经营者的利益。公民享有其合法的姓名权，毫无疑问可以合理使用自己的姓名，但公民在将其姓名作为商标或企业字号进行商业使用时，不得违反诚实信用原则，不得侵害他人的在先权利。明知他人注册商标或字号具有较高的知名度和影响力，仍注册与他人字号相同的企业字号，在同类商品或服务上突出使用与他人注册商标相同或相近似的商标或字号，明显具有攀附他人注册商标或字号知名度的恶意，容易使相关公众产生误认，其行为不属于对姓名的合理使用，构成侵害他人注册商标专用权和不正当竞争。本案徐庆丰曾在北京餐饮行业工作，应当知道庆丰包子铺商标的知名度和影响力，却仍在其网站、经营场所突出使用与庆丰包子铺注册商标相同或相近似的商标，明显具有攀附庆丰包子铺注册商标知名度的恶意，容易使相关公众产生误认，属于前述司法解释规定的给他人注册商标专用权造成其他损害的行为，其行为不属于对该公司法定代表人姓名的合理使用。如果放任类似的被诉侵权行为，被诉侵权人在其商品上创造的商誉将永远只能附着在他人在先品牌上，实则替他人做嫁衣，既损害他人利益，也不利于其企业自身的发展。通过本案判决，被诉侵权人变更企业名称后，可以通过诚信经营及广告宣传，打造出自己的品牌，提高企业的商誉和知名度，相关公众能区分被诉侵权人与包括在先权利人在内的企业的商品或服务，这将是双赢的格局，本案的社会效果可以预见。

编写人：最高人民法院　李嵘

3

金阿欢诉江苏省广播电视总台、深圳市珍爱网信息技术有限公司侵害商标权纠纷案

——阅读提示：电视节目名称是否属于商标性使用？电视节目与内容题材之间是何种关系？如何确定注册商标的保护范围和保护强度？

【裁判要旨】

相关标识具有节目名称的属性并不能当然排斥该标识作为商标的可能性。判断被诉标识是否属于商标性使用，关键在于相关标识的使用是否为了指示相关商品/服务的来源，起到使相关公众区分不同商品/服务的提供者的作用。

电视节目大多以现实生活为题材，这些现实生活题材只是电视节目的组成要素。在判断此类电视节目是否与某一服务类别相同或类似时，应当综合考察节目的整体和主要特征，把握其行为本质，作出全面、合理、正确的审查认定。

商标法所要保护的，并非仅以注册行为所固化的商标标识本身，而是商标所具有的识别和区分商品/服务的来源。故必须考虑涉案注册商标的显著性与知名度，在确定其保护范围与保护强度的基础上考虑相关公众混淆、误认的可能性。

【案号】

一审：广东省深圳市南山区人民法院（2013）深南法知民初字第208号

二审：广东省深圳市中级人民法院（2015）深中法知民终字第927号

再审：广东省高级人民法院（2016）粤民再447号

【案情与裁判】

原告（上诉人、被申请人）：金阿欢

被告（被上诉人、再审申请人）：江苏省广播电视总台（以下简称江苏电视台）

被告（被上诉人、再审申请人）：深圳市珍爱网信息技术有限公司（以下简称珍爱网公司）

起诉与答辩

金阿欢于2013年1月31日向法院起诉称：金阿欢享有第7199523号“非诚勿扰”商标，并于2010年9月7日获得商标注册，商标核定服务项目包括第45类的“交友服务、婚姻介绍所”。江苏电视台旗下的江苏卫视于2010年开办了以“婚恋交友”为主题，名称为《非诚勿扰》的电视节目。珍爱网公司为该节目推选相亲对象，提供广告推销服务等。江苏电视台与珍爱网公司共同侵害了金阿欢的注册商标权，故请求判令：1. 江苏电视台所属的江苏卫视频道立即停止使用“非诚勿扰”栏目名称；2. 珍爱网公司立即停止使用“非诚勿扰”名称进行广告推销、报名筛选、后续服务等共同侵权行为；3. 江苏电视台与珍爱网公司共同承担本案全部诉讼费用。

江苏电视台与珍爱网公司辩称：1. 被诉“非诚勿扰”标识的使用不属于商标性使用；2. 被诉电视节目与金阿欢涉案注册商标核定使用的“交友服务、婚姻介绍”服务不属于相同或类似服务；3. 相关使用也不会造成公众混淆误认；4. 被诉行为不构成侵权。

法院审理查明

2009年2月16日，金阿欢向国家工商行政管理总局商标局（以下简称商标局）申请注册“非誠勿擾”商标。2010年9月7日，金阿欢获得第7199523号“非誠勿擾”商标注册证，有效期自2010年9月7日至2020年9月6日，商标核定服务项目为第45类，包括“交友服务、婚姻介绍所”等。

金阿欢向法院提交的公证书等证据表明：1. 江苏电视台网页记载《非诚勿扰》系江苏电视台下属江苏卫视的一个栏目。栏目网页显示“新派交友电视节目”以及“非诚勿扰”等文字，其中“非诚勿扰”为突出使用；2. 该网页在节目简介中称“《非诚勿扰》是一档适应现代生活节奏的大型婚恋交友节目，我们将为您提供公开的婚恋交友平台，高质量的婚恋交友嘉宾，全新的婚恋交友模式。播放频道：江苏卫视。报名方法包括‘在珍爱网登记报名资料’。”

江苏卫视于2012年在深圳福田区、南山区现场招募《非诚勿扰》节目嘉宾，活动由江苏卫视和珍爱网公司联合主办。此外，普通用户可以通过互联网登录江苏电视台的网站，在江苏卫视《非诚勿扰》栏目中的“珍爱网报名”登录珍爱网公司网站。珍爱网公司的报名网页显示，江苏卫视通过珍爱网招募男女嘉宾，突出使用了“非诚勿扰”文字标识。

金阿欢明确主张被诉“非诚勿扰”标识主要体现为两种形态：一是“非诚勿扰”纯文字标识；二是“”，即“非诚勿扰”文字与女性剪影组合的图文标识。

一审判理和结果

一审法院认为：江苏电视台使用“非诚勿扰”属商标性使用。金阿欢的文字商标“非诚勿扰”与江苏电视台节目的名称“非诚勿扰”相同。本案关键在于两商标使用的服务是否属于同类服务。从服务的目的、内容、方式、对象等方面综合考察，被诉“非诚勿扰”电视节目虽然与婚恋交友有关，但终究是电视节目，相关公众一般认为两者不存在特定联系，不容易造成公众混淆，两者属于不同类别服务，不构成侵权。一审法院判决：驳回金阿欢的诉讼请求。

二审判理和结果

二审法院认为：从《非诚勿扰》节目简介、开场白、结束语、参加报名条件、节目中男女嘉宾互动内容，以及广电总局的发文、媒体评论，可认定江苏电视台的《非诚勿扰》为相亲、交友节目。故江苏电视台的《非诚勿扰》节目与金阿欢涉案注册商标所核定的“交友、婚姻介绍”服务相同。本案金阿欢涉案注册商标已投入商业使用，被诉行为影响了该商标正常使用，相关公众容易对权利人的注册商标使用与江苏电视台产生错误认识及联系，造成反向混淆。珍爱网公司参与了节目嘉宾招募、宣传，还与江苏电视台签订有《合作协议书》，构成共同侵权。二审法院判决：一、撤销（2013）深南法知民初字第208号民事判决；二、江苏电视台所属的江苏卫视频道于判决生效后立即停止使用“非诚勿扰”栏目名称；三、珍爱网公司于判决生效后立即停止使用“非诚勿扰”名称进行广告推销、报名筛选、后续服务等行为。

再审判理和结果

再审法院认为：江苏电视台对被诉“非诚勿扰”标识的使用，从客观使用情况和主观意图来看，属于商标性使用。对于此类电视节目是否与某一服务类别相同或类似进行司法判断时，不能简单、孤立地将某种表现形式或某一题材内容从整体节目中割裂开来，应当综合考察节目的整体和主要特征，把握其行为本质，作出全面、合理、正确的审查认定，以此考察被诉《非诚勿扰》电视节目。其与金阿欢注册商标所核准使用的“交友服务、婚姻介绍”在服务目的、内容、方式和对象上均区别明显，以相关公众的一般认知，能够清晰区分电视文娱节目的内容与现实中的婚介服务活动，故两者不构成类似服务。退一步而言，即使认定其为类似服务，也必须紧扣商标法宗旨，考虑涉案注册商标的显著性与知名度，在确定其保护范围与保护强度的基础上考虑相关公众混淆、误认的可能性，从而判断是否构成商标侵权。由于金阿欢注册商标本身显著性较低，本案对该注册商标的保护范围和保护强度，应与金阿欢对该商标的显著性和知名度所作出的贡献相符。在被诉节目标识与金阿欢注册商标并不相同，相关使用具有一定合理性，且作为娱乐、消遣的综艺性文娱电视节目为公众所熟知的情况下，相关公众能够对该服务来源作出清晰区分，不会产生两者误认和混淆，因此被诉行为并未损害涉案注册商标的识别和区分功能，不构成商标侵权。再审法院判决：一、撤销广东省深圳市中级人民法院（2015）深中法知民终字第927号民事判决；二、维持广东省深圳市南山区人民法院（2013）深南法知民初字第208号民事判决。

【法官评述】

本案系典型的涉电视节目商标侵权纠纷。由于被诉节目的知名度高和广受欢迎，本案二审认定被诉节目构成侵权后引发社会热议和争议，社会关注度极高。本再审案对相关热点、难点问题逐一进行了分析。

一、关于商标性使用问题

《中华人民共和国商标法》第四十八条规定：“本法所称商标的使用，

是指将商标用于商品、商品包装或者容器以及商品交易文书上，或者将商标用于广告宣传、展览以及其他商业活动中，用于识别商品来源的行为。”被诉标识只有在商标法意义上使用、起到识别作用，才涉及被诉行为是否构成对注册商标侵害的评价问题，因此，商标性使用是商标侵权判定中的前提。而本案的一个特殊情况是被诉标识本身是节目名称，而节目名称的使用一般属于对其电视节目主题内容的概括描述，通常视为叙述性使用即属于合理使用的范畴。而且，节目名称的使用常态就是突出使用或单独出现，所以也不能仅以是否突出使用这一普通的商标性使用的表现形态来作为商标性使用的标准。但是，这并不意味着节目名称的使用一定不属于商标性使用，如果相关使用超出了合理使用的必要范畴，而起到识别和区分来源的功能和作用的话，即应当视为商标性使用。承认节目名称作为相关商业标识的作用和权益，不仅具有法律依据，也对相关品牌节目的发展保护具有现实意义。

本案中，再审判决明确指出，相关标识具有节目名称的属性并不能当然排斥该标识作为商标的可能性，而被诉标识在电视节目上的显示位置及样式是否固定、使用的同时是否还使用了其他标识，亦非否定被诉标识作为商标性使用的充分理据。判断被诉“非诚勿扰”标识是否属于商标性使用，关键在于相关标识的使用是否为了指示相关商品/服务的来源，起到使相关公众区分不同商品/服务的提供者的作用。从客观情况来看，江苏电视台对被诉“非诚勿扰”标识的使用，并非仅仅为概括具体电视节目内容而进行的描述性使用，而是反复多次、大量地在其电视、官网、招商广告、现场宣传等商业活动中单独使用或突出使用，使用方式上具有持续性与连贯性，其中“”标识更在整体呈现方式上具有一定的独特性，这显然超出了对节目或者作品内容进行描述性使用所必需的范围和通常认知，具备了区分商品/服务的功能。随着该节目持续热播及广告宣传，被诉“非诚勿扰”标识已具有较强显著性，相关公众看到被诉标识，将联想到该电视节目及其提供者江苏电视台下属江苏卫视，客观上起到了指示商品/服务来源的作用。从主观意图来看，江苏电视台在不少广告中，将被诉“非诚勿扰”标识与“江苏卫视”台标“途牛”“韩束”等品牌标识并列进行宣传，也曾就该标识的使用向华谊公司谋求商标授权，这均直接反映了江苏电视台主观上亦存在将被诉标识作为识别来源的商标使用、作为品牌而进行维护的意愿。因此，江苏电视台仅以“非诚勿扰”属于节目名称、同时标注台标明晰来源为由，否认相关行为属于商标性使用，不能成立。

二、关于服务类似的问题

本案与普通商标侵权纠纷不同之处在于，电视节目往往需要反映现实生活领域活动，因此电视节目将不可避免地涉及现实生活的方方面面。故在判断是否构成相同或类似服务时，并不像传统的商标侵权纠纷那样简单清晰、一目了然。在判定此类跨领域的服务是否构成类似服务时，如果仅仅因为存在某些要素，就认定其与相关服务相同或类似，事实上也不符合商标法司法解释所规定的，从服务的目的、内容、方式、对象等方面是否相同，相关公众是否一般认为存在特定联系，容易造成混淆等方面进行综合判断的要求。而且，本案类似服务的判断还需要考量相关判断结果对行业的影响。作为大众传媒的广播电视行业本身负有宣传正确的价值观、寓教于乐等公众文化服务职责，其不可避免地要对现实生活有关题材进行创作升华，如果仅仅因为节目题材有所涉及就简单当然地将之视为相同或类似服务，显然将大大限制其创作范围，不利于该文化产业的发展。据此，对于此类节目是否与相关服务相同或类似，不能仅依其题材或表现形式来简单判定，应当根据商标在商业流通中发挥识别作用的本质，结合相关服务的目的、内容、方式、对象等方面情况并综合相关公众的一般认识，进行综合考量。本案中，被诉《非诚勿扰》节目系一档以相亲、交友为题材的电视文娱节目，其借助相亲、交友场景中现代未婚男女的言行举止，结合现场点评嘉宾及主持人的评论及引导，通过剪辑编排成电视节目予以播放，使社会公众在娱乐、放松、休闲的同时了解当今社会交友现象及相关价值观念，引导树立健康向上的婚恋观与人生观。其服务目的在于向社会公众提供旨在娱乐、消遣的文化娱乐节目，凭节目的收视率与关注度获取广告赞助等经济收入；服务的内容和方式为通过电视广播这一特定渠道和大众传媒方式向社会提供和传播文娱节目；服务对象是不特定的广大电视观众等，以上均与满足特定个人的婚配需求、通过提供促成婚恋配对的中介服务来获取经济收入的“婚姻介绍、交友”服务不相同不类似，相关公众能够清晰区分电视节目和现实生活中的交友服务，不构成混淆。

三、关于商标相似及司法保护力度问题

商标近似与否的判断，以及商标权保护范围和保护强度均与商标的显著性和知名度紧密相关。以上理念，不仅符合商标法立法宗旨，也在最高人民法院历年出台的司法政策中有所体现。例如，2009年《最高人民法院关于贯彻实施国家知识产权战略若干问题的意见》（法发〔2009〕16号）明确指出，合理界定商标权的范围，根据商标的显著性程度、知名度大小等确定保护强度和范围，准确认定商标侵权判定中的商品类似、商标近似和误导性后果。同年出台的《最高人民法院关于当前经济形势下知识产权审判服务大局若干问题的意见》（法发〔2009〕23号）也要求：“认定商品类似和商标近似要考虑请求保护的注册商标的显著程度和市场知名度，对于显著性越强和市场知名度越高的注册商标，给予其范围越宽和强度越大的保护，以激励市场竞争的优胜者，净化市场环境，遏制不正当搭车、模仿行为。”而在2016年7月，最高人民法院陶凯元副院长在全国法院知识产权审判工作座谈会上提出“司法主导、严格保护、分类施策、比例协调”十六字知识产权司法保护政策时，在“比例协调”的阐述中强调：“坚持比例协调，使知识产权保护范围和强度与其创新和贡献程度相协调……实现权利人利益与他人合法权益以及社会公众利益、国家利益的均衡发展。……在商业标识领域，要妥善运用商标近似、商品类似、混淆、不正当手段等弹性因素，考虑市场实际，使商标权保护的强度与商标的显著程度、知名度等相适应。”以上，均完整阐述了合理确定商标权的保护范围，特别是禁用权范围，鼓励促进自主品牌诚信发展、拒绝抢注商标“打擦边球”的司法政策。

具体到本案，被诉标识的两种形态“非诚勿扰”及“”与金阿欢的注册商标“”相比，并非相同标识。因此，本案涉及的是商标禁用权的范围，这便需要考虑注册商标的显著性和知名度，在确定注册商标权利及保护范围的基础上来判断是否使相关公众混淆误认。本案中，金阿欢涉案注册商标中的“非诚勿扰”文字本系商贸活动中的常见词汇，用于婚姻介绍服务领域显著性较低，其亦未经过金阿欢长期、大量的使用而获得后天的显著性。故本案对该注册商标的保护范围和保护强度应与金阿欢对该商标的显著性和知名度所作出的贡献相符。反观被诉《非诚勿扰》节目，其将“非诚勿扰”作为相亲、交友题材节目的名称具有一定的合理性，经过长期热播，作为娱乐、消遣的综艺性文娱电视节目为公众所熟知。即使被诉节目涉及交友方面的内容，相关公众也能够对该服务来源作出清晰区分，不会产生两者误认和混淆。既然相关被诉标识的使用不对注册商标的识别功能造成损害，不为商标法所禁止，则不构成商标侵权。

该案既对此类涉电视节目名称案件的审理树立了良好示范效果，也生动演绎了知识产权司法保护力度与创新程度相适应的“比例协调”司法政策，在维护保障商标权人正当权益、合理维护广播电视行业的创作空间和热情，以及促进文化产业的繁荣和发展之间取得最佳平衡。

编写人：广东省高级人民法院　肖海棠

4

江苏博立生物制品有限公司诉国家知识产权局专利复审委员会、第三人诺维信公司发明专利权无效行政纠纷再审案

——阅读提示：生物序列权利要求得到说明书支持的判断

【裁判要旨】

对于保护主题为生物序列的权利要求是否得到说明书的支持，需要考虑其中的同源性、来源、功能等技术特征对该生物序列的限定作用。如果这些特征的限定导致包含于该权利要求中的生物序列极其有限，且根据专利说明书公开的内容能够预见到这些极其有限的序列均能实现发明目的，达到预期的技术效果，则权利要求能够得到说明书的支持。

【案号】

一审：北京市第一中级人民法院（2012）一中知行初字第2721号

二审：北京市高级人民法院（2014）高行（知）终字第3524号

再审：最高人民法院（2016）最高法行再85号

【案情与裁判】

原告（被上诉人、被申请人）：江苏博立生物制品有限公司

被告（上诉人、再审申请人）：国家知识产权局专利复审委员会

第三人（上诉人、再审申请人）：诺维信公司

本案涉及国家知识产权局于2006年6月28日授权公告的名称为“热稳定的葡糖淀粉酶”的发明专利（以下简称本专利），其专利号为98813338.5，申请日为1998年11月26日，专利权人为诺维信公司。专利复审委员会针对本专利作出第17956号无效宣告请求审查决定（以下

简称第17956号决定）。在再审程序中，双方当事人的争议焦点为诺维信公司修改后的权利要求10、11和权利要求13、14引用权利要求12（a）（b）的技术方案（有时统称争议权利要求）是否得到说明书支持以及是否具备创造性。对于无效审查程序和一审、二审程序中当事人争议的其他问题，不再予以阐述。

一、二审审理查明

2011年7月1日，博立公司和山东隆大生物工程有限公司分别请求宣告本专利授权公告时的权利要求1－28无效，其主张的无效理由、事实和范围均相同，包括本专利违反《中华人民共和国专利法》（以下简称专利法）第三十三条、第二十六条第四款、第二十六条第三款、第二十二条第三款和《中华人民共和国专利法实施细则》（以下简称专利法实施细则）第二十条第一款。在无效审查程序中，诺维信公司于2011年11月10日提交了经修改的权利要求书。专利复审委员会在此基础上作出第17956号决定。本专利与本案争议焦点相关的部分权利要求如下：

“1. 一种具有葡糖淀粉酶活性的分离的酶，所述的酶包含SEQ ID NO：7的全长序列。

2. 权利要求1的酶，所述的酶在70°C下在50mMNaOAc、0.2AGU/ml、pH4.5中具有至少100分钟的T1/2（半衰期）。

3. 根据权利要求1或2的酶，所述的酶具有100－140分钟的T1/2。

……

6. 一种具有葡糖淀粉酶活性的分离的酶，与SEQ ID NO：7中所示全长序列之间同源的程度至少为99%，并且具有由等电聚焦测定的低于3.5的等电点。

……

10. 根据权利要求6－9任一项的分离的酶，所述的酶来源于丝状真菌Talaromyces属，其中丝状真菌是T. emersonii菌株。

11. 权利要求10的酶，其中丝状真菌是T. emersonii CBS 793.97。

12. 一种克隆的DNA序列，所述DNA序列编码表现出葡糖淀粉酶活性的酶，该DNA序列包括：

（a）在SEQ ID NO：33中所示DNA序列的所述葡糖淀粉酶编码部分；

（b）在SEQ ID NO：33中第649－2724位中所示的DNA序列或其互补链；或

（d）在中等严格性的条件下，与包括SEQ ID NO：33中第649－2724位中所示序列的双链DNA探针杂交的DNA序列；

（e）一种DNA序列，其中由于遗传密码的简并性，该DNA序列与（b）的序列不杂交或（f）但却编码与由这些DNA序列之任一编码的多肽具有完全相同的氨基酸序列的多肽。

13. 权利要求12的DNA序列，其中所述的DNA序列来源于丝状真菌Talaromyces属，其中所述丝状真菌是T. emersonii的菌株。

14. 权利要求13的DNA序列，其中所述丝状真菌是T. emersonii CBS 793. 97。

……”

博立公司向专利复审委员会提交了证据1－3，其中证据1为美国专利US4587215号公开文本，公开日为1986年5月6日。专利复审委员会对证据2、3的真实性不予认可。诺维信公司向专利复委员会提交了反证1－6，专利复审委员会认可反证1－5的真实性、合法性和关联性。

针对诺维信公司在2011年11月10日提交的修改后的权利要求书，第17956号决定认为：

专利法第二十六条第四款规定，权利要求书应当以说明书为依据，说明要求专利保护的范围。

权利要求1中的“包含”是开放式用语，意味着可在SEQ ID NO：7序列一端或两端添加任意数目和任意类型的氨基酸残基，因而使得该分离的蛋白包括了大量的氨基酸序列，所属技术领域的技术人员难以预见在SEQ ID NO：7序列一端或两端添加任意数目和任意类型的氨基酸残基的多肽也能具有葡糖淀粉酶的活性。因此，权利要求1得不到说明书的支持。同理，权利要求12及权利要求1的从属权利要求2－5也不符合专利法第二十六条第四款的规定。

权利要求6涉及用同源性加功能限定的技术方案，所属技术领域的技术人员难以预见除本申请说明书实施例部分公开的如SEQ ID NO：7所示的多肽和SEQ ID NO：34编码的多肽以外的多肽都具有葡糖淀粉酶的活性，所以这些技术方案包含诺维信公司推测的内容，而其效果又难以预先确定和评价，这种概括超出了说明书公开的范围。必须有一定的实验证据来证实具有这些技术方案中所限定的同源性的具体序列确实能实现本发明的目的，而说明书中缺乏相应的实验证据予以证实，本领域技术人员不清楚该同源性范围内除实施例以外的具体哪些多肽能实现本发明的目的，因此，权利要求6涉及同源性的技术方案得不到说明书的支持。权利要求6的从属权利要求7－9仅进一步限定了所述酶的活性，也未能克服权利要求6得不到说明书支持的缺陷，不符合专利法第二十六条第四款的规定。同理，权利要求15－25、27－29中引用权利要求1－9和12的技术方案也不符合专利法第二十六条第四款的规定。

从属权利要求10进一步限定所述的酶分离自Talaromyces emersonii（以下简称T. emersonii）菌株，权利要求11限定酶分离自T. emersonii CBS 793.97，T. emersonii菌株与T. emersonii CBS 793.97属于同一种的菌株，而本领域通常认为同一种个体中，某种具体功能的活性基因在基因组层次上一般仅具有一种序列，或者其所具有的同源性极高的变体序列也会具有所述功能，但如果物种来源在进化地位上差异比较大时，很可能会有即使同源性高的序列，也不具有所述功能的情况存在，因此在说明书已经证实了来源于T. emersonii CBS 793.97的酶具有葡糖淀粉酶活性的基础上，本领域技术人员可以预计来源于T. emersonii菌株，且与SEQ ID NO：7全长序列具有至少99%同源的多肽也具有葡糖淀粉酶的活性，因此，权利要求10和11能够得到说明书的支持，符合专利法第二十六条第四款的规定。同理，权利要求15－25、27－29中引用权利要求10、11的技术方案也符合专利法第二十六条第四款的规定。

从属权利要求13进一步限定权利要求12的DNA序列分离自T. emersonii菌株，权利要求14限定权利要求13的DNA序列分离自T. emersonii CBS 793.97。因此，权利要求13和14的技术方案根据权利要求12可分为三组，即（i）引用权利要求12的（a）和（b）的技术方案；（ii）引用权利要求12的（d）和（e）的技术方案；和（iii）引用权利要求12的（f）的技术方案。

对于（i），T. emersonii菌株与T. emersonii CBS 793.97属于同一种的菌株，而本领域通常认为同一种个体中，某种具体功能的活性基因在基因组层次上一般仅具有一种序列。在说明书已经证实了来源于T. emersonii CBS 793.97的SEQ ID NO：33所示DNA序列的编码部分（或第649－2724位）编码的酶具有葡糖淀粉酶活性的基础上，已知DNA序列的互补链与DNA序列本身一样也能编码相同的多肽，以及在已知氨基酸序列的基础上，SEQ ID NO：33 的编码部分也是可以毫无疑义地直接确定，本领域技术人员可以预计来源于 T. emersonii 菌株，SEQ ID NO：33 所示 DNA 序列的编码部分（或第 649 - 2724 位及其互补链）编码的酶也具有葡糖淀粉酶的活性，因此权利要求 13 和 14 中引用权利要求 12 的（a）和（b）的技术方案能够得到说明书的支持，符合专利法第二十六条第四款的规定。

对于（ii），权利要求 13 和 14 中引用权利要求 12 的（d）和（e）的技术方案不符合专利法第二十六条第四款的规定。

对于（iii），因其不符合专利法实施细则第二十条第一款的规定，因此在此不再评述。

权利要求 15 - 25、27 - 29 中引用权利要求 13 和 14 并间接引用权利要求 12（d）和（e）的技术方案也不符合专利法第二十六条第四款的规定。

综合全部无效理由，第 17956 号决定宣告权利要求 1 - 9、12，权利要求 13 和 14 中引用权利要求 12（d）（e）和（f）的技术方案，权利要求15 - 25、27 - 29 中引用权利要求 1 - 9、12 的技术方案，以及权利要求 15 - 25、27 - 29 中引用权利要求 13 和 14，并由此间接引用权利要求 12（d）（e）和（f）的技术方案无效，在权利要求 10、11 和 26、权利要求 13 和 14 引用权利要求 12（a）和（b）的技术方案、权利要求 15 - 25、27 - 29 中引用权利要求 10、11 的技术方案，以及权利要求 15 - 25、27 - 29 中引用权利要求 13 和 14，并由此间接引用权利要求 12（a）和（b）的技术方案的基础上继续维持本专利有效。

博立公司不服第 17956 号决定，向北京市第一中级人民法院（以下简称一审法院）提起行政诉讼，其起诉理由主要包括：权利要求 10 和 11 得不到说明书的支持，权利要求 13、14 引用权利要求 12（a）和（b）序列的技术方案得不到说明书的支持，权利要求 15 - 29 同样得不到说明书的支持。综上，请求撤销第 17956 号决定。

专利复审委员会辩称：第 17956 号决定认定事实清楚，适用法律正确，审理程序合法，审查结论正确，请求判决维持该决定。

诺维信公司述称：本专利修改后的权利要求 10、11 和权利要求 13、14 引用权利要求 12（a）和（b）的技术方案得到说明书的支持。

博立公司向一审法院提交了证据 4 - 6。诺维信公司向一审法院提交了反证 7 - 9。

一审判理和结果

一审法院经审理认为：

关于本专利修改后权利要求10和11、权利要求13和14引用权利要求12（a）和（b）的技术方案是否符合专利法第二十六条第四款的规定。

本专利修改后权利要求6的SEQ ID NO：7为氨基酸序列，由591个氨基酸构成。本专利说明书中未对上述序列中起到可以在较热环境下仍能够稳定地将淀粉转化为葡萄糖作用的保守氨基酸进行具体限定。该权利要求中“与全长序列之间同源程度至少为99%”的限定内容包括了在5－6个位置上的氨基酸可发生改变的情况。该种改变如果发生在SEQ ID NO：7序列中对维持该序列生物特定活性起到关键位置的氨基酸上，则有可能造成该序列所构成蛋白质空间作用的改变，并进而丧失其特定的生物活性或功能。本专利说明书未对与SEQ ID NO：7序列同源性为99%的其他氨基酸序列能否保持在较热环境下稳定地将淀粉转化为葡萄糖的功能给出充足的实验数据，因此权利要求6中有关同源性限定的内容得不到说明书的支持。本专利修改后的权利要求10、11从属于权利要求6，也包含了权利要求6中有关同源性的限定内容。本专利说明书未对上述序列中起到维持该序列特定生物活性的保守氨基酸进行限定，权利要求10、11虽然限定到了具体的菌株及其保藏号，但仍包括了大量相对于SEQ ID NO：7序列而发生取代、添加或缺失一个或几个氨基酸而发生变化的其他氨基酸序列，而氨基酸序列中发生的相关变化，尤其是起到保守氨基酸作用的变化，都可能会导致原有氨基酸序列特定功能的丧失。因此，权利要求10、11仍未克服其引用的权利要求6中的同源性限定得不到说明书支持的缺陷，同样不符合专利法第二十六条第四款的相关规定。

本专利修改后权利要求12中出现了“包括”，因此，该权利要求属于开放式权利要求。在该权利要求涉及的SEQ ID NO：33（或者该序列中第649－2724位所示的DNA序列或其互补链）的一端或两端还可以添加任意数目和种类的核苷酸，而添加其他的核苷酸序列后该序列是否仍能够实现本发明所述的“在较热环境下稳定地将淀粉转化为葡萄糖”的特定生物活性，本专利说明书未给出实验数据予以支持。因此，修改后的权利要求12不能得到说明书的支持，不符合专利法第二十六条第四款的规定。

本专利修改后的权利要求13、14引用权利要求12，限定了包括SEQ ID

NO：33的序列（或包括该序列第649－2724位所示的DNA序列或者其互补链）所来源的特定菌株及其保藏号。虽然SEQ ID NO：33（及其第649－2724位所示序列或者其互补链）中的核苷酸排列顺序和核苷酸种类是特定的，但权利要求13、14仍旧涉及了其引用的权利要求12中有关“包括”的限定方式，即，权利要求13、14亦属于开放式的权利要求，在该权利要求涉及的SEQ ID NO：33（及其第649－2724位所示序列或者其互补链）的一端或两端，仍可添加其他数量或种类的核苷酸分子，而在添加其他不同种类或数量的核苷酸分子后，权利要求13、14所引用的权利要求12中的上述序列能否维持原特定生物活性，本专利说明书未给出任何实验数据。此外，虽然权利要求13、14限定其序列来源于T. emersonii CBS 793.97菌株，但该菌株的遗传物质，即该菌株的DNA全长序列除含有权利要求12中的SEQ ID NO：33（及其第649－2724位所示序列或者其互补链）的特定序列之外，还含有其他核苷酸序列，而截取自该菌株全部DNA序列中的一段含有SEQ ID NO：33（及其第649－2724位所示序列或者其互补链）的核苷酸序列片段所编码的酶是否都能够保持原特定生物活性，本专利说明书亦未给出相应实验数据。此外，权利要求13、14虽然限定到了具体的菌株及保藏号，但根据本案在案的《微生物学》等证据的记载可知，某一特定菌株可能因各种原因（如保藏、运输等）而发生各种形式的变异，即其遗传物质中的某些碱基对或由基因表达的某些特定氨基酸可能发生变化，从而造成该菌株原有功能的改变或丧失，且生产用途较多的菌株更有可能发生变异。因此，权利要求10、11、13和14虽然限定到了具体的菌株，但上述权利要求中有关同源性和开放式的撰写方式使得被限定的氨基酸序列和DNA序列包括了可能产生各种变异的其他序列，在本说明书未给出充分实验数据支持的情况下，权利要求10、11、13和14的概括显然超出了说明书的内容，不符合专利法第二十六条第四款的规定。

本专利修改后的权利要求15－25、27－29引用权利要求10、11的技术方案，修改后的权利要求15－25、27－29引用权利要求13和14，并由此间接引用权利要求12（a）和（b）的技术方案，均是葡糖淀粉酶的具体使用步骤和用途，其均未克服权利要求10和11、权利要求13和14引用权利要求12（a）和（b）中的技术方案得不到说明书支持的缺陷，因此上述权利要求同样不符合专利法第二十六条第四款的规定。

另外，本专利的保护主题为“热稳定的葡糖淀粉酶”，因此在评述本专利权利要求是否得到说明书支持的问题时，“热稳定”这一本专利的发明点显然是评述过程中应当予以考虑的因素，即权利要求中所要保护的酶是否具备“热稳定”这一生物活性属于应当考察的因素。如在评价过程中忽略“热稳定”这一因素，则本专利相对于说明书中所列举的现有技术而言，将失去其发明的意义，也偏离本专利的保护主题。在说明书未给出有关热稳定性的实验数据的情况下，上述权利要求也会因此得不到说明书的支持。

综上，一审法院判决如下：撤销第17956号决定，专利复审委员会就博立公司针对本专利所提出的无效宣告请求重新作出审查决定。

二审判理和结果

专利复审委员会和诺维信公司不服一审判决，向北京市高级人民法院（以下简称二审法院）提起上诉，请求撤销一审判决，维持第17956号决定。博立公司服从一审判决。

二审法院认为：本案的核心问题在于本专利修改后权利要求10和11、权利要求13和14引用权利要求12（a）和（b）的技术方案是否符合专利法第二十六条第四款的规定。

本专利说明书未对权利要求6中的由591个氨基酸构成的SEQ ID NO：7序列中维持该序列特定生物活性的保守氨基酸进行限定，未对与SEQ ID NO：7序列同源性为99%的其他氨基酸序列能否保持在较热环境下稳定地将淀粉转化为葡萄糖的功能给出充足的实验数据，因此权利要求6中有关同源性限定的内容得不到说明书的支持。本专利修改后的权利要求10限定SEQ ID NO：7序列来源的具体菌属和菌株，权利要求11限定了具体菌株的国际保藏号。因权利要求10、11从属于权利要求6，故权利要求10、11也包含了权利要求6中有关同源性99%限定的内容。本领域技术人员无法得知，在该序列库中，哪些序列具备葡糖淀粉酶活性，哪些序列不具备葡糖淀粉酶活性。专利复审委员会及诺维信公司均未提交证据证明T. emersonii菌的所有个体都是具备葡糖淀粉酶活性的，也就不能因为其限定为T. emersonii菌来源，就必然会具备葡糖淀粉酶活性。因此，来源于T. emersonii菌的不同菌株，与SEQ ID NO：7序列同源性达到99%的序列是一个数目庞大的序列库，本领域技术人员不经过创造性劳动，则无法判断哪些序列具备葡糖淀粉酶活性，本领域技术人员需要通过过度劳动才能确定哪些氨基酸是起到特定生物活性的保守氨基酸。权利要求10、11仍未克服其引用的权利要求6中的同源性限定得不到说明书支持的缺陷，同样不符合专利法第二十六条第四款的相关规定。

关于本专利修改后权利要求13、14引用权利要求12（a）和（b）的技术方案能否得到说明书支持的问题，二审法院同意一审法院的意见。

综上，二审法院于2015年1月26日作出（2014）高行（知）终字第3524号行政判决：驳回上诉，维持一审判决。

申请再审理由与答辩

专利复审委员会不服二审判决，向本院申请再审称：（一）二审判决未从本领域技术人员的基础上阅读、理解本专利说明书的全部内容，认为可以要求保护的仅限于有实验数据的实施例，没有实验数据就得不到说明书的支持，这种判断方法是错误的。（二）本专利权利要求10、11得到了说明书的支持。本专利的权利要求10、11将要求保护的酶的来源分别限定到了菌种T. emersonii和具体的菌株即T. emersonii CBS 793. 97后，其氨基酸的突变并不是任意的，而仅是来源于T. emersonii菌种的天然存在的突变体。即，同时满足于T. emersonii菌种且与SEQ ID NO：7中所示序列之间同源的程度至少为99%的序列范围是很小的。而且，T. emersonii是一种已知的嗜热真菌，其分离的酶即具有本发明所述的热稳定性。因此，虽然说明书未对SEQ ID NO：7序列中起到可在较热环境下仍能够稳定地将淀粉转化为葡萄糖作用的保守氨基酸进行具体限定，但基于上述理由，在说明书已经证实了来源于T. emersonii CBS 793. 97的酶具有葡糖淀粉酶活性的基础上，本领域技术人员可以预计来源于T. emersonii菌种、且与SEQ ID NO：7全长序列具有至少99%同源的多肽也具有葡糖淀粉酶的活性，权利要求10和11能够得到说明书的支持。（三）本专利权利要求13、14引用权利要求12（a）（b）的技术方案得到了说明书的支持。权利要求13、14虽然是开放式权利要求，但其要求保护的DNA序列必须来源于T. emersonii菌种或具体的T. emersonii CBS 793. 97菌株，即在SEQ ID NO：33序列（及其第649－2724位所示序列或者其互补链）的一端或两端的序列并非任意的，而是T. emersonii菌种所固有的。虽然一般真菌的基因组通常含有上百万个碱基对，但本领域普通技术人员通常认为在同一种个体中，某种具体功能的活性基因在基因组层次上一般仅具有一种序列。在说明书已经证实了来源于T. emersonii CBS 793. 97的SEQ

ID NO：33 所示 DNA 序列的编码部分（或第 649 – 2724 位）编码的酶具有葡糖淀粉酶活性的基础上，已知 DNA 序列的互补链与 DNA 序列本身一样也能编码相同的多肽，以及在已知氨基酸序列的基础上，SEQ ID NO：33 的编码部分也是可以毫无疑义地直接确定，本领域技术人员可以预计来源于 T. emersonii 菌种的 SEQ ID NO：33 所示 DNA 序列的编码部分（或第 649 – 2724 位及其互补链）编码的酶也具有葡糖淀粉酶的活性。因此权利要求 13 和 14 中引用权利要求 12 的（a）和（b）的技术方案能够得到说明书的支持。请求撤销一审、二审判决，维持第 17956 号决定。

诺维信公司不服二审判决，申请再审称：（一）二审判决错误分配举证责任，诺维信公司已经提交的反证 9 即《检索报告》充分证明了 99% 同源性的葡糖淀粉酶的范围的有效性，证明本专利权利要求得到说明书的充分支持，二审判决在未要求博立公司提供反证的情况下，要求诺维信公司穷举所有实施例并以证据不足为由撤销第 17956 号决定错误。（二）本专利修改后的权利要求 10、11 得到了说明书的支持。修改后的权利要求 10 已经限定了酶的来源，即来源于“埃默森篮状菌”（T. emersonii）这一菌种，而“种”是最低的生物分类单位，现有技术已知，同一种内的个体间具有高度相似性和稳定性，且权利要求 11 进一步将“种”限定到了保藏号为 CBS 793. 97 的菌株，因此，权利要求 10 和 11 进行上述限定后，能够同时满足与 SEQ ID NO：7 具有 99% 同源的序列并非像二审判决认定的“数目庞大”，诺维信公司通过权威机构检索时也仅检索到几条符合上述限定的序列。诺维信公司提交的证据及本专利说明书中实施例提供的就是来源于具体菌株即 T. emersonii CBS 793. 97 的实验数据，因此，本领域技术人员基于上述证据及公知常识，可以合理预测并得出“T. emersonii 菌的所有个体都具备葡糖淀粉酶活性”的结论。（三）本专利修改后的权利要求 13、14 得到了说明书的支持。权利要求 13 在用 T. emersonii 限定来源后，在 SEQ ID NO：33 中第 649 – 2724 位中所示的 DNA 序列两端的序列是固定的，其能够编码具有葡糖淀粉酶活性的酶是完全可以预期的；而权利要求 14 在用 T. emersonii CBS 793. 97 限定来源后，其编码的蛋白质经实施例验证具有葡糖淀粉酶活性，即本专利说明书已经对权利要求 14 的技术方案提供了实验证据。（四）第 17956 号决定在评价本专利创造性时所称的本专利要求保护的葡糖淀粉酶与证据 1 中分离的葡糖淀粉酶相比具有的“增加的热稳定性”仅是作为附加的优选特征对本专利独立权利要求的进一步限定。本专利争议权利要求保护的主题是产品，其结构足以使其具备创造性，判断争议权利要求是否得到说明书的支持不应考虑增加的热稳定性。综上，请求撤销一审、二审判决，维持第 17956 号决定。

博立公司辩称：（一）生物序列的保护不应当使用同源百分比的方式进行限定，第 17956 号决定突破现行法规即 2010 年版《专利审查指南》和国家知识产权局执行的《审查操作规程（实质审查分册）》对于生物序列权利要求的审查标准，引入同源百分比的认定标准，缺乏客观依据。（二）对于生物序列发明来说，保守区一旦发生变化，必然导致功能的改变或丧失，在专利权人未测定序列保守区的情况下，给予其无法预测的保护范围，明显与其技术贡献不相匹配。（三）本专利权利要求包括了“具备所述序列的酶具备热稳定性”这一隐含技术特征，专利复审委员会在评价权利要求是否得到说明书支持时未考虑这一特征。（四）第 17956 号决定关于“同一种个体中，某种具体功能的活性基因在基因层次上一般仅具有一种序列”的认定没有任何依据。（五）本专利权利要求 10、11 不能得到说明书的支持。诺维信公司没有提供 T. emersonii 的分类学依据，也没有提供证据证明，具有热稳定性的葡糖淀粉酶是 T. emersonii 的共性，而本专利的发明点在于一种具有在高温下保持热稳定性生物活性的葡糖淀粉酶，因此，本专利权利要求 10、11 虽然限定了来自同一菌株且与 SEQ ID NO：7 具有 99% 同源的酶，但这个范围包括了可以改变或缺失保守区氨基酸但同样具有 99% 同源的酶。在本专利说明书没有相应的实施例及实验数据充分说明的情况下，在没有进行保守区测序和排除等试验数据和实施例支持的前提下，本领域技术人员是不能预见与 SEQ ID NO：7 具有所述 99% 同源性的分子也具有与其相同的功能活性，包括具有分解淀粉的生物活性和具有热稳定的生物活性，即本专利权利要求 10、11 不能得到说明书的支持。（六）本专利权利要求 13、14 引用权利要求 12 的（a）（b）技术方案得不到说明书的支持。在（a）（b）序列两端延伸其他核苷酸后，是否仍然能够实施本发明，无法进行合理预期，且权利要求 13、14 没有限定序列的同源性，其不能实现本专利技术效果的概率比权利要求 10、11 更大。在权利要求 10、11 得不到说明书支持的情况下，权利要求 13、14 同样也得不到说明书的支持。综上，二审判决认定事实清楚，适用法律正确，应予维持。

再审判决和结果

最高人民法院经审理查明：一审、二审法院查明的事实基本属实。诺维信公司在向一审法院提交反证7－9的基础上，又向二审法院提交了反证10－13，用于证明本领域技术人员的水平和涉案相关技术知识。博立公司在向一审法院提交证据4－7的基础上，又向本院提交了证据8－12，用于证明本专利使用同源百分比限定不符合《审查操作规程》规定，生物序列的保护不应当使用同源百分比的方式进行限定，诺维信公司在其专利文件中以热稳定的活性作为本专利唯一发明点等。

最高人民法院经审理认为：本专利申请日为1998年11月26日，本案应当适用1992年修正的专利法。对于本专利权利要求10、11、权利要求13和14引用权利要求12（a）和（b）的技术方案是否符合专利法第二十六条第四款这一争议论点，该院认为：

专利法第二十六条第四款规定，权利要求书应当以说明书为依据，说明要求专利保护的范围。

权利要求10是权利要求6的从属权利要求，权利要求11是权利要求10的从属权利要求。权利要求6内容如下："一种具有葡糖淀粉酶活性的分离的酶，与SEQ ID NO：7中所示全长序列之间同源的程度至少为99%，并且具有由等电聚焦测定的低于3.5的等电点。"权利要求10内容如下："根据权利要求6－9任一项的分离的酶，所述的酶来源于丝状真菌Talaromyces属，其中丝状真菌是T. emersonii菌株。"权利要求11内容如下："权利要求10的酶，其中丝状真菌是T. emersonii CBS 793.97。"对于全长591个氨基酸的SEQ ID NO：7而言，尽管与之具有99%以上同源性的序列仍有五六个氨基酸位点的差异，但是，除了同源性特征之外，从属权利要求10还进一步限定所述的酶来源于T. emersonii菌种，权利要求11甚至进一步限定所述酶来源于特定的菌株即T. emersonii CBS 793.97。根据诺维信公司提交的反证8即《微生物学》第256－257页的相关记载："种（species）是生物界客观存在的独立单位，也是生物分类中的基本单位。细菌的种起源于一个单细胞，在遗传上是相同的细胞群体或克隆（clone）。通常在某些基本特征上，这个群体中的个体彼此显示出高度的相似性，而与另一种的个体在许多独立的特征方面又表现不同。"本领域普通技术人员一般认为，种是生物分类的基本单位，在某些基本特征上，同一种中的个体彼此显示出高度的相似性。同一种真菌或同一株真菌编码其体内某种酶的基因序列一般是确定的，偶尔会存在极少数同源性极高的变体序列，相应地，由该基因编码的酶也是确定的或者极少数的。本案中，99%以上同源性与菌种或者菌株来源的双重限定已经使得权利要求10和11的保护范围限缩至极其有限的酶，何况权利要求10和11还包括权利要求6所限定的酶的等电点和具有葡糖淀粉酶活性的功能。因此，在说明书实施例1－4已经证实了上述SEQ ID NO：7具有葡糖淀粉酶活性的情况下，权利要求10和11的保护范围能够得到说明书的支持，符合专利法第二十六条第四款的规定。

权利要求12的（a）和（b）技术方案内容如下："一种克隆的DNA序列，所述DNA序列编码表现出葡糖淀粉酶活性的酶，该DNA序列包括：（a）在SEQ ID NO：33中所示DNA序列的所述葡糖淀粉酶编码部分；（b）在SEQ ID NO：33中第649－2724位中所示的DNA序列或其互补链。"权利要求13的内容如下："权利要求12的DNA序列，其中所述的DNA序列来源于丝状真菌Talaromyces属，其中所述丝状真菌是T. emersonii的菌株。"权利要求14的内容如下："权利要求13的DNA序列，其中所述丝状真菌是T. emersonii CBS 793.97。"权利要求13进一步限定权利要求12的DNA序列来源于T. emersonii菌种，权利要求14进一步限定权利要求13的DNA序列来源于特定菌株即T. emersonii CBS 793.97。尽管权利要求13和14引用了使用"包括"措辞的权利要求12，使得其所保护的DNA序列不限于"在SEQ ID NO：33中所示DNA序列的所述葡糖淀粉酶编码部分"即序列（a）或"在SEQ ID NO：33中第649－2724位中所示的DNA序列或其互补链"即序列（b）本身，还包括分别在这两种序列的一端或两端进行延伸而形成的DNA序列。但是，权利要求13和14包含有功能性特征"编码表现出葡糖淀粉酶活性的酶"，在序列（a）或（b）无限延伸之后已不具备该功能的DNA序列并未包含于权利要求13和14的保护范围之内。而且，权利要求13和14还分别限定了所述DNA序列来源于T. emersonii菌种和特定菌株T. emersonii CBS 793.97，而能够从T. emersonii菌种甚至特定菌株T. emersonii CBS 793.97中得到的包含序列（a）或序列（b）的DNA序列也是确定的和极少数的。因此，权利要求13和14中引用权利要求12（a）（b）的技术方案能够得到说明书的支持，符合专利法第二十六条第四款的规定。

关于生物序列发明的限定方式问题。博立公司在申请再审程序中主张，不应当使用同源百分比限定生物序列发明，否则违背了2010年版《专利审查指南》和国家知识产权局执行的《审查操作规程（实质审查分册）》对于生物序列权利要求的规定。博立公司在再审程序中则主张，生物序列产品权利要求可以使用序列同源性的限定方式，但应当列出相应的衍生序列，才能得到说明书的支持。本院认为，本专利申请日为1998年11月26日，当时实施的1993年版《专利审查指南》并没有关于生物技术领域发明的权利要求书的规定。即使如博立公司主张，应参考2010年版《专利审查指南》等相关规定，本院亦认为，2010年版《专利审查指南》第二部分第十章第9.3.1条规定："对于涉及基因、载体、重组载体、转化体、多肽或蛋白质、融合细胞和单克隆抗体等的发明，其权利要求可按下面所述进行描述。"第9.3.1.1条第（1）－（5）项对基因发明规定了五种具体描述方式，并在第（6）项规定："当无法使用前述五种方式进行描述时，通过限定所述基因的功能、理化特性、起源或来源、产生所述基因的方法等描述基因才可能是允许的。"上述规定并没有排除生物序列发明使用同源性限定的描述方式。博立公司提交的证据8即《审查操作规程》的相关规定针对的是使用序列同源性加上功能限定的生物序列产品权利要求，此类权利要求得到说明书支持的要求是说明书中列举了相应的衍生序列，但是，本案争议权利要求在引用的独立权利要求的基础上增加了来源限定，并非规程所说的序列同源性加上功能限定的方式，因此，其得到说明书的支持并不必然要求说明书列举相应的衍生序列。博立公司提交的证据9是两篇研究文章，其相关内容虽然表明，对于使用序列同源性限定的生物序列产品权利要求，审查意见一般为生物分子的微小改变可能导致分子空间结构的改变，进而导致其功能发生变化，本领域技术人员不能预见与相关具体序列具有百分比相同性的生物序列也具有相同的功能活性，但两篇文章均没有考虑本案争议权利要求在增加了来源限定后如何评价其是否得到说明书支持的问题。因此，对于本案争议权利要求采用了同源性加上功能和来源的限定方式后是否得到说明书支持的问题，仍然应当依据专利法第二十六条第四款规定进行判断。本专利争议权利要求保护的酶及其编码DNA序列均来源于T. emersonii菌种甚至特定菌株T. emersonii CBS 793.97，并未跨越不同物种，因此，博立公司根据其证据4即《科学家发现人和黑猩猩基因功能区差异只有百分之零点七五》一文，以人与大猩猩两个不同物种为例提出的反驳主张不能成立。博立公司以其证据5和6主张，生物序列的一个位点发生突变，就可能会导致生物序列功能的改变甚至丧失，但是，本专利争议权利要求不仅具有同源性限定，还有来源和功能限定，而证据 5 和 6 所载内容并未考虑基因的来源和功能，博立公司的相应主张不能成立。博立公司证据 7 所载内容虽然说明同一菌种会发生变异，但本专利争议权利要求在具有来源限定的同时还有同源性和功能限定，证据 7 也不能推翻本专利争议权利要求得到说明书支持的认定。

关于本专利未测定保守区、其保护范围是否得到说明书支持的问题。博立公司主张，专利权人未测定保守区，本领域技术人员不能预见争议权利要求限定的序列是否具备相同的功能活性。本院认为，如果权利要求 10 和 11 没有进一步限定所述酶的菌种或者菌株来源以及酶的功能，则其保护范围将扩展至任意与 SEQ ID NO：7 具有 99% 以上同源性的酶序列，本领域技术人员无法得知上述众多的酶序列是否都具备葡糖淀粉酶活性。然而，在权利要求 10 和 11 进一步限定所述葡糖淀粉酶来源于 T. emersonii 菌种甚至特定菌株 T. emersonii CBS 793. 97 的情况下，其保护范围只是极其有限的序列（如同工酶的情形），甚至更可能仅仅是 SEQ ID NO：7 本身，因此采用同源性加上功能和来源限定的权利要求 10、11 已经得到说明书的支持，无须再测定保守区并根据是否具备保守区来判断是否具备相同的功能活性。博立公司提供的证据 7 的相关记载也不足以表明本案应当测出 SEQ ID NO：7 的保守区或保守氨基酸位点，其相应主张不能成立。

关于热稳定性是否应当予以考虑的问题。博立公司主张，本专利权利要求包括了“具备所述序列的酶具备热稳定性”这一隐含技术特征，热稳定性是本专利唯一的发明点，专利复审委员会在评价权利要求是否得到说明书支持时未考虑这一特征。本院认为，本专利说明书第 2 页记载，“以 T1/2（半衰期）测量本发明的热稳定性”，“与诸如黑色曲霉葡糖淀粉酶之类的现有技术中的葡糖淀粉酶相比，分离的葡糖淀粉酶具有非常高的热稳定性。正如以下实施例 2 中所述的那样，测定 70℃（pH4. 5）下 T1/2（半衰期）约为 120 分钟。正如实施例 12 中所述的那样，测定在酵母中表达的重组 T. emersonii 葡糖淀粉酶约为 110 分钟。”本专利权利要求 1 没有限定要求保护的酶的热稳定性，本专利权利要求 2 作为权利要求 1 的从属权利要求，限定了要求保护的酶的热稳定性，即，在 70°C 下在 50mMNaOAc、0. 2AGU/ml、pH4. 5 中具有至少 100 分钟的 T1/2（半衰期），而根据本专利说明书第 4 页的记载，在同样条件下测定的由黑色曲霉 HowB112 菌株生产的 T. emersonii 葡糖淀粉酶的 T1/2 为 20 分钟。上述内容和博立公司提交的证据 10 – 12 能够证明热稳定性可分为普通的热稳定性和非常高的热稳定性。由此可见，虽然本专利发明名称为"热稳定的葡糖淀粉酶"，本专利说明书及诺维信公司意见陈述书也多次出现"热稳定的葡糖淀粉酶"，但所述热稳定并未明确指明系本专利权利要求 2 限定的非常高的热稳定性，还是普通的热稳定性。根据诺维信公司提交的反证 11，T. emersonii 菌种是嗜热菌种，来自嗜热菌种的酶一般都具有热稳定性，这是本领域技术人员可以预期的。而且，权利要求的保护范围以其权利要求的内容为准，本专利争议权利要求没有对热稳定性进行明确限定，因此，专利复审委员会在评价本专利权利要求是否得到说明书支持时未对热稳定性予以特别考虑并无不当。

综上，一审、二审判决认定事实和适用法律存在错误，第 17956 号决定的结论并无不当。最高人民法院判决撤销一审、二审判决，维持第 17956 号决定。

【法官评述】

本案涉及如何判断生物序列权利要求是否得到说明书的支持。修改后的权利要求 10、11 使用了同源性、来源和功能的限定方式，同源性就是指权利要求 10、11 引用的权利要求 6 限定的"与 SEQ ID NO：7 中所示全长序列之间同源的程度至少为 99%"，来源就是指权利要求 10、11 限定的菌种和特定菌株，功能就是指权利要求 6 所限定的等电点和具有葡糖淀粉酶活性的功能。修改后的权利要求 13、14 引用权利要求 12（a）（b）的技术方案使用了来源和功能的限定方式，来源就是指权利要求 13、14 限定的菌种和特定菌株，功能就是权利要求 13、14 所引用的权利要求 12 所限定的"编码表现出葡糖淀粉酶活性的酶"。上述特征的限定导致包含于权利要求 10、11 和 13、14 引用权利要求 12（a）（b）的技术方案中的生物序列极其有限，而且根据专利说明书公开的内容，说明书实施例 1－4 已经端出 T. emersonii CBS 793. 97 中的葡糖淀粉酶序列为蛋白质序列 SEQ ID NO：7，即 SEQ ID NO：7 具有葡糖淀粉酶活性，实施例 5－12 采用本领域常规技术手段对 T. emersonii 葡糖淀粉酶基因进行克隆和测序，得到基因序列 SEQ ID NO：33，上述内容证明了权利要求 6 中的 SEQ ID NO：7 具有葡糖淀粉酶活性，而权利要求 12 中的 DNA 序列编码表现出葡糖淀粉酶活性的酶，在此基础上，本领域技术人员能够预见权利要求 10、11 和 13、14 引用权利要求 12（a）（b）的技术方案中的生物序列均能实现其限定的功能即具有葡糖淀粉酶活性，因此，上述权利要求能够得到说明书的支持。一审、二审判决认为争议权利要求不能得到说明书支持的错误在于，未能从本领域技术人员的基础上理解本专利说明书的内容，未考虑具有葡糖淀粉酶活性这一功能对争议权利要求的限定作用，认为争议权利要求涉及的序列是一个数目庞大的序列库。

编写人：最高人民法院　郎贵梅

5

南京金色希望酒业有限公司诉国家工商行政管理总局商标评审委员会等商标争议行政纠纷案

——阅读提示：判断中英文商标间构成相似与否应当考虑的因素有哪些？注册商标是否建立较高市场声誉及稳定受众群体的判断标准包括哪些？

【裁判要旨】

判断中英文商标是否构成近似，不仅要考虑商标构成要素及其整体的近似程度、相关商标的显著性和知名度、所使用商品的关联程度等因素，还要判断中英文商标是否形成了较为稳定的对应关系。此外，对于已经注册使用一段时间的商标，该商标是否已经通过使用建立了较高的市场声誉和形成了自身的相关公众群体，并非由使用时间长久单一因素来决定，而是在客观上有无通过其使用行为使得相关公众能够将其与相关商标区分开来，以是否容易导致混淆作为判断标准。

【案号】

一审：北京市第一中级人民法院（2013）一中知行初字第3731号

二审：北京市高级人民法院（2014）高行（知）终字第3129号

申请再审：最高人民法院（2015）知行字第230号

再审：最高人民法院（2016）最高法行再34号

【案情与裁判】

原告（上诉人、被申请人）：南京金色希望酒业有限公司（以下简称金色希望公司）

被告（被上诉人、被申请人）：国家工商行政管理总局商标评审委员

会（以下简称商标评审委员会）

第三人（再审申请人）：拉菲罗斯柴尔德酒庄（CHATEAU LAFITE ROTHSCHILD）（以下简称拉菲酒庄）

起诉与答辩

金色希望公司因商标争议行政纠纷一案，不服商标评审委员会于2013 年9 月2 日作出的商评字（2013）第55856 号《关于第4578349 号“拉菲庄园”商标争议裁定书》（以下简称第 55856 号裁定），于法定期限内向北京市第一中级人民法院提起诉讼。金色希望公司诉称：一、商标评审委员会认定争议商标与引证商标构成近似商标属于认定事实错误。二、中国法律不应当为外文商标在中国预留不特定的中文文字组合商标。争议商标与引证商标属于不同语种的文字，所以在发音上一般不会形成一一对应的关系，只有经过外文商标权利人主动性的、长期的、大量的使用，使得相关公众均认可外文与相应的中文形成一一对应关系时，才能以此禁止他人注册、使用相应的中文商标。三、争议商标经过金色希望公司长期大量的使用，已经建立了较高的市场声誉并形成了相关公众群体，从维护稳定的市场秩序方面出发，商标评审委员会撤销争议商标显属错误。综上所述，商标评审委员会认定事实错误，请求人民法院判决撤销第 55856 号裁定。

商标评审委员会辩称：第 55856 号裁定认定事实清楚，适用法律正确，审理程序合法，请求人民法院判决予以维持。

第三人拉菲酒庄述称：同意商标评审委员会的意见，请求人民法院判决维持第 55856 号裁定。

一审审理查明

第 4578349 号“拉菲庄园”商标（以下简称争议商标，见下图）的申请日为2005 年4 月1 日，核定使用在第33 类葡萄酒、酒（饮料）、果酒（含酒精）、蒸馏酒精饮料、苹果酒、含酒精液体、含水果的酒精饮料、米酒、青稞酒、料酒商品上，注册人为金色希望公司，专用期限至 2017 年 11 月 13 日。

拉菲庄园

争议商标

第1122916号“LAFITE”商标（以下简称引证商标，见下图）的申请日为1996年10月10日，核定使用在第33类的含酒精饮料（啤酒除外）商品上，注册人为拉菲酒庄，专用期限至2017年10月27日。

LAFITE

引证商标

商标评审委员会作出的第55856号裁定认为：一、拉菲酒庄在案证据表明，在争议商标申请注册之前，国内刊物即已开始介绍拉菲酒庄及其生产的“LAFITE”葡萄酒，并将“LAFITE”译为“拉菲特”，或将“CHATEAU LAFITE”译为“拉斐堡”。经多年宣传，上述商标已形成对应关系且金色希望公司亦认同拉菲酒庄“LAFITE”商标的中文译法为“拉斐”和“拉斐堡”。此后，国内媒体又将“LAFITE”译为“拉菲”进行宣传报道，拉菲酒庄在销售活动中也将“拉菲”作为音译词使用，并且在葡萄酒市场上形成较高的知名度。作为经营葡萄酒商品的同行业竞争者，金色希望公司理应知晓拉菲酒庄及其商标的使用情况，应有合理避让，却仍在葡萄酒等类似商品上注册了与引证商标对应的中文译法“拉菲特”等相近商标。因此，争议商标已经与引证商标构成类似商品上的近似商标，其注册使用易使消费者认为其所标示的产品与拉菲酒庄存在某种关联。二、本案已无认定争议商标为驰名商标的必要。三、争议商标未违反《中华人民共和国商标法》（以下简称商标法）第三十一条有关“申请商标注册不得损害他人现有的在先权利”的规定。四、争议商标本身不至于产生有害于社会主义道德风尚或者其他不良社会影响的效果。综上，拉菲酒庄的撤销理由成立，裁定争议商标予以撤销。

一审判理和结果

争议商标为“拉菲庄园”，其中的“庄园”二字使用在葡萄酒等商品上显著性较弱，“拉菲”二字为争议商标的主要部分。引证商标为“LAFITE”。根据拉菲酒庄提供的其与上海名特国际贸易有限公司以及美夏公司之间的销售发票，引证商标的商品早在 1999 年就进入了中国市场。早在 20 世纪 80 年代，国内的相关刊物就开始介绍拉菲酒庄及其生产的“LAFITE”葡萄酒，并将“LAFITE”译为“拉斐”或者“拉菲特”，将“CHATEAU LAFITE”译为“拉斐堡”或者“拉菲特堡”。而在争议商标申请日之前，亦有相关的媒体将“LAFITE”译为“拉菲”。无论是将“LAFITE”译为“拉斐”“拉菲”或者“拉菲特”，均系从音译的角度对该词进行的翻译，而音译系根据发音进行的语言转换。通过相关媒体的介绍，结合拉菲酒庄的“LAFITE”葡萄酒早在争议商标注册日之前就进入中国市场的情况，国内的相关公众能够了解到“LAFITE”葡萄酒属于名贵酒，亦了解到“LAFITE ”呼叫为“拉斐”“拉菲特”或者“拉菲”。此后，拉菲酒庄在销售活动中也将“拉菲”作为“LAFITE”对应的音译词使用，并具有较高的知名度。金色希望公司将与引证商标对应的音译“拉斐”“拉菲”“拉菲特”相同或者近似的文字“拉菲”作为主要部分申请注册争议商标，指定使用在与引证商标核定使用的商品相同或者类似的商品上，容易使相关公众认为这些商品来源具有密切联系，从而对商品的来源产生误认。因此，争议商标与引证商标构成使用在相同或者类似商品上的近似商标，其注册违反了 2001 年修正的商标法第二十八条的规定，依法应当予以撤销。金色希望公司所述引证商标的含义为“小山丘”的情形不为相关公众所熟悉，相关公众难以从含义上区分两商标。同时，金色希望公司作为经营葡萄酒商品的同行业竞争者，理应知晓拉菲酒庄的引证商标及其音译情况，其在申请争议商标注册时应当合理避让，但仍然在葡萄酒等相同或类似商品上申请注册了与引证商标近似的争议商标，其行为难谓正当。另外，根据金色希望公司提交的相关证据，其在实际使用争议商标的过程中，广泛存在将争议商标与“LAFEI MANOR”一并使用的情况，并标示“法国原瓶进口”等字样，客观上使得相关公众更难以将争议商标与引证商标标识的商品之来源进行区分。因此，金色希望公司提交的证据尚难以证明争议商标经过使用，已经足以使相关公众将其标识的商品之来源与引证商标标识的商品之来源相区分。一审法院判决维持第 55856 号裁定。

上诉与答辩

金色希望公司不服一审判决，向二审法院提起上诉。主要理由为：1. 争议商标与引证商标不构成近似商标；2. 争议商标授权信赖利益应当得到保护，长期大量使用所形成的稳定市场秩序应当得到维护。

二审另查明

二审诉讼过程中，金色希望公司提交了以下证据：最高人民法院（2014）知行字第33号行政裁定书；北京市高级人民法院（2013）高行终字第1606号行政判决书；上海名特国际贸易有限公司工商档案；香港某公司开给金色希望公司的时间为1995年的销售发票；证明酒类产品进口到中国必须具有的中文材料，包括入境货物通关单、进口货物报关单、进口增值税专用缴款书、卫生证书；拉菲庄园产品产地为智利、阿根廷的产品照片。

二审判理和结果

二审法院认为，认定商标是否近似，既要考虑商标标志构成要素及其整体的近似程度，也要考虑相关商标的显著性和知名度、所使用商品的关联程度等因素，以是否容易导致混淆作为判断标准。判断外文商标与中文标识是否近似，需考虑中国相关公众的认知情况和外文商标与中文标识之间是否形成对应关系等因素，且应以诉争商标申请注册日为判断的时间节点。具体到本案，争议商标由中文“拉菲庄园”构成，其显著识别部分为“拉菲”，引证商标由外文文字“LAFITE”构成，争议商标与引证商标的标识在字形、读音等方面存在较大差异。从拉菲酒庄提交的证据看，在争议商标申请日之前，仅有少量专业性报刊对引证商标以及“拉菲”等有所报道，且大部分报刊的专业性强，受众面较小，难以认定引证商标在争议商标申请日之前已经在中国大陆地区具有市场知名度，相关公众已经能够将引证商标与“拉菲”进行对应性识别。拉菲酒庄提供的其与上海名特国际贸易有限公司以及美夏公司之间的销售发票系域外证据，无翻译、公证、认证手续。拉菲酒庄亦未提供进口酒类所需的其他单证，故一审判决关于“引证商标商品在1999年进入中国市场”的认定缺乏依据。故争议商标与引证商标不构成近似商标。（二）对于使用时间较长，已建立较高的市场声誉和形成相关公众群体的诉争商标，应当准确把握商标法有关保护在先商业标志权益与维护市场秩序相协调的立法精神，充分尊重相关公众已在客观上将相关商业标志区别开来的市场实际，注重维护已经形成和稳定的市场秩序。考虑到本案中，争议商标的注册和使用长达十年之久，其已经形成稳定的市场秩序，从维护已经形成和稳定的市场秩序考虑，本案争议商标的注册应予维持。综上，二审法院判决撤销一审判决。

申请再审理由与答辩

拉菲酒庄申请再审称：1. 在案证据足以证明在争议商标申请日前，引证商标已经在中国境内使用并具有较高的知名度。2. 无论是拉菲酒庄主动将“LAFITE”翻译成“拉菲”并予以“主动使用”，还是报刊杂志等媒体及相关公众将“LAFITE”称呼为“拉菲”，只要拉菲酒庄与其产品之间以“拉菲”为媒介的特定联系已经建立，就可以阻止他人注册或使用“拉菲”。3. “拉菲”作为“LAFITE”的音译已经与“LAFITE”及拉菲酒庄建立起一种被公众广泛理解的、明确的、稳定的对应关系；“拉菲”“拉菲特”“拉斐”多种翻译形式的存在并不损害特定联系的建立和存续。4. 撤销争议商标的注册，不仅是维护再审申请人合法权益的需要，更是保护中国社会公共利益的需要。金色希望公司仿冒、搭便车的恶意非常明显，争议商标与引证商标的音译“拉菲”完全相同，相同商品上、高度近似的两个商标，必然造成混淆、误认。5. 长期共存的事实不能排除混淆、误认的可能性。即使争议商标“拉菲庄园”与引证商标“LAFITE”及其音译“拉菲”在市场上长期共存达十年之久，也并不必然排除相关公众对二者产生混淆的可能性，其市场声誉或许就是相关公众认为二者同属一家或存在特定关联关系而依附再审申请人产生、建立的。

商标评审委员会辩称，引证商标早期在中国大陆地区被公众翻译为“拉菲特”“拉菲堡”，均指向再审申请人及其“LAFITE”商标。本案争议焦点在于争议商标申请日前相关公众看到争议商标是否会联想到拉菲酒庄的引证商标，该事实的确定不在于拉菲酒庄对“拉菲”是主动使用还是被动使用。本案还应考虑金色希望公司的销售模式以及金色希望公司注册争议商标的恶意情况，金色希望公司在再审程序中提交的大量关于争议商标使用的证据不足以证明其通过大量使用已经形成了较为稳定的市场秩序，金色希望公司至少将四件商标许可给“南京华夏葡萄酒酿酒有限公司”，且这四件商标差异显著。此外，金色希望公司还申请注册了第8835643号图形商标与再审申请人旗下的另一件著名图形商标（国际注册第764270号）高度近似，其主观恶意明显。

金色希望公司述称：1. 引证商标和争议商标在构成要素上不构成近似商标。2. 引证商标在争议商标申请日前未在中国市场使用，拉菲酒庄提交的证据缺乏证明力，不足以证明引证商标的使用事实。3. 争议商标的知名度和市场占有率远远超过拉菲酒庄，金色希望公司对争议商标的大量使用所形成的稳定市场秩序足以使争议商标与引证商标相区分。4. 争议商标申请日前，拉菲酒庄未与争议商标建立特定联系，拉菲酒庄在国外的商业活动不能与中国等同。5. 本案不存在公共利益保护之情形，金色希望公司未具有不当使用意图。6. 拉菲酒庄的再审申请已经超过诉讼时效。

再审审理查明

根据当事人提交的证据、商标评审委员会及一审、二审法院对本案证据的审查认证并结合各方当事人对证据的质证意见，最高人民法院补充查明：2001年第3期《中外轻工科技》中刊登的《如何分辨真伪葡萄酒》的文章，其中提到：例如1982年的拉斐（Lafite）等内容。1996年第9期《国际市场》中刊登的《魅力永存的法国红葡萄酒》，其中提到Lafite的酒陈放20年以后品尝，口感饱满，但不同于其他一般酒厂，即使陈放期短，饮用也一点不差。1999年5月《CHINA DRINKS》中刊登的《葡萄酒与投资》一文中提到法国波尔多红葡萄酒包括拉菲特（Lafite）。2002年第6期《中外葡萄与葡萄酒》中刊登的《法国波尔多的葡萄与葡萄酒—酒庄的分类与等级》一文中提到Lafite。2002年第3期《法语学习》中刊登的《法国葡萄酒简介》一文记载有CHATEAU LAFITE ROTHSCHILD拉菲特堡干红的内容。21食品商务网刊登的2004年5月25日《拉菲等巨头即将合力打造顶级精品酒庄》一文中提到：法国最著名的五大酒庄之一——波尔多一级酒庄拉菲（Chateau Lafite）。2005年2月7日《民营经济报》中刊登的《顶级葡萄酒的收藏与投资》一文中提到：典型的是法国拥有悠久历史的著名酒庄，如波尔多的伊甘酒庄，以及五大顶级酒庄拉菲、拉图、玛哥、木桐和奥比安，都是历史形成的名庄。2004年7月《经理人》中刊登的《麦建光：品味显赫人生》提到：1982年全球顶级5大类红酒——Lafite；2003年第11期《财经文摘》中刊登的《欧米茄：名流云集的辛普伦东方快车》提到：一款珍藏版的欧米茄表，如同1982年全球顶级红酒……Lafite……般值得典藏。2002年1月22日《人民日报市场版》中刊登的《万达干红的法兰西之源》一文中出现了"拉菲"字样；2003年8月29日《北京晚报》上刊登的《大商场专爱小超市》一文中出现"以年份和品质著称的拉菲葡萄酒"；2004年4月26日《新快报》上刊登的《葡萄美酒夜光杯》中出现"拉菲（Lafite）……目前世界上最贵一瓶葡萄酒的纪录保持者就是拉菲……拉菲酒有葡萄王国中的王后之称"。2004年7月11日《扬子晚报》上刊登的《闻香识雪茄辨色品红酒》一文中出现了"全球发行50万瓶的拉菲红酒"字样；2004年11月3日《信息日报》上刊登的《收藏红酒既是投资也是文化》一文中出现"法国拉菲红酒"；2004年11月11日《北京日报》上刊登的《法国葡萄酒专柜入驻赛特》一文中出现"拉菲副牌"。(2015）京中信内经证字第49543号公证书记载了国内外多部电影中关于"lafite/拉菲"的相关介绍。

法国酒商"吉娜斯酒庄"于2000年3月15日、2001年3月19日、2001年6月25日向圣皮尔精品酒业（北京）公司销售"LAFITE"葡萄酒。法国酒商"红酒商公司"于2005年3月24日、5月31日、12月13日向中国大陆销售拉菲古堡、拉菲珍宝等红葡萄酒。罗斯柴尔德男爵拉菲集团自1999年至2005年向上海鸣特国际贸易公司、天津食品进出口公司、上海美夏国际贸易公司、中国免税店（集团）有限责任公司销售多批拉菲古堡、拉菲珍宝、SAGA、拉菲传奇、拉菲传说等葡萄酒。2016年5月9日，长沙海关法规司出具证明称：根据长沙市中级人民法院的证据调查公函，受海关总署办公厅指派，我关经与上海海关协调，调取了上海名特国际贸易公司、美夏国际贸易（上海）有限公司、圣皮尔精品酒业（上海）有限公司3家公司，自2005年以来从上海海关进口"拉菲"或"LAFITE"葡萄酒的相关报关单记录3391条。具体内容见随表格打印件（共计345页，报关单编码221820051185537722至221820161186106 1146）。

2016年5月12日，圣皮尔精品酒业（上海）有限公司出具声明载明：圣皮尔酒业（ASC FINE WINES）于1996年由圣皮尔（DONALD LEO ST. PIERRE）家族创建，包括北京圣皮尔金鹰食品饮料有限公司（经营中可能被简称为"北京圣皮尔葡萄酒有限公司丨ASC FINE WINES BEIJING"）、圣皮尔精品葡萄酒（上海）有限公司（经营中可能被简称为"上海圣皮尔葡萄酒有限公司丨ASC FINE WINES SHANGHAI"）等企业。2008年9月圣皮尔酒业重组建立圣皮尔精品酒业（上海）有限公司。

圣皮尔酒业最晚在2000年时已经开始进口法国拉菲酒庄 CHATEAU

LAFITE ROTHSCHILD（“CHATEAU”在价格单、发票等材料上有时简写为“CH.”）红葡萄酒。

2003年2月的《优惠价格单》显示，当时圣皮尔酒业已有不同年份的CHATEAU LAFITE ROTHSCHILD红葡萄酒在售。根据当时葡萄酒行业通常对“CHATEAU LAFITE ROTHSCHILD”的翻译惯例，圣皮尔酒业将其翻译为“莎都拉菲”或“莎都拉菲城堡”，其中的“莎都”是“CHATEAU”的对应音译，意为“酒庄、城堡、古堡”，“拉菲”是“LAFITE”的对应音译。

我公司在此证实，所附材料真实地反映了圣皮尔酒业最初进口并在中国大陆地区经销“拉菲”系列葡萄酒的情况。该声明附件《优惠价格单》载明自2003年2月10日起执行。

北京市工商行政管理局登记的注册号110000410112026企业法人营业执照记载圣皮尔葡萄酒（北京）有限公司营业期限自1996年1月31日至2046年1月30日。上海市工商行政管理总局浦东新区分局登记的注册号为31015400146985号（浦东）企业法人营业执照记载圣皮尔精品葡萄酒（上海）有限公司营业期限自2004年4月5日至2024年4月4日。上海市工商行政管理局自由贸易实验区分局登记的编号为41000002201602001003４号，营业执照载明圣皮尔精品酒业（上海）有限公司营业期限自2008年9月27日至2038年9月26日。

ASC FINE WINES总经理MR. DON ST. PIEERE JR的署名文章《ASC：进口葡萄酒在中国》一文中记载“我父亲和我于1996年创建了ASC精品葡萄酒公司”。

上海市工商行政管理局外国企业、外商投资企业名称登记核准通知书（96）工商企外合独准沪第1777号载明“经审查，企业名称定为上海鸣特国际贸易有限公司”。中华人民共和国外商投资企业批准证书外经贸沪外高独资字（1996）643号载明企业名称中文为“上海鸣特国际贸易有限公司”。中华人民共和国企业法人营业执照注册号为企独沪浦总字第311083号载明“上海鸣特国际贸易公司”营业期限自“一九九六年十月十四日至二〇一六年十月十三日”，总经理“郭洪章”。中国（上海）自由贸易实验区市场监督管理局档案室档案机读材料记载名称“上海名特国际贸易有限公司”，住所地“中国（上海）自由贸易实验区奥纳路185号1层B部位”，法定代表人“郭洪章”，营业期限“2001年3月23日至2021年3月22日”。上海浦东物资总公司外高桥综合大厦房屋租赁合同记载承租方为“MONTROSE IN-

TERNATIONAL CORP”，房屋坐落于上海市外高桥保税区奥纳路185号。租赁期限为“1996年9月1日至2006年12月31日”。上海市外高桥保税区房屋出租登记第B2505号登记的房屋租赁合同记载承租方“上海鸣特国际贸易有限公司”，房屋坐落于“上海市外高桥保税区奥纳路185号”。上海市自由贸易实验区市场监督管理局档案室B10617房屋租赁合同记载承租方“上海名特国际贸易有限公司”，房屋坐落于“上海市外高桥保税区奥纳路185号”。本案中金色希望公司对圣皮尔精品酒业公司、上海鸣（名）特国际贸易公司的相关登记信息提出异议，亦对法国相关酒商与圣皮尔精品酒业公司、上海鸣特国际贸易公司等相关经营销售“拉菲”“LAFITE ”提出异议。但根据前述证据，既有拉菲酒庄相关销售商出具的经公证认证的声明及销售发票，又有相关进口商的企业登记信息及存于市场管理机构的房屋租赁合同等互相印证，还有相关销售商在其他媒体上发表的文章佐证其经营时间，这些证据之间相互可以佐证，最高人民法院对其异议不予认可，对北京市第一中级人民法院已经认定的“拉菲酒庄自1999年开始，通过上海鸣特国际贸易公司、圣皮尔精品酒业（上海）有限公司等公司在中国销售了‘LAFITE’相关系列葡萄酒”予以认定。

根据金色希望公司提交的其2007年至2013年电视和网络广告、部分2005年至2013年展会方面的证据、部分报纸及杂志广告、赞助活动广告合同、现场照片、拍品手册、宣传册、户外灯箱广告、车体广告、挂历照片，最高法院查明，其中部分照片显示“拉菲庄园”与“LAFEI MANOR”共同使用，并有“品位法国经典”“法国原瓶进口”的字样。照片显示其现场广告牌上的葡萄酒有单独使用“LAFEI MANOR”的情形。部分广告材料上亦显示其酒瓶上有单独使用“LAFEI MANOR”的情况。有相当部分专卖店招牌上亦显示“拉菲庄园”与“LAFEI MANOR”共同使用，并有“法国原瓶进口”或者“法国原瓶原装进口”等字样。部分宣传材料显示产品为原瓶进口礼盒装，生产地址为法国波尔多，生产厂家为南京拉菲庄园酒业有限公司。部分宣传材料显示有“拉菲庄 LAFEI MANOR——岁月的沉淀法国原瓶进口”的字样。宣传册上记载有“拉菲庄园——世界关注的焦点、上帝偏爱的葡萄酒终于来到了中国。南京拉菲庄园酒业有限公司作为拉菲庄园法国原瓶进口葡萄酒的中国运营商，主要从事波尔多地区的葡萄酒销售以及葡萄酒文化推广事业”“拉菲庄园葡萄酒采用法国波尔多珍贵葡萄品种，葡萄种植采用传统工艺，秉承严格的质量监督制度、遵从法律法规、关注气候、土壤、湿度等客观因素作用；通过波尔多特殊政策的扶持，不使用化学药物和肥料，细心的人工栽培，葡萄完全成熟后才采摘”等内容。宣传册上显示的葡萄酒单独使用“LAFEI MANOR”标识，产区包括：法国波尔多法定产区、法国超级波尔多、法国奥克产区。

金色希望公司提交的证据（见补充证据第五册第 1327 页）载明温州柏翠堡进出口贸易有限公司系其经销商，拉菲酒庄提供的证据 32 第（2014）京中信内经证字 03234 号附件记载，该公司在淘宝商城开设的网店中宣传“拉菲庄园，拉菲（法文：CHATEAU LAFITE ROTHSCHILD），拉菲庄园世界顶级红酒酒庄。拉菲庄园坐落在波亚克区北方尽是碎石的一个山丘上，气候土壤条件得天独厚。占地约一百公顷，面积之广居五个一等顶级酒庄之冠，也较绝大多数的二、三等级酒园规模大”。并附照片，该照片文字说明为“拉菲庄园董事长与法国酒窖庄主合影”“拉菲庄园董事长与法国酒窖庄主进餐”。

金色希望公司提交的证据（见补充证据第五册第 1319 页）载明上海昊建实业有限公司系其经销商，拉菲酒庄提交的证据 50 载明该公司的网站上图片为“LAFEI MANOR 葡萄酒”，其所附文字及说明为“CHATEAU LAFITE ROTHSCHILD 罗斯柴尔德拉菲堡”“CHATEAU LAFITE ROTHSCHILD”“拉菲酒庄”等。

中国经济网 2014 年 2 月 12 日《质检总局公布六款进口“拉菲”葡萄酒质量不合格》报道记载，“‘拉菲’葡萄酒一直让中国消费者对其趋之若鹜，尤其著名女演员宋丹丹在微博上‘炮轰’潘石屹时一句调侃‘潘总，我请你喝拉菲，别再盖楼了！’，让国人对‘拉菲’的热衷持续走高。然而，近日，国家质检总局公布六款洋拉菲酒质量不合格，让‘拉菲迷’们大跌眼镜。从中国经济网了解到，六款不合格产品为：拉菲庄园 2012 干红葡萄酒；拉菲庄园 2011 精选干红葡萄酒；拉菲庄园 2011 干红葡萄酒；拉菲庄园 2011 干红葡萄酒；拉菲庄园 2012 干红葡萄酒；拉菲庄园 2008 特酿干红葡萄酒。据国家质检总局公布的名单显示，此六款不合格葡萄酒的进口商是南京拉菲庄园酒业有限公司。制造商是法国 DOMAINE DE LA GRANGETTE。质检总局提示广大消费者，此类产品不合格原因皆是包装不合格。”2016 年 8 月 1 日搜狐财经刊登图文消息“‘拉菲庄园’隆重登陆糖酒会　消费者不知其为山寨”。

再审判理和结果

最高人民法院认为，本案中，引证商标申请日为1996年10月10日，核准注册日为1997年10月28日，核定使用在第33类的含酒精饮料（啤酒除外）商品上，注册人为拉菲酒庄，由外文文字“LAFITE”构成。争议商标由中文文字“拉菲庄园”构成，“庄园”用在葡萄酒类别上显著性较弱，“拉菲”系争议商标的主要部分，判断争议商标与引证商标是否构成近似，关键在于判断“拉菲”与“LAFITE”是否构成近似或者形成了较为稳定的对应关系。

根据商标评审委员会、原审法院及本院查明的事实，早在20世纪80年代，国内的相关刊物就开始介绍拉菲酒庄的“LAFITE”葡萄酒，并将“LAFITE”音译为“拉斐”“拉菲特”“拉菲”等，将“CHATEAU LAFITE ROTHSCHILD”译为“拉菲堡”“拉斐堡”“拉菲特堡”等。拉菲酒庄自1999年开始，通过上海鸣特国际贸易公司、圣皮尔精品酒业（上海）有限公司等公司在中国销售了“LAFITE”相关系列葡萄酒。此外，根据本案中查明的事实，在争议商标申请日即2005年4月1日之前，在中国大陆地区，与“LAFITE”有关的宣传报道中出现“拉菲”的有：1. 2001年第3期《中外轻工科技》刊登的《如何分辨真伪葡萄酒》一文中出现“拉菲（Lafite）”字样；2. 2002年1月22日《人民日报市场版》刊登的《万达干红的法兰西之源》一文中出现了“拉菲”字样；3. 2003年8月29日《北京晚报》刊登的《大商场专爱小超市》一文中出现“以年份和品质著称的拉菲葡萄酒”；4. 2004年4月26日《新快报》刊登的《葡萄美酒夜光杯》中出现“拉菲（Lafite）……目前世界上最贵一瓶葡萄酒的纪录保持者就是拉菲……拉菲酒有葡萄王国中的王后之称”；5. 2004年5月25日21食品商务网刊登《拉菲等巨头即将合力打造顶级精品酒庄》一文；6. 2004年7月11日《扬子晚报》刊登的《闻香识雪茄辨色品红酒》一文中出现了“全球发行50万瓶的拉菲红酒”字样；7. 2004年11月3日《信息日报》刊登的《收藏红酒既是投资也是文化》一文中出现“法国拉菲红酒”；8. 2004年11月11日《北京日报》刊登的《法国葡萄酒专柜入驻赛特》一文中出现“拉菲副牌”；9. 2005年2月7日《民营经济报》刊登的《顶级葡萄酒的收藏与投资》一文中出现“拉菲”字样。此外，国内的相关刊物介绍拉菲酒庄的“LAFITE”葡萄酒的有：1996年第9期《国际市场》、1997年第6期《中国酒》、1998

年第3期《葡萄栽培与酿酒》、2002年第7期《经理人》、2003年第11期《财经文摘》等。由前述证据，本院认为在争议商标申请日前各类宣传报道中即有将引证商标“LAFITE”音译为“拉菲”的情况，且《新快报》《扬子晚报》《北京日报》等刊物属于消费者容易接触到的，受众面较大的宣传媒介。相关媒体所载文章均对“LAFITE”葡萄酒给予了极高评价，由此可见，引证商标具有较高的知名度。

此外，从拉菲酒庄及其相关销售商对“拉菲”这一中文名称的使用情况来看，至少在2003年起其已经在相关销售宣传单上以“拉菲”指代“LAFITE”。2006年国家质量监督检验检疫总局《进出口食品标签审核证书》亦记载进口葡萄酒为“拉菲传奇”系列葡萄酒。此后在销售中沿用“拉菲”一词，并主动在宣传活动中将“拉菲”作为“LAFITE”对应的音译词使用，如2008年《V-Life》《天下美食》《环球纪事》等杂志的宣传，在相关公众中具有较高的知名度。由此，拉菲酒庄通过多年的商业经营活动，客观上在“拉菲”与“LAFITE”之间建立了稳固的联系，商标评审委员会及一审法院对此认定正确，最高人民法院予以维持。

本案中，争议商标由中文文字“拉菲庄园”构成，“庄园”用在葡萄酒类别上显著性较弱，“拉菲”系争议商标的主要部分。本案现有证据足以证明“LAFITE”在诉争争议商标申请日前在我国具有较高的知名度、为相关公众所知悉，我国相关公众通常以“拉菲”指代再审申请人“LAFITE”商标，并且“拉菲”已经与再审申请人“LAFITE”商标之间形成了稳定的对应关系，由于拉菲已经成为“LAFITE”的音译并形成了稳固的联系，争议商标与引证商标构成近似商标。

金色希望公司与拉菲酒庄为同行业经营者，理应知晓拉菲酒庄的引证商标及其音译情况，其在申请争议商标注册时应当合理避让，但仍然在葡萄酒等相同或类似商品上申请注册了与引证商标近似的争议商标，其行为难谓正当。从金色希望公司对争议商标的使用情况来看，在红酒外包装上不但将争议商标与“LAFEI MANOR”结合使用，且在广告宣传中使用“法国原装进口”“世界顶级红酒酒庄”“世界关注的焦点”等字样。经其授权的相关经销商在淘宝商城中宣传金色希望公司“拉菲庄园”葡萄酒时同时宣称：“拉菲”（法文：Chateau Lafite Rothschild），拉菲庄园世界顶级红酒酒庄。……占地约一百公顷，面积之广居五个一等顶级酒庄之冠……在相关网站推广“拉菲庄园”葡萄酒，所附图片为“LAFEI MANOR葡萄酒”，但其所附文字为

“CHATEAU LAFITE ROTHSCHILD 罗斯柴尔德拉菲堡”等。前述推广宣传中，明确使用拉菲酒庄的法文“Chateau Lafite Rothschild”或中文名称“罗斯柴尔德拉菲堡”等，具有明显与拉菲酒庄生产的葡萄酒相混淆的恶意，难以使相关公众识别两者的产品来源不同。

对于已经注册使用一段时间的商标，该商标是否已经通过使用建立了较高的市场声誉和形成了自身的相关公众群体，并非由使用时间长久来决定，而是在客观上有无通过其使用行为使得相关公众能够将其与相关商标区分开来。金色希望公司辩称其争议商标的知名度和市场占有率远远超过拉菲酒庄，金色希望公司对争议商标的大量使用所形成的稳定市场秩序足以使争议商标与引证商标相区分。但根据本院查明的事实，从中国经济网 2014 年 2 月 12 日《质检总局公布六款进口“拉菲”葡萄酒质量不合格》报道记载：“‘拉菲’葡萄酒一直让中国消费者对其趋之若鹜，……然而近日，国家质检总局公布六款洋拉菲酒质量不合格，让‘拉菲迷’们大跌眼镜。中国经济网了解到，六款不合格产品为：拉菲庄园 2012 干红葡萄酒……”上述新闻报道所涉不合格产品均系争议商标的相关产品。2016 年 8 月 1 日搜狐财经刊登图文消息“‘拉菲庄园’隆重登陆糖酒会　消费者不知其为山寨”。从前述报道也可以看出，目前相关公众对争议商标与引证商标仍会混淆误认。因此，金色希望公司提交的证据未能证明其通过对争议商标的使用已经形成了自身的相关公众群体，相关公众不会将争议商标和引证商标混淆误认。二审法院认定“争议商标的注册和使用长达十年之久，其已经形成稳定的市场秩序，从维护已经形成和稳定的市场秩序考虑，本案争议商标的注册应予维持”，无事实和法律依据，最高人民法院予以纠正。

综上，争议商标与引证商标构成近似商标，商标评审委员会第 55856 号裁定关于“作为经营葡萄酒商品的同行业竞争者，金色希望公司理应知晓拉菲酒庄及其商标的使用情况，应有合理避让，却仍在葡萄酒等类似商品上注册了引证商标对应的中文译法‘拉菲特’‘拉斐’‘拉菲’相近的争议商标，其行为难谓正当。因此，争议商标已经与引证商标构成类似商品上的近似商标，其注册使用易使消费者认为其所标示的产品来自拉菲酒庄或与拉菲酒庄存在某种关联的企业，违反了商标法第二十八条的规定”认定事实清楚，适用法律正确，一审判决对其予以维持适用法律正确，最高人民法院予以维持。

【法官评述】

商标法第二十八条规定，申请注册的商标，凡不符合本法有关规定或者同他人在同一种商品或者类似商品上已经注册的或者初步审定的商标相同或者近似的，由商标局驳回申请，不予公告。《最高人民法院关于审理商标民事纠纷案件适用法律若干问题的解释》第九条第二款规定，商标法第五十二条第（一）项规定的商标近似，是指被控侵权的商标与原告的注册商标相比较，其文字的字形、读音、含义或者图形的构图及颜色，或者其各要素组合后的整体结构相似，或者其立体形状、颜色组合近似，易使相关公众对商品的来源产生误认或者认为其来源与原告注册商标的商品有特定的联系。参照前述规定，人民法院认定商标是否近似，既要考虑商标构成要素及其整体的近似程度，也要考虑相关商标的显著性和知名度、所使用商品的关联程度等因素，以是否容易导致混淆作为判断标准。本案中，争议商标由中文文字“拉菲庄园”构成，“庄园”用在葡萄酒类别上显著性较弱，“拉菲”系争议商标的主要部分，判断争议商标与引证商标是否构成近似，关键在于判断“拉菲”与“LAFITE”是否构成近似或者形成了较为稳定的对应关系。根据原审法院及最高人民法院查明的事实，在争议商标申请日前，各类宣传报道中即有将引证商标“LAFITE”音译为“拉菲”的情况，且《新快报》等刊物属于消费者容易接触到的，受众面较大的宣传媒介。相关媒体所载文章均对“LAFITE”葡萄酒给予了极高评价，故而可证明引证商标具有较高的知名度。此外，拉菲酒庄通过多年的商业经营活动，客观上在“拉菲”与“LAFITE”之间建立了稳固的联系，本案现有证据足以证明“LAFITE”在诉争争议商标申请日前在我国具有较高的知名度、为相关公众所知悉，我国相关公众通常以“拉菲”指代再审申请人“LAFITE”商标，并且“拉菲”已经与再审申请人“LAFITE”商标之间形成了稳定的对应关系，由于“拉菲”已经成为“LAFITE”的音译并形成了稳固的联系，争议商标与引证商标构成近似商标。

编写人：最高人民法院　王艳芳

6

松下电器产业株式会社诉珠海金稻电器有限公司、北京丽康富雅商贸有限公司侵害外观设计专利权纠纷案

——阅读提示：专利侵权损害赔偿确定思路及侵权获利的审查认定规则

【裁判要旨】

考虑到专利权损害举证较难，与专利侵权行为相关的账簿、资料主要由侵权人掌握，如果权利人在其举证能力范围内就侵权人的获利情况进行了充分举证，且对其所请求经济损失数额的合理性进行了充分说明的情况下，侵权人不能提供相反证据推翻权利人赔偿主张的，可以根据权利人的主张和提供的证据认定侵权人因侵权所获得的利益。对于有充分的证据证明权利人的损失或者侵权人的获利已经明显高于法定赔偿限额，尽管不能以一对一的证据精确计算出具体的金额，但如果权利人能够说明其请求的赔偿金额的计算、得出过程，并有相应的证据佐证其合理性的，可以在法定最高限额以上支持权利人的赔偿请求。

【案号】

一审：北京知识产权法院（2015）京知民初字第266号

二审：北京市高级人民法院（2016）京民终245号

【案情与裁判】

原告（被上诉人）：松下电器产业株式会社（以下简称松下株式会社）

被告（上诉人）：珠海金稻电器有限公司（以下简称金稻公司）

被告（上诉人）：北京丽康富雅商贸有限公司（以下简称丽康公司）

起诉与答辩

松下株式会社诉称：松下株式会社系名为“美容器”外观设计专利的专利权人。金稻公司生产、销售、许诺销售及丽康公司销售的“金稻离子蒸汽美容器 KD－2331”侵犯其外观设计专利权，请求判令：1. 二被告停止侵权；2. 销毁有关被诉侵权产品的宣传资料及删除被诉侵权产品的宣传内容；3. 金稻公司销毁涉案模具和专用的生产设备及被诉侵权产品库存，回收未销售被诉侵权产品并进行销毁；4. 金稻公司赔偿原告经济损失人民币 300 万元，二被告共同赔偿原告合理支出人民币 20 万元。

金稻公司辩称：一、金稻公司只生产带有提手的被控侵权产品，并不存在松下株式会社所称的不带提手的被控侵权产品；二、将被控侵权产品与涉案专利相比对，可看出二者的整体视觉效果存在显著区别，不具有相似性；三、被控侵权产品拥有外观设计专利，且已提交外观设计专利权评价报告，评价报告已经排除被控侵权产品所依据的专利与涉案专利相似的可能性。故请求驳回松下株式会社的诉讼请求。

丽康公司辩称：1. 丽康公司仅进行了销售，且尽到了合理注意义务；2. 被控侵权产品与涉案专利存在很大差异，并不构成侵权，松下株式会社的诉讼请求应予驳回。

法院审理查明

涉案专利是名称为“美容器”的外观设计专利，授权公告号为 CN302065954S，专利权人为松下株式会社，申请日为 2011 年 6 月 1 日，授权日为 2012 年 9 月 5 日。涉案专利用途为用于产生蒸汽、负离子来滋润肌肤和头发等。设计要点为产品的形状，最能表明设计要点的图片为主视图。

2014 年 8 月 22 日，松下株式会社代理人在 www.jd.com 网站上名为“丽康富雅”的店铺在线购买了两台单价为 285 元的“金稻离子蒸汽美容器 KD－2331”。金稻公司的官方网站（网址为 www.zhkingdom.com）产品展示栏目中亦显示有上述产品。

涉案专利与被诉侵权产品的相同点为：机身的形状相同，喷嘴的朝向、弯曲弧度及喇叭口形状相同，控制键及盾形结构相同。区别点为：涉案专利没有提手，被诉侵权产品分为有提手和无提手两种；涉案专利底座与机身结合部分仅为略微向内收窄，而被诉侵权产品底座部分有一圈较为明显的斜向下的凹槽；涉案专利电线插口为插入式连接，被诉侵权产品则无插口设计，而是固定的电线连接；涉案专利底座底面封闭、平整，而被诉侵权产品底座有四个支脚以及圆形散热孔。

2015年1月7日，松下株式会社代理人在公证人员监督下在www.taobao.com网站输入“KD2331”进行了搜索，按照销量排序后进行了统计并列出明细，显示销售数量共计140918件；在www.alibaobao.com.cn网站输入“kd2331”进行了搜索，按照销量排序后进行了统计并列出明细，显示销售数量共计18256535件；在www.jd.com网站输入“kd2331”进行了搜索，按照销量排序后进行了统计并列出明细，显示销售数量共计13897件。为证明其诉讼合理支出，松下株式会社还提交了相应的证据。

二审诉讼中，金稻公司表示其仅认可京东商城和天猫商城上“金稻旗舰店”销售的产品系该公司生产，其他网站上销售的被诉侵权产品80%以上是假货，并非该公司生产，且网络上显示的销售数量存在刷单情况多数为虚数。一审法院依据网络销售数量支持松下株式会社的赔偿请求，缺乏合理依据。但金稻公司未就其上述主张提供相应证据。

一审判理和结果

北京知识产权法院经审理认为：松下株式会社提交的外观设计专利证书可以证明，松下株式会社系涉案专利的专利权人，有权就他人未经许可以法律禁止的方式实施其专利的行为提起诉讼。涉案专利的名称为“美容器”，用途为产生蒸汽、负离子来滋润肌肤和头发等，被诉侵权产品同样是离子蒸汽美容器，二者属于相同产品。经对比，被诉侵权产品与涉案专利外观设计存在的差异对二者的整体视觉效果并不产生实质的影响，二者属于相似的外观设计。松下株式会社从丽康公司在京东网上经营的商铺公证购买到被诉侵权产品，购买的被诉侵权产品包装上显示生产厂商为被告金稻公司及相关地址，上述信息与金稻公司的信息相匹配，可以认定金稻公司实施了制造和销售行为，丽康公司实施了销售被诉侵权产品的行为。松下株式会社虽然主张金稻公司还制造了不带提手的涉案产品，但未公证购买到相应的被诉侵权产品。但是，根据包装盒上的显示以及涉案公证书的记载，金稻公司、丽康公司网站上将带提手的被诉侵权产品以及不带提手的被诉侵权产品作为销售的商品进行了宣传，而且网站、包装上的图案能够反映出被诉侵权产品的具体形状和结构，故二被告对上述两种被诉侵权产品均实施了许诺销售的行为。

综上，金稻公司在未经松下株式会社许可的情况下，实施了制造、销售及许诺销售被诉侵权产品的行为；丽康公司在未经松下株式会社许可的情况下，实施了销售及许诺销售被诉侵权产品的行为。

《中华人民共和国专利法》（以下简称专利法）第六十五条对赔偿数额的确定规则进行了详细而明确的规定。专利权受到侵害而遭受的损失属于可得利益的损失，与物权受到侵害不同，并不存在权利载体遭受损害的情形。在主张实际损失方面具有难以举证的特点。但是松下株式会社为自己的主张方面并未怠慢，而是积极进行举证。松下株式会社通过公证的方式不仅证明了二被告未经许可通过网络销售、许诺销售被诉侵权产品，还将淘宝网、京东网、阿里巴巴等主要电商平台上销售被诉侵权产品的销售数据进行了固定。松下株式会社购买被诉侵权产品的发票以及网络商铺的标价可以初步证明被诉侵权产品平均价格 260 元左右的事实。现有证据可以证明金稻公司销售、许诺销售被诉侵权产品的获利，故松下株式会社依据网上显示销量及平均价格，按照上述数据主张 300 万元赔偿数额具有合理的理由。此外，松下株式会社为制止侵权行为所支付的合理开支，丽康公司作为销售方，在得知本案诉讼后，依然未停止，对诉讼中的支出部分应当共同承担。本案中，松下株式会社未举证证明金稻公司存在专为生产被诉侵权产品的模具和生产设备，对其关于销毁模具和专用生产设备的主张不予支持。

综上，北京知识产权法院依照专利法第十一条第二款、第五十九条第二款、第六十一条、第六十五条之规定，判决：一、金稻公司立即停止制造、销售、许诺销售侵权产品；二、丽康公司立即停止销售、许诺销售侵权产品；三、金稻公司、丽康公司删除侵权产品的全部宣传资料及删除二被告网站中有关侵权产品的宣传内容；四、金稻公司赔偿松下株式会社经济损失共计人民币 300 万元；五、金稻公司、丽康公司连带赔偿松下株式会社为制止侵权行为所支付的合理开支共计人民币 20 万元；六、驳回松下株式会社的其他诉讼请求。

上诉与答辩

一审判决后，金稻公司、丽康公司向北京市高级人民法院提起上诉，二审法院对原审法院查明的事实予以确认。另，二审诉讼中，金稻公司表示其仅认可京东商城和天猫商城上“金稻旗舰店”销售的产品系该公司生产，其他网站上销售的被诉侵权产品 80% 以上是假货，并非该公司生产，且网络上显示的销售数量存在刷单情况，多数为虚数。一审法院依据网络销售数量支持松下株式会社的赔偿请求，缺乏合理依据。但金稻公司未就其上述主张提供相应证据。

二审判理和结果

北京市高级人民法院认为：鉴于各方当事人对于一审判决关于涉案专利产品与被诉侵权产品属于相同种类产品的认定均未提出异议，经审查予以确认。二审的核心在于外观设计是否相近似。判断外观设计是否相同或相近似时，应当以整体观察、综合判断为原则，以外观设计产品的一般消费者为判断主体，以产品外观设计整体视觉效果的相同或者近似作为判断标准。将涉案专利设计图片分别与两款被诉侵权产品实物或照片相对比，综合考虑涉案专利与被诉侵权产品的全部设计特征及其对整体视觉效果的影响，可以认定二者的整体视觉效果相近似，被诉侵权产品落入涉案专利权的保护范围。根据松下株式会社举证情况，可以认定金稻公司实施了制造、销售、许诺销售行为，丽康公司实施了销售、许诺销售行为。

考虑到专利权损害举证难，与专利侵权行为相关的账簿、资料主要由侵权人掌握，如果权利人在其举证能力范围内就侵权人的获利情况进行了充分举证，且对其所请求经济损失数额的合理性进行了充分说明的情况下，侵权人不能提供相反证据推翻权利人赔偿主张的，人民法院可以根据权利人的主张和提供的证据认定侵权人因侵权所获得的利益。对于有充分的证据证明权利人的损失或者侵权人的获利已经明显高于法定赔偿限额，尽管不能以一对一的证据精确计算出具体的金额，但如果权利人能够说明其请求的赔偿金额的计算、得出过程，并有相应的证据佐证其合理性的，人民法院可以在法定最高限额以上支持权利人的赔偿请求。本案中，松下株式会社将其通过公证取证方式固定的在部分电商平台上检索得到的侵权产品同型号产品销售数量之和18411347台以及该产品的平均价格260元作为300万元赔偿请求的依据。根据《最高人民法院关于审理专利纠纷案件适用法律问题的若干规定》第二十条的规定，专利法第六十五条规定的侵权人因侵权所获得的利益可以根据该侵权产品在市场上销售的总数乘以每件侵权产品的合理利润所得之积计算。按照松下株式会社主张的被诉侵权产品销售数量总数与产品平均售价的乘积，即便从低考虑每件侵权产品的合理利润，得出的计算结果仍远远高于300万元。在上述证据的支持下，松下株式会社主张300万元的赔偿数额具有较高的合理性。一审法院全额支持松下株式会社关于经济损失的赔偿请求，具有事实和法律依据，予以确认。虽然金稻公司在二审中主张一审法院确定的赔偿数额不合理，主张除其仅开办的“金稻旗舰店”外，其他网站上销售的被诉侵权产品绝大多数为假货，以及网络上显示的销售数量不真实，但其就此未能提供相应证据予以证明，故不予采信。关于丽康公司承担的赔偿责任。丽康公司作为销售者，其在得知本案诉讼后未停止销售、许诺销售涉案侵权产品的行为，且上述行为在二审期间仍在持续，故原审法院判令其与金稻公司共同承担松下株式会社为制止侵权行为所支付的合理开支，并无不当。

综上，北京市高级人民法院依照《中华人民共和国民事诉讼法》第一百七十条第一款第（一）项之规定，判决：驳回上诉，维持原判。

【法官评述】

本案的涉案专利是一款“美容器”外观设计专利，具有极高的市场价值，本案的高赔额充分体现了侵权损害赔偿反映、实现知识产权市场价值的司法保护理念。同时，本案也是通过个案探索解决“举证难、赔偿低”问题的典型案例。本案对于专利民事侵权案件中侵权获利证据审查认定规则的总结归纳，对于类似案件具有一定的示范意义，对于完善专利诉讼证据制度、解决专利维权“举证难、赔偿低”的难题具有参考意义。

《全国人民代表大会常务委员会执法检查组关于检查〈中华人民共和国专利法〉实施情况的报告》指出：“专利保护效果与创新主体的期待存在较大差距。专利维权存在‘时间长、举证难、成本高、赔偿低’、‘赢了官司、丢了市场’以及判决执行不到位等状况，挫伤了企业开展技术创新和利用专利制度维护自身合法权益的积极性。……专利侵权诉讼中确权程序复杂，侵权举证难度大，而判决赔偿额往往无法弥补权利人遭受的损失。”① 上述现象的存在严重影响了司法保护知识产权主导作用的发挥，要解决“举证难、赔偿低”的问题，首先应当对其产生的深层次原因进行探究。具体可归纳为三方面：

---

① 该报告系全国人大常委会副委员长陈竺于2014年6月23日在第十二届全国人民代表大会常务委员会第九次会议上所作的报告。

其一，专利权的无形性决定了受损害价值的不易确定性。专利权保护客体的无形性，决定了专利权使用的非损耗性，从而导致有时不易确定侵权行为给权利人造成的实际损害。① 同时，专利权的无形性导致权利价值、侵权收益难以进行客观、精确的量化评估。

其二，侵权行为的隐蔽性决定了侵权赔偿相关证据的不易获得性。由于与专利侵权产品相关的账簿、资料通常由侵权人掌握，权利人在客观上往往难以取得关于侵权产品实际销售数量的证据。

其三，部分权利人在赔偿问题上举证积极性不高与司法判赔的现状存在一定关系。在当事人不举证的情况下，酌情确定赔偿数额缺乏可供参照的事实因素，对裁判者来讲，较为稳妥的做法就是参照同类案件尤其是本院或上级法院的在先判决，这也是导致专利侵权赔偿绝对数额长期偏低的重要原因。在某种程度上，判赔数额低与当事人怠于举证形成了一种互为因果、恶性循环的关系。

此外，在为数不少的案件中，在当事人就其赔偿请求提供了相应证据或者进行了初步举证的情况下，审理法院基于民事诉讼举证责任分配的一般规则、过于强调原告的举证责任，以相关证据不充分或者不足以支持其赔偿主张为由不予采信，进而适用法定赔偿确定赔偿数额，但酌定的赔偿数额通常难以达到权利人的预期。

由于专利的自身价值、创新程度参差不齐，解决专利维权“举证难、赔偿低”的问题不等于平均提高所有案件的赔偿数额，而是应当与专利权的市场价值、创新贡献度相匹配。“举证难、赔偿低”问题的根本解决，不在于替权利人举证或者一味地提高法定赔偿数额，而应当是制定一套符合知识产权诉讼特点的举证规则。② 2016年4月1日起施行的《最高人民法院关于审理侵犯专利权纠纷案件应用法律若干问题的解释（二）》（以下简称专利法司法解释二）将加大专利权保护力度作为尽量解决“周期长、举证难、赔偿低”等问题的指导思想之一。该解释第二十七条规定：“权利人因被侵权所受到的实际损失难以确定的，人民法院应当依照专利法第

---

① 张广良：《知识产权侵权民事救济》，法律出版社2003年版，第10页。

② 宋晓明、王闯、李剑：《〈关于审理侵犯专利权纠纷案件应用法律若干问题的解释（二）〉的理解与适用》，载《人民司法·应用》2016年第10期。

六十五条第一款的规定，要求权利人对侵权人因侵权所获得的利益进行举证；在权利人已经提供侵权人所获利益的初步证据，而与专利侵权行为相关的账簿、资料主要由侵权人掌握的情况下，人民法院可以责令侵权人提供该账簿、资料；侵权人无正当理由拒不提供或者提供虚假的账簿、资料的，人民法院可以根据权利人的主张和提供的证据认定侵权人因侵权所获得的利益。”上述规定对专利侵权诉讼中有关赔偿数额的举证规则进行了一定程度的完善。根据该规定，在具备以下条件时，可以推定权利人关于侵权人侵权获利的主张成立：一、权利人的实际损失难以确定；二、权利人对被告的侵权获利进行了初步举证；三、与侵权行为相关的账簿、资料主要由侵权人掌握，但其拒不提供。上述举证规则的设计既考虑了专利权损害事实举证难、减轻权利人举证负担，同时也兼顾了民事诉讼一般的举证责任分配规则、举证责任转移以及当事人举证能力等因素。

就本案而言，由于专利权人在一审、二审诉讼中均未请求适用举证妨碍规则，故人民法院并未责令侵权人提供与专利侵权行为相关的账簿、资料。但在举证责任分配尤其是证明标准的把握上，借鉴了专利法司法解释二第二十七条的规定，并在一定程度上完善了专利侵权损害事实尤其是专利侵权获利的认定规则。本案的裁判思路体现为以下三个层次：

其一，根据专利法关于损害赔偿的法定顺序，明确了双方当事人行为意义上的证明责任。对于专利法第六十五条第一款规定的权利人的损失、侵权人获得的利益和专利许可使用费三个事项，权利人和侵权人均可以进行举证，权利人和侵权人不举证或所举证据不足以确定前述事项的，人民法院应当依照专利法第六十五条第二款的规定在法定赔偿限额之下酌情确定赔偿数额。

其二，根据《最高人民法院关于适用〈中华人民共和国民事诉讼法〉的解释》的规定及专利权的特点，明确了专利损害事实审查、认定应遵循的证明标准。当事人就权利人的损失、侵权人获得的利益或专利许可使用费进行举证的，应当在全面、客观地审核证据的基础上，运用逻辑推理和日常生活经验法则，判断相关证据拟证明的损害赔偿事实是否达到相当程度的可能性。

其三，考虑到专利损害事实举证难、当事人举证能力以及规则导向，进一步明确了专利侵权获利的举证分配及认定规则。即考虑到与专利侵权行为相关的账簿、资料主要由侵权人掌握，如果权利人在其举证能力范围内就侵权人的获利情况进行了充分举证，且对其所请求经济损失数额的合理性进行了充分说明的情况下，侵权人不能提供相反证据推翻权利人赔偿主张的，人民法院可以根据权利人的主张和提供的证据认定侵权人因侵权所获得的利益。换言之，即便权利人未请求适用举证妨碍规则，但如果权利人已经在其举证能力范围内尽力举证，能够对其赔偿请求的合理性进行充分说明，侵权人虽对权利人的赔偿主张提出反驳但未能提供相反证据、否定权利人相关证据证明效力的，同样可以根据权利人的主张和提供的证据认定侵权人因侵权所获得的利益。

需要指出的是，权利人提供的证据虽不能精确计算出侵权人因侵权所获得利益的具体数额，但在能够确定侵权产品销售总数以及产品销售价格的情况下，如果从低考虑每件侵权产品的利润得出的计算结果仍然远高于权利人请求赔偿数额的，则应当全额支持权利人的赔偿请求。这是一种根据侵权人的侵权获利确定损害赔偿数额的裁量性赔偿方法，不属于法定赔偿，故不受法定赔偿限额的限制。

编写人：北京市高级人民法院　苏志甫

附件：

涉案专利附图：

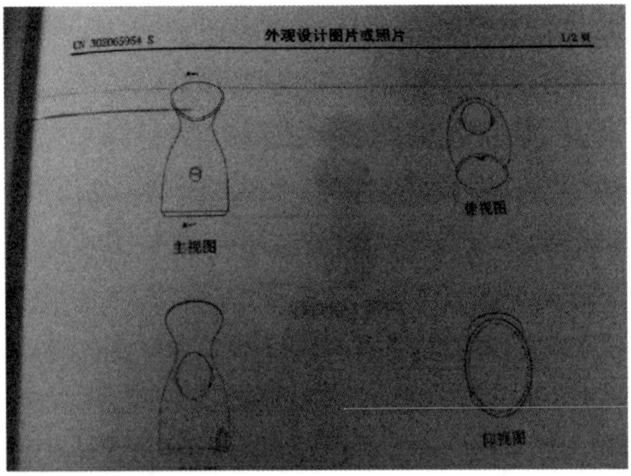

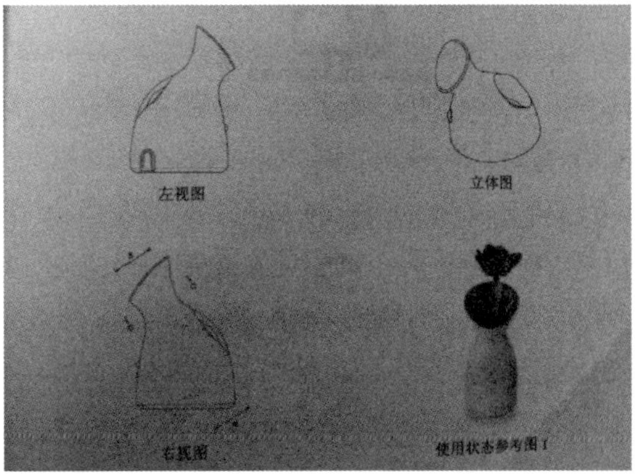

被诉侵权产品（有提手款）附图：

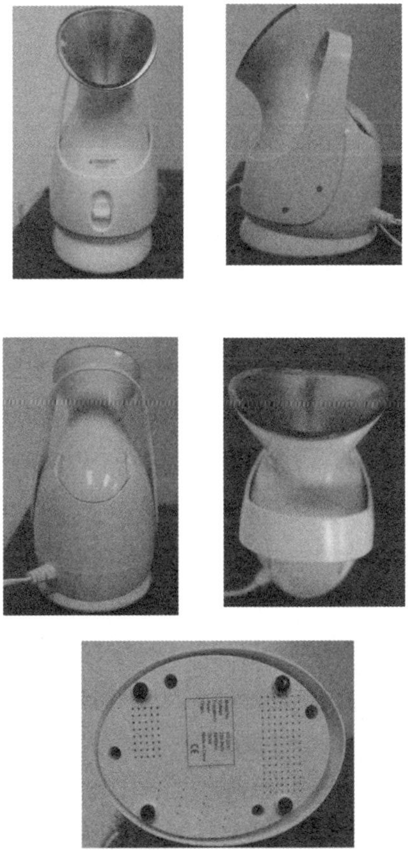

7

上海晨光文具股份有限公司诉得力集团有限公司等侵犯外观设计专利权纠纷案

——阅读提示："整体观察，综合判断"原则在外观设计专利权侵权案件中应如何把握？

【裁判要旨】

外观设计近似的判断中，应遵循"整体观察，综合判断"的原则。在具体案件中，既应考察被诉侵权设计与授权外观设计的相似性，应考察其差异性。应分别从被诉侵权产品与授权外观设计的相同设计特征和区别设计特征出发，就其对整体视觉效果的影响分别进行客观分析，避免主观因素的影响。未付出创造性劳动，通过在授权外观设计的基础上，改变或添加不具有实质性区别的设计元素以及图案和色彩，实施外观设计专利的，构成对外观设计专利权的侵犯。

【案号】

一审：上海知识产权法院（2016）沪73民初113号

【案情与裁判】

原告：上海晨光文具股份有限公司（以下简称晨光公司）

被告：得力集团有限公司（以下简称得力公司）

被告：济南坤森商贸有限公司（以下简称坤森公司）

起诉与答辩

2016年1月21日，晨光公司起诉称，其于2009年11月26日向中国国家知识产权局申请了ZL200930231150.3号外观设计专利，授权公告日为

2010年7月21日，目前处于有效状态。2015年11月，原告发现被告得力公司制造并销售得力思达A32160波普风尚中性笔，被告坤森公司亦在天猫商城许诺销售、销售该产品。原告认为，该产品与原告外观设计专利产品属于相同产品，且外观设计近似，两被告的行为构成对原告专利权的侵犯，故诉至法院，请求法院判令：1. 两被告立即停止侵犯原告ZL200930231150.3号外观设计专利权的行为，即被告得力公司立即停止制造、销售行为，被告坤森公司立即停止销售、许诺销售行为；2. 两被告销毁所有库存侵权产品以及制造侵权产品的专用设备、模具；3. 被告得力公司赔偿原告经济损失180万元及为制止侵权所支付的合理费用20万元。

得力公司辩称，虽然被诉侵权产品是其制造并销售的，但该产品与原告专利外观设计不相同也不近似，被告行为不构成对原告专利权的侵犯。即使构成侵权，原告诉请的赔偿数额及合理费用也过高。原告诉请缺乏事实与法律依据，故请求法院驳回原告的全部诉讼请求。

坤森公司未作答辩。

一审审理查明

原告是ZL200930231150.3号名称为“笔（AGP67101）”的外观设计专利的专利权人，申请日为2009年11月26日，授权公告日为2010年7月21日，目前处于有效状态。

2015年11月30日，原告在“天猫”网上被告坤森公司经营的“得力坤森专卖店”公证购买了被告得力公司生产的得力A32160中性笔，即被诉侵权产品。经比对，被诉侵权产品设计与授权外观设计在基本构成、笔杆及笔帽的整体形状、笔杆顶端与笔帽顶端的形状、笔帽相对于笔杆的长度、笔夹与笔帽的连接方式、笔夹长出笔帽的长度等方面基本相同。具体体现在：1. 两者均由笔杆和笔帽组成，笔帽上设有笔夹；2. 笔杆、笔帽整体均呈粗细均匀的四周圆角柱体；3. 笔杆顶部与笔帽顶部均有正方形锥台突起，笔杆顶部锥台中央有圆孔；4. 笔帽长度约为笔杆长度的四分之一；5. 笔夹上端与笔帽顶端锥台弧形相连；6. 笔夹略长于笔帽，长出部分约占笔夹总长度的十分之一；7. 主体靠近笔头处内径略小，四周表面中心位置各有一凸状设计，笔头为圆锥状。区别点主要在于：1. 被诉侵权设计的笔杆靠近笔尖约三分之一处有一环状凹线设计，而授权外观设计没有凹线设计；2. 被诉侵权设计的笔夹外侧有长方形锥台突起，而授权外观设计的笔夹外侧没有突起；3.

被诉侵权设计的笔夹内侧为光滑平面，而授权外观设计的笔夹内侧有波浪状突起；4. 被诉侵权设计的笔夹下端是平直的，而授权外观设计的笔夹下端为弧形。（见附图）

原告专利　　　　被告产品

主视图

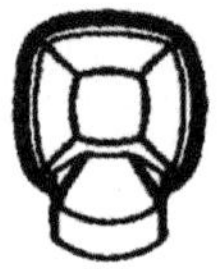
俯视图

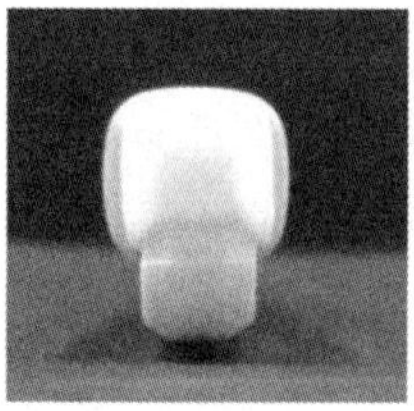

组件1左视图

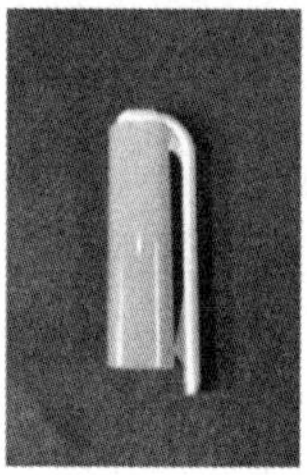

一审判理和结果

本案主要争议在于，被诉侵权设计与授权外观设计是否构成近似。在该问题的判断上，应分别考察被诉侵权设计与授权外观设计的相同设计特征与区别设计特征对整体视觉效果的影响，根据“整体观察，综合判断”的原则进行判定。

就相同设计特征来说，授权外观设计的笔杆主体形状、笔杆顶端形状、笔帽主体形状、笔帽顶端形状、笔帽相对于笔杆的长度、笔夹与笔帽的连接方式、笔夹长出笔帽的长度等方面的设计特征，在整体上确定了授权外观设计的设计风格，而这些设计特征在被诉侵权设计中均具备，可以认定两者在整体设计风格及主要设计特征上构成近似。

就区别设计特征来说，被诉侵权设计与授权外观设计所存在的四点区别设计特征，不足以对整体视觉效果产生实质性影响：笔夹内侧处于一般消费者不易观察到的部位；笔夹下端的弧形区别仅是整支笔乃至笔夹的细微局部差别；在笔夹整体形状、大小、与笔帽的连接方式及长出笔帽的长度比例等因素均相同的情况下，笔夹外侧的锥台突起对于整支笔的整体视觉效果影响有限；笔杆上的凹线设计只是横向环绕在笔杆上，面积很小，属于局部设计特征，对整体视觉效果的影响亦有限。

对于色彩和图案对近似认定的影响，法院认为，授权外观设计的简要说明中并未明确要求保护色彩，因此，在确定其保护范围及侵权判定时，不应将色彩考虑在内。被诉侵权设计在采用与授权外观设计近似的形状之余所附加的色彩、图案等要素，属于额外增加的设计要素，对侵权判断不具有实质性影响。

综上，原告及被告得力公司均为国内较有影响力的文具生产企业，在新产品的自主研发上更应投入更多的精力，对自身产品研发过程中涉及的法律风险也应有较为专业的认知。被告得力公司未付出创造性劳动，通过在原告授权外观设计的基础上，改变或添加不具有实质性区别的设计元素以及图案和色彩，实施原告外观设计专利，构成对原告外观设计专利权的侵犯。

一审法院依照《中华人民共和国民法通则》（以下简称民法通则）第一百一十八条，《中华人民共和国专利法》（以下简称专利法）第十一条第二款、第六十五条之规定，判决被告得力公司立即停止制造、销售侵犯原告外观设计专利权产品的行为；被告坤森公司立即停止许诺销售、销售侵犯原告外观设计专利权产品的行为；被告得力公司赔偿原告经济损失 50000 元及制止侵权的合理费用 50000 元。

一审判决后，当事人均未上诉，案件已经生效。

【法官评述】

外观设计专利是一种比较特殊的专利权，其与发明、实用新型专利在保护客体方面有很大的不同。发明和实用新型专利保护的都是技术方案，用于产生功能作用方面的效果，而外观设计专利保护的是产品外观的设计方案，用于产生视觉感受方面的效果。因此，对于外观设计的保护，国际上一直存在通过《中华人民共和国著作权法》（以下简称著作权法）保护和通过专利法保护两种模式。即使是在通过专利法保护外观设计的国家中，对于外观设计专利权的授权标准及侵权判断标准，做法也并不统一。在我国，《专利审查指南》及司法实践对于外观设计专利授权标准及侵权判定标准一直处于不断调整的状态。外观设计专利侵权案件较之发明及实用新型专利权侵权案件，常常呈现出看似简单实则复杂且易受主观因素影响的特点。不同的裁判者，由于个人经验及认知的差异，在是否构成近似的认定上，有时会得出截然相反的结论。

本案所涉产品为笔类产品，其外观看似大同小异，又在日常生活中常见，因此在侵权判断中更易受主观因素的影响。根据《最高人民法院关于审理侵犯专利权纠纷案件应用法律若干问题的解释》第十条、第十一条的规定，应以外观设计专利产品的一般消费者的知识水平和认知能力，根据授权外观设计、被诉侵权设计的设计特征，以外观设计的整体视觉效果进行综合判断。这通常被称为外观设计近似判断的“整体观察，综合判断”方法。但这是一个比较原则性的方法，在具体案件中如何把握、如何使不同裁判者在判断中减少主观因素的影响，得出相对客观的结论，本案在这方面进行了以下探索：

首先，分别确定被诉侵权产品与授权外观设计的相同设计特征和区别设计特征。这一步在法庭调查阶段完成。应当注意引导当事人在比对时对相同设计特征和区别设计特征均进行陈述，避免仅仅注意区别设计特征，而忽略了对相同设计特征的归纳。因为如果仅仅关注区别设计特征，在判断被诉侵权产品与授权外观设计在整体视觉效果上是否存在差异时，主观上容易将区别设计特征放大，轻易认定被诉侵权设计与授权外观设计不构成近似。

其次，以一般消费者的知识水平和认知能力，分别分析相同设计特征和区别设计特征对整体视觉效果的影响。在此应注意以下几点：

一、在分析相同设计特征对整体视觉效果的影响时，首先应将由功能唯一限定或因其他原因已经成为惯常设计的元素排除在外。例如，汽车轮胎的圆形形状是由功能唯一限定的，不能将该形状对整体视觉效果的影响考虑在内。本案中，笔的整体形状是长圆柱体，这也已经成为惯常设计，也不应将其对整体视觉效果的影响考虑在内。需要注意的是，应区别惯常设计和现有设计。现有设计是在申请日以前在国内外为公众所知的设计。

现有设计中，只有被一般消费者所熟知的、只要提到产品名称就能想到的相应设计，才构成惯常设计。例如，提到包装盒就能想到其有长方体、正方体形状的设计。

二、不能仅仅因为某个设计元素在现有设计中出现过，就排除其对整体视觉效果的影响。除非该元素由功能唯一限定或因其他原因已经成为惯常设计或被诉侵权产品与授权外观设计的相同点在单一现有设计中都已经存在。在我国当前已授权的外观设计专利中，完全抛弃现有设计而创造出的全新设计是很少的。多数外观设计专利是吸收现有设计中的某些元素，通过组合或是混搭形成新的设计。就本案所涉及的笔类产品来说，笔的外观看似大同小异，但在整体造型及各部分的形状、大小等方面其实是有着各自的设计特点的。笔杆、笔帽、笔夹上的若干设计元素，在现有设计中都可能找到相同或近似的元素，不能因某个元素在现有设计中出现过就否定授权专利的稳定性，也不能因此将其排除在对整体视觉效果产生影响的因素之外。当然这里有几个例外：一是该元素由功能唯一限定或因其他原因已经成为惯常设计（这在前一条中已经论及）。二是被诉侵权产品与授权外观设计的主要相同点在单一现有设计均已存在，即构成现有设计抗辩。本案中，被诉侵权产品与授权外观设计相同的设计特征中，笔杆与笔帽的主体形状（粗细均匀的四周圆角柱体）、笔帽与笔杆的长度比例关系（笔帽长度约为笔杆长度的四分之一）在现有设计中是存在的，而且该现有设计也曾经被得力公司作为对比设计申请授权外观设计无效。但国家知识产权局专利复审委员会审查后认为，授权外观设计与对比设计存在显著性区别，两者不构成实质性相同，故作出维持授权专利权有效的决定。授权外观设计经过国家知识产权局是否符合专利权授予条件的评价、专利无效审查等程序，在被告没有证据否定其有效性的情况下，法院不能因为某个部分在现有设计中被披露过就否定其有效性，也不能将其排除在对整体视觉效果产生影响的因素之外。本案中，被诉侵权产品与授权外观设计，除了对整体视觉效果产生重要影响的笔杆与笔帽的主体形状、笔帽与笔杆的长度比例关系相同之外，笔杆及笔帽顶端的形状、笔夹与笔帽的连接方式、笔夹长出笔帽的长度等方面亦相同，而这些设计特征在无效申请的比对设计中都不存在，却能够对整体视觉效果产生影响。而且，其中笔夹与笔帽的连接方式、笔夹长出笔帽的长度亦在专利复审委员会的无效决定中被认为是容易引起一般消费者注意的能够区别不同设计的因素，故本案中，法院认定被诉侵权产品与授权外观设计在整体设计风格及主要设计特征上构成近似。

三、现有设计抗辩应与单独一项现有设计进行比对，不能与多个现有设计共同比对。而且，要将现有设计与被诉侵权产品进行比对，不能将其与授权外观设计进行比对。如果授权外观设计已被国家知识产权局经过检索得出符合授予专利权条件的评价结论或经过无效宣告程序被认定为有效，则在侵权案件中通常无须对其有效性进行质疑，否则将使授权专利处于不稳定的状态。在被诉侵权产品与现有设计不相同，但有相当程度的近似时，在判断该近似是否构成实质性相同时，可以考虑以下几点：1. 被诉侵权产品与现有设计的区别是否是细微的、非显著性的；2. 被诉侵权产品是否是由现有设计转用得到的，且该具体的转用手法在相同或者相近种类产品的现有设计中存在启示；3. 被诉侵权产品是否是由现有设计或者现有设计特征组合得到的，且该具体的组合手法在相同或者相近种类产品的现有设计中存在启示。如果存在上述情况，则可以认定被告现有设计抗辩成立。

四、产品正常使用时容易被直接观察到的部位相对于其他部位，对整体视觉效果更具有显著影响；不容易观察到的部位及局部细微的变化，则对整体视觉效果不足以产生显著影响。如笔夹内侧的设计，其处于笔夹与笔帽之间的位置，一般消费者不容易观察到，不应认定为对整体视觉效果产生影响。本案中，被诉侵权产品笔夹内侧波浪状突起的区别设计特征就属该种情况。

五、区别设计特征在整体设计中所占大小比例可以作为对整体视觉效果是否产生显著影响的参考。本案中，被诉侵权产品的笔夹下端是平直的，而授权外观设计的笔夹下端为弧形；被诉侵权设计的笔杆靠近笔尖约三分之一处有一环状凹线设计，而授权外观设计没有凹线设计。法院认为，笔夹下端仅是笔的外观的细微局部，对整体视觉效果的影响极其有限；笔杆上的的凹线设计位于笔杆靠近笔尖约三分之一处，只是横向环绕在笔杆上，面积也很小，属于局部设计特征，对整体视觉效果的影响亦有限。需要注意的是，区别设计特征在整体设计中所占大小比例仅仅作为对整体视觉效果是否产生显著影响的参考，不是决定因素。不能仅仅因为所占面积大就简单地认定对整体视觉效果产生显著影响，还应结合其他因素综合认定。本案中，被诉侵权设计的笔夹外侧有长方形锥台突起，而授权外观设计的笔夹外侧没有突起。笔夹外侧的长方形锥台突起虽然在笔夹上占据了较大面积，但笔夹对于笔的整体视觉效果的影响首先在于它的整体形状、大小、与笔帽的连接方式及长出笔帽的长度比例等，在这些因素均相同的情况下，法院认定，笔夹外侧的锥台突起对于整支笔的整体视觉效果影响有限，不足以构成实质性差异。

六、对于未将色彩、图案纳入保护范围的外观设计，不应将被诉侵权设计的色彩和图案对整体视觉效果的影响考虑在内。外观设计专利权的保护范围以表示在图片或者照片中的该产品的外观设计为准。形状、图案、色彩是构成产品外观设计的三项基本设计要素。外观设计请求保护色彩的，应当在简要说明中写明。未在简要说明中明确要求保护色彩的，在确定专利权保护范围及进行侵权判定时，不应将色彩考虑在内。此外，如果从外观设计专利图片或照片来看，不存在因形状产生的明暗、深浅变化等所形成的图案，则在确定专利权保护范围及进行侵权判定时，亦不应将图案考虑在内。否则，他人可通过在授权外观设计上简单添加图案、色彩等方式，轻易规避专利侵权，这无疑有悖于专利法鼓励发明创造、促进科技进步和创新的立法本意。

综上，在判断被诉侵权设计与授权外观设计在整体视觉效果上是否构成近似时，既应考察被诉侵权设计与授权外观设计的相似性，也应考察其差异性。应分别从被诉侵权产品与授权外观设计的相同设计特征和区别设计特征出发，就其对整体视觉效果的影响分别进行客观分析，得出认定结论。

编写人：上海知识产权法院　徐飞

8

杭州大头儿子文化发展有限公司诉央视动画有限公司著作权侵权纠纷案

——阅读提示：动画形象草图的作品性质应如何认定？动画形象草图基础上创作的演绎作品使用规则及如何限制适用停止侵权法律责任？

【裁判要旨】

动画形象草图如满足独创性要求，构成著作权法意义上的作品。其权利归属应在查明事实的基础上以动画创作者享有著作权为原则。

动画视听作品构成利用动画形象草图创作的演绎作品，演绎者对该演绎作品享有著作权，但并不意味着同时享有原作品的著作权。对演绎作品的再次利用须遵循双重许可规则，即除了得到演绎作品著作权人许可之外，还须获得原作者的许可。

从知识产权法律制度作为公共政策产物的本质属性出发，在侵权成立的前提下，如果适用停止侵害的法律责任会导致公共利益严重受损的，可以在个案中通过提高赔偿数额的方式替代停止侵害责任，以突出公共利益的优先性。

【案号】

一审：浙江省杭州市滨江区人民法院（2014）杭滨知初字第634、635、636号

二审：浙江省杭州市中级人民法院（2015）浙杭知终字第356、357、358号

【案情与裁判】

原告（上诉人）：杭州大头儿子文化发展有限公司（以下简称大头儿子公司）

被告（上诉人）：央视动画有限公司（以下简称央视动画公司）

起诉与答辩

大头儿子公司于2014年9月5日向一审法院提起诉讼，请求判令：1. 央视动画公司立即停止著作权侵权行为；2. 央视动画公司赔偿经济损失50万元及大头儿子公司为制止侵权所支付的调查取证费3520元、律师费20000元，合计23520元；4. 央视动画公司在央视网和《中国电视报》上刊登致歉声明，赔礼道歉、消除影响；5. 央视动画公司承担诉讼费用。

法院审理查明

1994年，动画片《大头儿子小头爸爸》（1995年版，以下简称95版动画片）导演崔世昱、制片汤融、上海科学教育电影制片厂（以下简称上海科影厂）副厂长席志杰三人到刘泽岱家中，委托其为即将拍摄的95版动画片创作人物形象。刘泽岱当场用铅笔勾画了“大头儿子”“小头爸爸”“围裙妈妈”三个人物形象正面图，并将底稿交给了崔世昱。当时双方未就该作品的著作权归属签署任何书面协议。崔世昱将底稿带回后，95版动画片美术创作团队在刘泽岱创作的人物概念设计图的基础上，进行了进一步的设计和再创作，最终制作成了符合动画片标准造型的三个主要人物形象，即“大头儿子”“小头爸爸”“围裙妈妈”的标准设计图、转面图、比例图等。刘泽岱未再参与之后的创作。刘泽岱创作的底稿由于年代久远和单位变迁，各方均无法提供。95版动画片由中央电视台（以下简称央视）和东方电视台联合摄制，在其片尾播放的演职人员列表中载明：“人物设计：刘泽岱”。2012年12月14日，刘泽岱将涉案三幅作品的著作权转让给洪亮。2014年3月10日，洪亮将上述著作权转让给大头儿子公司。2013年，央视动画公司摄制了动画片《新大头儿子小头爸爸》（以下简称2013版动画片），并在CCTV、各地方电视台、央视网上进行播放，同时对2013版动画片的人物形象进行宣传、展览，并许可中国木偶艺术剧院进行舞台剧表演。

一审判理与结果

一审法院认为：1994年刘泽岱是受崔世昱的委托，独立创作了“大头儿子”“小头爸爸”“围裙妈妈”三幅美术作品，双方之间没有签订委托创作合同约定著作权归属，故刘泽岱作为受托人对其所创作的三幅美术作品享有完整的著作权。大头儿子公司经转让继受取得了上述作品除人身权以外的著作权。根据创作人及参与人的证言，可以明确，95版动画片中三个人物形象包含了刘泽岱原作品的独创性表达元素，在整体人物造型、基本形态构成实质性相似，但央视95版动画片美术创作团队根据动画片艺术表现的需要，在原初稿基础上进行了艺术加工，这种加工并没有脱离原作品中三个人物形象的“基本形态”，系由原作品派生而成，故构成对原作品的演绎作品。央视为该演绎作品的作者，对该演绎作品享有著作权。根据央视的授权，央视动画公司有权在2013版动画片中使用95版动画片中的人物形象。但央视动画公司在行使演绎作品著作权时不得侵害原作品的著作权，其未经大头儿子公司许可，在2013版动画片以及相关的展览、宣传中以改编的方式使用大头儿子公司的作品并据此获利的行为，侵犯了大头儿子公司的著作权，应承担相应的侵权责任。至于责任承担方式，首先，应当充分考虑并尊重当时的创作背景，从崔世昱作为95版动画片导演委托刘泽岱创作作品，95版动画片片尾对刘泽岱予以署名等事实看，央视及央视动画公司使用刘泽岱的原作品进行改编创作，主观上并没有过错，双方当时没有约定作品的权利归属有其一定的历史因素；其次，大头儿子公司请求保护的原作品至今无法提供，刘泽岱在有关作品权属的转让和确认过程中存在多次反复的情况，且其自1994年创作完成直至2012年转让给大头儿子公司的长达18年期间，从未就其作品被使用向央视或央视动画公司主张过权利或提出过异议；再次，由于著作权往往涉及多个权利主体和客体，因此在依法确定权利归属和保护范围的情况下，还应当注重合理平衡界定原作者、后续作者以及社会公众的利益。央视及之后的央视动画公司通过对刘泽岱原作品的创造性劳动，制作了两部具有很高知名度和社会影响力的动画片，获得了社会公众的广泛认知，取得了较好的社会效果。如果判决停止播放《新大头儿子和小头爸爸》动画片，将会使一部优秀的作品成为历史，造成社会资源的巨大浪费。最后，还应当兼顾公平原则。动画片的制作不仅需要人物造型，还需要表现故事情节的剧本、音乐及配音等创作，仅因其中的人物形象缺失原作者许可就判令停止整部动画片的播放，将使其他创作人员的劳动付诸东流，有违公平原则。鉴于案件实际情况，宜以提高赔偿额的方式作为央视动画公司停止侵权行为的责任替代方式，一审法院于2015年6月30日判决：一、央视动画公司于判决生效之日起十日内赔偿大头儿子公司经济损失400000元（每案）；二、央视动画公司于判决生效之日起十日内赔偿大头儿子公司为维权所支出的合理费用22040元（每案）；三、驳回大头儿子公司的其他诉讼请求。

上诉与答辩

一审宣判后，大头儿子公司上诉称：1. 一审判决对侵权责任承担的处理方式不符合法律规定，也不足以制止央视动画公司的侵权行为，更无法解决大头儿子公司与央视动画公司之间的争议。2. 一审判决认定央视动画公司有权在2013版动画片中使用95版动画片中的人物形象不符合法律规定。请求改判央视动画公司立即停止侵权。

央视动画公司上诉称：1. 一审法院没有在大头儿子公司陈述的事实和诉求基础上进行审理。2. 大头儿子公司无法提供刘泽岱于1994年画的草图载体，导致1994年草图具体内容不明确。一审法院认定95版动画片的美术形象是原作品的演绎作品，缺乏事实依据。3. 一审法院认为由于央视与刘泽岱没有签署书面委托协议，且刘泽岱否认存在著作权的约定，从而认定刘泽岱对创作的内容享有完整的著作权，不符合事实。请求撤销一审判决，驳回大头儿子公司的全部诉讼请求。

二审判理和结果

二审法院认为：刘泽岱受崔世昱导演委托后，独立创作完成了“大头儿子”“小头爸爸”“围裙妈妈”三幅美术作品，属于其独立完成的智力创造成果，应当认定刘泽岱对其所创作的三人物概念设计图享有完整的著作权。95版动画片以人物造型署名的方式，认可了刘泽岱的创作对于动画片人物造型的最终完成作出了独创性贡献，央视创作团队为了制作动画片需要所进行的修改、加工以及多视图的创作，并不足以改变刘泽岱已创作完成的人物形象的个性化特征，故95版动画片人物形象构成对刘泽岱所创作原作品的演绎作品。2013版动画片的人物形象仍未脱离刘泽岱创作的原作品，仍属于对刘泽岱创作的原作品的演绎作品。央视动画公司未经大头儿子公司许可的使用行为构成侵权。同时，一审法院在综合考虑当时的创作背景、本案实际情况、平衡原作者、后续作品及社会公众的利益以及公平原则的基础上，判令央视动画公司不停止侵权，但以提高赔偿额的方式作为责任替代方式并无不妥，既符合本案客观实际，也在其合理的裁量范围之内。二审法院于2016年2月22日判决：驳回大头儿子公司、央视动画公司的上诉，维持原判。

【法官评述】

本案是《大头儿子小头爸爸》动画片草图的著作权人和2013版动画片制片人之间的侵权纠纷。本案为如何在认定各类作品的前提下，确定各自权利的保护范围，平衡各主体之间的利益，提供了一个可资借鉴的审理思路。

一、动画形象草图构成著作权法意义上作品的条件

《中华人民共和国著作权法实施条例》第2条对“作品”所下的定义是：“著作权法所称作品，是指文学、艺术和科学领域内具有独创性并能以某种有形形式复制的智力成果。”由于立法上始终缺乏对独创性标准的界定，司法实践中判断尺度无法统一，只能通过具体案件进行具体分析。

在涉及动画片角色形象的著作权案件中，动画形象草图或角色形象是否具有独创性因而构成著作权法意义上的作品是判定权利归属的前提条件。对于一部动画片的制作，在分镜头画面绘制之前，需要创作一个相貌、身材、服饰等人物特征相对固定的动画角色形象，即静态的人物造型，同时在此基础上形成转面图、动态图、表情图等，这些人物造型的草图或设计图所共同形成的人物整体形象，以线条、造型、色彩等形式固定了动画角色独特的个性化特征，并在之后的动画片分镜头制作中以该特有的形象一以贯之地出现在各个场景画面中，即使动画角色在表情、动作、姿势等方面会发生各种变化，但均不会脱离其草图中展现的基础形象所具有显著性和可识别性的基本特征。本案中，动画草图已具体清楚地勾勒出“大头儿子”“小头爸爸”“围裙妈妈”动画人物的基本形象特征，如大头儿子形象中倒葫芦形的脑袋、锅盖式的发型等，这些均属于通过绘画这种艺术手法进行的具象特征表达，符合著作权法中关于作品独创性和可复制性的要求，应作为美术作品受到保护。即使央视动画公司所制作的动画片在上述基本形象之上进行了再创作，也不影响满足独创性要求的动画形象草图构成著作权法意义上的作品。

本案的特殊性体现在创作作品的权利人无法提供创作底稿，这意味着

作品是否真实存疑，也意味着作品无法当庭提交，并与演绎作品进行比对。在此情况下，不能简单以原创作品无法与演绎作品进行比对，进而否定两者之间的关系。本案中，双方的证人均认可95版动画片中的三个人物形象是根据刘泽岱创作的作品而产生的。大头儿子公司的证人陈述了创作过程为其当场用铅笔画了“大头儿子”“小头爸爸”“围裙妈妈”三个人物造型的正面图，之后交给央视动画公司。央视在95版动画片中对刘泽岱予以署名。因此，刘泽岱创作了三个人物形象是各方均认可的事实，且原稿和95版动画片中人物形象的差异也是各方认可的。原稿虽已丢失，无法在法庭上提供，无法进行审查和比较，但并不意味着原作品创作人的相关权利就此消灭。

二、演绎作品作者著作权的行使

在涉动画形象草图或角色的著作权侵权案件中，厘定动画形象草图作者作为动画片参与创作人员对动画形象草图享有的著作权与后续演绎作品著作权的权利边界，是判定演绎作品是否侵权的关键。演绎作品的特点在于，它既包含演绎者的独创性劳动，又保留了原作品的基本表达。因此，演绎者对于演绎作品享有著作权并不意味着同时享有对原作品的著作权，对于利用他人作品创作演绎作品而言，应得到原作品著作权人的许可，而对于将演绎作品再次演绎使用时，不仅应得到演绎作品著作权人的许可，还应得到原作品著作权人的许可，否则会构成对原著权人和演绎作品著作权人演绎权的侵犯。[①] 相比普通演绎作品，动画片类视听作品由于其涉及创作人员众多，在权利分配上表现出其特殊性，即，该视听作品的著作权由制片者享有是指该视听作品作为一个整体由制片者享有，而不是指制片者能够享有视听演绎作品中所有包括主题曲、剧本、动画形象等部分的著作权，其对于主题曲、剧本、动画形象等作品著作权的行使仍需遵守演绎作品使用的一般规则，即需得到原作品著作权人的许可。

本案中，95版动画片的美术创作团队在刘泽岱创作的作品基础上进行了艺术加工，最终完成了包括转面图、比例图、标准设计图等在内的动画角色造型工作，其所投入的智力性劳动应得到法律的肯定，但其三个主要人物形象是在刘泽岱创作的作品基础上进行再创作形成，95版动画片构成

---

① 王迁：《著作权法》，中国人民大学出版社2015年版，第237页。

原动画形象草图的演绎作品。而2013版的动画形象与95版并无实质性的区别，只是增加了立体感，对三位主角人物形象的发型、五官和表情做了微调，其与动画草图三个形象亦构成实质性相似，是对95版动画演绎作品进行再次演绎形成的作品。央视动画公司取得95版动画片整体意义上的著作权，不意味着其同时取得了动画片之外刘泽岱创作的三个人物草图美术作品的著作权，其未经动画形象草图现著作权人许可，在2013版动画片中再次对草图作品演绎使用已构成侵权。

三、演绎作品停止侵权法律责任的限制适用

利益平衡原则是著作权法乃至整个知识产权法理论体系中的重要原则之一。从利益平衡角度考量停止侵权责任的承担，最高人民法院就明确指出："如果停止有关行为会造成当事人之间的重大利益失衡，或者有悖社会公共利益，或者实际上无法执行，可以根据案件具体情况进行利益衡量，不判决停止行为，而采取更充分的赔偿或者经济补偿等替代性措施了断纠纷。"①

本案法院认为可以从社会公共利益角度考虑，选择限制大头儿子公司对于原作品著作权的禁用权，对原作者、演绎作品作者及作品的商业价值赋予者的利益进行合理平衡后，以提高赔偿金的方式对大头儿子公司予以救济，主要考虑以下因素：（一）央视动画公司使用原作品主观上没有过错。本案侵权行为主要是央视动画公司使用改编后的人物形象摄制动画片并进行播放、展览及宣传的行为。从当时的创作背景看，央视及央视动画公司使用刘泽岱的原作品进行改编创作，主观上并没有过错，双方当时没有约定作品的权利归属有其一定的历史因素，而刘泽岱在有关作品权属的转让和确认过程中存在多次反复的情况，从未就其作品被使用向央视或央视动画公司主张过权利或提出过异议。（二）央视动画公司为作品的传播付出了创造性的劳动。虽然刘泽岱为95版动画片创作了人物形象的草图，但该作品未进行单独发表，没有任何知名度的累积，而央视创作团队最终完成了动画角色造型工作和整部动画片的创作，并随着动画片的播出，使"大头儿子""小头爸爸""围裙妈妈"成为家喻户晓的知名动画人物，其对

---

① 2009年4月21日最高人民法院发布的《关于当前经济形势下知识产权审判服务大局若干问题的意见》第十五条。

动画片人物形象的知名度和影响力的贡献亦应当得到充分考量。（三）停止侵权将会造成社会资源的浪费，反之不会对原权利人造成重大损失。如果判决央视动画公司停止播放2013版动画片，将会使一部优秀的作品成为历史，不仅使央视动画公司多年的创造性劳动付之东流，而且将会造成社会资源的巨大浪费，严重违背公共利益原则。而对于大头儿子公司享有的原作品著作权而言，因其原作品的权利并未受到限制，央视动画公司不停止侵权并不会给大头儿子公司造成难以弥补的损害。

总之，法院在确定演绎作品侵权责任承担方式时，应在依法确定权利归属和保护范围的情况下，注重合理平衡各方利益。既要充分保护原创作品，又要鼓励在原创作品基础上的创造性劳动，以有利于文艺创作的发展和繁荣。

编写人：浙江省高级人民法院　王亦非

9

河北省林业科学研究院、石家庄市绿缘达园林工程有限公司诉九台市城市管理行政执法局、九台市园林绿化管理处侵害植物新品种权纠纷案

——阅读提示：政府事业单位在履行城市建设管理职能时生产、繁殖授权品种的繁殖材料的行为是否具有商业目的？

【裁判要旨】

《最高人民法院关于审理侵犯植物新品种权纠纷案件具体应用法律问题的若干规定》第二条规定，未经品种权人许可，为商业目的生产或销售授权品种的繁殖材料的，人民法院应当认定为侵犯植物新品种权。判断某主体的行为是否具有商业目的不能仅以其主体性质及是否通过该行为直接获利来判断，而应当结合主体的行为综合考虑该行为是否损害品种权人利益及是否含有商业利益等因素进行综合判断。

【案号】

一审：吉林省长春市中级人民法院（2011）长民三初字第260号

二审：吉林省高级人民法院（2012）吉民三知终字第17号

重审一审：吉林省长春市中级人民法院（2012）长民三重字第2号

重审二审：吉林省高级人民法院（2013）吉民三知终字第2号

申请再审：最高人民法院（2013）民申字第1769号

再审：山东省高级人民法院（2014）鲁民再字第13号

【案情与裁判】

原告（上诉人、再审申请人）：河北省林业科学研究院（以下简称河北林科院）

原告（上诉人、再审申请人）：石家庄市绿缘达园林工程有限公司（以下简称绿缘达公司）

被告（被上诉人、被申请人）：九台市城市管理行政执法局（以下简称九台执法局）

被告（被上诉人、被申请人）：九台市园林绿化管理处（以下简称九台园林处）

起诉与答辩

河北林科院、绿缘达公司于2011年11月9日起诉称：其系“美人榆”植物新品种权人，九台执法局未经授权，擅自委托九台园林处在其管理的街道绿化带大量种植美人榆，九台执法局与九台园林处的行为侵害了涉案植物新品种权。请求判令九台执法局、九台园林处：1. 立即停止侵犯涉案植物新品种权的行为；2. 在媒体上公开赔礼道歉并公告其用于街道绿化的树苗为植物新品种“美人榆”，品种权人为河北林科院、绿缘达公司；3. 支付品种使用费100万元。

九台执法局答辩称，诉讼主体有误，九台园林处原来归九台执法局行政管理，2011年年末已归九台建设局管理。九台园林处具有独立法人资格。经调查，九台园林处购买的树种为金叶榆，并非美人榆。所以，河北林科院、绿缘达公司所诉九台执法局侵权事实不存在，请求驳回河北林科院、绿缘达公司的诉讼请求。

九台园林处答辩称，其种植的树种系金叶榆，与河北林科院、绿缘达公司所诉的新品种美人榆不属同一树种。假定九台园林处所购树种为美人榆，侵权人也不是九台园林处，而应当是销售方。综上，请求驳回河北林科院、绿缘达公司的诉讼请求。

法院审理查明

2006年8月22日，河北林科院、绿缘达公司获得名称为“美人榆”的植物新品种权，品种权号为20060008。该品种权的保护期限为20年。

九台园林处系事业单位法人。九台园林处自认在其绿化范围内种植了“金叶榆”。

九台执法局系事业单位法人，其业务范围是：为城市美化提供市容管理保障，建筑物外观管理，道路容貌管理及广场容貌管理等。

一审判理和结果

吉林省长春市中级人民法院一审认为：根据九台执法局的业务范围，河北林科院、绿缘达公司未能证明涉案种植行为与九台执法局有关，河北林科院、绿缘达公司对九台执法局的诉讼请求没有事实和法律依据。并且，九台园林处的种植行为系园林绿化行为，河北林科院、绿缘达公司无证据证明九台园林处为商业目的实施了生产或销售，所以九台园林处的行为不属于侵害植物新品种权的行为。关于河北林科院、绿缘达公司要求停止侵权、赔礼道歉、支付使用费和鉴定费的主张，因九台执法局、九台园林处未实施侵害植物新品种权的行为，对于上述主张，不予支持。判决：驳回河北林科院、绿缘达公司的诉讼请求。

上诉与答辩

河北林科院、绿缘达公司不服上述判决，上诉至吉林省高级人民法院，请求撤销原审判决，发回重审或依法改判。主要理由为：1. 九台执法局、九台园林处构成共同侵权。九台执法局具有园林绿化工作的行政管理和执法职能。九台执法局对其管辖范围内的“美人榆”具有所有权、管理权及处置权，其应为本案侵权的第一责任人。九台园林处系在九台执法局的委托授权下进行了具体的侵权行为，九台执法局与九台园林处应负连带赔偿责任。2. 九台执法局、九台园林处的种植行为是非法生产行为。美人榆是无性繁殖，其自身便是繁殖材料。九台执法局、九台园林处种植在街道、公园内，九台执法局、九台园林处的行为是种植、生产“美人榆”的行为。3. 原审判决对九台执法局、九台园林处的被诉侵权行为是否具有商业目的的事实认定错误，适用法律不当。虽然九台执法局、九台园林处的行为具有一定的公益性，但不符合《植物新品种保护条例》第十条、第十一条的免责情况。

九台执法局、九台园林处共同答辩称，原审判决认定事实清楚，适用法律正确，程序合法。请求驳回上诉，维持原判。

二审判理和结果

吉林省高级人民法院二审认为：九台执法局具有为城市美化提供市容管理保障，做好市区及营城街道办事处的环境卫生、园林绿化工作职责，但不能因此推定其管理范围内街道绿化的“金叶榆”为九台执法局所种植，现亦没有证据证明是九台执法局种植的“金叶榆”，故九台执法局对此不应承担责任。相反，九台园林处已出示证据证明该“金叶榆”系其种植。综上，河北林科院、绿缘达公司起诉所依据的法律基础，即九台园林处是在九台执法局委托授权的情况下实施侵权行为没有证据证明，故河北林科院、绿缘达公司的起诉依据不充分，诉讼请求不能成立，不予支持。河北林科院、绿缘达公司还提出，九台园林处种植的涉案树木是否为“美人榆”；该种植行为是否为再生产、再繁殖以及再种植行为；以及其是否具有商业目的。因起诉基础不存在，本案不再论述。如果河北林科院、绿缘达公司认为九台园林处的种植行为侵犯其“美人榆”植物新品种权，其可以另行提起民事诉讼。综上，原审判决认定事实清楚，适用法律正确，程序合法。判决：驳回上诉，维持原判。

申请再审理由与答辩

河北林科院、绿缘达公司申请再审称，原审判决认定事实不清，适用法律错误，请求撤销原判，依法改判，诉讼费均由九台执法局、九台园林处承担。主要理由为：一、原审法院未认定涉案被诉侵权行为与九台执法局有关不当。1. 九台执法局的职能包括园林绿化，且九台执法局承认九台园林处在2011 年年末前归其行政管理。2. 九台执法局对其辖区内的美人榆具有所有权、管理权和处置权，其应为本案侵权第一责任人。二、九台执法局、九台园林处的种植行为本身就是生产美人榆繁殖材料的行为，原审法院认为九台执法局、九台园林处的行为不侵害涉案植物新品种权不当。

九台执法局、九台园林处共同答辩称：原审判决认定事实清楚，适用法律正确，请求驳回河北林科院、绿缘达公司的再审请求。

再审审理查明

山东省高级人民法院再审查明的事实与原审法院查明的事实基本一致。另查明，再审中河北林科院、绿缘达公司将其诉讼请求中九台执法局与九台园林处支付其品种使用费 100 万元变更为 50 万元。

2005 年 8 月，河北林科院、绿缘达公司在国家林业局申请涉案植物新品种权时，品种名称由“金叶榆”改为“美人榆”。

九台园林处的业务范围是管理园林绿地，美化城市环境，城市园林绿地系统规划、建设、管理及维护，城市园林绿化工程设计。

再审判理和结果

山东省高级人民法院再审认为，九台执法局和九台园林处均为独立的事业单位法人，九台园林处认可其种植了被诉侵权榆树，在河北林科院、绿缘达公司无证据证明九台执法局和九台园林处之间具有委托授权关系的情况下，只能认定九台园林处实施了被诉侵权行为，而不能认定九台执法局也实施了被诉侵权行为。所以，河北林科院、绿缘达公司关于九台执法局的行为侵害涉案植物新品种权的主张不能成立。

《最高人民法院关于审理侵犯植物新品种权纠纷案件具体应用法律问题的若干规定》第二条规定，未经品种权人许可，为商业目的生产或销售授权品种的繁殖材料的，应当认定为侵犯植物新品种权。虽然九台园林处是事业单位法人，具有建设城市园林绿地的职能，但是判断九台园林处的行为是否具有商业目的不能仅以其主体性质来判断，而应当结合主体的行为进行综合判断。美人榆系无性繁殖，本身即为繁殖材料，九台园林处大量种植美人榆用于街道绿化的行为不符合《植物新品种保护条例》第十条规定的可以不经品种权人许可而不支付使用费的情况。九台园林处没有从品种权人处购买美人榆，而擅自进行种植使用，其行为暗含了商业利益，损害了品种权人的权益，应当认定为具有商业目的。并且，九台园林处生产授权品种的繁殖材料的行为不但美化了城市环境，而且客观上起到了提升城市形象、优化招商引资环境的作用，从促进地方经济发展的角度来看也具有商业目的。所以，九台园林处擅自种植美人榆的行为侵害了涉案植物新品种权。河北林科院、绿缘达公司在本案再审过程中对其诉讼请求进行了明确，即不必铲除已种植的榆树，只要求支付品种使用费。法院最终判决九台园林处支付品种使用费20万元。

【法官评述】

本案的关键在于对九台园林处生产或销售授权品种的繁殖材料是否具有“商业目的”的判断。本案审理时恰逢有关植物新品种保护的新旧法律规定交替之时，而新旧法律规定对“商业目的”作出了截然不同的规定，但是新旧法律规定的不同并没有对本案的处理造成困扰。本案中法院不但对政府事业单位在履行职能时生产、繁殖授权品种的繁殖材料等行为中是否具有商业目的作出了正确的分析判断，并且该案裁判符合之后实施的《中华人民共和国种子法》（2015年修订）（以下简称新种子法）的有关规定精神。下面笔者尝试对本案有关“商业目的”的问题作如下分析：

一、从本案适用的相关法律规定来分析

由于本案中的被诉侵权行为在新种子法实施之前，所以本案适用《植物新品种保护条例》及《最高人民法院关于审理侵犯植物新品种权纠纷案件具体应用法律问题的若干规定》，根据上述规定，未经品种权人许可，为商业目的生产或销售授权品种的繁殖材料的，应当认定为侵犯植物新品种权。上述规定明确把“商业目的”作为侵权的构成要件。笔者认为，这里的商业目的应作广义的理解，而不是狭义的商业经营或销售。实际上，《植物新品种保护条例》中规定的内容来源于我国加入的《国际植物新品种保护公约（1978年文本）》，而在该国际公约第五条第（一）项规定：“授予育种者权利的作用是在对受保护品种的诸如有性或无性繁殖之类的进行下列处理时，应事先征得育种者同意：以商业销售为目的之生产；提供出售；市场销售……”可见，我国的《植物新品种保护条例》并没有完全采用国际公约的内容，我国《植物新品种保护条例》在这里比《国际植物新品种保护公约（1978年文本）》的保护程度要高。这里的“商业目的”与“以商业销售为目的”是不同的，“商业目的”的范围要更广，所以，应当对《植物新品种保护条例》中的“商业目的”作广义的解释。而对该案中“商业目的”的不同认识，往往就是对其作狭义的理解，狭义的理解认为以“商业销售”或“商业经营”为目的才是商业目的，这种理解显然是不适当的。而且，由于《植物新品种保护条例》中还规定了例外情形及强制许可等情况，即使对“商业目的”作广义理解也不会导致利益失衡。

下面就本案中九台园林处在城市街道种植美人榆的行为是否具有商业目的作如下分析：（一）从美人榆自身的特性来看。通过国家林业局植物新品种保护办公室在美人榆新品种公告中的说明及本案中九台园林处将其大量种植于城市街道绿化带的行为可知，美人榆系林业植物新品种，而且是观赏植物，主要用于街道绿化，而非用于私人的非商业活动，所以，美人榆自身的特性及种植场所初步决定了对美人榆繁殖材料的生产具有商业目的。（二）从《植物新品种保护条例》规定的例外情形来看。《植物新品种保护条例》第十条规定，使用授权品种可以不经品种权人许可，不向其支付使用费的情形有：一是利用授权品种进行育种及其他科研活动；二是农民自繁自用授权品种的繁殖材料。而本案中，九台园林处的行为显然不属于农民自繁自用，也不属于育种科研活动，其不属于可以不经品种权人许可，不向其支付使用费的例外情形。（三）从九台园林处的抗辩来看。九台园林处在再审时一个主要的抗辩理由为其行为具有公益目的。而《植物新品种保护条例》第十一条规定，为了国家利益或者公共利益，审批机关可以作出实施植物新品种强制许可的决定，并予以登记和公告。取得实施强制许可的单位或者个人应当付给品种权人合理的使用费。本案中，九台园林处在城市街道上种植美人榆的行为显然不属于上述规定中的为“国家利益或公共利益”而应强制许可实施的情形，并且，在上述规定中，为了国家利益或者公共利益如此重大的情形而实施植物新品种，尚且要向品种权人支付使用费，本案中的情形更应当支付品种使用费。（四）从九台园林处的主观状态来看。美人榆植物新品种要经过国家林业局植物新品种保护办公室公告，对社会公众都可获知该信息，而九台园林处是专门从事街道绿化建设管理的政府事业单位，并且种植的量非常大，其注意义务应当比普通的社会公众要高得多，其应当知道需要从品种权人或者品种权人授权的地方购买美人榆，而其未从权利人处购买美人榆，擅自进行种植使用，其行为暗含了商业利益，损害了品种权人的权益，应当认定为具有商业目的。综上，不管从美人榆本身的特性，还是从九台园林处的主观状态，还是从九台园林处应当支付品种使用费而未支付等情形来看，九台园林处的行为应当被认定为具有“商业目的”。

二、新种子法的相关规定

2015年修订的新种子法增加“新品种保护”作为第四章，在第二十八条规定，任何单位或者个人未经植物新品种权所有人许可，不得生产、繁殖或者销售该授权品种的繁殖材料。可见，在新种子法中，只要未经许可，就不得实施生产、繁殖或者销售该授权品种的繁殖材料的行为，而不必考虑是否具有商业目的。实际上，新种子法的上述规定来源于《国际植物新品种保护公约（1991年文本）》，《国际植物新品种保护公约（1991年文本）》第十四条第（一）项规定：“涉及受保护品种繁殖材料的下列活动需要育种者授权：（i）生产或繁殖；……”笔者认为，新种子法的这一修改将我国的植物新品种权保护提升到一个新的高度，这也是我国经济社会发展到一定阶段的必然要求；而且上述修改更符合立法本义，更有利于消除分歧，有利于司法实践中对该条的准确把握，更有利于统一裁判标准。

综上，本案裁判不但正确适用了当时实施的植物新品种相关法律规定，亦符合新种子法的有关规定精神，严格保护了品种权人的合法权益，对保护品种权人的创新积极性，营造激励创新的司法环境均具有积极的作用。

编写人：山东省高级人民法院　于志涛

IP

2016年中国法院10大
知识产权案件

二、知识产权刑事案件

10

汪紫平侵犯商业秘密宣告无罪案

——阅读提示：商业秘密刑事案件中对于司法鉴定报告的审查标准应如何把握？

【裁判要旨】

商业秘密刑事案件审理中，对于司法鉴定报告不能仅拘泥于形式审查。在存在疑点的情形下，应当格外注重对鉴定报告以及其所依据基础资料的实质性审查。

【案号】

一审：江苏省盐城市中级人民法院（2014）盐知刑初字第00011号

二审：江苏省高级人民法院（2015）苏知刑终字第00012号

【案情与裁判】

原公诉机关：江苏省盐城市人民检察院

被告（上诉人）：汪紫平

起诉与答辩

江苏省盐城市人民检察院指控，2011年4月，被告人汪紫平在江苏谷登工程机械装备有限公司（以下简称江苏谷登公司）派其去武汉参加非开挖水平定向钻机展会期间，在没有办理正常离职手续的情况下即离开公司，并私自将该公司自主研发的各系列非开挖水平定向钻机的全套图纸资料通过U盘拷贝携带至江苏玉泉机械制造有限公司（以下简称玉泉公司）。被告人汪紫平在担任玉泉公司技术部工程师期间，利用从江苏谷登公司窃取的相关图纸，在其基础上进行修改参与设计出YQ3000－L（300T）及YQ3000－L

（800T）两个系列的水平定向钻机。玉泉公司根据汪紫平参与设计出的YQ3000－L钻机图纸生产机器并在市场上销售。经鉴定：一、江苏谷登公司生产的GD2800－L型水平定向钻机履带行走装置及其相关技术信息不为公众所知悉。二、玉泉公司生产的销售的YQ3000－L型水平定向钻机的相关技术信息与江苏谷登公司的上述非公知技术信息具有同一性。经盐城明达司法会计鉴定所鉴定，玉泉公司共计造成江苏谷登公司人民币634994.22元的损失。被告人汪紫平违反权利人有关保守商业秘密的要求，以不正当手段获取权利人商业秘密并使用，给权利人造成重大损失，其行为触犯了《中华人民共和国刑法》（以下简称刑法）第二百一十九条的规定，应当以侵犯商业秘密罪追究其刑事责任。

被告人汪紫平及其辩护人提出辩称：1. GD2800－L型水平定向钻机不含有不为公众所知悉的技术信息。非开挖装备产品都是由固定配件组装而成，根据业界专业人士的一般常识，通过观察产品可以直接获得产品的尺寸、结构、材料、部件的简单组合。而且，江苏谷登公司的产品每年都参加展销会，其产品的相关信息都已向社会公众公示，为社会公众所知悉。2. 盐城明达司法会计鉴定所出具的鉴定报告存在明显错误，根据该所前后两次出具的鉴定报告，销售一台整机利润才40万元，而其中一个部件的销售利润就达21万元，明显缺乏依据，违反客观事实。

一审审理查明

2005年1月，上海谷登公司开始研究非开挖水平定向钻机，并于2006年12月设计出第一台100T非开挖水平定向钻机并推向市场。2008年4月15日，上海谷登公司与中国建筑科学研究院建筑机械化研究分院（以下简称中建研究分院）签订《技术服务合同书》，研究GD2800－L型非开挖水平定向钻机（即280T）技术。2012年9月27日，中建研究分院出具说明，GD2800水平定向钻机是中建研究分院与上海谷登公司、江苏谷登公司联合开发，项目研发过程中经费由上海谷登公司和江苏谷登公司自筹解决。中建研究分院同意，取得的相关知识产权和技术秘密归江苏谷登公司所有。项目完成后的产业化推广、系列化研发由江苏谷登公司完成。2008年3月14日，被告人汪紫平成为上海谷登公司的员工，任技术部机械工程师。上海谷登公司由陈凤祥、陈凤钢各占50%股权。2008年5月12日，上海谷登公司、陈凤祥、陈凤钢共同出资成立江苏谷登公司。2010年2月、3月，上海谷登公司派被告人汪紫平到江苏谷登公司工作。2011 年 3 月 1 日，江苏谷登公司（甲方）与被告人汪紫平（乙方）签订《劳动合同》，合同期限三年。《劳动合同》第十二条约定：一、乙方应严格保守甲方的商业秘密，包括但不限于甲方经营上的所有情报、甲方的投资计划……产品工艺、技术图纸、技术数据……及与业务有关的秘密等。二、未经甲方同意，乙方不得向竞争对手、新闻媒体或外界披露与甲方有关的业务信息。三、乙方保守秘密的条款，不仅适用于在甲方任职期间，而且也适用于离开甲方后……

2011 年 4 月，被告人汪紫平在江苏谷登公司派其去武汉参加非开挖水平定向钻机展会期间，未办理正常离职手续即离开江苏谷登公司，并将其电脑上的技术图纸拷贝至 U 盘带到江苏玉泉机械制造有限公司。2011 年 4 月，玉泉公司总经理徐冰冰录用汪紫平，主要从事 YQ3000 - L 型水平定向钻机（即 300T）的研发工作。2011 年 5 月至 2012 年 7 月，玉泉公司陆续生产并对外销售三台 YQ3000 - L 型水平定向钻机。

湖北咸工工程机械有限公司（以下简称咸工公司）于 2006 年 12 月成立，主要从事履带式工程机械配件的研发、生产和销售，曾为上海谷登公司、江苏谷登公司生产的GD2800 - L型水平定向钻机提供部分四轮一带及涨紧油缸配件。上海谷登公司、江苏谷登公司设计、生产时，将该机型的车身设计图纸发给咸工公司，咸工公司根据该车身图纸和公司产品情况推荐选用相关履带总成的配件，并最终经上海谷登公司、江苏谷登公司确认。GD2800 - L 型水平定向钻机的链条、支重轮和引导轮都是按国家标准和行业标准以及企业标准生产的。玉泉公司从 2010 年 8 月到 2011 年 12 月通过咸工公司原业务员王建华向咸工公司购买四轮一带及涨紧油缸配件，用于 YQ3000 - L 型水平定向钻机的生产。2011 年 7 月 12 日，王建华成立咸宁市华力工程机械有限公司（以下简称华力公司），主营工程机械及配件制造、销售，亦向玉泉公司提供四轮一带及涨紧油缸。

2012 年 9 月 19 日，上海市科技咨询服务中心接受盐城市公安局的委托，作出沪科技咨询服务中心（2012）鉴字第 32 号《关于江苏省盐城市公安局委托的技术鉴定报告书》（以下简称上海鉴定），认为江苏谷登公司设计制造的 GD2800 - L 水平定向钻机的相关技术中，含有不为公众所知悉的六点技术信息。玉泉公司制造的 YQ3000 - L 型水平定向钻机产品与江苏谷登公司设计制造的 GD2800 - L 水平定向钻机相应产品，所采用的整机设计与技术集成特征基本相同；玉泉公司制造的 YQ3000 - L 型水平定向钻机产品与江苏谷登公司设计制造的GD2800－L型水平定向钻机相应产品，所采用的履带行走装置及其主要技术参数相同。

2012年9月19日，经盐城市公安局委托，盐城明达司法会计鉴定所（以下简称明达会计所）出具盐明所（2012）会鉴字第004号《对〈赵天仁等人侵犯商业秘密案〉的司法鉴定意见书》，鉴定意见为，江苏谷登公司GD2800－L水平定向钻机每台平均营业利润403664.73元。玉泉公司销售YQ3000－L水平定向钻机3台（含视同销售的1台），给江苏谷登公司造成经济损失1210994.19元。

2013年10月15日，经盐城市公安局委托，盐城市物价局价格认证中心（以下简称盐城价格认证中心）出具盐价证刑（2013）112号《关于280T型水平定向钻机履带总成的价格鉴证意见书》，对280T水平定向钻机履带总成价格作出鉴证，价格为51万元。

2013年10月16日，经盐城市公安局委托，明达会计所出具盐明所（2013）会鉴字第006号《对〈汪紫平等人侵犯商业秘密〉的司法鉴定意见书》，鉴定意见为江苏谷登公司生产的280T水平定向钻机履带总成部件在视同销售情况下每台营业利润为人民币211664.74元。

2014年12月18日，盐城市公安局委托工业和信息化部软件与集成电路促进中心知识产权司法鉴定所（以下简称工信部鉴定所）就江苏谷登公司生产的GD2800－L型水平定向钻机履带行走装置及其相关技术信息在2011年12月8日之前是否不为公众所知悉，以及上述信息与玉泉公司生产销售的YQ3000－L型水平定向钻机相关技术是否具有同一性进行鉴定。工信部鉴定所于2015年2月10日出具了《司法鉴定意见书》（以下简称工信部鉴定）。鉴定意见为：一、江苏谷登公司生产的GD2800－L型水平定向钻机履带行走装置及其相关技术信息在2011年12月8日之前不为公众所知悉。二、玉泉公司生产的销售的YQ3000－L型水平定向钻机的相关技术信息与江苏谷登公司的上述非公知技术信息具有同一性。

一审判理和结果

一、江苏谷登公司设计、制造的GD2800－L型水平定向钻机履带行走装置及其相关技术信息构成商业秘密。1. 江苏谷登公司于2008年开发了GD2800－L型水平定向钻机，其主要特点之一就是履带总成采用了轻量化设计。江苏谷登公司履带总成轻量化设计这一完整技术信息组合，与所属技术领域的一般常识或者行业惯例具有明显区别，即使280T水平定向钻机进入市场或者公开展示，其中完整的履带总成技术信息也不可能被相关公众通过观察产品而直接获得，是需付出一定的代价方能获得的技术信息。且江苏谷登公司设计制造的GD2800－L型水平定向钻机的履带行走装置核心技术未在市场上公开，更未公开相关的设计计算方法和工艺方法。2. 江苏谷登公司采取了合理的保密措施。被告人及辩护人提出江苏谷登公司未采取合理有效的保密措施的辩解、辩护意见不能成立，对此不予采纳。3. 江苏谷登公司根据该技术信息制造了相关产品进行销售，故涉案技术信息具有价值性和实用性。

二、玉泉公司YQ3000－L型水平定向钻机履带行走装置及其相关技术信息与江苏谷登公司的GD2800－L型水平定向钻机中履带总成轻量化设计的技术信息具有同一性。鉴定人员经将谷登公司提供的履带总成相关图纸与玉泉公司生产的YQ3000－L水平定向钻机进行现场勘验，认为玉泉公司生产销售的YQ3000－L型水平定向钻机的相关技术信息与江苏谷登公司的上述非公知技术具有同一性。上述事实，有勘验笔录等证据予以证实，对该鉴定意见予以采纳。

三、被告人汪紫平对使用江苏谷登公司涉案技术信息存在主观故意。

四、关于被告人汪紫平的侵权行为给江苏谷登公司造成损失数额的认定。公诉机关指控，明达会计所认定江苏谷登公司生产的280T水平定向钻机履带总成部件在视同销售情况下每台营业利润为人民币211664.74元。由于300T与280T水平定向钻机为功能相似的同类产品，玉泉公司生产、销售300T钻机侵占了原本应由江苏谷登公司享有的市场份额，其生产、销售300T钻机三台意味着江苏谷登公司失去了相同数量的交易机会。故本案中江苏谷登公司的损失数额为211664.74的三倍，即人民币634994.22元。

综上，被告人汪紫平作为江苏谷登公司的技术人员，掌握GD2800－L型水平定向钻机的设计图纸，负有保密义务。其在离开江苏谷登公司后，向玉泉公司披露了GD－2800L型水平定向钻机“履带行走装置及其主要技术参数”等技术信息，设计、制造出同类型的YQ3000－L型水平定向钻机，给江苏谷登公司造成重大损失，构成侵犯商业秘密罪。考虑被告人汪紫平犯罪情节轻微，可以免予刑事处罚。依照刑法第二百一十九条、第三十七条，《最高人民法院、最高人民检察院关于办理侵犯知识产权刑事案件具体应用法律若干问题的解释》第七条第一款，《中华人民共和国刑事诉讼法》（以下简称刑事诉讼法）第一百九十五条之规定，判决：被告人汪紫平犯侵犯商业秘密罪，免予刑事处罚。

上诉理由

请求二审法院依法撤销原判，改判无罪。一、涉案江苏谷登公司GD2800－L型水平定向钻机技术不是商业秘密。不具备不为公众所知悉的条件。涉案产品都是由固定配件组装而成，江苏谷登公司每年都参加展销会，其产品的相关信息都已向社会公众公示，已为社会公众所知悉。二、原审判决所依据的鉴定报告错误，不能作为本案定案依据。1. 工信部鉴定的鉴定材料中部分图纸是上海谷登公司和咸工公司的技术图纸，且上述两公司均没有对图纸采取保密措施。鉴定人无法说明设计涉案履带行走装置是需要依据哪些计算公式、方法和设计方案，也无法说明水平定向钻机的具体组成部分及履带行走装置所占比重，更无法通晓本领域的现有技术。2. 明达会计所分别作出过两份鉴定报告，鉴定结论分别是“涉案水平定向钻机每台营业利润是403664.73元”“涉案水平定向钻机履带总成营业利润是211664.74元”。同一鉴定人在出具的两份鉴定意见中作出如此天差地别的鉴定结论让人匪夷所思。水平定向钻机整机包含了20多个组成部分，履带行走装置在整机中所占价值比重很少，但利润竟如此之高，明显违背了客观事实。

二审审理查明

（一）相关补充说明

江苏省盐城市中级人民法院审理江苏省盐城市人民检察院指控原审被告人汪紫平犯侵犯商业秘密罪一案，江苏省盐城市人民检察院以盐检诉刑诉（2013）13号起诉书指控被告人汪紫平犯侵犯商业秘密罪，于2013年2月7日向江苏省盐城市中级人民法院（以下简称盐城中院）提起公诉，盐城中院于2013年11月20日作出（2013）盐知刑初字第0004号刑事判决书（以下简称前案），以被告人汪紫平犯侵犯商业秘密罪，判处其有期徒刑一年三个月，并处罚金人民币一万元。宣判后，被告人汪紫平不服向江苏省高级人民法院提起上诉，江苏省高级人民法院以部分事实不清，证据不足为由，发回盐城中院重审。盐城中院依法另行组成合议庭，对本案进行了审理，即形成本案。

前案中，盐城市公安局委托上海市科技咨询服务中心进行技术鉴定，其中检材包括江苏谷登公司 GD2800 - L 水平定向钻机的 CAD 图纸 30 张。该案发回重审后，盐城市公安局重新委托工信部鉴定所进行技术鉴定。工信部鉴定载明“委托方提供鉴定材料如下：江苏谷登公司的技术密点说明、江苏谷登公司 GD2800 - L 型水平定向钻机及涨紧油缸的技术资料 6 页”。经二审核对，该鉴定中的江苏谷登公司的技术密点说明形成时间为 2014 年 12 月 15 日，且江苏谷登公司提供的 6 张技术资料并不包含在上海鉴定所依据的 30 张技术图纸检材之内。

（二）检察机关二审提供以下证据

1. 盐城价格认证中心于 2016 年 1 月 13 日出具的《关于 280T 型水平定向钻机履带总成的价格鉴证过程的说明》，内容为该中心接受盐城市公安局委托，就涉案 280T 型水平定向钻机履带总成的价格进行鉴定，分别向浙江宁波科迈尔工程机械有限公司（以下简称科迈尔公司）、河北张家口宣化宏建潜孔采掘机械有限公司（以下简称宏建公司）、淮安江苏力劲重工有限公司（以下简称力劲公司）调查类似产品市场行情，经调查确认，科迈尔公司成交价 541125 元、宏建公司成交价 540000 元、力劲公司成交价 510000 元。该中心采用市场比较法对与鉴证标的相似的三个比较案例成交价水平进行因素修正，最后测算出标的的鉴证价格为 510000 元。

2. 盐城价格认证中心工作人员任××的证言。主要内容为盐城市公安局委托该中心价格鉴证时，并未提供涉案履带总成的相关图纸及配件清单，该中心系依据委托单位提供的参数对外询价，履带总成的相关报价应该包括发动机，委托单位提供的参数中有行走速度和爬坡能力参数，即属于动力系统参数。

3. 力劲公司工作人员蒋××的证言，主要内容为目前行走马达（即液压回转传动装置）、四轮一带的价格大概是 30 万元（含增值税在内）左右，2013 年估计会比现在贵一点。蒋××同时提供力劲公司 60 吨底盘配套件汇总表一份。

4. 科迈尔公司工作人员张的证言，主要内容为盐城价格认证中心向其单位询价时并没有提交配件清单、图纸，科迈尔公司只是大致估价，如果底盘总成不包括动力系统，则在 2013 年期间价格达不到 50 万元，2013 年底盘总成如只包括四轮一带、涨紧油缸、行走马达（即液压回转传动装置）等价格不超过 40 万元（含增值税）。

5. 前案上海鉴定中江苏谷登公司提供的涉案水平定向钻机技术图纸 30 张。

（三）出庭检察员出庭意见

本案损失数额计算应为三台合计352942.93元。未到达50万元的刑事立案标准，再结合江苏谷登公司提交给鉴定机构的鉴定技术资料图纸的具体情况，建议二审法院改判汪紫平无罪。

二审判理和结果

江苏省高级人民法院认为：

一、本案工信部鉴定所采用检材存在一定疑点

本案中，原审法院认定涉案技术信息构成商业秘密的主要证据是工信部鉴定的相关鉴定结论。该鉴定报告中同时记载鉴定所依据的鉴定材料为江苏谷登公司的技术密点说明、江苏谷登公司GD2800－L型水平定向钻机及涨紧油缸的技术资料6页、玉泉公司技术资料及其产品实物等。本院经审查认为，江苏谷登公司提供的部分检材在是否客观真实反映其技术信息方面存在疑点，在缺乏其他证据印证的情形下难以排除相关合理怀疑，并进而导致本院难以采信依据上述检材所作出的鉴定结论。具体理由是：

在之前的上海鉴定中，江苏谷登公司提供了相应技术说明和技术图纸，鉴定机构亦召开技术听证会听取了江苏谷登公司的相关陈述。在本案中，江苏谷登公司重新提供了相关技术说明与技术图纸。其中，1. 江苏谷登公司提供的技术密点说明的形成时间为2014年12月15日，在之前上海鉴定的鉴定材料中并未出现。同时，该份说明中有关履带行走装置的设计要点在上海鉴定的鉴定材料中均未有明确体现。2. 江苏谷登公司提供的涉案6张技术资料图纸，并不包含在之前上海鉴定所依据的30张技术图纸检材之内。同时，上述技术资料中关于涨紧油缸的两张技术图纸上注明单位为“咸工公司”。

因此，本案中江苏谷登公司提供的部分检材的来源以及是否客观真实反映其技术信息仍存在一定疑点，难以排除相关合理怀疑，本院对本案工信部司法鉴定难以采信，并据此认为，根据现有证据尚不足以证明江苏谷登公司涉案GD2800－L型水平定向钻机履带行走装置相关技术信息构成不为公众所知悉。汪紫平及其辩护人的该项上诉理由与辩护意见成立，本院予以采纳。

二、现有证据尚不足以证明江苏谷登公司涉案损失数额在50万元以上

首先，根据涉案工信部鉴定内容，江苏谷登公司履带行走装置相应秘密

点并不包括动力系统，因此即便涉案技术秘密成立，损失数额计算也不应考虑动力系统的相关利润。其次，二审证据中，盐城价格认证中心工作人员任××作证称，盐城市公安局委托该中心价格鉴证时，并未提供涉案履带总成的相关图纸及配件清单，该中心系依据委托单位提供的参数对外询价，履带总成的相关报价应该包括发动机。力劲公司工作人员蒋××、科迈尔公司工作人员张××证言称，不包括动力系统的履带总成（主要含四轮一带、涨紧油缸、液压回转传动装置）的市场价格不超过40万元（含增值税）。上述证据可以证明盐城价格认证中心就履带总成作出的51万元鉴证价格，不能排除包括动力系统价格。最后，根据明达会计所的两份鉴定报告，涉案水平定向钻机和其中履带总成的营业利润分别是403664.73元、211664.74元，在同时具有其他若干重要核心部件的情形下，作为水平定向钻机组成部件之一的履带行走装置利润率超过整机利润的50%，其客观真实性存在合理怀疑。综上，鉴于原审判决关于江苏谷登公司的损失数额为人民币634994.22元的认定严重存疑，因此根据现有证据尚不能认定江苏谷登公司的涉案损失数额达到刑法规定商业秘密犯罪50万元以上的入罪标准，出庭检察员的该项出庭意见、汪紫平及其辩护人的该项上诉理由与辩护意见成立，本院予以采纳。综上所述，原审法院认定上诉人汪紫平构成侵犯商业秘密罪的证据不足，对汪紫平定罪不当，应予改判。依照刑事诉讼法第二百二十五条第一款第（三）项、第二百三十一条、第一百九十五条第（三）项之规定，判决如下：一、撤销江苏省盐城市中级人民法院（2014）盐知刑初字第00011号刑事判决；二、上诉人汪紫平无罪。

【法官评述】

司法鉴定审查一直是商业秘密刑事案件审理的重点和难点。根据我国刑事诉讼法规定，刑事案件认定案件事实，必须以证据为根据。审理定罪量刑的证据应当确实充分，且案件认定事实已经排除合理怀疑。对于鉴定报告的审查，不能仅拘于形式审查。特别是在存在疑点的情形下，应当对鉴定报告以及其所以依据的基础资料进行实质性审查。

本案中，尽管两份司法鉴定报告对于涉案技术信息是否不为公众所知悉以及损失数额均作出了明确鉴定结论，但综合全案案情以及鉴定过程，上述鉴定结论均存在较大疑点。

一是技术鉴定所依据的检材是否能客观真实地反映权利人技术信息内容。由于本案先后就涉案技术组织过两次技术鉴定，在前次鉴定中江苏谷登公司具备了接触玉泉公司技术信息的条件，因此需要防止当事人将已掌握的对方技术信息作为自身技术信息内容提交鉴定的情形。本案需要重点审查前、后次鉴定的检材是否相同。鉴于后次工信部鉴定中检材中有关技术说明以及技术图纸均未在之前上海鉴定中明确体现，且部分技术图纸的单位标注为咸工公司，因此应当就江苏谷登公司的产品实物与上述检材采取对比勘验等方式，对上述检材的客观真实性作进一步核实，以确定该部分技术信息真实来源于江苏谷登公司。但本案中仅审查勘验了江苏谷登公司技术资料、玉泉公司技术资料以及玉泉公司产品实物，并未再就检材作相应核查，也未就此与江苏谷登公司的产品实物作实际对比。故在此情形下，二审法院对于在后司法鉴定结论未予采信。

二是关于涉案履带总成部件营业利润的司法鉴定报告能否采信。本案中，盐城价格认证中心鉴证280T水平定向钻机履带总成的市场价格为人民币51万元（含增值税）。明达会计所以此为依据，鉴定江苏谷登公司生产的280T水平定向钻机履带总成部件在视同销售情况下每台营业利润为人民币211664.74元。原审据此认定江苏谷登公司的损失数额为211664.74的三倍（按销售3台计算），即人民币634994.22元，被告人的犯罪数额达到入罪标准。

仅从形式要件审查，上述鉴定报告并无任何问题。但疑点在于：根据明达会计所的两份鉴定报告，涉案水平定向钻机和其中机履带总成的营业利润分别是403664.73元、211664.74元，在同时具有其他若干重要核心部件的情形下，作为水平定向钻机组成部件之一的履带行走装置利润率超过整机利润的50%，其客观真实性确实存在重大怀疑。基于此，审理法院调取了盐城价格认证中心关于280T水平定向钻机履带总成的市场价格鉴证的相应基础资料，发现证明盐城价格认证中心就履带总成作出的51万元鉴证价格包括动力系统价格，故以此为基础进行的利润计算并不能客观反映本案实际损失数额。据此，鉴于盐城价格认证中心作出涉案履带总成价格为人民币51万元（含增值税）的价格鉴证意见的客观性、准确性存在较大疑点，不能排除合理怀疑，并进而导致对上述价格鉴证意见为基础作出的履带总成部件的营业利润数额无法采信。基于上述两点因素，二审法院认为根据现有证据，对于江苏谷登公司涉案履带行走装置技术信息是否不为公众所知悉，以及江苏谷登公司涉案损失数额是否在50万元以上的认定均存在疑点，尚不能满足刑事案件排除合理怀疑的证明标准。原审法院认定汪紫平构成侵犯商业秘密罪的证据不足，对汪紫平定罪不当，故改判无罪。

编写人：江苏省高级人民法院　顾韬

IP

2016年中国法院50件典型知识产权案例

一、知识产权民事案件

（一）侵犯专利权纠纷案件

1

中国国际海运集装箱（集团）股份有限公司等诉蒂森克虏伯机场系统（中山）有限公司等侵害发明专利权纠纷案

——阅读提示：产品使用说明书能否认定为公开出版物，用以佐证现有技术抗辩？

【裁判要旨】

专利法意义上的出版物是指记载有技术或设计内容的独立存在的传播载体，并且应当表明或者有其他证据证明其公开发表或者出版的时间。产品使用说明书虽然通常情况下只随产品的销售而向购买者提供，但只要其记载了被诉侵权产品的技术特征，能够确定其公开时间，且能够为不特定公众通过公开渠道获得，即属于专利法意义上的出版物，可以用来支持现有技术抗辩。

【案号】

一审：广东省中山市中级人民法院（2011）穗中法民三初字第107号

二审：广东省高级人民法院（2013）粤高法民三终字第38号

申请再审：最高人民法院（2014）民申字第2104号

再审：（2016）最高法民再179号

【案情与裁判】

原告（被上诉人、被申请人）：中国国际海运集装箱（集团）股份有

限公司（以下简称中集公司）

原告（被上诉人、被申请人）：深圳中集天达空港设备有限公司（以下简称天达公司）

被告（上诉人、再审申请人）：蒂森克虏伯机场系统（中山）有限公司（以下简称蒂森中山公司）

被告：广州市白云国际机场股份有限公司（以下简称白云机场）

起诉与答辩

中集公司和天达公司于2011年向一审法院起诉称：白云机场和蒂森中山公司未经许可，擅自实施了其拥有的ZL200410004652.9“登机桥辅助支撑装置和带有该装置的登机桥及其控制方法”发明专利，侵犯了其专利权，请求判令：1. 白云机场立即停止使用侵权产品，并赔偿经济损失1元；2. 蒂森中山公司立即停止制造、销售、许诺销售侵权产品，立即停止使用侵权方法，销毁侵权产品的成品、半成品及相关制造模具和专用零配件，并赔偿原告经济损失50万元；3. 案件诉讼费用由白云机场和蒂森中山公司承担。

蒂森中山公司辩称：被诉侵权产品未落入涉案专利权的保护范围，蒂森克虏伯集团早在2000年至2001年就已经在旧金山国际机场使用了被诉侵权技术，故其使用的是现有技术，请求驳回中集公司和天达公司的诉讼请求。

一审审理查明

ZL200410004652.9“登机桥辅助支撑装置和带有该装置的登机桥及其控制方法”发明专利申请日是2004年2月26日，授权公告日是2007年8月22日。授权时的专利权人是中集公司。2009年5月8日，该发明专利权人变更登记为中集公司和天达公司。

蒂森中山公司提交了以下四组证据证明被诉侵权技术使用的是现有技术：

1. 蒂森克虏伯机场系统公司（以下简称蒂森机场公司）运营总监雷蒙德·K·斯特里特的证言及来源于该公司的佐证证言的附件。雷蒙德·K·斯特里特出庭作证称，1998年蒂森克虏伯集团的一家成员公司蒂森电梯公司与旧金山国际机场签订一项合同，为旧金山国际机场提供机场A和G登机区域的旅客装载桥等。蒂森机场公司作为转包商提供该合同项下的旅客登机桥。

其中两座旅客登机桥安装之后曾出现过晃动幅度过大的情况。从 2000 年 10 月至 2001 年 3 月，蒂森克虏伯集团派往旧金山国际机场的现场小组为解决该问题研究出一种技术解决方案，其中包括在登机桥的横梁/负重轮的两侧均安装一个液压稳定器，以增强登机桥的稳定性。这种方法被称为“悬臂梁设计”或“悬臂梁装置”。用户接受使用这种方法的建议，随后便进行了生产和安装。《机坪驱动旅客登机桥操作和维护手册》（以下简称《手册》）的附录 Y“液压稳定器”（以下简称附录 Y）经更新后发布并交付用户。该公司没有与用户就有关附录 Y 签订任何保密协议，也未要求用户将“悬臂梁设计”或“悬臂梁装置”视为一项属于该公司的商业秘密。“悬臂梁设计”或“悬臂梁装置”自从在旧金山国际机场安装以来一直持续使用。装有该装置的登机桥对外开放，为公众所见并公开使用，其基本机械结构、液压缸和对液压操作系统的修改自 2000 年至 2001 年为旧金山国际机场旅客登机桥设计出来一直没有发生变化。

2. 旧金山国际机场雷蒙德·G·克萨达的证言及来源于机场的佐证证言的附件。雷蒙德·G·克萨达出庭作证称两座旅客登机桥在安装后曾出现晃动，蒂森机场公司与其西班牙生产厂提出一个解决方案，即在登机桥的横梁/负重轮的两侧各安装一个液压稳定器，这种方法被称为“悬臂梁设计”或“悬臂梁装置”。机场接受了该解决方案。从 2000 年 12 月到 2001 年年初，蒂森机场公司提供并在问题登机桥上安装了悬臂梁装置。同时，该公司还向机场提供了《手册》的附录 Y，其未与机场签订涉及附录 Y 的保密协议，也未要求机场将悬臂梁装置作为其商业机密对待。悬臂梁装置自安装后一直持续使用，其基本的机械结构、液压缸和液压操作系统均未发生过实质性更改。带有悬臂梁装置的登机桥对外开放、公开使用并且为公众所见。

3. 蒂森克虏伯集团弗里特赫姆·沃彭贝尔格的证言及来源于蒂森亨舍尔机场系统有限公司的佐证证言的附件。弗里特赫姆·沃彭贝尔格出庭作证称，2000 年 10 月期间，在了解到蒂森机场公司提供给旧金山国际机场的两架登机桥出现过度晃动后，其所在公司派往机场现场的同事制订了一个解决方案，即在桥体横梁/转向架的两侧加装液压稳定器。该方案被称为“悬臂梁设计”或“悬臂梁装置”。2001 年 3 月末之前，该装置由蒂森机场公司制造并安装在机场的两架登机桥上。同时，该公司还向机场提交了更新版的《手册》的附录 Y，且没有就附件 Y 与机场签订保密协议，也没有要求机场将其视为商业秘密。自从该装置被安装在机场登机桥上后，就处于公开状态，且其基本机械结构、液压缸和对液压操作系统的改进一直保留最初的设计。

4. 道格拉斯·沙利文的证言及附件。道格拉斯·沙利文的书面证言称其于 2011 年 11 月 11 日，以加利福尼亚州（以下简称加州）公民的身份，根据该州的《公共记录法》，通过一封经隔夜邮件送达的信函，向旧金山国际机场要求获得蒂森机场公司提供给机场的《手册》的附录 Y，该操作和维护手册的封面页/标题页及附录清单。2011 年 11 月 22 日，在不承担保密义务，也未接到任何关于我所接收到的材料系机密材料或者应予保密的建议的情况下，接到了上述文件。在正式询问了凯瑟琳·卢赫（此人系负责机场方面工作的旧金山市地方检察官助理，而且通常是由其负责机场方面的《公共记录法》相关程序处理）之后，卢赫在 2011 年 11 月 22 日的一封电子邮件中向其确认，她理解，至少自 2001 年 12 月 31 日起，公众就已经可以按照《公共记录法》所规定的程序从机场获取上述文件，并且此等文件从未被列为机密文件或禁止公众获取。

一审判理和结果

一审法院认为：将被诉侵权产品和控制方法与涉案专利权利要求进行比对，前者落入后者的保护范围。由于涉案专利申请日是 2004 年 2 月 26 日，故应适用 2001 年 7 月 1 日施行的专利法认定该专利的现有技术，也即在国外公开使用并不符合上述现有技术的要求。关于在国外出版物上公开发表，蒂森中山公司提交了四组证据予以证明。前三组证据均不足以证明蒂森中山公司关联公司于 2000 年至 2001 年在旧金山国际机场使用了“悬臂梁装置”技术。《手册》的附录 Y 是一份由蒂森中山公司关联公司自行印制的非正规出版物。在蒂森中山公司不能证明其关联公司曾使用“悬臂梁装置”技术的情况下，一审法院难以确认该附录 Y 内容的真实性及其印制及交付给旧金山国际机场的时间。第四组证据虽能显示加州公民现在根据该州的《公共记录法》可以从旧金山国际机场获得附录 Y，但不足以证明涉案专利申请日前也存在这种可行性。该组证据附件 6 虽称自 2001 年 12 月 31 日起公众就可以按照《公共记录法》获得附录 Y，但由于电子邮件证据在产生及存储过程中的可靠性较低，在没有其他证据佐证的情况下，一审法院难以认定其真实性。综上，蒂森中山公司不能证明“悬臂梁装置”技术于 2000 年至 2001 年就已通过附录 Y 公开发表，故其现有技术抗辩不能成立。蒂森中山公司未经许可，制造、销售与涉案专利相同的登机桥辅助支撑装置以及带有该辅助支撑装置的登机桥产品，使用与涉案专利相同的登机桥的控制方法，侵犯了涉案专利权。白云机场确认购入上述侵权产品，也构成侵权。因中集公司和天达公司未提交证据证明白云机场的使用行为存在主观恶意，且确认白云机场从蒂森中山公司合法购入侵权产品，故白云机场不承担赔偿责任。

一审法院依照《中华人民共和国民法通则》（以下简称民法通则）第一百三十四条第一款第（一）项、第（七）项和第二款，《中华人民共和国专利法》（以下简称专利法）第十一条第一款、第六十五条的规定，于2012年9月24日判决：1. 白云机场于判决发生法律效力之日起立即停止使用侵犯涉案专利权的产品；2. 蒂森中山公司于判决发生法律效力之日起立即停止制造、销售侵犯涉案专利权的产品，立即停止使用侵犯涉案专利权的方法，并于十日内销毁侵权产品的成品、半成品及专用生产模具和零配件；3. 蒂森中山公司于判决发生法律效力之日起十日内赔偿中集公司、天达公司经济损失50万元；4. 驳回中集公司、天达公司的其他诉讼请求。

上诉与答辩

蒂森中山公司不服一审判决，向二审法院提起上诉，主张被诉侵权产品和操作方法未落入涉案专利权保护范围；被诉侵权产品使用的是现有技术，因此不构成侵权，请求依法撤销一审判决，将本案发回重审或者在二审法院查清事实的基础上改判驳回中集公司、天达公司的全部诉讼请求。为支持自己的主张，蒂森中山公司还补充提交了凯瑟琳·卢赫和维吉尼亚李出具的证言及相关附件等证据。

中集公司和天达公司答辩认为：原审判决认定事实清楚，适用法律正确，请求驳回上诉，维持原判。

二审审理查明

1998年，蒂森电梯公司（后继实体为蒂森克虏伯电梯公司）与旧金山国际机场签订一项合同，为旧金山国际机场提供机场A和G登机区域的旅客装载桥等。蒂森·斯特恩斯公司（2002年更名为蒂森机场公司）作为转包商提供上述合同项下的旅客登机桥。旅客登机桥安装之后，2000年10月旧金山国际机场向蒂森机场公司投诉位于G99A和G102A两门的两架登机桥晃动幅度过大。从2000年10月至2001年3月，蒂森克虏伯集团派往旧金山国际机场的现场小组为消除晃动幅度过大的问题研究出一种技术解决方案，其中包括在登机桥的横梁/负重轮的两侧均安装一个液压稳定器，以增强登机桥的稳定性。《手册》的附录 Y 经更新后发布并交付用户。蒂森·斯特恩斯公司没有与用户就有关附录 Y 签订任何保密协议，也未要求用户将“悬臂梁设计”或“悬臂梁装置”视为一项商业秘密。装有该装置的登机桥对外开放，为公众所见并公开使用。该装置的基本机械结构、液压缸和对液压操作系统的修改自 2000 年至 2001 年为旧金山国际机场旅客登机桥设计出来一直没有发生变化。

凯瑟琳·卢赫（派到旧金山国际机场的旧金山县和市地方检察官办公室的副地方检察官）证明：她理解，蒂森·斯特恩斯公司于 2001 年向旧金山国际机场提供的名为《手册》，包括该手册的附录 Y 在内，如果在 2001 年至 2004 年被公众索取，那么根据当时的加州《公共记录法》，该手册属于可公开的公共记录，因此会向请求获取该手册的公众公开。道格拉斯·沙利文（美国加州公民）证明：2011 年 11 月 11 日，作为加州公民，我根据该州的《公共记录法》，通过一封经隔夜邮件送达的信函，向旧金山国际机场要求获得，蒂森机场公司提供给机场的《手册》的附录 Y，该操作和维护手册的封面页/标题页及附录清单。2011 年 11 月 22 日，在不承担保密义务，也未接到任何关于我所接收到的材料系机密材料或者应予保密的建议的情况下，我接到了上述文件。维吉尼亚李（美国加州公证人）证明，其根据加州《公共记录法》的规定，于 2013 年 3 月 1 日向旧金山国际机场请求获得《手册》的完整的手册，同年 3 月 12 日接到了经旧金山市和地方检察官办公室提供的文件副本共三卷，未规定保密义务也未限制其使用和进一步披露。

二审判理和结果

二审法院认为：本案应适用 2001 年 7 月 1 日施行的专利法确定现有技术的范围。关于本案的现有技术是出版物公开还是使用公开问题。经查，2001 年年初，蒂森·斯特恩斯公司为旧金山国际机场 G99A 和 G102A 两门的两架旅客登机桥安装了液压稳定器并实际使用。液压稳定器的相关内容记载于《手册》的附录 Y 中。据此，液压稳定器的技术方案已经通过使用公开。为登机桥安装的液压稳定器位于旧金山国际机场的公共区域，液压稳定器的技术方案已经处于任何不特定的公众都可以看到的状态。附录 Y 是随产品销售的技术资料，其目的是供购买者在使用、维修时阅读，通常只向购买该产品的用户而非社会公众发放，不符合出版的特征，不宜认定为公开出版物。产品使用说明书是供购买者使用和维护产品的必备之物，一般情况下产品使用说明书并不单独流通，而是随着产品的销售行为被公众所知，其公开时间一般是产品的销售时间，因此可以作为使用公开的佐证。综上，液压稳定器的技术方案已经在国外通过使用公开，而非出版物公开，根据修改前的专利法其不属于现有技术，蒂森中山公司因此侵犯了涉案专利权。故此，二审法院依照《中华人民共和国民事诉讼法》（以下简称民事诉讼法）第一百七十条第一款第（一）项之规定，于2014年7月16日判决：驳回上诉，维持原判。

申请再审理由与答辩

蒂森中山公司申请再审称：附录Y属于公开出版物，能够佐证其有关现有技术抗辩的主张，二审法院认定附录Y的性质属于产品使用说明书，而非公开出版物，与事实不符且适用法律错误。蒂森中山公司在被诉侵权产品上使用的技术是现有技术，故不应承担任何民事侵权责任。请求撤销一审、二审判决，依法改判支持其再审请求。

中集公司和天达公司辩称：《手册》及附录Y不构成专利法意义上的公开出版物。蒂森中山公司提供的依据《公共记录法》获取《手册》及附录Y的证据，不能证明在涉案专利申请日前《手册》及附录Y是公开的。

再审判理和结果

最高人民法院再审审理查明，原一审、二审法院查明的事实基本属实。

最高人民法院认为：本案争议问题是，附录Y是否构成出版物公开。专利法意义上的出版物是指记载有技术或设计内容的独立存在的传播载体，并且应当表明或者有其他证据证明其公开发表或出版的时间。从本案查明的事实来看，附录Y是符合上述含义的出版物，理由是：第一，附录Y记载了涉案专利权利要求的技术特征，各方当事人均无异议。第二，蒂森中山公司提交的在案证据能够证明附录Y于2001年前后交付给旧金山国际机场，且蒂森斯特恩斯公司没有就附录Y与旧金山国际机场签订保密协议，即附录Y不属于商业秘密，持有者不负有保密义务。第三，凯瑟琳·卢赫证明包括附录Y在内的《手册》，如果在2001年至2004年被公众索取，根据当时的加州《公共记录法》，该手册属于可公开的公共记录，因此会向请求获取该手册的公众公开。美国加州公民道格拉斯·沙利文、美国加州公证人维吉尼亚李根据加州《公共记录法》，分别于2011年11月22日和2013年3月12日获得了附录Y的复印件。由此可见，附录Y可以通过公开渠道获得。综上，附录Y虽是一份产品操作和维护说明书并随产品销售而交付使用者，但其使用者以及接触者均没有保密义务，也即附录Y是可公开的，且其能够为不特定公众通过复印的方式获取，由此可见，附录Y系独立存在的传播载体，鉴于其也记载了涉案专利技术的技术特征，其交付给旧金山机场的时间，即公开时间亦能确定，故其属于专利法意义上的出版物公开。蒂森中山公司据此主张现有技术抗辩，有事实和法律依据，原审法院认为附录Y不属于出版物，系适用法律错误。

因蒂森中山公司实施的技术属于现有技术，故其制造、销售被诉侵权产品的行为不构成侵犯涉案专利权。据此，依照2000年修正的专利法第二十二条、2008年修正的专利法第六十二条、民事诉讼法第二百零七条第一款、《最高人民法院关于适用〈中华人民共和国民事诉讼法〉的解释》第四百零七条第二款之规定，最高人民法院判决：撤销一审、二审判决，驳回中集公司和天达公司的诉讼请求。

【法官评述】

本案历经一审、二审、申请再审和最高人民法院再审改判，其核心的争议即在于蒂森中山公司的现有技术抗辩是否成立问题。关于现有技术抗辩，主要涉及两点：其一是在一审、二审和申请再审中双方当事人争议的现有技术的范围，即被诉侵权技术方案在国外公开使用，能否构成本案的现有技术；其二是附录Y能否构成出版物公开。

关于第一点，蒂森中山公司认为被诉侵权行为发生在2011年，应该适用2008年修正的专利法界定现有技术的范围，即在国外公开使用构成本案的现有技术。对此，一审、二审法院均认为现有技术范围的确定应适用2000修正的专利法，即在国外公开使用，不构成本案的现有技术。这一争议，随着《最高人民法院关于审理侵犯专利权纠纷案件应用法律若干问题的解释（二）》（以下简称专利法司法解释二）的出台即迎刃而解，该解释第二十二条规定：“对于被诉侵权人主张的现有技术抗辩或者现有设计抗辩，人民法院应当依照专利申请日时施行的专利法界定现有技术或者现有设计。”涉案专利申请日是2004年2月26日，故本案应适用2000年修正的专利法界定现有技术，即涉案专利的现有技术是申请日前在国内外出版物上公开发表、在国内公开使用或以其他方式为公众所知的同样发明；而在国外公开使用，不构成本案的现有技术，一审、二审法院的认定是正确的。实际上，本案为专利法司法解释二第二十二条的形成提供了范本。

关于第二点，即附录Y能否构成出版物公开，是本案再审争议的核心。对于何为公开出版物，专利法本身并没有给出具体的标准，《专利审查指南》对于公开出版物的界定是："专利法意义上的出版物是指记载有技术或设计内容的独立存在的传播载体，并且应当表明或者有其他证据证明其公开发表或出版的时间。符合上述含义的出版物可以是各种印刷的、打字的纸件，例如专利文献、科技杂志、科技书籍、学术论文、专业文献、教科书、技术手册、正式公布的会议记录或者技术报告、报纸、产品样本、产品目录、广告宣传册等，……出版物不受地理位置、语言或者获得方式的限制，也不受年代的限制。出版物的出版发行量多少、是否有人阅读过、申请人是否知道是无关紧要的。印有'内部资料''内部发行'等字样的出版物，确系在特定范围内发行并要求保密的，不属于公开出版物。"本案中，附录Y作为蒂森机场公司提供给机场的《手册》的附录，其性质可以认定为登机桥产品的使用和维护手册或使用和维护说明。根据二审法院查明的事实来看，附录Y的形成时间是可以确定的，即2001年；根据派到旧金山国际机场的旧金山县和市地方检察官办公室的副地方检察官凯瑟琳·卢赫的证明，附录Y按照加州《公共记录法》能够被公众索取，也即附录Y不同于一般的产品使用说明书，其实际上是处于可以被一般公众查阅和索取的状态。据此，二审法院认为附录Y不属于公开出版物，实际是对出版物的含义作了限缩解释。二审法院认为，所谓出版，是指以有形形式复制并向公众发行的能够阅读或可看到的作品复制品，而产品使用说明书通常只向购买该产品的用户而非社会公众发放，不符合出版的特征，不宜认定为公开出版物。二审法院对于公开出版物的解释，是将着眼点放在出版上，并将出版界定为向"公众发行"，因为附录Y属于产品使用说明书，没有向公众发行，因为不属于公开出版物。从这个逻辑来看，实际上是将专利法意义上的公开出版物的范围限缩在出版上，这显然是过于狭窄的解释，没有考虑到虽未向公众公开发行，但公众可以通过公开渠道获得的这一情形，即本案的情形。实际上对于公开出版物的界定，其要件要兼具载体和公开这两个方面，在载体上只要其是独立存在的可传播的即可，而在公开上要能够为不特定的公众通过公开渠道获得，这两个要件缺一不可。而在其是否能够作为现有技术抗辩的证据使用上，还要进一步确定其公开时间以及公开的技术内容。本案中，基于附录Y属于公开出版物，且公开时间能够确定，公开的技术内容也记载了被诉侵权产品的技术特征，故蒂森中山公司可以据此主张现有技术抗辩。

编写人：最高人民法院　宋淑华

2

昆山山桥机械科技有限公司诉天珩机械股份有限公司确认不侵害专利权纠纷案

——阅读提示：在被警告人未履行催告程序的情况下，法院是否可以受理其提起的确认不侵害专利权之诉？

【裁判要旨】

权利人在发出警告函后提起侵害专利权之诉，后虽撤回侵权之诉，但仍作出保留侵权指控的意思表示。被警告人仍因侵权警告威胁处于不安之中，此时可以不经催告程序，直接向法院提起确认不侵权之诉。

【案号】

一审：江苏省苏州市中级人民法院（2015）苏中知民初字第00108号

二审：江苏省高级人民法院（2016）苏民终610号

【案情与裁判】

原告（上诉人）：昆山山桥机械科技有限公司（以下简称山桥公司）

被告（被上诉人）：天珩机械股份有限公司（以下简称天珩公司）

起诉与答辩

2015年5月6日，山桥公司向江苏省苏州市中级人民法院（以下简称苏州中院）起诉请求：1. 判定山桥公司生产的纺纱线自动套袋机产品不侵害第ZL201020552569.6号专利权（以下简称涉案专利）；2. 判令天珩公司赔偿山桥公司为制止侵权支出的合理开支52000元。事实与理由：2014年期间，天珩公司向山桥公司及其客户发送律师函，警告称山桥公司的纺纱线套袋机构成对天珩公司涉案专利的专利侵权，此行为严重侵害了山桥公司的正常产品生产与市场经营。其后，天珩公司以山桥公司为被告向苏州中院提起涉案专利的侵权诉讼［案号为（2014）苏中知民初字第00187号，以下简称187号案］，经过苏州中院现场勘验和审理，足以认定山桥公司的产品没有落入涉案专利的保护范围。后天珩公司在实体审理已经终结的情况下申请撤诉，法院予以准许。山桥公司认为天珩公司的撤诉行为表明其保留在不特定时间再次起诉山桥公司的诉权，且拒绝确认山桥公司没有侵犯其专利权这一事实，该行为为山桥公司在中国地区开展经营带来严重不确定的不利影响，故向法院提起确认不侵权之诉。

天珩公司一审答辩称：1. 本案不符合《最高人民法院关于审理侵犯专利权纠纷案件应用法律若干问题的解释》（以下简称专利法司法解释）规定的确认不侵害专利权案件的受理条件，天珩公司在发出书面警告函后提起了诉讼，后因无法提供证据而提出撤诉申请，未再向山桥公司及其客户、公共媒体发出任何警告，故本案不应受理；2. 天珩公司从未滥用诉权，在侵权诉讼中遵守诉讼程序和秩序，撤诉是其合理行使诉权，并不违反相关法律规定，也未造成山桥公司权利处于不确定状态；3. 山桥公司关于要求赔偿合理支出52000元的请求无依据，聘请律师是山桥公司自身行为，双方无在先合同支持该请求，相关费用应自行承担；4. 山桥公司的证据不足以确认其不侵害涉案专利权，其经营行为系处于持续状态，是否侵权不仅取决于过去行为，也取决于现状及未来的经营方式。综上，请求驳回天珩公司的起诉。

一审审理查明

天珩公司于2011年6月1日经国家知识产权局授权公告获得涉案专利。2014年6月3日，天珩公司向山桥公司发送《律师告知函》称：近日其获悉山桥公司未经许可生产销售的“纺纱线自动套袋机”设备的技术特征落入了涉案专利的保护范围，构成专利侵权。要求山桥公司立即停止侵权行为，销毁侵权产品及生产侵权产品的模具，并公开赔礼道歉。并明确要求山桥公司自收到本函后5日内与天珩公司取得联系，否则，将就侵权行为提起诉讼。

2014年7月11日，天珩公司向桐昆集团股份有限公司——恒邦项目发送《律师告知函》称：山桥公司所生产并销售的“纺纱线自动套袋机”设备落入了涉案专利权的保护范围，涉嫌专利侵权，且其已向苏州中院提起专利侵权诉讼。根据专利法规定，明知他人生产的产品系侵权产品，仍为生产经营目的购买、使用该侵权产品的，也将构成专利侵权。

2014年6月16日，天珩公司以山桥公司为被告提起侵害实用新型专利权诉讼，认为山桥公司生产销售的产品侵害了涉案专利权，请求判令山桥公司停止侵权、销毁库存品和半成品、赔礼道歉消除影响，并赔偿天珩公司损失200万元及相关为制止侵权行为支出的合理费用。该案在审理过程中，天珩公司因取证困难，于2014年11月3日向苏州中院撤诉申请，苏州中院于2014年11月13日作出187号民事裁定准许撤诉。

山桥公司在天珩公司撤回187号一案起诉后、提起本案诉讼前，未向天珩公司进行书面催告。

一审判理和结果

根据专利法司法解释第十八条规定，双方当事人发生专利侵权争议，被警告人须在权利人经书面催告后一定期限内怠于行使权利或未撤回警告时才可提起确认不侵权之诉。故山桥公司仍应在提起诉讼前履行书面催告程序，以明确相关侵权指控是否继续存在，并督促当事人积极行使诉权。在其未书面催告情况下不符合受理条件，应予驳回。综上，一审法院裁定：驳回山桥公司的起诉。

上诉与答辩

山桥公司不服一审判决，向本院提起上诉，请求撤销一审裁定，改判由苏州中院继续审理；本案一审、二审诉讼费用由天珩公司承担。主要理由：虽然在187号案件中，天珩公司因举证不足撤回对山桥公司的起诉，但天珩公司在本案一审中明确表示并未放弃指控山桥公司侵害天珩公司专利的诉权。故天珩公司对山桥公司造成的生产经营不确定风险仍然存在，无须以“书面催告”来进行再度确认，符合法律规定的起诉条件。

天珩公司认为一审裁定认定事实清楚，适用法律正确。

二审审理查明

天珩公司确认涉案山桥公司请求确认不侵权的产品是指在187号案件中取证的被控侵权产品，天珩公司是鉴于取证困难才撤回了187号诉讼，其仍认为该装置构成侵权。天珩公司二审中表示愿意撤回警告，但若今后重新获取侵权证据时，会再次发放警告，若双方未能达成一致，会再次起诉。

二审判理和结果

知识产权确认不侵权之诉的作用在于给予被警告人在遭受侵权警告、而权利人怠于行使诉权使得被警告人长期处于不安状态情形下的一种司法救济途径，其根本目的是规制权利人滥发侵权警告的行为，维护稳定的市场经营秩序。专利法司法解释对被警告人提起确认不侵害专利权诉讼的条件作出了具体规定。需注意的是，该条设置书面催告起诉义务旨在防止被警告人动辄提起确认不侵权之诉，并尽量引导被警告人通过侵权之诉解决争议。因此，司法解释规定只有在权利人发出警告之后既不撤回警告又怠于行使诉权的情形下，被警告人才能提起确认不侵权之诉。而这正是司法解释设置书面催告起诉义务的立法目的，同时也为被警告人举证权利人怠于行使诉权提供了程序保障。

本案中，虽然天珩公司在187号案件中撤回起诉，在二审中表示愿意撤回对山桥公司及其销售客户的警告，但天珩公司在撤回前诉和撤回警告时，仍然作出了保留侵权指控的意思表示，且天珩公司未明确其将于何时再次提起侵权诉讼，其并不具有及时结束山桥公司侵权状态不明的意愿，可见这种有所保留的撤诉和撤回警告，不足以完全消除其发出侵权警告的消极影响，事实上山桥公司仍明显处于天珩公司侵权警告威胁的不安之中。因此，机械地要求山桥公司再向天珩公司发送书面催告起诉函已无必要，也不符合司法解释设置催告起诉义务的立法目的，事实上只能徒增无意义的程序空转。综上，山桥公司提起确认不侵权之诉具有事实和法律依据，应予支持。二审法院裁定：撤销一审裁定，指令苏州中院继续审理。

【法官评述】

专利法设置确认不侵权之诉的目的是防止权利人滥用警告权，但如果对不侵权之诉不设置条件就可能会导致被警告人动辄提起诉讼，造成确认不侵权之诉的泛滥。同时，对同一涉及专利侵权的争议而言，通过侵权之诉解决纠纷显然要比通过确认不侵权之诉解决纠纷要顺畅得多，因此立法、司法应尽量引导当事人通过侵权之诉解决专利侵权纠纷。专利法司法解释第十八条在明确法院可以受理确认不侵害专利权纠纷这一类型案件的同时，又对当事人提起该类诉讼设置了一定的条件，可概括为：权利人发出警告；被警告人催告权人行使诉权；权利人既不撤回警告又怠于行使诉权。该条司法解释的规则设计，既达到了制止权利人滥用权利，擅发警告函或侵权声明，损害他人正当经营利益的行为，又对被警告人增设催告义务，以防范被警告人滥用诉权，浪费司法资源，从而实现当事人之间的利益平衡。在该条司法解释公布实施后，无论是当事人还是法院均按照此司法解释规定的程序进行操作和审查，双方之间可能发生的后续行为及权利救济的问题，已全部为专利法司法解释第十八条所涵盖，很少再就确认不侵害专利权纠纷是否应当受理以及受理条件产生过太大争议。

但本案却出现了一种新的情况，也就是在权利人发出警告函后被警告人未发出催告函前就积极地提起了诉讼，但在法院作出侵权与否的认定前权利人又撤回起诉，且这种撤诉是保留侵权警告意思的撤诉。在这种情况下，被警告人是否可以不经催告程序直接向法院提起确认不侵权之诉，存在正反两种观点。

第一种点认为，权利人撤回侵权起诉的同时并未明确撤回侵权警告，双方争议仍然存在，故被警告人仍应严格按照司法解释的规定，在履行催告程序后，才能提起确认不侵权之诉。

第二种观点认为，本案权利人在发出警告函后已经提起了侵权之诉，如仍适用警告—催告—怠于行权—提起确认不侵权之诉的规则，要求被警告人在履行催告义务后才能符合确认不侵权之诉的受理条件，除了会引起程序空转之外，还可能会使被警告人一直处于被动状态，即在事实上无法启动司法救济程序。具体而言，本案中，专利权人在发出警告函之后就积极地提起了诉讼，在该诉讼持续了接近半年之后主动撤诉，但并未撤回警告，被警告人仍处于受警告而处于不安之中。被警告人要结束这种不安状态，有两种可行方案：一是被动地期待专利权人再次提起侵权诉讼，并且要能够获得一份有实体认定的判决，但这得寄希望于专利权人不主动撤诉，故在此情况下专利权人享有程序主导权；二是主动提起确认不侵权之诉，但如果严格按照专利法司法解释第十八条的规定，则先要履行催告义务，再视专利权人对催告的回应情况而定。如果在催告的规定期间内，专利权人又提起诉讼，则确认不侵权之诉就得不到法院受理，并且专利权人在侵权之诉的程序中还可以充分利用各种诉讼权利拖延的审理进程，使得被警告人长期处于不安状态之中，因此在这种情况下程序主导权仍然被专利权人所掌控。只有在专利权人在规定时间内既不撤回警告又不提起侵权之诉时，被警告人才能获得结束不安状态的主动权，也即其提出的确认不侵权之诉能够被法院受理，但此种条件成就仍然取决于专利权人。由此可见，如果不区分案件具体情形，一律适用专利法司法解释第十八条的规定，将被警告人履行催告义务作为确认不侵权纠纷案件的受理条件，则有可能会给具有权利滥用倾向的权利人以可乘之机，而遭恶意维权的被警告人的合法权益难以获得及时救济，最终导致利益失衡。二审合议庭正是支持了第二种观点。

通过以上分析可知，在审判实践中，确认不侵权之诉的案情存在复杂性和多样化，当按照一般的确认不侵权之诉的受理规则作出某项判断明显会导致利益失衡，有违公平原则时，应当从确认不侵权之诉的立法目的出发，充分研究个案具体情况，在此基础上最终作出公平合理的裁判。本案案情以及二审法院的判理，对于进一步完善专利确认不侵权之诉的受理条件，提供了有价值的研究样本。

编写人：江苏省高级人民法院　张晓阳

3

温州宁泰机械有限公司诉温州钱峰科技有限公司侵害发明专利权纠纷案

——阅读提示：如何识别功能性特征？如何对功能性特征进行比对？如何确定功能性特征的等同范围？

【裁判要旨】

在判断功能性特征是否相同或等同时，首先应当从专利说明书及附图的描述中正确归纳出实现该功能所不可缺少的技术特征，与被诉侵权技术方案的相应技术特征进行比对，与实现该功能无直接、必然联系的特征不应被纳入比对范围。比对时，功能性特征应被作为一个相对独立的技术单元与被诉侵权技术方案中的相应技术特征进行比对，不宜适用全部技术特征原则对功能性特征进行分解，避免因过度拆分技术特征导致不当限缩专利权保护范围。

【案号】

一审：浙江省温州市中级人民法院（2015）浙温知民初字第191号

二审：浙江省高级人民法院（2016）浙民终字506号

【案情与裁判】

原告（被上诉人）：温州宁泰机械有限公司（以下简称宁泰机械公司）

被告（上诉人）：温州钱峰科技有限公司（以下简称钱峰科技公司）

起诉与答辩

2015年10月29日，宁泰机械公司以钱峰科技公司侵害其专利权为由向一审法院起诉请求：判令钱峰科技公司立即停止制造、使用、销售、许诺销售被诉侵权产品，并销毁库存的被诉侵权产品及专用模具，赔偿宁泰机械公司经济损失人民币20万元。

钱峰科技公司答辩称：1. 涉案专利“所述机架上设有可上下升降的上切刀安装板”“所述上切刀上设有向上延伸的上支撑部”“所述上切刀可沿与上切削面相垂直方向移动的设置在上切刀安装板上”等技术特征属于功能性特征，需要结合说明书和附图的具体实施例及其等同实施方式来确定其保护范围。2. 上述功能性特征在涉案专利说明书、附图的具体实施例及其等同实施方式与被诉侵权产品相对应的技术特征不一致，即涉案专利未全面覆盖被诉侵权产品的技术特征。请求驳回宁泰机械公司的诉讼请求。

法院审理查明

宁泰机械公司系名称为“一种裁剪机”（专利号：ZL2012 1 0508388.7）的发明专利权人。该专利申请日为2012年12月3日，授权公告日为2015年4月1日。涉案专利权利要求1为：一种裁剪机，包括机架，固定设置在机架上的下切刀及设置在下切刀上方的上切刀，所述上切刀与下切刀上设有相互配合的上切削面与下切削面，其特征是，所述上切刀或下切刀上设有基准块，该基准块上设有与其所在切刀的切削面位于同一平面内的基准面；所述机架上设有可上下升降的上切刀安装板，所述上切刀可沿与上切削面相垂直方向移动的设置在上切刀安装板上，且上切刀位于上切刀安装板下方；所述上切刀与上切刀安装板之间设有使基准块上的基准面往下切削面上靠拢或使上切削面往基准块上的基准面靠拢的弹性预紧装置，所述上切刀上设有向上延伸的上支撑部；所述上切刀安装板设有与上支撑部相对应的第一通孔，上切刀安装板上位于第一通孔的两侧设有相互平行的第一支撑板及第二支撑板，第一支撑板与第二支撑板之间设有至少一根平置导杆，且该平置导杆与上切削面相垂直；所述上支撑部的上部穿过第一通孔位于第一支撑板与第二支撑板之间，且上支撑部的上部还设有与平置导杆相配合的平置导向套，使上支撑部可沿平置导杆移动；所述第一支撑板与上切削面位于上切刀的两侧，所述弹性预紧装置包括设置在第一支撑板与上支撑部之间的预紧弹簧。涉案专利已缴纳专利年费，至今有效。

一审法院根据宁泰机械公司申请，对钱峰科技公司进行了证据保全，共发现名称为“全自动彩印编织袋高速缝纫机”的成品1台，半成品2台。该3台产品上均有相同裁剪机构。钱峰科技公司称其于2014年下半年开始生产

“全自动彩印编织袋高速缝纫机”，并以 7 万元/台的价格销售了三四台。现场还发现印有“全自动彩印编织袋高速缝纫机”图片及介绍的产品宣传册若干。

一审判理和结果

一审法院经审理认为：被诉侵权产品落入涉案专利权利要求 1 的保护范围，判决钱峰公司停止侵害并赔偿损失 20 万元。

钱峰公司不服，提起上诉。

二审判理和结果

二审法院经审理认为：本案中，双方当事人存有争议的技术特征有三项。（一）关于“可上下升降的”上切刀安装板。本案中，涉案专利权利要求 1 对上切刀安装板的结构以及其与上切刀、上支撑部、支撑板之间的关系进行了一定程度的描述，但是，对于其如何实现上下升降这一功能，并未给出具体的实现方式。并且，在实践中，实现上下升降功能的方式多种多样，所属技术领域普通技术人员在看到该功能性表述后，无法直接、明确地确定实现上下升降这一功能的具体实施方式。因此，“可上下升降的”上切刀安装板属于功能性特征。

根据《最高人民法院关于审理侵犯专利权纠纷案件应用法律若干问题的解释》（以下简称专利法司法解释）及《最高人民法院关于审理侵犯专利权纠纷案件应用法律若干问题的解释（二）》（以下简称专利法司法解释二）第八条第二款之规定，在判断功能性特征是否相同或等同时，首先应当从涉案专利说明书及附图的描述中正确归纳出实现该功能所不可缺少的技术特征，与被诉侵权技术方案的相应技术特征进行比对，对于涉案专利中并非实现该功能所必需的技术内容，不应被纳入功能性特征的比对中。此外，鉴于法院在划分涉案专利权利要求记载的技术特征时，该项功能性特征已经被作为一个相对独立的技术单元对待，即已经被划分作为一个技术特征，因此，在侵权比对时，不应再适用专利法司法解释第七条规定的全部技术特征原则再次对该项功能性特征进行分解，而应将之作为一个整体与被诉侵权技术方案中的相应技术特征进行比对，从而避免因过度拆分技术特征导致不当限缩专利权保护范围的后果。根据涉案专利说明书及附图的记载，上切刀安装板实现上下升降功能的不可缺少的技术特征是竖直气缸的活塞杆穿过上切刀安装板并固定在支撑连杆上端，通过支撑连杆作用于上切刀。与上述技术特征相对应，被诉侵权技术方案中的相关技术特征为伺服电机驱动偏心轮，偏心轮通过拉杆与上切刀安装板连接连动。

知识产权保护范围和强度应与其创新和贡献程度相协调，故在界定技术特征的等同范围时，应当区分不同的专利类型，创新程度相对较高的发明专利与创新程度相对较低的实用新型专利相比，其等同范围应相对较大，此外，还应当考虑到技术特征与专利发明点之间的关系。从涉案专利与被诉侵权技术方案实现相关功能的技术特征来看，两者均能实现上切刀安装板的上下升降，就其功能和效果而言并无不同。就手段而言，前者系以气缸的竖直往复直线运动带动上切刀及上切刀安装板上下升降。后者系由偏心轮在伺服电机的驱动下作圆周运动，再通过传动机构将圆周运动转化为上切刀安装板的上下运动。虽然两者在手段上存在一定差异，但无论是通过竖直气缸还是通过偏心轮的方式驱动某一部件作上下运动，都是所属技术领域惯常的技术手段，对该领域的普通技术人员而言，被诉侵权技术方案中以偏心轮带动拉杆的手段与权利要求对应技术特征相互替换是显而易见的。同时，正如一审法院所作认定，“可上下升降的”上切刀安装板这一技术特征并非涉案专利的发明点，故在被诉侵权技术方案与涉案专利中的基准块、弹性预紧装置、支撑板、平置导杆等与发明点紧密相关的技术特征均完全相同的情况下，对此项非发明点技术特征的等同范围应适当从宽把握，以保护涉案发明专利真正的创新点所在，彰显司法激励创新的价值导向。综上，与涉案专利“可上下升降的”上切刀安装板不可缺少的技术特征相比，被诉侵权技术方案的相应技术特征是以基本相同的手段，实现相同的功能，达到相同的效果，且本领域普通技术人员在被诉侵权行为发生时无须经过创造性劳动就能够联想到，故两者构成等同。（二）关于“上切刀上设有向上延伸的上支撑部”。涉案专利上支撑部的功能在于支撑并连接上切刀、上切刀安装板，实现该功能不可缺少的技术特征是：上支撑部由下往上依次包括下支撑块、连接杆及上支撑块，连接杆通过螺纹连接下支撑块和上支撑块。被诉侵权技术方案实现支撑连接功能的相应技术特征除系通过销轴连接之外，其余均与涉案专利一致。虽然螺纹连接与销轴连接存在不同，但就功能性特征整体而言，通过螺纹连接的上支撑部和通过销轴连接的上支撑均能够起到支撑及连接作用，功能及效果相同。且螺纹连接与销轴连接均属惯常连接方式，系本领域普通技术人员极易联想到的替换方案。因此，与涉案专利“上切刀上设有向上延伸的上支撑部”不可缺少的技术特征相比，被诉侵权技术方案的相应技术特征构成等同。（三）关于“上切刀可沿与上切削面相垂直方向移动地设置在上切刀安装板上”。钱峰公司认为，根据涉案专利说明书的记载，竖直气缸的活塞杆固定在支撑连杆上端，支撑连杆固定在上切刀上，在两者均系固定连接的情况下，上切刀无法实现垂直移动，故涉案专利并没有描述实现上切刀径向移动的方法，无法与被诉侵权技术方案进行比对。涉案专利的发明目的在于防止裁剪过程中因切刀受热膨胀造成碰刀，以及自动补偿上、下切刀之间的间隙，实现上述发明目的主要途径是使上切刀可沿与上切削面相垂直方向移动，从而达到上、下切刀之间的紧密配合。而根据权利要求及说明书第0048段的记载，上支撑部可沿平置导杆移动，从而带动上切刀沿与上切削面相垂直的方向移动。上支撑部的移动又是通过基准块、弹性预紧装置等部件的相互配合来实现的。据此，活塞杆与支撑连杆之间的“固定”不应理解为没有任何活动空间的刚性连接，涉案专利也已经清晰描述了实现上切刀径向移动的方法。两者在此项功能性特征上相同。综上，被诉侵权技术方案落入涉案专利权利要求1的保护范围。

二审法院于2016年12月30日作出判决：驳回钱峰公司的上诉，维持原判。

【法官评述】

如何识别功能性特征并正确界定其保护范围，一直是专利审判实践中的一个难点问题。本案是2016年专利法司法解释二正式施行后审结的，与专利侵权领域“功能性特征”相关的一起典型案件。该案判决对功能性特征的识别、比对规则及创新性程度和发明点对技术特征等同范围的影响等问题进行了详细的阐述，对此类案件的审理具有较强的借鉴意义。

一、功能性特征的识别标准

2010年施行的专利法司法解释第四条确立了功能性特征解释的基本原则，但并未明确功能性特征的定义以及等同实施方式的具体认定规则。2016年施行的专利法司法解释二对功能性特征的含义作了进一步明确：“功能性特征，是指对于结构、组分、步骤、条件或其之间的关系等，通过其在发明创造中所起的功能或者效果进行限定的技术特征，但本领域普通技术人员仅通过阅读权利要求即可直接、明确地确定实现上述功能或者效果的具体实施方式的除外。”但书部分将变压器、放大器等虽以功能或效果性语言表述，但能够清晰确定保护范围的技术特征排除在专利法所称的“功能性特征”之外。对此类被排除的技术特征，就无须适用“实施例+等同”的功能性特征的解释规则。本案中，原、被告关于功能性特征的争议主要集中在“可上下升降的上切刀安装板”上。“可上下升降的上切刀安装板”并非公知的技术名词，涉案专利权利要求1虽然对上切刀安装板的结构及其与其他部件之间的关系进行了一定程度的描述，但对于其如何实现上下升降这一功能，并未给出具体的实现方式，所属技术领域普通技术人员在看到该功能性表述后，也无法直接、明确地确定实现上下升降这一功能的具体实施方式。因此，“可上下升降的上切刀安装板”属于功能性特征。

二、功能性特征的等同认定

（一）功能性特征的内容

准确理解功能性特征的内容从而合理界定专利权保护范围，是进行侵权比对的前提和关键。功能性特征系以“实施例+等同”确定其权利边界，而专利说明书实施例部分的描述往往非常详细，其中包含很多与实现功能无关的技术细节，如果将实施例描述的所有技术细节均作为功能性特征的内容，则专利权保护范围将被大大缩小，被诉侵权人只需稍作改变，即可规避侵害他人专利权之责任。因此，在确定功能性特征的内容时应当排除与实现功能或效果无直接、必然联系的技术细节，从说明书和附图的描述中提炼出实现该功能不可缺少的技术特征之后，再与被诉侵权技术方案的相应技术特征进行比对。本案中，法院基于上述认识，将上切刀安装板实现上下升降功能所不可缺少的技术特征确定为竖直气缸的活塞杆穿过上切刀安装板并固定在支撑连杆上端，通过支撑连杆作用于上切刀。对于实施例中提到的上切刀安装板上的竖直导杆及与竖直导杆相配合的竖直导向套，虽然能够使上切刀安装板的纵向运动轨迹更为稳定，但即使没有，竖直气缸的活塞杆本身同样能实现上切刀安装板的上下升降，因此，竖直导杆及导向套并非实现上下升降不可缺少的技术特征。

（二）功能性特征的比对

权利要求保护范围的确定在很大程度上受制于技术特征的分解程度。由于功能性特征在此前划分专利权利要求记载的技术特征时已被作为一个相对独立的技术单元对待，因此在比对该特征与被诉侵权技术方案中的相应技术特征时，不宜适用全部技术特征原则，再次对实现该项功能的技术单元进行分解后作一一比对，从而避免因过度拆分技术特征导致不当限缩专利权保护范围。本案中，法院就是将“可上下升降的上切刀安装板”这一功能性特征作为一个整体与被诉侵权技术方案中的相应技术特征进行比对。

（三）等同范围与创新程度之间的关系

“比例协调”的知识产权司法政策要求知识产权保护范围和强度与其创新和贡献程度相协调，以达到保护权利和激励创新之间的最佳平衡。在科技成果领域，专利技术等同范围的确定应充分考虑该专利技术相对于现有技术的创造性程度。一般而言，开拓型专利的等同范围大于改进型专利，发明专利的等同范围大于实用新型专利。此外，在界定等同范围时，还应注意技术特征与专利发明点之间的关系。如果被诉侵权技术方案与专利技术方案相同或等同的技术特征部分包含专利的发明点，则对非发明点技术特征的等同范围应适当从宽把握，以保护专利真正的创新点所在。

本案中，上切刀及上切刀安装板可上下升降是此类裁剪机工作时均需具备的基本功能，不属于本发明的创新点。从涉案专利与被诉侵权技术方案实现相关功能的技术特征来看，两者均能实现上切刀安装板的上下升降，就其功能和效果而言并无不同。就手段而言虽存在一定差异，但无论是通过竖直气缸还是通过偏心轮的方式驱动某一部件作上下运动，都是所属技术领域惯常的技术手段，对该领域的普通技术人员而言，被诉侵权技术方案中以偏心轮带动拉杆的手段与权利要求对应技术特征相互替换是显而易见的。故在与发明点紧密相关的技术特征均完全相同的情况下，对此项非发明点技术特征的等同范围应适当从宽把握，以保护涉案发明专利真正的创新点所在，彰显司法激励创新的价值导向。

编写人：浙江省高级人民法院　何琼　郑晔

【编后补评】

钱峰科技公司不服二审判决，向最高人民法院申请再审。最高人民法院于2017年12月27日作出（2017）最高法民申2073号裁定，驳回钱峰科技公司的再审申请，该裁定对于在专利侵权纠纷中对涉案专利与被诉侵权产品进行比对时是否需要考虑涉案专利的发明点这一问题的观点与二审判决不同。该裁定认为：

在专利侵权比对中，不应区分发明点与非发明点。主要理由如下：一方面，专利法第五十九条第一款规定："发明或者实用新型专利权的保护范围以其权利要求的内容为准，说明书及附图可以用于解释权利要求的内容。"专利法司法解释第七条第一款规定："人民法院判定被诉侵权技术方案是否落入专利权的保护范围，应当审查权利人主张的权利要求所记载的全部技术特征。"根据上述规定，在判定是否侵犯发明、实用新型专利时，适用全面覆盖原则，并没有区分发明点与非发明点。另一方面，一般而言，发明点是指，在涉案专利权利要求的全部技术特征中，体现该发明创造对现有技术作出贡献的技术特征。可见，所谓发明点与非发明点，是相对于最接近的现有技术而言的，最接近的现有技术不同，可能导致发明点的不同。发明点的相对性决定了在专利侵权比对中不宜区分发明点与非发明点。二审判决在进行侵权比对时考虑了涉案专利的发明点有所不妥，本院予以纠正。

（补评人：最高人民法院　郎贵梅）

4

埃斯科公司诉宁波市路坤国际贸易有限公司侵害发明专利权纠纷案

——阅读提示：当权利要求的PCT译文出现明显错误，法院能否给予修正性解释？对于错误表述的澄清或者修正，能否超出权利人原始提交的申请内容客体，或者所授专利权的保护范围？

【裁判要旨】

在侵害专利权案件中准确界定专利权的保护范围是给予专利权人恰如其分司法保护所面临的首要问题。对于一些存在明显错误的专利权利要求，法院可以通过合理的解释机制予以修正，在强调权利要求公示价值的同时，避免因权利要求撰写过程中的失误对专利权人科以过重惩罚。当权利要求中的技术特征之间存在矛盾，但本领域普通技术人员通过阅读权利要求书、说明书及附图，以及参考涉案专利PCT国际申请时提交的原始说明书，能够对实现要求保护的技术方案得出具体、确定、唯一的解释的，应当根据该解释来澄清或者修正权利要求中的错误表述。但是，对于权利要求中错误表述的澄清或者修正，既不得包含超出权利人原始提交的申请内容的客体，也不得超出所授专利权的保护范围。

【案号】

一审：浙江省宁波市中级人民法院（2015）浙甬知初字第626号

【案情与裁判】

原告：ESCO Corporation（埃斯科公司）（以下简称埃斯科公司）

被告：宁波市路坤国际贸易有限公司（以下简称路坤公司）

起诉与答辩

原告埃斯科公司为与被告路坤公司侵害发明专利权纠纷一案，于2015年4月28日向宁波市中级人民法院起诉，请求判令路坤公司：1. 立即停止侵犯原告专利权的行为，立即停止制造和销售侵犯原告ZL02813657.8号专利权的斗齿、齿座和销等产品的行为；2. 销毁用于制造侵权产品的全部专用模具、设备、冶具以及侵权成品、半成品等；3. 赔偿因本案侵权行为给原告造成的经济损失，并赔偿原告为制止被告的侵权行为而支出的合理费用，包括但不限于律师费、公证费、翻译费、调查费用及其他费用，共计人民币100万元；4. 承担本案的诉讼费用。审理中，原告撤回对被告许诺销售侵权行为的指控。

路坤公司未提交书面答辩状，亦未到庭答辩。

一审审理查明

原告是ZL02813657.8号发明专利的权利人。2002年7月3日，原告向中国国家知识产权局提交了名为“耐磨组件及耐磨构件”的发明专利申请。2006年9月13日获得专利授权，中国发明专利号为ZL02813657.8。该专利年费已经缴纳至2015年7月2日，目前属于受法律保护的有效状态。涉案发明专利共有34项权利要求，其中权利要求1和权利要求20为独立权利要求。庭审中，原告明确要求保护涉案专利权利要求1、3-9、13-17、19、20-26、29-34。关于权利要求20，此处专利公告文本存在明显错误，其中所记载的“所述插口（53）包括一个形成在所述突出部（18）上的用于接收一凸轨（35）的凹槽（65）”，该处文本中突出部（18）与凹槽（65）部件位置关系存在错误，应当更正为“所述插口（53）包括一个用于接收一形成在所述突出部（18）上的凸轨的凹槽（65）”。原告请求法院在解释专利范围时予以修正。理由是：1. 通读专利文本上下文结合专利说明书，可发现存在明显错误，并正确理解两者的位置关系；2. 原告在依据PCT（Patent Cooperatin Treaty《专利合作条约》）提交的涉案专利国际申请的外文原文及译文中时正确的表达。

宁波市中级人民法院经审理认为：经比对，被诉侵权技术方案包含与权利要求1、3、4、6-9、13-17、19、21-26、30-34记载的全部技术特征相同的技术特征。关于权利要求5和权利要求29所述“平面”技术特征，被诉侵权技术方案对应为带有弧度的准平面，两者在手段、功能、效果上基本相同，并且所属技术领域的普通技术人员无须经过创造性劳动就能够想到该技术特征，故属于等同技术特征。关于权利要求20，结合涉案专利说明书附图来看，此处专利公告文本对突出部（18）与凹槽（65）部件位置关系，与专利说明书附图等所标示位置关系存在矛盾。故此处对权利要求的解释，不属于权利要求技术内容不清楚时的澄清或者权利要求中的技术特征在理解上存在缺陷时的弥补，而是属于特定情况下对权利要求的修正，即当权利要求中的技术特征之间存在矛盾的特定情况时，修正该技术特征的定义。依据《最高人民法院关于审理侵犯专利权纠纷案件应用法律若干问题的解释（二）》（以下简称专利法司法解释二）第四条的规定："权利要求书、说明书及附图中的语法、文字、标点、图形、符号等存有歧义，但本领域普通技术人员通过阅读权利要求书、说明书及附图可以得出唯一理解的，人民法院应当根据该唯一理解予以认定。"本案中，本领域普通技术人员通过阅读专利权利要求书、说明书及附图，以及参考涉案专利 PCT 国际申请时提交的原始说明书（英文及译文），均能得出唯一解释，即"凸轨形成于突出部上，而插口包含凹槽用于接收凸轨"的技术特征，权利要求20的上述错误应当修正为"所述插口（53）包括一个用于接收一形成在所述突出部（18）上的凸轨的凹槽（65）"。经比对，被诉侵权技术方案亦包含于权利要求20经解释修正的技术特征。因而，被诉侵权技术方案已完全具备涉案专利权利要求记载的全部必要技术特征，落入了涉案专利权的保护范围。

涉案侵权产品系原告向被告公证购买取得，被告销售落入涉案专利保护范围的产品，已构成对原告涉案专利权的侵权，依法应承担停止侵权、赔偿损失的民事责任。在原告已提交被告公司网页证据，初步证明被告具有制造侵权产品的行为的情况下，依据有关民事诉讼证据规则，被告应负担相应不存在制造行为的举证责任。在被告缺席本案审理，未提供反驳证据及理由的情况下，虽然被告工商注册经营范围并不包含涉案产品的制造，法院依据该公司网页证据上被告的宣称认定其具有制造侵权产品的行为，被告依法应承担停止侵权、赔偿损失的民事责任。因原告未提供其因被告侵权所受到的损失或被告因侵权所获得利益的确切依据，法院综合考虑本案专利权的类别、被告侵权产品的销售数量规模及价格利润等因素，依照《中华人民共和国民法通则》（以下简称民法通则）第一百一十八条，《中华人民共和国专利法》（以下简称专利法）第十一条第一款、第五十九条第一款、第六十五条，《专利法司法解释二》第四条，《最高人民法院关于审理专利纠纷案件适用法律问题的若干规定》第二十二条，《中华人民共和国民事诉讼法》第六十四条第一款、第一百四十四条之规定，判决：1. 路坤公司立即停止侵害埃斯科公司享有的专利号为 ZL02813657.8 名称为“耐磨组件及耐磨构件”的发明专利权，即立即停止制造、销售落入该发明专利权保护范围的产品；2. 路坤公司于本判决生效后十五日内销毁侵害涉案发明专利权的侵权产品（包括成品、半成品）；3. 路坤公司赔偿埃斯科公司经济损失人民币 30 万元（包括原告为制止被告的侵权行为而支出的合理费用），该款于本判决生效后十五日内付清；4. 驳回埃斯科公司的其他诉讼请求。

一审宣判后，当事人未提起上诉，本案一审判决现已生效。

【法官评述】

作为有关专利的国际条约，PCT 是《专利合作条约》（Patent Cooperation Treaty）的英文缩写。该条约规定的最大制度优势在于简化手续、提高效率，通过 PCT 途径仅仅提交一份国际专利申请，便可在将近二百个成员国产生效力。鉴于知识产权的地域性，不同国家对专利文本的内容、格式要求迥异，可能出现的情形之一，就是在具体的翻译过程中出现语言转换方面的错误。本案争议焦点即主要集中于，在专利侵权诉讼中，法院是否有权对存在明显错误的 PCT 专利译文予以修正性解释。具体的审理过程充分彰显了司法智慧，具有典型性。

一、权利要求的解释

但凡权利，皆有边界，专利权也概莫能外。作为无形的财产权，专利权的边界范围需要借助权利要求的公示范围划定，而关于权利要求的解释则发挥着至关重要的作用。解释范围关系着专利权能否获得保护，以及获得何种程度的保护。范围过宽，导致社会公众动辄得咎，影响专利的推广应用，以及后续的开发创新；范围过窄，挫伤专利权人创新的积极性，难以发挥制度的激励效能。另外，过于弹性的解释原则会导致公众面临动辄得咎、无所适从的困境，过于机械的解释原则亦会影响专利权人的利益，不利于平衡专利权人与社会公众利益，也难以实现鼓励发明创造、促进科技进步繁荣的宗旨。因此，面对具体的专利侵权纠纷，应当秉持宽严相济的范围及适度弹性的原则解释相应的权利要求。

结合涉案专利说明书附图来看，权利要求20中矛盾或歧义出现的主要原因是其在进入中国国家阶段过程中的一个明显语序翻译错误导致的，“所述插口（53）包括一个形成在所述突出部（18）上的用于接收一凸轨的凹槽”对应的正确译文应当是“所述插口（53）包括一个凹槽，用于接收形成在所述突出部（18）上的一凸轨”。两个不同的部件，凸轨形成于突出部上，而插口包含凹槽，用于接收突出部上的凸轨，权利要求20中的上述明显错误应当更正为“所述插口（53）包括一个用于接收一形成在所述突出部上的凸轨的凹槽”。故此处对权利要求的解释，不属于权利要求技术内容不清楚时的澄清或者权利要求中的技术特征在理解上存在缺陷时的弥补，而是属于特定情况下对权利要求含义的修正。

二、PCT译文出错时的修正性解释

关于能否在权利要求的PCT译文出错时给予修正性解释，存在不同的观点。

一种意见认为，当PCT专利译文出现错误时，行为人应当承担相应的不利后果，或通过行政程序补正瑕疵，故不允许进行修正性解释。毕竟，知识产权法归属于民法，而在传统民法的视域内，通过理性人的自我约束机制及其对个人私益的最大化追求，足以实现良好的制度安排。在撰写权利要求书的过程中，权利人亦应充分发挥聪明才智，尽己所能避免可能出现的疏漏，如消除模糊用语、确保语序正确等，准确界定权利要求的边界范围，从而减省社会公众的信息检索及处理成本，切实维护合理的信赖利益。

另一种意见认为，鉴于文字本身的模糊性、歧义性和不周延性，撰写专利文件的水平亦是参差不齐，权利要求书对于专利技术方案的表述并非总能尽善尽美，特殊情形下，还可能产生错误。而权利要求的保护范围应当与其对社会的贡献相一致，故当PCT专利译文出错，在确定权利要求的保护范围时，应当避免过于僵化的视角，而需通过合理的解释机制维系权利要求的适度弹性。申言之，可以给予权利人适度的修正机会，避免因局部失误给予其过重的惩罚，以致挫伤创新积极性，引发权利人与社会公众利益的失衡。此外，运用司法权对存在错误的权利要求进行修正性解释，使得当事人无须经过行政程序补正瑕疵，有利于提升维权效率，将司法便民落到实处。

笔者认为，当PCT专利译文出现“明显错误”时，可以允许法院对权利要求进行修正性解释。至于“明显错误”的定义，可以归纳为如下几点：一是相应的判断主体并非社会公众，而是本领域普通技术人员，也即“知晓申请日或者优先权日之前发明所属技术领域的普通技术知识，能够获知该领域中所有的现有技术，并且具有应用该日期之前常规实验手段的能力，但不具有创造能力”的抽象、拟制主体；二是明显错误的判断方法，是通过阅读权利要求书、说明书及附图，或者在具体个案中通过参考专利PCT国际申请时提交的原始说明书，确定权利要求书中表达的技术特征是否前后一致，以及权利要求书与说明书及附图披露的技术方案是否存在矛盾之处等；三是明显错误的判断标准，是错误不仅要求显而易见性，还要求修改方向的唯一性、确定性。

从涉案专利权利要求书的上下文来看，本领域普通技术人员通过阅读专利权利要求书、说明书及附图，以及参考涉案专利PCT国际申请时提交的原始说明书（英文及译文），能够对实现要求保护的技术方案得出具体、确定、唯一的解释，应当根据该解释来修正权利要求中的错误表述。

三、具体法律规定的适用

根据《中华人民共和国专利法实施细则》（以下简称专利法实施细则）第一百一十七条，当译文错误导致专利权保护范围的伸缩，应当秉持对专利权人不利的原则解释权利要求的保护范围。而《专利法司法解释二》第四条虽未明确提及PCT国际申请中译文错误的问题，却明确了在特殊情形下，可以突破权利要求的确定性、公示性原则，对权利要求进行解释。如何选择法条适用，需要审慎理性地加以衡量。

首先，从法条适用的前提出发，专利法实施细则第一百一十七条适用的前提是能够明确翻译错误所导致的授权范围与原文范围大小。当两者并非简单清晰的大小关系时，如何进行处理，还未有明确规定。事实上，具体的情形可分为若干种，比如，依据错误译文能够确定出一个清晰合理的范围；或者，依据错误译文可以确定出一个技术方案，但该技术方案与本领域的公知不符或明显不合常理，导致无法形成完整的技术方案或者所谓的技术方案根本无法实施，且本领域的普通技术人员能够很轻易地发现上述错误。对于前者，应当避免进行相应的修正性解释。这是由于专利一经授权，专利权人的私域与公有领地便已划定，不论是对特定专利感兴趣、具有规避侵权需求的相应领域人员，还是普通的社会公众，要求其发现授权文本中并不明显的错误，进而回溯到原始申请文本明确权利要求的解释范围，无疑对其设定了过高的义务，也会导致提交译文的程序形同虚设。此举同时意味着由社会大众来承担专利权人所犯错误的不利后果，有违理性经济人“自己行为自己承担”的基本法理。至于后者，也即本案所属情形，应当允许权利人利用原始申请文件来修正译文错误。此举属于专利权保护范围的合理延伸，既是对权利要求撰写过程中文字固有瑕疵的局部救济，也有利于贯彻“权利保护与发明创造人的贡献相一致”的专利法理，更是对专利权人垄断利益与社会公众利益的适度平衡。

其次，从体系解释的角度出发，并不存在“特别法优于一般法”或者“国际法优于国内法”等规则的适用空间。根据《中华人民共和国立法法》（以下简称立法法）第九十二条的规定，特别法优先于一般法的前提是同一机关制定。而专利法司法解释二第四条与专利法实施细则第一百一十七条分属司法解释和行政法规，制定机关和位阶均不相同，不能适用“特殊法优于一般法”进行效力判断。至于国际法优于国内法，立法法上并没有明确规定，故不具有普遍效力，在专利法未规定此原则的情形下，不能在专利侵权诉讼中适用。

最后，结合专利法司法解释二第四条的规定，以及2017年公布的《专利审查指南》修正稿第四部分第三章对于权利要求的修改方式，后者明确提出了“在满足上述修改原则的前提下，修改权利要求书的具体方式一般限于权利要求的删除、技术方案的删除、权利要求的进一步限定、明显错误的修正”。可见，司法及行政制度都倾向于赋予错误的专利授权文本更多的修改机会和解释空间。因此，当权利要求存在译文错误，但这种错误是明显的，而且本领域技术人员通过阅读权利要求书、说明书及附图、原始申请文本可以得出唯一正确译文的，应当适用专利法司法解释二，允许权利人利用原始申请文件来修正译文错误。

编写人：宁波市中级人民法院　马洪　洪婧

5

肇庆市衡艺实业有限公司诉杭州阿里巴巴广告有限公司、建阳顺意贸易有限公司侵害发明专利权纠纷

——阅读提示：发明专利权利人通过网络平台投诉他人销售的商品构成专利侵权需要具备哪些条件？有效通知需具备哪些条件？

【裁判要旨】

在电子商务交易中，发明专利权利人认为网络上销售的商品涉嫌侵害其专利权，其向网络服务提供者发出投诉的通知应当具备四个要件，即(1)权利人的身份证明（营业执照副本或身份证复印件）、有效联系方式和地址，若委托他人投诉，还应当提供授权委托证明；(2)权属证明文件（如专利证书）；(3)足以确定要求删除、屏蔽、断开连接的商品名称和具体互联网链接的信息；(4)构成侵权的初步证明材料，如涉嫌侵权商品与专利权保护范围的比对材料。如果不同时具备上述四个要件，则构成无效通知，在投诉人未按网络服务提供者要求补充完整的情况下，网络服务提供者可以不采取断链、移除等措施。

【案号】

一审：福建省福州市中级人民法院（2016）闽01民初200号

二审：福建省高级人民法院（2016）闽民终1345号

【案情与裁判】

原告（被上诉人）：肇庆市衡艺实业有限公司（以下简称衡艺公司）

被告（上诉人）：杭州阿里巴巴广告有限公司（以下简称阿里巴巴广告公司）

被告（被上诉人）：建阳顺意贸易有限公司（以下简称顺意公司）

起诉与答辩

衡艺公司起诉称：衡艺公司于2016年2月1日向福州市中级人民法院起诉称，其系ZL200610065336.1号发明专利的权利人，顺意公司在阿里巴巴网络平台上销售、许诺销售侵犯其专利权的产品。衡艺公司向阿里巴巴广告公司发出律师函，要求其履行电子交易平台商、电子商务运营商的义务，制止顺意公司的侵权行为。但是，阿里巴巴广告公司没有作出任何表示，对顺意公司的侵权行为采取放任态度。请求判令：1. 二被告立即停止销售、许诺销售侵犯衡艺公司专利权的产品；2. 顺意公司赔偿衡艺公司经济损失10万元及合理费用2440元，阿里巴巴广告公司承担连带赔偿责任；3. 本案诉讼费用由二被告承担。

阿里巴巴广告公司辩称，（一）其是提供信息发布平台的网络服务提供者，仅为平台上进行销售的网络卖家提供技术服务，并非涉诉商品信息的发布者和涉诉商品的生产者、销售者，商铺销售和信息发布环节中的所有事宜均由卖家完成，其未实施侵权行为，依法不应承担侵权责任。（二）其对侵权行为的发生不存在主观过错。域名为1688.com的网站为1688内贸批发平台，存在海量的经营者与商品、服务信息，而这些经营者及相关信息处于实时变化状态，其没有能力对每个经营者的营业活动及上架商品是否侵害他人专利权进行事前审查。（三）其依法履行了作为网络服务提供者的义务，在衡艺公司提供了证明被控侵权商品构成专利侵权初步证据的情况下，对涉嫌侵权的信息予以删除，确认链接已断开，在事后已采取制止侵权的必要措施，并对上述事实进行了公证保全。（四）现行法律没有规定第三方交易平台对所有上架商品需做上架前的知识产权相关审核。对于侵犯知识产权的案件，1688平台组织专门的投诉团队承接各类投诉举报，1688平台一旦收到权利人的有效通知，会及时转告卖家，要求卖家在三个工作日提出反通知，如果卖家提出反通知，将根据普通人的注意义务介入判断，认定疑似侵权的，采取措施，删除涉嫌侵权的商品，并作扣分处理。

一审审理查明

2006年3月17日，王晓冰、李良清向国家知识产权申请“磁斥型悬浮装置”的发明专利，并于2009年9月23日获得授权，专利号：ZL200610065336.1。2010年9月13日，国家知识产权局核准专利权人变更为衡艺公司。该专利权利要求1记载如下：一种磁斥悬浮装置，包括磁性底座和悬浮体，其中所述悬浮体为单个永磁性悬浮体，在工作状态下，其重力能够被所述磁性底座和所述磁性悬浮体之间产生的磁斥力所平衡，从而悬浮于所述底座上方的预定基准位置，所述磁性悬浮体在悬浮时的下磁性端具有单一磁性，其特征在于：所述底座包含：一个环形永磁铁和/或排列成环形的多个永磁铁，基本水平设置在所述底座内，其上环形表面的磁性与所述磁性悬浮体的所述下磁性端的磁性相反，由此所述磁性悬浮体能够悬浮于所述基准位置；以及悬浮体水平运动控制装置，设置在所述底座内，当所述底座上方悬浮的所述磁性悬浮体在水平方向上偏离所述基准位置时，控制所述磁性悬浮体返回所述基准位置。衡艺公司提交的公证书记载：2015年10月10日，衡艺公司的委托代理人王辉登录域名为1688. com的网站，进入名称为"顺意贸易有限公司"的网店，在该网店下单购买产品名称为"磁悬浮地球仪6寸"的商品，该商品标注价格为230元。顺意公司认可上述产品系其开设的网店销售，且该公司曾在该网店中销售过被诉侵权产品的事实。另查明：2013年10月18日，阿里巴巴广告公司获准在包括域名为1688. com的网站上从事增值电信业务经营，该网站设有企业账号注册通道，在注册企业账号之前，应确认并同意《阿里巴巴服务条款》，该服务条款第七条"关于阿里巴巴平台服务和地位"中声明："阿里巴巴网站仅作为用户物色交易、就货物和服务的交易进行协商，以及获取各类与贸易相关的服务的地点。"衡艺公司的委托代理人于2016年1月19日向阿里巴巴广告公司寄送律师函，告知衡艺公司为涉案专利的权利人，商家顺意公司销售的产品侵害衡艺公司的专利权，并附有产品的链接地址。2016年1月27日，阿里巴巴广告公司通过电子邮件向衡艺公司的委托代理人回函称：需要委托代理人提交经衡艺公司授权进行维权的证明以及提供侵权比对文件。在此期间，阿里巴巴广告公司未通知顺意公司侵权投诉事宜或要求顺意公司将产品下架。2016年2月1日，衡艺公司提起本案诉讼。顺意公司在收到法院送达的起诉状后，自行将被诉侵权产品下架，阿里巴巴广告公司亦删除了产品链接。

一审判理和结果

衡艺公司持有专利号为ZL200610065336.1的发明专利，目前仍处于有效状态，其合法权利受我国法律保护。经比对分析，被控侵权产品的技术特征与涉案专利权利要求1的全部技术特征一一对应并完全相同，落入了涉案专利的保护范围，顺意公司在其开设于阿里巴巴网站（域名：1688. com）展示案争的“磁悬浮地球仪”并销售的行为，构成销售及许诺销售专利侵权行为。阿里巴巴广告公司的经营行为主要是为商户与买家提供线上交易平台，本身并不从事商品的销售及许诺销售，即并未直接实施涉案专利。根据《中华人民共和国侵权责任法》（以下简称侵权责任法）第三十六条第二款之规定，阿里巴巴广告公司作为网络服务提供者，衡艺公司在提起本案诉讼前曾以律师函的方式函告其所经营的网站上存在侵害涉案专利权的行为，并指明了侵权商户及侵权产品的销售链接地址，阿里巴巴广告公司以通知所附文件不齐为由要求衡艺公司的委托代理人补充提供材料，但在此期间并未及时通知其网站上的被投诉商户，即顺意公司，同时也未及时采取防止侵权损失扩大的必要措施，明显存在过错。但鉴于衡艺公司发出通知至提起本案诉讼的期间间隔较短，阿里巴巴广告公司在收到起诉材料后删除了侵权产品的销售网页地址链接，衡艺公司也未举证证明在此较短的期间内存在扩大损失，根据本案的具体情节，无须判令阿里巴巴广告公司承担损失扩大的责任。据此，判决：一、顺意公司自判决生效日起立即停止许诺销售、销售侵害衡艺公司“磁斥型悬浮装置”发明专利权的“磁悬浮地球仪”产品；二、顺意公司自判决生效之日起五日内赔偿衡艺公司经济损失人民币22200元（已包含合理费用）；三、驳回衡艺公司的其他诉讼请求。

上诉与答辩

阿里巴巴广告公司上诉称：一、网络服务提供者采取事后必要措施的前提在于收到投诉人的有效通知。一个合格的有效通知应当具备的条件为：（1）权利人的身份证明（营业执照副本或身份证复印件）、有效联系方式和地址，若委托他人投诉，还应当提供授权委托证明；（2）权属证明文件（如专利证书）；（3）要求删除、屏蔽、断开连接的商品名称和具体互联网链接；（4）构成侵权的初步证明材料，如涉嫌侵权商品与专利权保护范围的比对材料等。阿里巴巴广告公司在官网上已有公示告知关于上述有效通知的要求，但衡艺公司委托律师投诉，明显缺少：（1）权利人委托律师投诉的授权证明，也没有提供营业执照；（2）权利人未提供被投诉方构成侵权的初步证明材料，本案系涉嫌专利侵权，权利人应提供涉嫌专利侵权的比对材料。因此，衡艺公司的投诉是一个无效的通知，其要求衡艺公司补充材料的情况下，对其投诉未采取必要措施不存在过错的问题。二、其作为网络服务提供者，没有能力也没有义务主动审查涉诉商品是否属于侵权。其作为网络服务提供者，在大量的投诉通知中不可避免地存在不当投诉和恶意投诉的行为，由于本案涉案专利复杂，即使是法院审理也需要做专业的对比分析，作为第三方平台没有专业判断专利是否侵权的能力，仅以普通人的身份基于合理审慎义务介入判断。在衡艺公司未提供有效通知材料时，其无能力判断涉案产品是否侵权。原审法院认为其未联系顺意公司、未采取必要措施即存在明显过错，等同于要求其替代衡艺公司承担侵权比对的举证责任，属于无理加重其义务，要求电子商务平台承担能力范围之外的无法实现的义务，会使电子商务行业因负担超出能力范围的义务而丧失行业活力，会影响电子商务行业的整体发展。三、衡艺公司起诉后，其及时删除销售网页地址链接，其不存在过错。请求：1. 二审法院在查明事实的基础上，依法认定阿里巴巴广告公司未存在侵权的过错，并依法改判一审法院认定的该部分错误事实。2. 本案一审、二审诉讼费用由被上诉人承担。

衡艺公司辩称，1. 阿里巴巴广告公司关于其采取事后必要措施的前提是收到投诉人的有效通知的主张是错误的。其将侵权责任法中的“通知”限定至“有效通知”是偷换概念。2. 阿里巴巴广告公司在接到衡艺公司的通知后，怠于履行其作为网络服务提供者的基本义务，对衡艺公司要求其采取删除、屏蔽、断开链接等必要措施的合理诉求不予理会，放任顺意公司继续许诺销售、销售被控侵权产品。综上，一审判决认定其在本案中存在明显侵权过错具有充分的事实依据，并无不当，应予维持。

二审审理查明

衡艺公司在接到阿里巴巴广告公司要求其补充材料后，未按阿里巴巴广告公司的要求进一步补充授权材料。本案被投诉的1688阿里规则知识产权专区中，对权利人投诉的填写有专门的指引，其中“如何填写专利侵权举证证明?”部分为若专利类型是发明专利或实用新型专利：（保护的是专利的技术点）1. 选择“专利侵权举证证明（发明或实用新型）”，按照表格要求填写专利信息；2. 在“专利基本信息表”准确填写专利的相关信息；3. 在“侵权产品链接地址信息表”填写被投诉方名称以及对应的侵权产品链接；4. 在“技术特征比对表”的第一列表格填写专利的主权项的所有技术特征，第二列表格填写侵权产品对应的技术特征，再把专利主权项的所有技术特征与被投诉产品技术特征进行一一比对，说明被投诉产品的技术特征包含了专利主权项的全部技术点（全面覆盖原则），由此确认被投诉产品侵犯投诉方的专利权；5. 经过技术特征比对后，在“结论”栏中填写技术特征比对结果，若结论是“等同”，请在“备注”中具体说明技术点等同的依据，如手段、功能、效果等基本相同的说明。NOTE：因专利的专业性和复杂性，投诉方作为专利专家，请严格按照“专利侵权举证证明填写指南”进行填写，详细说明投诉方产品涉嫌侵权的理由。

二审判理和结果

侵权责任法第三十六条第一款、第二款规定：“网络用户、网络服务提供者利用网络侵害他人民事权益的，应当承担侵权责任。网络用户利用网络服务实施侵权行为的，被侵权人有权通知网络服务提供者采取删除、屏蔽、断开链接等必要措施。网络服务提供者接到通知后未及时采取必要措施的，对损害的扩大部分与该网络用户承担连带责任。”网络服务提供者知道网络用户利用其网络服务侵害他人民事权益，未采取必要措施的，与该网络用户承担连带责任。本案中，上诉人主张权利人投诉发明专利侵权的“通知”应当具备四个要件，即 1. 权利人的身份证明（营业执照副本或身份证复印件）、有效联系方式和地址，若委托他人投诉，还应当提供授权委托证明；2. 权属证明文件（如专利证书）；3. 要求删除、屏蔽、断开连接的商品名称和具体互联网链接；4. 构成侵权的初步证明材料，如涉嫌侵权商品与专利权保护范围的比对材料。侵权责任法虽然没有进一步解释权利人发出的“通知”应具备的构成要件，但知识产权作为一种私权，行使该权利的方式不外乎是由权利人直接进行，或者由权利人授权他人行使。如果他人未得到权利人的授权而行使，除非得到权利人事后的追认，或者由公权力部门为了社会公共利益而进行执法，否则行使该知识产权的行为应属无效。因此，阿里巴巴广告公司主张权利人维权投诉发出的“通知”应当具备的 4 项要件中的前 3 项要件符合法律的规定，在实务中应具备上述三个要件，才能构成“有效通知”。本案的焦点是阿里巴巴广告公司提到的第 4 项要件是否也应构成发明专利投诉的“有效通知”的必备要件？当前，电子商务迅猛发展，伴随而来的是知识产权权利人通过网络平台投诉越来越多，其中滥用投诉、错误投诉也占有相当比例。由于发明专利侵权判断具有高度的专业性，作为网络服务提供商要求发明专利投诉人还需提供“构成侵权的初步证明材料”具有一定的合理性，因为发明专利权利人提出投诉必然要先行侵权比对，判断网络商户销售的商品的技术特征与其发明专利的技术特征是否相同或者等同，然后决定是否投诉。根据补充查明的事实，网络服务提供商要求发明专利的权利人在网络上填写“侵权的初步证明材料”，因权利人决定向网络服务提供商提出投诉前，必然要先行专利侵权的技术比对，因此，并不会额外增加发明专利权利人的负担，相反，在当前恶意投诉和不当投诉海量增加的情况下，网络服务提供商要求专利权利人提交“侵权的初步证明材料”，可以在形式上过滤掉部分的不当投诉及滥用投诉，从而将合格的投诉及时传递给网络商户，以便根据网络商户的反应采取进一步的措施，提高投诉质量，达到在网络环境下既维护知识产权保护的基本价值，又在一定程度上达到维护网络服务商及网络商户的合法利益，最终让广大消费者受益，促进电子商务的健康发展。本案中，阿里巴巴广告公司在接到投诉通知后，要求投诉人补充“授权材料”及“侵权的初步证明材料”，因本案涉及的投诉并非权利人自己行使，而是委托律师代为行使，因此阿里巴巴广告公司要求投诉人补充授权材料及侵权的初步证明材料是符合电子商务当前的交易实际的。在投诉人未补齐上述两方面的材料的情况下，应当认定衡艺公司的投诉通知是一个无效的通知，阿里巴巴广告公司未及时断开有关链接没有过错，原审法院认定阿里巴巴广告公司“明显存在过错”应属适用法律错误，其上诉有理，予以支持。鉴于原审判决虽认定阿里巴巴广告公司存在明显过错，但并没有判决其承担任何法律责任，因此，对原审的判决结果应予维持，根据本案的实际，上诉费用由阿里巴巴广告公司负担。综上所述，阿里巴巴广告公司的上诉请求有理，认定其未及时断开链接没有过错，但由于阿里巴巴广告公司在原审判决中无须承担法律责任，故原审判决结果应予维持。二审判决：驳回上诉，维持原判。

【法官评述】

本案涉及在互联网背景下电子商务的交易规则问题。众所周知，电子商务便捷了人们的出行、消费，深刻地改变了社会的生产生活方式。伴随电子商务迅猛发展的是网络上销售的假冒侵权商品越来越多，知识产权的侵权投诉也越来越多。据阿里巴巴统计，仅2016年，在阿里巴巴三大平台上投诉专利侵权的案件已高达36万件。在这些众多的投诉者中，当然不乏真诚的投诉者，但是不当投诉、恶意投诉也占有相当的比例。如何在现行法律规定的原则下，充分发挥审判职能作用，做到既能维护知识产权权利人的合法权益，同时又能保证电子商务的健康发展，是本案遇到的一个主要问题。

在电子商务交易中，网络服务提供者为买卖双方交易提供“市场”，作为专利权人发现自己的专利权被网络商户侵权了，自然应该向“市场”的提供者即网络服务提供者发出投诉通知。一个完整的投诉过程，理论上主要应该包括两部分内容：网络服务提供者接受通知及接收通知后的处理。本案主要涉及的是前一部分的“受理通知”部分，一审判决认为作为网络服务提供者，在接到专利权利人的权利证明材料并指明了侵权商户及侵权产品的销售链接地址的“通知”后，就应采取删除、屏蔽、断开链接等必要措施，否则就应认定其主观上有过错并承担相应的过错责任，该裁判的主要依据为侵权责任法第三十六条第二款的规定，即“网络用户利用网络服务实施侵权行为的，被侵权人有权通知网络服务提供者采取删除、屏蔽、断开链接等必要措施。网络服务提供者接到通知后未及时采取必要措施的，对损害的扩大部分与该网络用户承担连带责任”。二审法院认为作为网络服务提供者，对发明专利权利人的投诉通知，有权要求投诉者提交构成侵权的初步证明材料，即涉嫌侵权商品与专利权保护范围的比对材料等。如果投诉者未补充上述材料，权利人的投诉通知视为不合格的通知，等同于未通知，网络服务提供者无须采取进一步的断链等措施。二审法院的判决既体现了遵循现有的法律原则，即侵权责任法第二十六条的规定，又能结合电子商务发展及专利侵权的特点，尤其是考虑到要求权利人提供“构成侵权的初步证明材料”并不会额外增加发明专利权利人的负担，认定网络服务商在投诉人未提供“构成侵权的初步证明材料”的情况下不断链没有过错。

当前，电子商务迅猛发展，与此同时，知识产权权利人向电商投诉的数量也呈几何级数增多，对权利人的投诉通知，如果简单地适用“通知移除”规则，即只要权利人发出投诉通知，网络服务提供者就立即将网络商户断链，则可能导致大量的网络商户遭断链，最终导致电子商务萎缩。本案的处理诠释了专利权利人的“投诉通知”应当具备的要件，对类似案件的处理具有一定的参考价值。

编写人：福建省高级人民法院　黄从珍

6

李占全诉赵金山侵害实用新型专利权纠纷案

——阅读提示：对当事人无正当理由拒不提交实用新型专利权评价报告的，人民法院应否依法裁定驳回起诉？

【裁判要旨】

对专利权人无正当理由拒不提交实用新型专利权评价报告的，人民法院可以直接裁定驳回起诉。

【案号】

一审：山东省潍坊市中级人民法院（2015）潍知初字第129号

二审：山东省高级人民法院（2016）鲁民终1684号

【案情与裁判】

原告：李占全

被告：赵金山

请求与答辩

原告李占全于2015年3月23日向法院起诉称：2012年1月16日，李占全向国家知识产权局申请了专利号为ZL201220033499.2的“拖拉机用油箱”的实用新型专利，国家知识产权局于2012年10月24日予以公告授权，并为李占全办理了专利证书。李占全在获得上述专利后按时缴纳了专利年费，目前该专利处于有效状态。李占全生产的专利产品产量大，销售范围覆盖全国各地。赵金山长期生产并销售侵犯李占全专利权的拖拉机用油箱，其违法行为给李占全造成了巨大的经济损失。为此，李占全请求法院依法判令赵金山：1. 立即停止生产、销售侵犯李占全专利权的产品；2. 赔偿李占全损失

200000 元；3. 承担本案代理费等为制止侵权行为支出的合理费用 10000 元；4. 承担本案全部诉讼费用。

赵金山辩称：1. 赵金山不存在侵犯李占全专利权的事实，请求法院依法驳回李占全的诉讼请求。赵金山就涉案产品分别于 2015 年 3 月 20 日和 2015 年 4 月 30 日，向国家知识产权局申请了实用新型和外观设计专利，国家知识产权局于 2015 年 7 月 14 日向赵金山下发了办理实用新型登记的通知书，赵金山已经缴纳了相关的年费和办理证书等费用，2015 年 7 月 29 日，国家知识产权局向赵金山下发了办理外观设计专利的通知书，赵金山也已经按照相关规定缴纳费用，赵金山有独立的专利权，受国家知识产权局保护；2. 对于涉案产品，关于实用性、新颖性、创造性等，赵金山在申请专利时，已经陈述得非常清楚了，且国家知识产权局也审查完毕，不存在侵犯李占全专利权的行为；3. 李占全是否缴纳了年费，是否在保护范围之内，应提交相关证据证实。

一审法院查明

李占全于 2012 年 1 月 16 日，向国家知识产权局提出“拖拉机用油箱”实用新型专利申请，2012 年 10 月 24 日，国家知识产权局授予李占全实用新型专利权证书，名称为“拖拉机用油箱”，专利号为 ZL201220033499.2，目前该专利处于有效状态。该专利的权利要求为：1. 一种拖拉机用油箱，包括箱体（2），箱体（2）上部设有进油嘴（1），箱体（2）下部设有出油口（5），其特征在于：所述箱体（2）呈 L 型，箱体（2）下部的宽度 L1 小于箱体（2）上部的宽度 L2。2. 根据权利要求 1 所述的拖拉机用油箱，其特征在于：所述箱体（2）下部的宽度 L1 与箱体（2）上部的宽度 L2 之比为 1:2。3. 根据权利要求 1 或 2 所述的拖拉机用油箱，其特征在于：所述箱体（2）内设有副油箱。本案在审理中，李占全明确其请求保护的范围为权利要求 1，即一种拖拉机用油箱，包括箱体（2），箱体（2）上部设有进油嘴（1），箱体（2）下部设有出油口（5），其特征在于：所述箱体（2）呈 L 型，箱体（2）下部的宽度 L1 小于箱体（2）上部的宽度 L2。

赵金山于 2015 年 3 月 20 日向国家知识产权局申请了“一种改进的拖拉机用油箱”实用新型专利，于 2015 年 9 月 2 日获得授权，专利号为 ZL201520162613.5。2015 年 4 月 30 日，赵金山向国家知识产权局申请了名称为“拖拉机用油箱”的外观设计专利，于 2015 年 9 月 9 日获得授权，专利号为 ZL201530124814.1。目前上述两项专利均处于有效状态。

根据李占全的申请，一审法院于 2015 年 7 月 30 日和 2015 年 7 月 31 日，分别到潍坊昊田农业装备有限公司及赵金山的生产场所进行了证据保全、调查取证，取得了调查笔录两份（证明查封、扣押的被控侵权产品为赵金山生产），查封扣押了在潍坊昊田农业装备有限公司的被控侵权产品两个和在赵金山生产场所的被控侵权产品一个。

经一审庭审质证，李占全、赵金山对该调查笔录及查封、扣押的被控侵权产品均无异议。被控侵权产品外包装正面右上角有“ZL201503124814.1 拖拉机用油箱，山东省潍城金朋农机配件厂，电话 13869660711”字样，油箱上部贴有标签一个，内容为“山东省潍城金朋农机配件厂，拖拉机用油箱，电话 13869660711，专利号为：ZL201530124814.1”。赵金山认可查封、扣押的被控侵权产品是其生产的，但认为不构成侵权。

经一审庭审比对，被控侵权产品体现如下特征：1. 包括上箱体和下箱体，上箱体的顶部设有进油口和浮子安装孔；2. 下箱体的底部设有出油口，其特征在于：上箱体与下箱体呈 T 型设置；3. 上箱体的长度长于下箱体的长度；4. 下箱体两侧离上箱体两侧的距离为 1:(3－5)。

一审判理和结果

一审法院认为：经国家知识产权局授权，李占全依法取得了 ZL201220033499.2 的实用新型专利权，该专利目前处于有效状态，未经专利权人许可，任何单位或者个人不得为生产经营目的制造、使用、许诺销售、销售、进口其专利产品。《中华人民共和国专利法》（以下简称专利法）第五十九条第一款规定：“发明或者实用新型专利权的保护范围以其权利要求的内容为准，说明书及附图可以用于解释权利要求的内容。”据此，要判断本案中被控侵权产品是否侵害了涉案的 ZL201220033499.2“拖拉机用油箱”实用新型专利权，应当以被控侵权产品的技术特征是否覆盖了权利人主张的实用新型专利权利要求记载的全部必要技术特征进行判断。庭审中，李占全确定请求保护的权利范围为权利要求 1，可分解为如下技术特征：即一种拖拉机用油箱，1. 包括箱体，箱体上部设有进油嘴；2. 箱体下部设有出油口，其特征在于：所述箱体呈 L 形；3. 箱体下部的宽度小于箱体上部的宽度。被控侵权产品系拖拉机用油箱，体现如下技术特征：1. 包括上箱体和下箱体，上箱体的顶部设有进油口和浮子安装孔；2. 下箱体的底部设有出油口，其特征在于：所述上箱体与下箱体呈 T 形设置；3. 上箱体的长度长于下箱体的长度；4. 所述下箱体两侧离上箱体两侧的距离为1:(3－5)。经比对，除油箱上下箱体的设置方式以外，被控侵权产品的其他技术特征与李占全主张的涉案实用新型专利的权利要求1所记载的必要技术特征相同，就油箱上下箱体的设置方式，被控侵权产品采用的是油箱上下箱体T形设置的技术方案，涉案专利技术采用的是油箱上下箱体L形设置的技术方案，二者并不相同，同时油箱上下箱体的T形设置并不是以基本相同的手段，实现基本相同的功能，达到基本相同的效果，本领域普通技术人员在被诉侵权行为发生时无须通过创造性劳动就能够联想到的等同技术特征。因此，被控侵权产品的相应技术特征与李占全主张的涉案实用新型专利的权利要求所记载的必要技术特征相比，上下油箱的T形设置与上下油箱的L形设置不相同也不等同，故被控侵权产品未落入李占全涉案专利权的保护范围。

关于李占全要求赵金山停止生产、销售侵权产品，赔偿经济损失20万元及合理费用1万元的诉讼请求有无事实和法律依据的问题。根据一审庭审比对情况，被控侵权产品未落入李占全涉案专利权的保护范围，不构成专利侵权，因此李占全的诉讼请求缺少事实和法律依据，一审法院不予支持。

综上，一审法院依据专利法第五十九条第一款，《最高人民法院关于审理专利纠纷案件适用法律问题的若干规定》第十七条，《最高人民法院关于审理侵犯专利权纠纷案件应用法律若干问题的解释》第七条，《中华人民共和国民事诉讼法》（以下简称民事诉讼法）第六十四条第一款，《最高人民法院关于民事诉讼证据的若干规定》第二条之规定，判决：驳回李占全的诉讼请求。案件受理费4450元，财产保全费1000元，共计5450元，由李占全负担。

上诉与答辩

李占全上诉请求：撤销一审判决，依法改判支持其一审诉讼请求或发回重审，诉讼费用由赵金山承担。事实和理由：1. 一审认定事实不清，被诉侵权产品落入了涉案专利权的保护范围。经比对，被诉侵权产品除油箱上下设置方式与涉案专利技术特征等同外，其他技术特征与涉案专利技术特征相同。被诉侵权产品与涉案专利油箱上下箱体的设置方式均是上大下小，被诉侵权产品上下箱体亦呈L形，两者实质相同。2. 从涉案专利说明书的背景技术可以证明被诉侵权产品抄袭和仿制了涉案专利产品。涉案专利说明书的背景技术中，为了解决传统的拖拉机油箱受制于拖拉机成本和设计的约束，多数是安装在车厢靠近驾驶座一侧；在拖拉机油箱安装位置和成本的制约下，造成油箱体积受限，容量较小，一箱油的续航里程很短。赵金山的实用新型专利解决的以上问题与涉案专利背景技术一致。被诉侵权产品的背景技术虽然声称很好地解决了传统油箱的缺陷，但其实用性与涉案专利产品实质相同。被诉侵权产品也申请了专利，但其专利申请日晚于涉案专利两年，不能来对抗涉案专利。综上，涉案专利的权利要求 1 的全部技术特征覆盖了被诉侵权产品的相关技术特征，被诉侵权产品落入涉案专利权的保护范围，系侵权产品，赵金山侵害了李占全的涉案专利权。

赵金山辩称，一审判决认定事实清楚，适用法律正确，请求驳回上诉，维持原判。

二审审理查明

二审开庭后，二审法院于 2016 年 9 月 28 日电话告知李占全，为审查涉案专利权的效力稳定性，要求其提交涉案专利权的评价报告供法院参考。其后，二审法院多次电话询问李占全关于涉案专利权评价报告的相关情况，得到的答复是：李占全于 2016 年 10 月初委托专利代理机构向国家知识产权局提出申请；2016 年 11 月底国家知识产权局将涉案专利权评价报告寄出；2016 年 12 月 12 日李占全称尚未收到国家知识产权局寄出的涉案专利权评价报告，二审法院要求其到网站查询报告结果并及时告知法院；2016 年 12 月 13 日，李占全称其提交申请时将涉案专利号提报错误，导致涉案专利权评价报告未能出具。

二审判理和结果

二审法院认为：在我国现行的专利审查制度中，实用新型专利在授权时并不经过实质审查，其效力的稳定性较弱。为此，《最高人民法院关于审理专利纠纷案件适用法律问题的若干规定》第八条第一款规定，对申请日在 2009 年 10 月 1 日以后的实用新型专利提起侵犯专利权诉讼，原告可以出具由国务院专利行政部门作出的专利权评价报告。根据案件审理需要，人民法院可以要求原告提交专利权评价报告。原告无正当理由不提交的，人民法院可以裁定中止诉讼或者判令原告承担可能的不利后果。本案中，李占全主张保护的是“拖拉机用油箱”实用新型专利权，为确认该实用新型专利权的效力稳定性，在限制专利权滥诉的同时更加有效地保护专利权，二审法院依照上述法律规定要求李占全提交专利权评价报告。李占全自称其于2016年10月初即通过专利代理机构向国家知识产权局提出了申请，但至今未收到专利权评价报告。对此，二审法院认为，即使李占全已确如其所述于2016年10月初即委托专利代理机构向国家知识产权局提出了申请，至本判决作出时已近3个月的时间，李占全仍未能提交涉案专利评价报告，这既与《中华人民共和国专利法实施细则》（以下简称专利法实施细则）第五十七条规定的国务院专利行政部门应当自收到专利权评价报告请求书后2个月内作出专利权评价报告不符，李占全也未能对此说明正当理由，其前后矛盾的陈述难以令二审法院信服。故二审法院认为，涉案“拖拉机用油箱”实用新型专利权缺乏效力稳定性的证据，导致李占全提起本案诉讼所依据的事实具有不确定性，其起诉不符合民事诉讼法第一百一十九条规定的要件，依据《最高人民法院关于适用〈中华人民共和国民事诉讼法〉的解释》（以下简称民事诉讼法司法解释）第三百三十条规定，应当驳回李占全的起诉。待李占全取得能够证明其专利权具备较强稳定性的证据后，其可以重新向人民法院提起诉讼，本案的处理并不会对李占全的诉权及实体权利产生影响。

综上，由于李占全未能提交涉案实用新型专利权的评价报告，导致其不具备起诉的实质要件。二审法院依据《最高人民法院关于审理专利纠纷案件适用法律问题的若干规定》第八条第一款，专利法实施细则第五十七条、民事诉讼法第一百一十九条，民事诉讼法司法解释第三百三十条规定，终审裁定：一、撤销山东省潍坊市中级人民法院（2015）潍知民初字第129号民事判决；二、驳回李占全的起诉。

【法官评析】

《最高人民法院关于审理专利纠纷案件适用法律问题的若干规定》第八条第一款规定，对申请日在2009年10月1日以后的实用新型专利提起侵犯专利权诉讼，原告可以出具由国务院专利行政部门作出的专利权评价报告。根据案件审理需要，人民法院可以要求原告提交专利权评价报告。原告无正当理由不提交的，人民法院可以裁定中止诉讼或者判令原告承担可能的不利后果。在我国现行的专利审查制度中，实用新型专利在授权时不经过实质审查，其效力的稳定性较弱。为防止实用新型专利权人滥用专利权，法院可以视情况向原告释明要求其提交专利权评价报告，以证实其实用新型专利权的稳定性，如果原告在合理期间内仍拒不提交且缺乏合理理由的，当实用新型专利权在诉讼中进入无效程序的，法院可以裁定中止诉讼，等待专利确权程序对专利权效力的认定；当实用新型专利权在诉讼中未进入无效程序的，法院可以直接裁定驳回起诉。本案的裁判，对《最高人民法院关于审理专利纠纷案件适用法律问题的若干规定》第八条第一款规定的原告可能承担的不利后果进行了有益的探索，防止了权利滥用，对于此类案件的正确审理具有一定的指导意义。

编写人：　山东省高级人民法院　赵有芹

7

重庆沃克斯科技股份有限公司诉江苏腾天工业炉有限公司等侵害发明专利权纠纷案

——阅读提示：善意的专利侵权产品使用者，人民法院应否判令其承担停止使用的法律责任？

【裁判要旨】

善意的专利侵权产品使用者若能证明专利侵权产品的合法来源并已支付合理对价的，人民法院不应判令其承担停止使用的法律责任。

【案号】

一审：山东省济南市中级人民法院（2015）济民三初字第1071号

二审：山东省高级人民法院（2016）鲁民终2427号

【案情与裁判】

原告（被上诉人）：重庆沃克斯科技股份有限公司（以下简称沃克斯公司）

被告（上诉人）：江苏腾天工业炉有限公司（以下简称腾天公司）

被告（被上诉人）：通裕重工股份有限公司（以下简称通裕公司）

起诉与答辩

沃克斯公司于2015年11月6日向法院起诉称：腾天公司制造、销售的通裕公司使用的可对点火火焰进行检测的点火枪使用了沃克斯公司名称为“可对点火火焰进行检测的点火枪”，专利号为ZL201110051270.1的专利技术，侵犯了沃克斯公司的专利权。请求判令：1. 腾天公司与通裕公司立即停止侵犯沃克斯公司专利权的行为；2. 腾天公司赔偿沃克斯公司经济损失及合理费用共计80万元；3. 诉讼费用由腾天公司与通裕公司负担。

腾天公司辩称：被控侵权产品不是其生产；被控侵权技术方案是现有技术；被控侵权技术方案与涉案专利不同。

通裕公司辩称：被控侵权产品是通裕公司通过公开招投标购买，沃克斯公司与腾天公司均参与了投标，在招标过程中沃克斯公司未告知其有专利权，故通裕公司不知侵权，不应承担侵权责任。

一审法院查明

2011年3月3日，沃克斯公司就"可对点火火焰进行检测的点火枪"向国家知识产权局提出发明专利申请。2012年5月23日，上述申请获得授权并公告，专利号为ZL201110051270.1，发明人为顾向涛，专利权人沃克斯公司，现该专利权合法有效。沃克斯公司在本案中主张权利要求1为其权利依据，其内容为：可对点火火焰进行检测的点火枪，包括点火电源和枪筒。枪筒是金属枪筒，内部是空腔，与点火电源连接的点火针设置在空腔内，点火针的另一端设置有点火电极，点火电极的侧面与枪筒的内壁之间形成点火腔，点火针经一个或一个以上的绝缘支撑块设置在空腔内，在枪筒上设置有可燃气体进孔。其特征在于：在枪筒的前端，设置检测金属条，径向设置的检测金属条与点火电极的正面有间隙，形成检测腔，检测金属条的两端分别与枪筒的金属层连通。

2015年11月24日，腾天公司以涉案专利技术不具备新颖性及创造性为由，向国家知识产权局专利复审委员会（以下简称专利复审委员会）提起无效宣告请求申请。2016年6月12日，专利复审委员会作出第29274号无效宣告请求审查决定书，维持涉案专利权有效。

2014年，通裕公司就购买蓄热式工业炉进行公开招标，沃克斯公司及腾天公司均参加了投标。通裕公司于2014年7月3日制作的投标文中的蓄热式燃烧及控制配置报价表载明，设备总报价为844000元，其中点火器单价620元，共16支，总价9920元。2015年2月6日开标，确定腾天公司中标。

2015年8月3日，北京市永新智财律师事务所向北京市方圆公证处申请到通裕公司现场查看相关产品的过程办理保全证据公证。2015年8月3日，该律师所的委托代理人张超与北京市方圆公证处公证人员来到通裕公司的第一锻压厂，在厂内南侧的一台顶端挂有"江苏腾天工业炉"铭牌的工业炉前，现场拆下了1支点火枪查看其内部构造并对拆卸过程进行了拍照。经查看，该厂内共有12台顶端挂有“江苏腾天工业炉”铭牌的工业炉，点火枪共296支。

根据上述公证过程中拍摄的照片，被控侵权点火枪经与沃克斯公司发明专利的权利要求1进行比对，该点火枪结构与沃克斯公司发明专利权利要求1的全部技术特征一一对应相同，腾天公司对被控侵权点火枪的技术特征全部落入沃克斯公司发明专利权利要求1的保护范围无异议。

另查明，腾天公司成立于2010年12月21日，经营范围包括工业用电炉、天然气炉、真空炉设计、制造、销售等。

一审判理和结果

一审法院认为：一、关于被控侵权点火枪是否由腾天公司制造、销售的事实。腾天公司认可其向通裕公司销售了工业炉，但认为沃克斯公司未能证明该工业炉上的点火枪也是由其制造、销售的。对此一审法院认为，点火枪系工业炉上的必要部件，招标价格包括点火枪的价格，且通裕公司在一审庭审中认可使用过程中没有更换过点火枪。被控侵权点火枪系由腾天公司制造、销售。

二、关于被控侵权点火枪的技术方案是否为现有技术。一审法院认为，强隆公司出具的证明及证人黄忠的证言无法充分证实合同及发票涉及的加热炉上的点火枪与公证保全涉及的点火枪具有对应关系，并且公证时间晚于涉案专利申请日，强隆公司提交的证据之间无法相互佐证，故腾天公司对其现有技术抗辩举证不足，一审法院不予支持。

三、关于沃克斯公司为维权支出的合理费用情况。沃克斯公司支出15000元公证费及10万元律师费。

综上，一审法院认为，沃克斯公司为涉案发明专利的专利权人。根据《中华人民共和国专利法》（以下简称专利法）第五十九条第一款规定，发明专利权的保护范围以其权利要求的内容为准，说明书及附图可以用于解释权利要求。通过比对，被控产品的技术特征与沃克斯公司专利技术方案所限定的各个技术特征一一对应相同，落入沃克斯公司专利权的保护范围。根据专利法第十一条第一款的规定，腾天公司未经沃克斯公司许可，制造、销售与沃克斯公司专利相同的产品，构成侵权，应承担停止侵权、赔偿损失的民事责任。通裕公司为生产经营目的而使用的被控侵权点火枪系经过公开招投标程序购买的工业炉上的部件，其来源合法，主观不具有过错，并已支付了合理对价，不承担侵权责任。对沃克斯公司要求腾天公司赔偿经济损失包括合理费用共计 80 万元的诉讼请求，因沃克斯公司未举证证明其因侵权所受损失、腾天公司侵权所获得利益以及涉案专利许可使用费的情况，一审法院综合考虑涉案专利的类型、被控侵权点火枪的价格及其对整套工业炉设备价值的贡献率、沃克斯公司为维权而支出的合理费用等酌定赔偿数额。

一审法院依照专利法第十一条第一款、第五十九条第一款、第六十五条，《最高人民法院关于审理侵犯专利权纠纷案件应用法律若干问题的解释》第七条，《最高人民法院关于审理侵犯专利权纠纷案件应用法律若干问题的解释（二）》（以下简称专利法司法解释二）第二十五条之规定，判决：一、腾天公司立即停止制造、销售侵犯沃克斯公司的名称为“可对点火火焰进行检测的点火枪”发明专利权（专利号：ZL201110051270.1）的产品的行为；二、腾天公司于判决生效之日起十日内赔偿沃克斯公司经济损失包括维权费用共计 60 万元；三、驳回沃克斯公司的其他诉讼请求。如果未按判决指定的期间履行给付金钱义务，应当依照《中华人民共和国民事诉讼法》（以下简称民事诉讼法）第二百五十三条之规定，加倍支付迟延履行期间的债务利息。案件受理费 12800 元，由沃克斯公司负担 2800 元，腾天公司负担 10000 元。

上诉与答辩

腾天公司上诉请求：撤销一审判决第一项和第二项，改判驳回沃克斯公司的诉讼请求；一审、二审诉讼费用由沃克斯公司承担。事实与理由：1. 一审判决认定被诉侵权点火枪是腾天公司制造、销售不正确。腾天公司主张沃克斯公司一审提交的公证书只能证明工业炉为腾天公司生产，但不能证明被诉侵权点火枪亦为腾天公司生产，腾天公司二审提供的点火枪图纸与被诉侵权点火枪结构完全不同，被诉侵权点火枪并非腾天公司制造、销售。2. 一审判决认定被诉侵权点火枪并非现有技术不正确。3. 一审判决认定未公证拆解的 295 支点火枪落入涉案专利权保护范围不正确。被诉点火枪共 296 支，公证拆解 1 支，未拆解的 295 支点火枪结构与腾天公司二审提交的销售给通裕公司点火枪的图纸结构相同，不具有检测金属条技术特征，也不具有与该特征等同的技术特征，不能认定被诉侵权点火枪落入涉案专利权的保护范围。4. 一审判决对合理费用及赔偿损失的认定不正确。

沃克斯公司辩称，一审判决认定事实清楚，适用法律正确。请求驳回腾天公司的上诉请求，维持一审判决。

通裕公司述称，服从一审判决。

二审审理查明

（2016）禹证民字第419号公证书记载，2016年10月18日，腾天公司到山东省禹城市公证处申请证据保全公证。公证处公证员李世锋与公证人员邵璟瑶及拍摄人景风林到通裕公司锻压厂，由公证员随机指定带有江苏腾天工业炉牌子的工业炉，分别对工业炉12A，烧嘴2#、14#；工业炉11A，烧嘴1#、19#；工业炉8A，烧嘴B3#；工业炉18A，烧嘴6#；工业炉17A，烧嘴4#的点火枪进行了拆卸并对整个过程进行了拍摄、录像。

二审判理和结果

二审法院认为：

一、关于被诉侵权产品是否为腾天公司制造、销售的问题。

本案中，腾天公司主张，沃克斯公司一审提交的公证书只能证明工业炉为腾天公司生产，但不能证明被诉侵权点火枪亦为腾天公司生产，腾天公司二审提供的点火枪图纸与被诉侵权点火枪的结构完全不同，被诉侵权点火枪并非腾天公司制造、销售。对此，二审法院认为，首先，通裕公司对购买涉案蓄热式工业炉进行公开招标，在招标文件中的蓄热式燃烧及控制配置报价表中包括点火枪这一配置，而最终腾天公司中标。其次，沃克斯公司一审提交的（2015）京方圆内经证字第25315号公证书能够证明被诉侵权点火枪是从腾天公司销售给通裕公司的工业炉上拆下的部件。最后，通裕公司称其在使用过程中没有更换过点火枪。综合上述事实可以认定被诉侵权点火枪为腾天公司制造、销售。虽然腾天公司主张被诉侵权点火枪不是其制造、销售，但未能提交有效证据证明。因此，腾天公司关于被诉侵权点火枪不是其制造、销售的主张不能成立，二审法院不予支持。

二、关于腾天公司的被诉侵权行为是否侵害了沃克斯公司的涉案专利权问题。

1. 关于被诉侵权点火枪是否落入涉案专利权保护范围的问题。本案中，腾天公司对（2015）京方圆内经证字第25315号公证书中的被诉侵权点火枪落入涉案专利权的保护范围没有异议，但其认为其余未公证拆解的295支点火枪未落入涉案专利权的保护范围，并在二审时提交了（2016）禹证民字第419号公证书予以证明。对此，二审法院认为，（2016）禹证民字第419号公证书公证时间在一审判决之后，腾天公司仅用该公证书不足以证明（2015）

京方圆内经证字第25315号公证书公证保全时的相关情况，且（2016）禹证民字第419号公证书仅对个别点火枪进行了拆解，不能证明其他点火枪的相关情况。因此，（2016）禹证民字第419号公证书不能证明其他被诉侵权点火枪均未落入涉案专利权的保护范围。综上，腾天公司关于沃克斯公司未公证拆解的295支点火枪未落入涉案专利权保护范围的主张不能成立，二审法院不予支持。

2. 关于腾天公司的现有技术抗辩是否成立的问题。本案中，腾天公司为证明其现有技术抗辩成立，一审时提交了腾达公司与强隆公司关于台车式锻造加热炉的购销合同及发票、强隆公司出具的证明、强隆公司设备部长黄忠的证人证言、（2015）京东方内民证字第19118号公证书等证据。二审法院认为，首先，购销合同签订的时间虽然在涉案专利申请日之前，但无法证明（2015）京东方内民证字第19118号公证书中公证保全的点火枪与购销合同所涉及的点火枪存在对应关系，且公证保全时间晚于涉案专利申请时间。因此，购销合同及发票不能证明（2015）京东方内民证字第19118号公证书中公证保全的点火枪公开时间在涉案专利申请日之前。其次，购销合同及发票未涉及点火枪的具体结构；而强隆公司证明没有其负责人及制作证明材料的人员签名或盖章，且沃克斯公司一审提交的第29274号无效宣告请求审查决定书中强隆公司设备部长黄忠陈述称其未参与购销合同的签订及公证过程，也未见过购销合同、发票，也不清楚点火枪具体结构，所以强隆公司证明及证人证言亦缺乏客观真实性。因此，上述购销合同、证明、证人证言、公证书等证据无法证明被诉侵权产品技术方案在涉案专利申请日前已公开，所以，腾天公司现有技术抗辩的主张缺乏事实与法律依据，其现有技术抗辩不能成立。

综上，由于被诉侵权产品落入了涉案专利权的保护范围，腾天公司的现有技术抗辩亦不成立，所以，腾天公司的被诉侵权行为侵害了涉案专利权。

三、关于腾天公司应如何承担民事责任的问题。二审法院认为，如前所述，腾天公司的被诉侵权行为侵害了沃克斯公司的涉案专利权，其应当承担停止侵权、赔偿损失的民事责任。关于赔偿数额，二审法院认为应主要考虑以下因素：1. 涉案专利的类型为发明专利；2. 腾天公司是被诉侵权点火枪的生产商；3. 沃克斯公司为维权支出了较高的合理费用；4. 沃克斯公司主张腾天公司在全国范围内承担赔偿责任。因此，一审法院依据专利法第六十五条规定，在沃克斯公司因被侵权所受到的实际损失及腾天公司侵权所获得的利益无法确定的情况下，确定60万元的赔偿数额并无不当。

综上，二审法院依据民事诉讼法第一百七十条第一款第（一）项规定，终审判决：驳回上诉，维持原判。

【法官评析】

为生产经营目的使用不知道是未经专利权人许可而制造并售出的专利侵权产品，能举证证明该产品的合法来源并已支付该产品合理对价的使用者，人民法院应否判令其承担停止使用行为的法律责任？专利法司法解释二第二十五条规定："为生产经营目的的使用、许诺销售或者销售不知道是未经专利权人许可而制造并售出的专利侵权产品，且举证证明该产品的合法来源的，对于权利人请求停止上述使用、许诺销售、销售行为的主张，人民法院应予支持，但被诉侵权产品的使用者举证证明其已支付该产品的合理对价的除外。"根据该司法解释，为生产经营目的使用不知道是未经专利权人许可而制造并售出的专利侵权产品，能举证证明该产品的合法来源并已支付该产品合理对价的使用者，不应判令其承担侵权责任。本案中，被告通裕公司为生产经营目的而使用的被控侵权点火枪系经过公开招投标程序购买的工业炉上的部件，其来源合法，主观不具有过错，并已支付了合理对价，因此，一审法院未判令其承担停止使用行为的法律责任。本案的裁判，遵循善意保护和利益平衡原则，体现了"比例协调"的司法政策，对专利法司法解释二第二十五条的理解与适用作出了有益的探索，既充分维护了善意终端使用者的交易安全，又能有效引导专利权人打击侵权源头，实现了权利人利益与他人合法权益的均衡发展。

编写人：山东省高级人民法院　赵有芹

8

胡崇亮诉佛山市南海迪利装饰材料厂等侵害外观设计专利权纠纷上诉案

——阅读提示：QQ空间图片作为现有设计抗辩的证据时，应当如何认定该证据与主张事实之间的关联性？

【裁判要旨】

在侵权诉讼中，被告以QQ空间的图片作为现有设计抗辩的证据。该图片虽然显示有上传到QQ空间的时间，但是，QQ空间的图片处于对外“公开状态”，还需要该空间和图片开启“公开状态”功能，因此，不能仅仅以图片上传到QQ空间的时间作为该图片公开的时间。在个案中，认定该图片是否处于“公开状态”，应当结合全案案情、商业习惯以及日常生活经验来综合判断。

【案号】

一审：广东省佛山市顺德区人民法院（2014）佛中法知民初字第554号

二审：广东省高级人民法院（2015）粤高法民三终字第517号

【案情与裁判】

原告（上诉人）：胡崇亮

被告（被上诉人）：佛山市南海迪利装饰材料厂（以下简称迪利装饰厂）

被告：董峰

起诉与答辩

胡崇亮起诉称：迪利装饰厂在其生产的“天花边角”产品中使用了其专利设计，并在门市店中对外销售，给胡崇亮造成重大经济损失，侵犯其合法权益，故诉诸法院并请求法院判令迪利装饰厂：1. 立即停止制造、许诺销售、销售侵犯涉案专利权的侵权产品，并立即销毁库存侵权产品；2. 连带赔偿胡崇亮经济损失及合理维权费用15万元。

迪利装饰厂辩称：被诉产品外观设计与涉案专利外观设计既不相同也不近似。同时，迪利装饰厂实施的是现有设计。胡崇亮是案外人佛山市锦绣明天建材有限公司的股东，在该公司的QQ空间中，对外发布大量该公司的同类产品图片。其中包括涉案专利产品图片。该图片能够被不特定的QQ用户看到。由于QQ用户量极大，已经达到专利法所规定公开程度。该QQ空间还显示了专利产品图片上传的时间为2012年3月18日，该时间早于胡崇亮主张权利的涉案专利权的申请日。

一审审理查明

2012年10月11日，胡崇亮向国家知识产权局申请名称为“天花边角（L5）”的外观设计专利，并于2013年3月13日获得授权，专利号为ZL201230483646.1。2014年10月9日，胡崇亮通过公证购买的方式，取得了被诉侵权产品“天花边角”。迪利装饰厂对制造、销售和许诺销售该被诉侵权产品的行为予以确认。董峰为迪利装饰厂独资投资人。

迪利装饰厂主张现有设计抗辩。迪利装饰厂委托公证处的公证人员对名称为“佛山市锦绣明天建材有限公司”的QQ空间进行公证。该QQ空间的相册载有标记为“锦绣明天001的L5弧形”的图片，该图片的右上角有“2012年03月18日11:04”字样。双方当事人确认“锦绣明天001的L5弧形”图片的外观设计与被诉侵权产品外观相同；确认胡崇亮是佛山市锦绣明天建材有限公司的股东之一。

一审判理和结果

一审法院经审理后认为：被诉侵权产品外观设计与涉案专利外观设计构成近似，落入涉案专利权保护范围。迪利装饰厂提出，被诉侵权设计采用的是现有设计。迪利装饰厂提交的“佛山市锦绣明天建材有限公司”的QQ相册中标记为“锦绣明天001的L5弧形”的图片的上传日期为“2012年03月18日11:04”，早于本案专利的申请日，可以作为现有设计抗辩的对比文件。因双方当事人均确认上述图片外观与被诉侵权产品外观相同，故认定迪利装饰厂的现有设计抗辩主张成立。故，驳回原告胡崇亮的诉讼请求。

上诉与答辩

胡崇亮上诉称：迪利装饰厂主张现有设计抗辩证据是QQ空间的产品图片，该图片显示的上传时间虽然早于涉案专利申请日时间，但是并不能直接证明该产品图片在涉案专利申请日之前已经处于专利法意义上的公开。因为，QQ所有者对自己上传至QQ服务器的内容，可根据自己的需求进行公开的权限设置，可以设置为“所有人可见、全部好友可见、部分好友可见、仅自己可见”四种状态模式。除了第一种模式之外，其他三种模式下的图片，并没有向不特定的QQ用户公开。而本案并没有证据证明，产品图片在2012年3月18日上传至QQ空间之后，就处在对不特定QQ用户公开的第一种模式下。

迪利装饰厂辩称：迪利装饰厂公证“锦绣明天001的L5弧形”的图片时，迪利装饰厂是以不特定的QQ用户身份，浏览佛山市锦绣明天建材有限公司的QQ空间，取得该图片。在公证取证时，该图片处于对不特定QQ用户公开的状态，由此可以推定，涉案专利申请日之前，该图片也是处于公开状态。

二审判理和结果

二审法院认为，对于“在本案专利申请日之前，涉案专利产品图片是否已经对不特定QQ用户公开”这一争议事实，双方当事人提供的证据，均未能做到确实充分地证明或者反驳。因此，本案应当根据《最高人民法院关于适用〈中华人民共和国民事诉讼法〉的解释》（以下简称民事诉讼法司法解释）第一百零八条第一款、第二款“对负有举证证明责任的当事人提供的证据，人民法院经审查并结合相关事实，确信待证事实的存在具有高度可能性的，应当认定该事实存在。对一方当事人为反驳负有举证证明责任的当事人所主张事实而提供的证据，人民法院经审查并结合相关事实，认为待证事实真伪不明的，应当认定该事实不存在”的规定，审查全案证据，结合相关事实认定当事人待证事实是否存在。首先，根据QQ空间的使用规则，图片上传至QQ空间后，要使该图片向所有QQ用户公开，必须满足两个条件，即QQ空间权限设置为对“所有人可见”和该图片权限设置为对“所有人可见”。迪利装饰厂提交的公证书记载，公证人员打开浏览器后，在地址栏输入QQ空间的网址，即可进入胡崇亮公司QQ空间的网页以及产品图片的网页，该页面标注产品图片处于“所有人可见”状态。根据公证书记载的取证流程证明，在取证时，被诉侵权产品图片能够满足前述两个条件，处于向所有 QQ 用户公开的状态。不特定 QQ 用户通过常规方式能够获知被诉侵权产品图片。其次，该 QQ 空间公布有该公司经营信息，在相册栏目中有名为“客户见证”“公司辉煌历程”“锦绣明天企业文化”的图片集，并展示有该公司经营的多种产品。结合胡崇亮关于“利用该 QQ 空间为产品推广作准备”的陈述，可以认定该 QQ 空间的用途是宣传推广该公司产品。根据日常生活经验，经营者在宣传推广产品时，往往希望更大范围的公众获知宣传信息。产品图片上传至 QQ 空间的时间为 2012 年 3 月 18 日，本案专利申请日为 2012 年 10 月 11 日，两个时间相隔超过半年。基于该 QQ 空间宣传产品的意图，产品图片上传后半年期间，被公开的可能性大于不公开的可能性。关于 QQ 空间隐私性与本案事实认定的关系问题。根据已知事实和日常生活经验法则推定出的另一事实，当事人无须举证，除非对方当事人有相反证据足以反驳。在未有直接证据的情况下，认定 QQ 空间图片处于何种状态，可以根据 QQ 空间所有者的身份、QQ 空间所承载的功能、QQ 空间展示的状态等已知事实，结合日常生活经验法则作出推定。如果 QQ 空间系个人空间，由于个人隐私性，在未有证据足以反驳的情况下，一般可以推定该 QQ 空间上的图片为非公开状态；如果 QQ 空间系企业推广产品等对外宣传交流平台的，由于“公开”是实现该功能的惯常手段，在未有证据足以反驳的情况下，一般可以推定该 QQ 空间上的图片为公开状态。因此，在一定条件下，推定 QQ 空间中的图片处于非公开状态，并不与 QQ 空间具有个性色彩和隐私性相悖。综上，关于迪利装饰厂主张的“在本案专利申请日之前产品图片已经在 QQ 空间向所有用户公开”这一待证事实，迪利装饰厂举出公证时图片处于公开状态的证明。结合本案该 QQ 空间用于企业宣传目的、本案专利申请时间等事实，该证明能够满足证明该待证事实存在的最低要求，达到法定的证明标准。在胡崇亮未足以反驳该待证事实的情况下，迪利装饰厂主张的待证事实成立。

【法官评述】

在互联网环境下，证据的形式越来越多样化，各种网络证据呈上法庭，如电子邮件、淘宝交易快照、聊天记录、QQ 空间的图片等。由于网络证据具有无形性、可修改和易破坏性，所以，网络证据当下所显示的信息，与该信息形成之初的内容是否保持一致，有时是难以确定的。这一特性与书证存在较大区别，我们知道，书证所显示的信息，通常情况下自始至今均不发生变化。网络证据稳定性欠缺的特性，往往会影响其证明力。在专利案件中，不少被诉侵权人以QQ空间图片等网络证据作为现有设计抗辩的证据，对QQ空间证据证明力该如何审查认定，值得深入探讨。

《中华人民共和国专利法》第二十三条第四款规定："本法所称现有设计，是指申请日以前在国内外为公众所知的设计。"也就是说，现有设计必须是在申请日前处于能够为公众获知的状态，即"公众想得知就可以得知"的状态。那么，QQ空间上显示的信息是否处于"为公众所知"的状态呢？判断这一问题需审查QQ空间的具体操作模式。QQ空间是腾讯公司开发的个性化的社交网络平台，QQ空间与QQ即通信软件一同使用，在中国拥有较大用户量，具有较大影响力。通常情况下，QQ用户可以在QQ空间网页上通过输入指定的QQ号码来链接到所指定QQ号码的空间，并可以自由浏览该QQ空间上任何对外公开的图片。如果通过该方式能够浏览该图片，一般认为该图片上所显示的外观设计已经符合专利法意义上的"为公众所知"。

QQ空间上的图片，并不是一经上传就自然对外公开，它需要根据QQ空间管理人进行权限设置。QQ空间的"空间设置"中设有"权限设置"一栏，可在"谁能看我的空间"设置访问权限，选项有"所有人""QQ好友""仅自己""自定义"等内容。在"相册"的设置中，"创建相册"设有"在QQ空间权限"的选项，可选择"所有人可见""QQ好友可见"等多个选项，同时还可圈选"允许转载"等选项。也就是说，公众想成功访问所指定的QQ空间当中某一张图片，首先被访问的QQ空间应当设定对外开放权限，其次该图片被设定为对"所有人"开放，否则，公众无法获知该QQ空间发布的图片。QQ空间管理人对其空间的这些权限的设置，可以随时进行调整。

民事诉讼法司法解释第一百零八条第一款、第二款规定："对负有举证证明责任的当事人提供的证据，人民法院经审查并结合相关事实，确信待证事实的存在具有高度可能性的，应当认定该事实存在。对一方当事人为反驳负有举证证明责任的当事人所主张事实而提供的证据，人民法院经审查并结合相关事实，认为待证事实真伪不明的，应当认定该事实不存在。”依据民事诉讼法及上述司法解释条款可知，法院依据证据审查认定事实的标准是高度可能性标准。本案中，从迪利装饰厂提供的公证过程来看，在浏览器地址栏当中输入胡崇亮的公司QQ空间的地址，即可进入涉案QQ空间，进而到达涉案图片。虽然该图片显示有其上传的时间，但是，由于空间权限可以随时调整设置，所以上传时信息和该公证行为均不能直接证明图片自上传之后何时开始对外公开。也就是说，该证据并不能直接证明其待证事实。而综合本案证据及案情，从高度可能性标准来判断，迪利装饰厂主张的“在本案专利申请日之前，产品图片已经在QQ空间向所有用户公开”这一待证事实，迪利装饰厂已经举出公证时图片处于公开状态的证明，且结合本案该QQ空间用于企业宣传目的、本案专利申请时间等事实，能够满足证明该待证事实存在的最低要求，达到法定的证明标准。胡崇亮要反驳该待证事实，必须举出足够证据，拉低对方当事人关于存在待证事实具有高度可能性的证明标准，让其达不到证明该待证事实存在的最低要求，使得待证事实陷于真伪不明的状态。在本案中胡崇亮恰恰未能提供证据予以反驳。因此，法院推定“本案专利申请日之前，产品图片已经在QQ空间向所有用户公开”这一事实存在。

在本案之前，广东高院也审理过以QQ空间证据主张现有设计抗辩的案件。但该案与本案案情不同，处理结果也截然相反。该案为叶细乖诉深圳市卡乐斯家具有限公司侵害外观设计专利权纠纷上诉案［（2015）粤高法民三终字第594号］。该案被诉侵权人以登载在个人QQ空间上的图片设计主张现有设计抗辩。公证书显示，被诉侵权人在公证人员的监督下，无须任何验证码进入某个人名义注册的QQ空间。该QQ空间载有上传时间早于涉案专利申请日的被诉侵权产品照片。法院认为，即使系统显示的上传时间未被修改，但因该QQ为个人用户，该QQ空间并非开放性网络平台，空间的管理者可以随时通过设置访问权限阻止公众浏览空间照片，涉案QQ空间在公证人员介入前是否处于公众可自由查询的状态不可知，故该照片为公众所知悉的时间不明，不能证明被诉侵权设计为现有设计。

在一定条件下，推定QQ空间中的图片处于非公开状态，并不与QQ空间具有个性色彩和隐私性相悖。从两案对事实认定可知，根据已知事实和日常生活经验法则推定出的另一事实，当事人无须举证，除非对方当事人有相反证据足以反驳。在未有直接证据的情况下，认定QQ空间图片处于何种状态，可以根据QQ空间所有者的身份、QQ空间所承载的功能、QQ空间展示的状态等已知事实，结合日常生活经验法则作出推定。如果QQ空间系个人空间，由于个人隐私性，在未有证据足以反驳的情况下，一般可以推定该QQ空间上的图片为非公开状态；如果QQ空间系企业推广产品等对外宣传交流平台的，由于“公开”是实现该功能的惯常手段，在未有证据足以反驳的情况下，一般可以推定该QQ空间上的图片为公开状态。

编写人：广东省高级人民法院　肖少杨

9

深圳市基本生活用品有限公司诉深圳市思派硅胶电子有限公司侵害外观设计专利权纠纷案

——阅读提示：如何判断是否构成重复侵权行为?

【裁判要旨】

重复侵权至少应当具备以下构成要件，一是前诉判决生效之日距后诉再次发现侵权行为之日间隔合理期间，以排除前诉判决生效后，短时间内客观上难以回收并销毁被诉侵权产品的情形；二是前诉与后诉均由同一侵权人实施侵权行为，以排除被诉侵权产品是前诉的侵权产品遗漏在市场上被偶然发现，以及他人栽赃行为；三是后诉与前诉被诉侵权产品基本相同，侵犯的知识产权相同，在前诉生效判决已经确认构成侵权的情况下，被诉侵权产品构成侵权事实清楚，不存在难以判断的问题。

【案号】

一审：广东省深圳市中级人民法院（2014）深中法知民初字第552号

二审：广东省高级人民法院（2016）粤高法民三终1036号

【案情与裁判】

原告（二审上诉人）：深圳市基本生活用品有限公司（以下简称基本生活公司）

被告（二审被告）：深圳市思派硅胶电子有限公司（以下简称思派公司）

起诉与答辩

2014年8月6日，基本生活公司以思派公司生产、销售、许诺销售涉嫌侵犯产品、侵犯其外观设计专利权为由，向深圳市中级人民法院提起诉讼，请求法院判令思派公司：1. 立即停止生产、销售、许诺销售侵权产品，立即销毁库存侵权产品及专用生产模具；2. 赔偿基本生活公司经济损失及为制止侵权所支出的合理费用共计人民币100万元；3. 承担本案所有诉讼费用。

思派公司答辩认为，被诉侵权产品不构成侵权，请求法院驳回基本生活公司的全部诉讼请求。

法院审理查明

2010年10月9日，基本生活公司法定代理人陈实向国家知识产权局申请了名称为“名片盒（A3308）”的外观设计专利，并于2011年4月6日获得授权，专利号为ZL201030547929.9。2011年5月6日，专利权人陈实与基本生活公司签订了《专利实施许可授权书》。

涉案专利由不同角度的七幅图组成，设计要点在于形状，最能表明本外观设计要点的视图是主视图。从主视图看，整体呈长方形状，由盒身和盒盖组成，盒身中部有一类似长方形的镂空，靠近盒身开口即镂空顶部的部位有一圆形突出物，内置磁铁，为盒盖开合固定之物；盒盖是与盒身相连的矩形物体，盒盖向内侧折叠，形成封口，盒盖内侧与盒身相连的部分作锯齿状处理，盒盖内侧靠近顶端的部分有一个圆形的磁铁，盒盖折叠后与盒身的磁铁相吸引，形成闭合名片盒。

2014年5月28日，基本生活公司的委托代理人在公证员监督下，使用公证处电脑在网上购买了被诉侵权产品。2014年6月4日，基本生活公司委托代理人与公证员现场收取了装有被诉侵权产品的包裹，取得被诉侵权产品（白色硅胶卡包）。经比对，被诉侵权产品设计与涉案专利外观设计相同。

另查明，2012年2月9日，基本生活公司曾以思派公司制造、销售被诉侵权产品，侵害涉案外观设计专利权为由，将思派公司、深圳市维汶旎贸易有限公司（以下简称维汶旎公司）诉至深圳市中级人民法院。请求：1. 责令两被告立即停止生产、销售侵权产品，并立即销毁用于生产该侵权产品的专用模具及库存侵权产品；2. 判令两被告赔偿经济损失人民币10万元，两被告负连带责任；3. 判令两被告负担诉讼费和维权费用共计人民币2000元。该院经审理作出（2012）深中法知民初字第250号民事判决，认定：思派公司、维汶旎公司未经基本生活公司许可，擅自生产、销售与涉案专利外观设计相近似的同类产品，构成共同侵权。思派公司、维汶旎公司应立即停止侵权，并共同赔偿基本生活公司的经济损失。遂判决：一、维汶旎公司、思派公司立即停止侵害基本生活公司 ZL201030547929.9 号名片盒（S3308）外观设计专利权，并销毁库存侵权产品及专用生产模具；二、维汶旎公司、思派公司在本判决生效之日起十日内连带赔偿基本生活公司经济损失 3 万元；三、驳回基本生活公司的其他诉讼请求。维汶旎公司不服一审判决，提起上诉。广东省高级人民法院经审理于 2012 年 10 月 18 日作出（2012）粤高法民三终字第 406 号民事判决，维持了一审判决。该判决于 2012 年 11 月 5 日生效。经比对，本案被诉侵权产品与该案被诉侵权产品相同。

一审判理和结果

一审法院认为，思派公司已经构成许诺销售侵权行为。但是，基本生活公司指控思派公司制造、销售被诉侵权产品，实质是（2012）粤高法民三终字第 406 号案（以下简称第 406 号案）的重复诉讼。首先，两案被告系同一人，均为基本生活公司。被告中均有思派公司，虽然第 406 号案件中被告还有维汶旎公司，但基本生活公司的该项诉讼请求均针对思派公司，应当承担责任的主体仍然是思派公司。其次，两案涉及同一法律关系和同一法律事实，两案均是基本生活公司基于认为思派公司制造、销售侵害其涉案专利权产品而提起的侵权损害赔偿纠纷。虽然两案被诉行为的发生时间有所不同，但基本内容、所涉事实相同，在生效判决已经做出认定并予以处理的前提下，一审法院不再就此进行审理。一审法院仅就许诺销售侵权行为进行处理，遂判决：一、思派公司立即停止许诺销售侵害基本生活公司 ZL201030547929.9 号专利权的产品；二、思派公司于判决生效之日起十日内赔偿基本生活公司维权合理开支人民币 5587.86 元；三、驳回基本生活公司其他诉讼要求。

上诉与答辩

基本生活公司不服一审判决上诉请求：1. 撤销一审民事判决；2. 判令思派公司立即停止制造、销售侵权产品，立即销毁用于制造侵权产品的专用设备、模具及库存侵权产品；3. 判令思派公司赔偿经济损失及为制止侵权所支出的合理费用共计人民币 100 万元；4. 判令思派公司承担一、二审诉讼费用。事实和理由：一、思派公司在本案中实施的制造、销售被诉侵权产品的行为是新的侵权行为。对于重复侵权应当从重处罚。二、一审法院认定思派公司制造、销售被诉侵权产品不属于重复侵权，而是重复起诉，因此判令思派公司不承担赔偿责任，是不公平的。三、一审法院认定思派公司具有许诺销售被诉侵权产品的行为，但是未判令思派公司承担赔偿责任，而仅支付合理维权开支，是纵容侵权的做法。

思派答辩认为，一审判决认定事实清楚，适用法律正确，请求驳回上诉，维持一审判决。

二审判理和结果

二审法院认为，《最高人民法院关于适用〈中华人民共和国民事诉讼法〉的解释》（以下简称民事诉讼法司法解释）第二百四十七条规定，当事人就已经提起诉讼的事项在诉讼过程中或者裁判生效后再次起诉，同时符合下列条件的，构成重复起诉：（一）后诉与前诉的当事人相同；（二）后诉与前诉的诉讼标的相同；（三）后诉与前诉的诉讼请求相同，或者后诉的诉讼请求实质上否定前诉裁判结果。当事人重复起诉的，裁定不予受理；已经受理的，裁定驳回起诉，但法律、司法解释另有规定的除外。从本案的情况来看，首先，基本生活公司在第406号案判决生效之后，再次将思派公司诉至法院，前诉的原告和后诉的原告均为基本生活公司，前诉的被告之一思派公司和后诉的被告思派公司相同，因此前后诉的当事人基本相同；其次，前诉的诉讼标的是确认思派公司是否在2012年2月有制造、销售被诉侵权产品的行为，后诉的诉讼标的是确认前诉生效之后，思派公司是否在2014年5、6月间有制造、销售、许诺销售被诉侵权产品的行为。前诉、后诉的诉讼标的所指向的侵权行为时段不相同；最后，基本生活公司在前诉中的诉讼请求是：责令思派公司立即停止2012年2月发现的生产、销售侵权行为，销毁专用模具及库存侵权产品；赔偿经济损失人民币10万元，并负担诉讼费和维权费用。基本生活公司在后诉中的诉讼请求是：判令思派公司立即停止前诉生效后2014年5、6月再次发现思派公司的生产、销售、许诺销售侵权行为，销毁库存侵权产品及专用生产模具；赔偿基本生活公司经济损失及为制止侵权所支出的合理费用共计人民币100万元，并承担本案所有诉讼费用。可见，后诉与前诉的诉讼请求不相同，后诉的诉讼请求也不会从实质上否定前诉裁判结果。综上，后诉与前诉并不符合法律规定的重复起诉的构成要件。

二审法院确认思派公司的行为构成重复侵权行为，理由如下：第一，前诉制造、销售被诉侵权产品行为的时间是2012年2月，终审判决生效时间为2012年11月5日，后诉在网站上的许诺销售以及销售的时间是2014年5、6

月间，前诉判决生效之日距后诉再次发现侵权行为之日长达一年半，可以排除思派公司在前诉判决生效后，短时间内客观上难以回收并销毁被诉侵权产品的情形；第二，后诉针对的是思派公司在本公司网站上许诺销售、并由公司直接销售被诉侵权产品的行为，可以排除被诉侵权产品是前诉的侵权产品遗漏在市场上被偶然发现，也可以排除是人为栽赃思派公司的行为；第三，思派公司主张其在网站上的许诺销售行为是两年来因疏忽没有撤下，主张公证购买的被诉侵权产品是其两年来销售的唯一产品，均与常情常理不符，本院不予采信；第四，后诉被诉侵权产品与前诉被诉侵权产品外观设计相同，在前诉生效判决已经确认构成侵权的情况下，被诉侵权产品落入涉案专利保护范围的事实清楚，不存在对是否构成侵权难以判断的问题；第五，如果按照一审判决思路，只要前诉曾经就被告制造、销售侵权产品等侵权行为进行过判决，原告就不得再就同类侵权行为起诉被告，就意味着被告在前诉判决生效之后，即使实施同类侵权行为，也没有被再次起诉侵权之虞。这显然不符合对重复侵权行为应当从重处罚的立法本意，将会放纵恶意侵权行为。综上，二审法院确认思派公司销售被诉侵权产品的行为构成重复侵权行为，一审判决认定基本生活公司构成重复起诉不当，应予纠正。二审法院终审判决：一、撤销一审判决第三项，即驳回基本生活公司的其他诉讼请求；二、变更一审判决第一项为思派公司立即停止销售、许诺销售侵害基本生活公司 ZL201030547929.9 号专利权的产品；三、变更一审判决为思派公司于本判决生效之日起十日内赔偿基本生活公司经济损失及维权合理开支人民币 10 万元。四、驳回基本生活公司的其他诉讼请求。

【法官评述】

一、重复起诉的构成条件

民事诉讼法司法解释第二百四十七条规定，构成重复起诉应具备以下条件：

（一）后诉与前诉的当事人相同。当事人相同，不受当事人在前诉与后诉中的诉讼地位的影响，即使前、后诉原告和被告地位完全相反。另外，原告数量增加或减少而被告不变、被告数量增加或减少而原告不变、第三人有变化等情况，均不改变诉讼当事人的一致性。因为，在一方当事人恒定而另一方当事人数量增减的情况下，民事诉讼法律关系并没有改变。

（二）后诉与前诉的诉讼标的相同。在民事诉讼法立法及其司法解释中目前没有界定“诉讼标的”内涵及外延。民事诉讼标的理论学说流派众多，笔者倾向将其概念表述为是原告在诉讼上主张的实体法上的权利义务或法律关系。民事诉讼中，由于诉的种类不同，其诉讼标的也不同。在给付之诉中，诉讼标的是原告基于某种法律关系，向被告所提出的履行一定义务的实体权利；在确认之诉中，诉讼标的是原告提出的要求确认的某个法律关系；在变更之诉中，诉讼标的是原告提出变更或消灭的同被告之间现存的某一法律关系。具体判断某一案件的诉讼标的，应以提起诉讼的当事人所表明的意思而定，即应以请求裁判的事项而定。

（三）后诉与前诉的诉讼请求相同，或者后诉的诉讼请求实质上否定前诉裁判结果。不同的诉讼标的理论可能对“一事”有不同界定，因此在诉讼标的之外，有必要将诉讼请求也作为判断此诉与彼诉的标准之一。从广义上讲，诉讼请求是向法院提出的，要求法院予以判决的具体请求，当事人希望法院对其请求作出与之相应的确认、给付、形成这些具体的判决。而狭义的请求仅仅指原告向被告主张的法律上的利益。故诉讼请求是当事人在诉讼标的基础上诉讼主张的具体化。可见，增加诉讼请求这一判断标准有利于实践中准确把握对“一事不再理”的认定。除了后诉与前诉的诉讼请求相同，后诉的诉讼请求实质上否定前诉裁判结果的，也可以作为“一事”的判断标准。此外，禁止重复起诉的形态，不限于后诉的独立起诉的情形，也包括以反诉、参加诉讼、变更诉讼等方式导致的当事人的后诉与前诉成为同一诉讼的情形。

二、重复侵权的构成条件

在知识产权诉讼中，重复侵权作为一种情节严重的故意侵权行为，始终是人民法院制裁的重点。在判断是否构成重复侵权时，侵权人的主观要件是关键，但鉴于主观要件需要根据侵权人的客观表现来判断，笔者试图通过审理本案归纳了以下三个要件，以帮助判断侵权人是否构成情节严重的故意侵权。

（一）前诉判决生效之日距后诉再次发现侵权行为之日间隔合理期间，以排除前诉判决生效后，短时间内客观上难以回收并销毁被诉侵权产品的情形。浙江高院在司法实践中曾以“裁判执行完毕六个月”为期，作为是否认定重复侵权的时间界限①。笔者欣赏浙江高院这种尝试，但同时认为这一期限不尽合理。理由：第一，是否申请强制执行是权利人的权利而非义务，而以裁判执行作为起算时间点，无异于要求权利人必须申请强制执行。第二，人民法院停止侵权判决生效之日起，侵权人就不得再从事相关的侵权行为。因此无论权利人是否申请强制执行，侵权人都应当停止侵权行为。第三，强制执行的结束时间很难确定。如果加上中止执行、终结本次执行等情况，就更难确定“裁判执行完毕六个月”的具体时间。因此，笔者建议以前诉判决生效之日为时间起算点，给侵权人合理的清理市场的时间。一般以一年为宜，一年之后如果再发现侵权行为，则满足重复侵权的时间要件。

（二）前、后诉均由同一侵权人实施侵权行为，以排除被诉侵权产品是前诉的侵权产品遗漏在市场上被偶然发现，以及他人栽赃行为。对同一侵权人，应当作广义的理解，即不一定非是同一民事主体，而可能是有密切联系的企业，如两个企业是同一法定代表人等，以防止侵权人恶意规避法律的情形。

（三）后诉被诉侵权产品与前诉被诉侵权产品基本相同，在前诉生效判决已经确认构成侵权的情况下，被诉侵权产品构成侵权事实清楚，不存在难以判断的问题。这个要件主要是考虑到知识产权侵权，特别是专利侵权的判断要求非常专业。如果不是专业人士，很难确定是否构成侵权，因

---

① 《浙江高院关于妥善处理知识产权重复侵权行为若干问题的纪要》（2015 年 7 月 20 日发布）：一、根据《最高人民法院关于适用〈中华人民共和国民事诉讼法〉的解释》第五百二十一条之规定：“在执行终结六个月内，被执行人或者其他人对已执行的标的有妨害行为的，人民法院可以依申请排除妨害……”对于已执行完毕的案件（包括已经停止了侵权行为），可以参照适用上述条款进行处理，即裁判执行完毕后六个月内，侵权人再次实施相同侵权行为的，权利人可依据该裁判重新申请执行、要求停止侵权。权利人重新申请执行的，应当立一个新的执行案件。裁判执行完毕六个月后，侵权人再次实施相同侵权行为的，权利人应当提起新的诉讼来主张停止侵权。二、裁判尚在执行阶段，侵权人拒不停止侵权行为或停止后再次实施相同侵权行为的，属未履行裁判义务，在原案中予以强制执行。“尚在执行阶段”包括终结本次执行程序结案的案件。三、裁判生效后未申请强制执行的，区分两种情形：1. 在申请执行期限内，不论侵权行为是持续还是反复，都可申请强制执行，但针对该裁判生效后发生的侵权主张赔偿的应另诉。2. 已经过了申请执行期限，如果申请强制执行，被执行人提出异议后，被执行法院裁定“驳回申请”的，当事人可就新事实另行起诉。

此不能对社会公众过多苛责。这样可以排除被诉侵权产品被判侵权后，侵权人为了规避专利权，已经对产品作了改变，但改变后的产品仍然可能有侵权的情况。

编写人：广东省高级人民法院 岳利浩

10

克里斯提·鲁布托申请广州问叹贸易有限公司等诉前停止侵害专利权案

——阅读提示：人民法院对专利侵权案件申请诉前禁令的审查应考虑哪些因素？

【裁判要旨】

专利侵权案件诉前禁令申请应综合考虑以下因素进行审查：1. 涉案专利是否稳定有效；2. 被申请人正在实施的行为是否具有侵权的可能性；3. 不颁发禁令是否会给申请人的合法权益造成难以弥补的损害；4. 被申请人因禁令之损失是否小于或者相当于无禁令之于申请人的损失；5. 颁发禁令是否会损害社会公共利益；6. 申请人提供的担保是否有效、适当。

【案号】

广州知识产权法院（2016）粤73行保1、2、3号

【案情与裁判】

申请人：克里斯提·鲁布托

被申请人：广州问叹贸易有限公司（以下简称问叹公司）

被申请人：广州贝玲妃化妆品有限公司（以下简称贝玲妃公司）

被申请人：广州欧慕生物科技有限公司（以下简称欧慕公司）

请求与抗辩

申请人克里斯提·鲁布托系ZL201430483611.7、ZL201430484500.8、ZL201430484638.8外观设计专利的专利权人，该专利权至今有效，且外观设计专利权评价报告的初步结论为专利全部外观设计未发现存在不符合授予专

利权条件的缺陷。申请人经公证取得被诉侵权产品口红三支。被诉侵权产品销售单价约为 270 元，涉案专利产品的海外销售单价约合 600 元。申请人表示被申请人问叹公司、贝玲妃公司、欧慕公司未经许可，正大量制造、销售以及许诺销售被诉侵权产品，如不及时加以制止，将对申请人的合法权益造成难以弥补的损害。故申请人向广州知识产权法院请求责令被申请人问叹公司立即停止制造、销售、许诺销售 VT1、VT2、VT3、VT4、VT5、VT6、VT7、VT8、VT9 九款被诉侵权产品，被申请人贝玲妃公司、欧慕公司立即停止制造上述九款被诉侵权产品。

被申请人问叹公司承认制造、销售、许诺销售了 VT1、VT2、VT3、VT4、VT5、VT6、VT7、VT8、VT9 九款被诉侵权产品，但辩称其不知被诉侵权产品有专利，且在收到本案听证材料后，在可控范围内已完全停止了同款产品的销售和发布，此外被诉侵权产品的产销量小，对申请人影响不大。

被申请人贝玲妃公司、欧慕公司均否认制造了被诉侵权产品的容器唇膏管，仅承认其为问叹公司加工歌剧粉、优雅粉等涉案产品的原料，并进行灌装。贝玲妃公司、欧慕公司辩称其已查看被诉侵权专利的相关申请资料，其不存在任何过错，现已将加工的原料全部交货至问叹公司，没有任何存货，请求驳回申请人对贝玲妃公司、欧慕公司的禁令申请。

法院听证查明

被诉侵权产品上标明的制造者为问叹公司、贝玲妃公司。经技术比对，本案 VT1、VT2、VT3、VT4、VT5、VT6、VT7、VT8、VT9 九款被诉侵权产品的盖子与 ZL201430483611. 7 号专利的相应设计相同；就瓶体及盖子与瓶体的组合而言，除被诉侵权产品 VT7 型号产品外，其余产品与 ZL201430484500. 8 号专利和 ZL201430484638. 8 号专利的相应设计相同，而 VT7 型号产品仅主体表面花纹与对应设计有细微差别，与 ZL201430484500. 8 号专利和 ZL201430484638. 8 号专利近似（详见附图）。在听证过程中，经组织双方当事人就担保金额进行协商，被申请人当庭表示，不要求申请人提供担保。申请人根据法院要求，就三份禁令申请共提交了 100 万元的现金担保。

判理和结果

广州知识产权法院认为：根据《中华人民共和国专利法》（以下简称专利法）第六十六条，《中华人民共和国民事诉讼法》第一百零一条，《最高人民法院关于对诉前停止侵犯专利权行为适用法律问题的若干规定》第四条、第十一条的规定，应当从以下六个方面对本案诉前禁令申请进行审查，以决定是否颁发诉前禁令：

一、申请人涉案专利是否稳定有效。根据《最高人民法院关于对诉前停止侵犯专利权行为适用法律问题的若干规定》第四条的规定，专利权人提出申请时，应当提交证明其专利权真实有效的文件，包括专利证书、权利要求书、说明书、专利年费交纳凭证。本案申请人提交的证据证明了其为涉案专利的专利权人，且涉案专利稳定。虽被申请人问叹公司的法定代表人盛玉泽就被诉侵权产品申请了外观设计专利，但其申请时间较晚，故未损害涉案专利的稳定性。

二、被申请人正在实施的行为是否存在侵犯专利权的可能性。在处理诉前禁令申请时，法院只有判定被诉侵权行为存在侵权可能性时，才有权要求被申请人停止被诉侵权行为。经技术比对，本案九款被诉侵权产品均落入涉案专利权的保护范围，被诉侵权产品上仅标明问叹公司、贝玲妃公司制造，因此，被申请人问叹公司、贝玲妃公司的行为均存在侵权的可能性。

三、不采取有关措施，是否会给申请人的合法权益造成难以弥补的损害。在专利侵权案中，若出现如下情形之一，如不颁发禁令，将会给申请人的合法权益造成难以弥补的损害：（一）权利人声誉被损害；（二）侵权人没有足够的经济能力支付赔偿；（三）损害赔偿无法计算。本案中，首先，问叹公司、贝玲妃公司未提交其具备赔偿能力的证据。其次，侵权产品通常价格较低，专利权人将会因此而丧失相应市场份额，而专利产品价格被侵蚀和市场份额的丧失所共同造成的损失难以计算。综上，如不颁发禁令，将会给申请人造成难以弥补的损害。

四、颁发禁令给被申请人带来的损失是否不颁发禁令给申请人带来的损失。就本案而言，被申请人问叹公司、贝玲妃公司将因禁令而损失开发模具费、宣传费、已制造出来的被诉侵权产品的其他生产成本，以及禁令期间不能制造、销售被诉侵权产品的盈利；而不颁发禁令，申请人不但会损失显而易见的开发设计费、宣传费，还会为竞争而降低产品价格，减少市场份额，失去竞争优势，这些损失显然大于被申请人所受的损失。

五、颁发禁令是否会损害社会公共利益。法院的决定不能有违社会公共利益，如果涉案专利对社会公众的生命、健康等重大社会公共利益有着不容忽视的影响，那将会直接影响到禁令的颁发与否。就本案而言，从产品性质上看，被诉侵权产品与社会公共利益并无直接关系。

六、申请人是否提供了有效、适当的担保。根据专利法第六十六条的规定，专利权人向人民法院申请诉前禁令时，应当提供担保，不提供担保的，驳回申请。诉前禁令的审查具有很强的时效性，因此，申请人要提供合理的、适当的担保。本案在初步确定担保数额时，法院考虑了以下因素：（一）被申请人表示不要求申请人提供担保；（二）申请人胜诉的可能性高；（三）涉案专利仅涉及同一种产品。综上，法院初步确定申请人需提供100万元作为三份禁令申请的担保。在执行本裁定的过程中，如有证据证明问叹公司、贝玲妃公司因停止被诉侵权行为造成更大损失，法院将依据《最高人民法院关于对诉前停止侵犯专利权行为适用法律问题的若干规定》第七条的规定，责令申请人追加相应的担保。申请人不追加担保的，将解除禁令。

综上，申请人对被申请人问叹公司、贝玲妃公司的诉前禁令申请，符合法律规定，法院予以支持。申请人对被申请人欧慕公司的诉前禁令申请，由于申请人目前没有证据证明被申请人欧慕公司存在制造被诉侵权产品的行为，故申请人对被申请人欧慕公司的诉前禁令申请依据不足，法院不予支持。

广州知识产权法院裁定：一、被申请人问叹公司于收到本裁定之日起立即停止制造、销售、许诺销售VT1、VT2、VT3、VT4、VT5、VT6、VT7、VT8、VT9九款口红产品；二、被申请人贝玲妃公司于收到本裁定之日起立即停止制造VT1、VT2、VT3、VT4、VT5、VT6、VT7、VT8、VT9九款口红产品；三、驳回申请人克里斯提·鲁布托的其他禁令申请。本裁定的法律效力维持到三案终审法律文书生效时止。

【法官评述】

知识产权诉前禁令制度能有效保障相关市场秩序和知识产权人的利益，但对被申请人的利益，甚至社会公共利益亦有重大影响。综合《最高人民法院关于对诉前停止侵犯专利权行为适用法律问题的若干规定》第四条、第十一条的规定，对专利案件的诉前禁令申请应围绕以下因素进行审查：

一、申请人涉案专利是否稳定有效

申请人涉案专利稳定有效是请求颁发禁令的基础。我国专利法现行规定在授予外观设计专利权时仅经初步审查程序，未进行实质性审查，致其稳定性不高，故申请人除提交上述文件外，还应当提供其外观设计专利权评价报告、外观设计专利权经专利复审委员会无效宣告审查程序被维持效力、民事判决认定针对其外观设计专利权侵权的指控能够成立或其他类似的证据，以证明其权利的稳定性。本案申请人提交了涉案外观设计专利授权公告文件、专利登记簿副本及外观设计专利权评价报告，证明了申请人为涉案专利的专利权人，有禁令申请权，涉案专利目前有效，且未发现存在不符合授予专利权条件的缺陷；申请人还提交了其与涉案专利相同的外观设计向印度、韩国等国家申请专利的证据。值得一提的是，虽有他人就被诉侵权产品申请了外观设计专利，但其申请日晚于申请人涉案专利的申请日和授权公告日，故不会损害申请人涉案专利的稳定性。同时，涉案专利从获得授权至今，包括本案被申请人在内，未有人向国家知识产权局申请宣告其无效。因此，涉案专利目前有效，其稳定性较高。

二、被申请人正在实施的行为是否存在侵犯专利权的可能性

需指出的是，法院在审查时，只要能认定存在侵权可能即可，而无须判断申请人是否会胜诉。经技术比对，本案被诉侵权产品与涉案专利产品均为化妆品的盖子、化妆品的容器，是相同种类产品，两者的相应外观设计构成相同或者近似，九款被诉侵权产品均落入涉案专利权的保护范围。根据专利法第十一条第二款的规定，外观设计专利权被授予后，任何单位或者个人未经专利权人许可，都不得实施其专利，即不得为生产经营目的制造、许诺销售、销售、进口其外观设计专利产品。在听证过程中，申请人明确其主张：被申请人问叹公司制造、销售、许诺销售了被诉侵权产品，被申请人贝玲妃公司、欧慕公司制造了被诉侵权产品。根据现有证据，未表明欧慕公司制造了被诉侵权产品口红的盖子、容器，而问叹公司、贝玲妃公司未经专利权人许可的行为均存在侵权的可能性。

三、不采取有关措施，是否会给申请人的合法权益造成难以弥补的损害

诉前禁令作为一种严厉的提前介入的救济措施，若权利人的声誉没有被侵害，或者损害赔偿可被准确计算，且被申请人具备赔偿能力，则权利人所受损失可依生效判决获赔，并无颁发禁令之必要。首先，一般来讲，权利人的权益在胜诉后会得到法律保障，但实际上由于侵权人赔偿能力有限或者居无定所等原因，权利人的经济损失也许根本得不到物质上的足额赔偿。若放任侵权行为发生，将使本可避免的损害成为必然。侵权人执行

判决的能力越差，越有可能受到禁令的限制。本案被申请人问叹公司、贝玲妃公司未提交证据以示其具备足够的赔偿能力。其次，在认定损害赔偿难以计算上，所依情形为：1. 产品价格被侵蚀和市场份额的丧失所共同造成的损失难以计算；2. 若市场上有数名侵权者，则难以准确计算出每名侵权者应承担的赔偿数额；3. 权利人将难以再把为与侵权者竞争而降低的产品价格重新提升到原来的水平。实际上，专利权人通常会在产品价格中收回研究与开发费用，因此专利权人通常会以较高价格销售其产品，而侵权人则会以较低价格销售其产品（不含研究与开发费用），专利权人将会因此而丧失其应有的市场份额。本案中，被申请人问叹公司以不及正品售价的一半来销售与申请人专利产品具有竞争关系的被诉侵权产品，无疑会抢占部分市场份额，如不颁发禁令，计划将专利产品推广到中国市场的申请人将会因此丧失其应有的市场份额。稳固市场一旦确定，竞争者进入市场将要付出巨大代价。为与侵权者竞争，夺回被抢占的市场份额，申请人将不得不降价销售，乃至难以重新提升到原来水平，其市场份额将会永久性地被破坏，上述产品价格被侵蚀和市场份额的丧失所共同造成的损失难以计算。而且，涉案专利产品属于化妆品的外观设计，具有新颖性、流行性的特点，一旦被诉侵权产品在市场上大量出售将会降低相关公众的购买欲望，缩短专利产品的生命周期，因此，制止可能的侵权行为具有紧迫性。需要指出的是，被申请人问叹公司在听证过程中，虽表示愿意停止被诉侵权行为，但并没有向法院表明其如何具体有效地停止被诉侵权行为，其上述承诺不足以阻却禁令的颁发。综上，如不颁发禁令，将会给申请人的合法权益造成难以弥补的损害。

四、被申请人因禁令之损失是否小于或者相当于无禁令之于申请人的损失

诉前禁令作为责令被申请人诉前停止被诉侵权行为的一种救济措施，必然会影响申请人和被申请人双方的重大经济利益。在决定是否颁发禁令前，需同时考虑其对双方的影响，以避免禁令救济造成更大损失，浪费巨大的社会成本，难以实现社会利益的最大化。保障申请人的利益虽正当，因诉前禁令也往往对被申请人的经营活动带来不虞之灾，如申请人实际损失较被申请人而言微不足道，则颁发禁令将有悖于禁令制度的立法宗旨，故应将“被申请人因禁令之损失是否小于或者相当于无禁令之于申请人的

损失”作为衡量是否颁发禁令的标准之一。倘颁发诉前禁令给被申请人带来的损失，将小于不颁发诉前禁令给申请人带来的损失，则应支持申请人的禁令申请；否则，应驳回其禁令申请；当然，如果被申请人因禁令之损失与无禁令之于申请人的损失相当，应优先保护申请人的权利，支持其禁令申请。就本案而言，被申请人问叹公司、贝玲妃公司因禁令所受损失显然小于无禁令之于申请人的所受损失。

五、颁发禁令是否会损害社会公共利益

社会公共利益是公民利益的集中体现，维护社会公共利益也是司法机构的重要职责。无论法院作何决定，都不能有悖于社会公共利益，颁发禁令亦是如此。如果涉案专利对社会公众的生命、健康、安全、环保以及其他重大社会公共利益有着不容忽视的影响，那么社会公共利益将直接影响禁令发布与否。就本案而言，一方面，涉案专利产品和被诉侵权产品均属于化妆品类，颁发禁令仅涉及被申请人的经济利益，不会损害社会公共利益；另一方面，涉案专利的新颖性具备一定的识别功能，颁发禁令将有助于避免市场混淆，维护市场秩序，更益于保障公共利益。

六、申请人是否提供了有效、适当的担保

诉前禁令的作用是迅速制止侵权行为，具有很强的时效性，所以法院的审查往往历时较短，以致法院根据申请而采取的禁令措施与判决结果不一定相符。正是由于法律充分地考虑到这一风险，所以要求申请人在申请时需提供相应的财产担保。一方面，这一要求对申请人来讲，促使其在申请时须考虑胜诉率，谨慎提出申请，避免申请人滥用申请权；另一方面，在申请有误时，该担保财产可尽填补损失之用。在加强知识产权司法保护的大局下，降低担保也是降低维权门槛、维权成本的一种方式。申请人应提供有效担保，担保金额应合理、适当，以足以弥补因申请错误造成被申请人损失和支付相关费用为限。为此，应根据禁令颁发错误可能给被申请人造成的实际损失来确定担保金额。就本案而言，如判理所述，经法院综合考虑三个因素后所定的100万元担保金额应系有效且适当，另外，该担保金额并非固定不变，法院会根据实际情况决定是否追加担保。

编写人：广州知识产权法院　谭海华　吴学知

附图：被诉侵权产品与涉案专利比对

被诉侵权产品	ZL201430483611.7	ZL201430484500.8	ZL201430484638.8
 VT1 号歌剧红	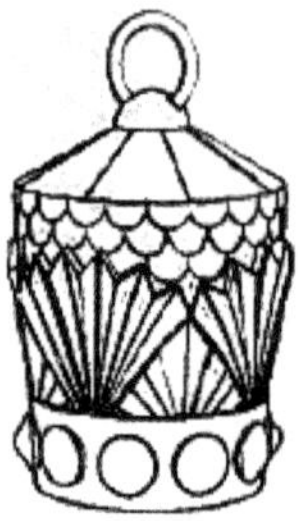 设计 3 立体图	 设计 1 立体图	 设计 3 立体图
 VT2 号优雅粉	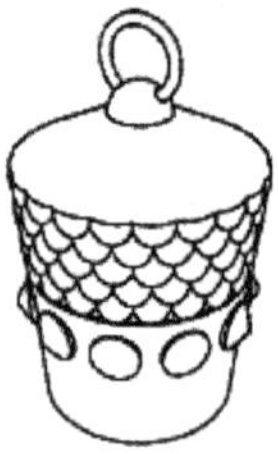 设计 1 立体图	 设计 1 立体图	 设计 1 立体图
 VT3 号魅妃粉	 设计 2 立体图	 设计 2 立体图	 设计 2 立体图

被控侵权产品	ZL201430483611.7	ZL201430484500.8	ZL201430484638.8
 VT4号珊瑚红	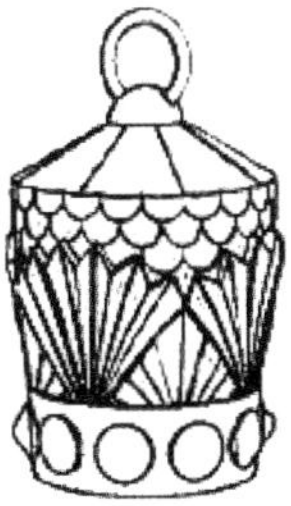 设计3立体图	 设计1立体图	 设计3立体图
 VT5号爱慕紫	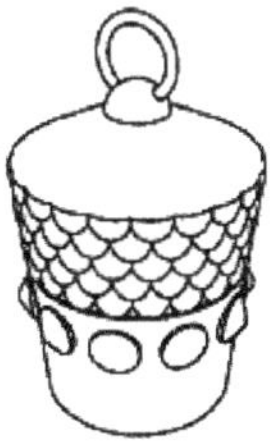 设计1立体图	 设计1立体图	 设计1立体图
 VT6号魅惑紫	 设计2立体图	 设计2立体图	 设计2立体图

被诉侵权产品	ZL201430483611.7	ZL201430484500.8	ZL201430484638.8
 VT7号缤果橙	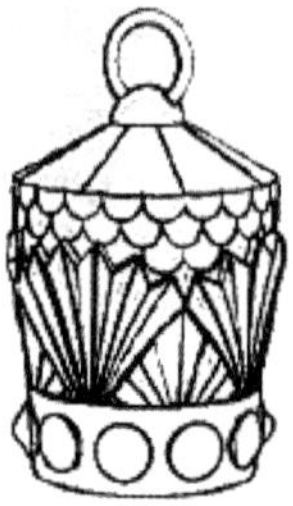 设计3立体图	 设计1立体图	 设计3立体图
 VT8号豆沙红	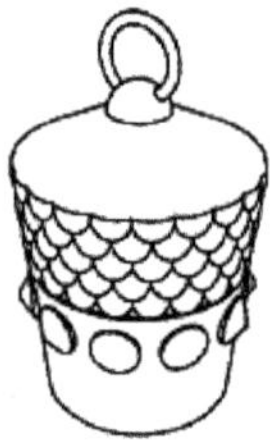 设计1立体图	 设计1立体图	 设计1立体图
 VT9号冰玫红	 设计2立体图	 设计2立体图	 设计2立体图

11

美国催化蒸馏技术公司申请陕西华浩轩新能源科技开发有限公司诉前证据保全案

——阅读提示：诉前证据保全的法律要件是什么？在实践中如何处理？采取诉前证据保全措施后三十日内申请人不起诉的，人民法院如何处理？

【裁判要旨】

诉前证据保全的法律要件是因情况紧急、证据可能灭失或者以后难以取得；一方申请对被控侵权产品拍照保全证据，符合证据难以取得或可能灭失的条件，应予支持；但其同时申请对产品委托设计、施工合同复制保全，因委托设计、施工合同在相关部门存有备案，不存在可能灭失或难以取得的情形，应予驳回；专利侵权纠纷中技术专家可以参与诉前证据保全工作；采取诉前证据保全措施后三十日内申请人不起诉，人民法院应当裁定解除诉前保全，并将解除情况通知申请人与被申请人。

【案号】

一审：陕西省西安市中级人民法院（2016）陕01证保2号

【案情与裁判】

申请人：美国催化蒸馏技术公司

被申请人：陕西华浩轩新能源科技开发有限公司（以下简称华浩轩公司）

申请

2016年7月25日申请人催化蒸馏技术公司向陕西省西安市中级人民法院提出诉前保全证据申请称，2007年9月19日国家知识产权局授予催化蒸馏技术公司“接触构造”发明专利权，专利号ZL03813573.6，专利申请日为2003年7月24日，专利权人催化蒸馏技术公司。2010年1月20日国家知识产权局授予催化蒸馏技术公司“脉冲流反应”发明专利权，专利号ZL03813341.5，专利申请日为2003年8月11日，专利权人催化蒸馏技术公司。之后，催化蒸馏技术公司发现，华浩轩公司制造的烷基化垂直反应塔，其整体结构与涉案专利“接触构造”基本相同；该烷基化垂直反应塔内部必然布置有多个垂直排列的横向垫子组成的分散器，且特定的烷基化垂直反应塔所实现的催化反应也是特定的，该烷基化垂直反应器内部的反应工艺已经落入涉案专利“脉冲流反应”权利要求的保护范围。催化蒸馏技术公司认为，华浩轩公司未经许可，实施了其产品发明专利及方法专利，构成侵权行为。因烷基化垂直反应塔系涉嫌侵犯专利权的侵权产品，该侵权产品结构庞大，催化蒸馏技术公司提供了烷基化垂直反应塔的局部照片，但烷基化垂直反应塔的完整结构位于华浩轩公司内并由其控制，其客观上难以获得，故根据法律规定，申请对华浩轩公司的烷基化项目（20万吨/年碳四改制技术升级项目）装置的整体结构进行拍照；对烷基化项目（20万吨/年碳四改制技术升级项目）的相关委托设计、施工合同复制保全证据，以期证明华浩轩公司侵权事实成立。

判理和结果

陕西省西安市中级人民法院审理认为，判定侵害专利权的基本方法是以专利权利人要求书中记载的技术方案与被控侵权技术方案进行比较，如被控侵权技术方案具备了专利权利要求记载的技术方案，则专利权人指控侵权人侵害其专利权成立。《中华人民共和国专利法》（以下简称专利法）第六十七条第一款规定：“为了制止专利侵权行为，在证据可能灭失或者以后难以取得的情况下，专利权人或者利害关系人可以在起诉前向人民法院申请保全证据。”催化蒸馏技术公司以被控侵权产品位于华浩轩公司内，其客观上难以取得为由，申请对华浩轩公司烷基化项目（20万吨/年碳四改制技术升级项目）的装置整体结构进行拍照保全证据，符合《中华人民共和国民事诉讼法》（以下简称民事诉讼法）第八十一条第二款“因情况紧急，在证据可能灭失或者以后难以取得的情况下，利害关系人可以在提起诉讼或者申请仲裁前向证据所在地、被申请人住所地或者对案件有管辖权的人民法院申请保全证据”《最高人民法院关于民事诉讼证据的若干规定》第二十四条第一款：

“人民法院进行证据保全，可以根据具体情况，采取查封、扣押、拍照、录音、录像、复制、鉴定、勘验、制作笔录等方法”之规定，依法予以支持。催化蒸馏技术公司请求对烷基化项目（20万吨/年碳四改制技术升级项目）的相关委托设计、施工合同进行复制保全证据，考虑到烷基化项目（20万吨/年碳四改制技术升级项目）的相关委托设计、施工合同等证据，因在相关部门存有备案，该证据不存在难以取得的情形，且催化蒸馏技术公司没有提供证据证明委托设计、施工合同与判定被控侵权人是否构成侵权行为有直接的因果关系，故其此项申请不符合证据保全的条件，依法不予支持。

综上，西安中院依照专利法第六十七条、民事诉讼法第八十一条，《最高人民法院关于民事诉讼证据的若干规定》第二十四条之规定，于2016年7月26日裁定：一、对被申请人陕西华浩轩新能源科技开发有限公司的烷基化项目（20万吨/年碳四改制技术升级项目）装置的整体结构进行拍照；二、驳回申请人催化蒸馏技术公司申请对被申请人陕西华浩轩新能源科技开发有限公司的烷基化项目（20万吨/年碳四改制技术升级项目）的相关委托设计、施工合同进行复制的证据保全申请。

裁定书送达后，被申请人华浩轩公司未提出复议申请。

催化蒸馏技术公司在法院采取保全措施后三十日内，没有提起民事诉讼，证据保全裁定依法被解除。

【法官评述】

市场经济下，由于侵害专利权的隐蔽性，侵权证据由侵权人掌握，权利人难以取得是众所周知的事实。为此，专利法第六十七条专门规定了诉前证据保全制度。专利权人在起诉前向人民法院申请诉前证据保全是法律赋予的权利，但任何权利的行使必然有一定的边界。诉前证据保全必须符合一定的法律条件，否则当事人就会滥用该项权利。

一、诉前证据保全的法律要件及其审查标准

民事诉讼法第八十一条第二款规定：“因情况紧急，在证据可能灭失或者以后难以取得的情况下，利害关系人可以在提起诉讼或者申请仲裁前向证据所在地、被申请人住所地或者对案件有管辖权的人民法院申请保全证据。”由此说明，诉前证据保全的条件是证据可能灭失或者以后难以取得。证据可能灭失，既可能是客观原因造成的，如作为证据的物品由于自身原因腐烂、变质等，也可能是主观原因造成的，如被申请人可能故意毁损证据等。证据以后难以取得，是指证据虽不至于灭失，但若不采取保全措施，将来获取它会遇到相当大的困难或者成本过高，如证人即将出国定居或者证据是唯一的侵权设备，证据持有人有可能通过技术手段使得以后无法获取设备原貌。法院在对诉前证据保全申请审查时，应严格按法律规定的条件进行审查，既要避免当事人借此程序削弱己方的举证义务，滥用该项权利；又要在申请人确实无法提供证据时，为实现双方的实质平等，支持申请人的合法请求。审判实践中，对诉前证据保全通常是裁判全部支持或者全部驳回其申请。本案中，法院对申请人提出的两项申请经审查后，认为申请人以被控侵权产品位于被申请人公司内，其客观上难以取得，支持其对项目装置结构进行拍照的证据保全申请；但对其申请在相关部门存有备案的委托设计、施工合同进行复制，因该证据不存在难以取得，且申请人没有提供证据证明上述合同与判定被控侵权人是否构成侵权行为有直接的因果关系，故对其此项申请予以驳回。

二、专利侵权纠纷中技术专家可以参与诉前证据保全工作

知识产权案件具有专业性高、技术性强的特点。专利诉讼案件涉及各行各业的技术知识，关乎案件事实的认定。最高人民法院发布的《关于知识产权法院技术调查官参与诉讼活动若干问题的暂行规定》明确了技术调查官参与案件的方式、范围、工作职责、技术审查意见的作用等。根据上述规定，技术调查官可以根据法官的要求，就案件有关技术问题参与勘验、保全，并对其方法、步骤等提出建议。由此说明，技术调查官根据法官的要求可以参与专利侵权案件诉前证据保全工作，向法官阐明在若干技术设备中需要保全的证据，避免法官因不了解技术而出现保全不适当。换言之，由于在诉前证据保全时，案件并未进入实体审理，法庭对相关技术的理解并不全面，通过引入具有技术背景且对案件持中立态度的技术调查官，对申请人请求保全的证据通过现场勘验、拍照、录像等保全方式对证据进行固定，不仅能够保障诉前证据保全的技术准确性，提高保全工作效率，更为案件的实体审理奠定基础。具体到本案中，因催化蒸馏技术公司申请保全的烷基化项目的装置整体结构系大型设备，申请人需要对其进行拍照保全，而烷基化项目的装置整体结构复杂，为此法院邀请了技术专家参与了诉前证据保全工作，在短时间内就完成了保全任务。

三、诉前证据保全的功能及保全后申请人不起诉的处理

诉前证据保全的功能在于保存固定证据而使之不致灭失，避免权利人由于客观原因确实不能提供涉嫌侵权产品而导致无法维护其合法利益；避免当事人盲目的提起诉讼，消耗司法资源；诉前证据保全后有利于在诉讼中进行技术特征比对和事实认定；促进当事人和解。本案人民法院采取诉前证据保全措施后，申请人对被保全的证据照片进行比对分析后，发现所谓的涉嫌侵权产品根本不涉及侵害专利权人的权益，申请人因此放弃诉前证据保全后的立案起诉程序，避免了申请人在诉讼程序中时间和金钱的浪费和纠纷发生，同时也消除了涉嫌侵权方的不安情绪，有利于市场的稳定，有利于节省司法资源。

此外，需要指出的是审判实践中申请人均会在法院采取诉前证据保全措施后三十日内提起侵害专利权诉讼，对于不提起民事诉讼的情况，一般很少见。对此法院是否需要裁定解除诉前保全裁定，法律并未作出明确规定。对于是否作出解除诉前保全裁定送达申请人与被申请人，应当根据诉前保全的方式具体对待。本案中，由于法院采取的是拍照证据保全的方式，并未影响被申请人的经营，也未对被申请人造成实际损失，因此无须作出书面解除诉前证据保全裁定，但法院应当口头裁定解除诉前证据保全，并将解除情况及时通知申请人与被申请人，从而保证诉前证据保全的程序完整性。

编写人：陕西省西安市新城区人民法院　姚建军

（二）侵害商标权纠纷案件

12

张绍恒诉沧州田霸农机有限公司、朱占峰侵害商标权纠纷案

——阅读提示：在商标权共有的情况下，商标权如何行使？

【裁判要旨】

在商标权共有的情况下，商标权的行使应遵循当事人意思自治原则，由共有人协商一致行使；不能协商一致，又无正当理由的，任何一方共有人不得阻止其他共有人以普通许可的方式许可他人使用该商标。

【案号】

一审：河北省沧州市中级人民法院（2014）沧民初字第95号

二审：河北省高级人民法院（2015）冀民三终字第79号

申请再审：最高人民法院（2015）民申字第3640号

【案情与裁判】

原告（上诉人、再审申请人）：张绍恒

被告（被上诉人、被申请人）：沧州田霸农机有限公司（以下简称田霸公司）

被告（二审被上诉人、被申请人）：朱占峰

起诉与答辩

张绍恒诉称，由于朱占峰未经商标共有权人张绍恒的同意，擅自转让“田霸”牌注册商标给田霸公司使用至今，朱占峰和田霸公司的行为明显违

背法律规定，侵犯了张绍恒的合法权益，给张绍恒造成了巨大经济损失。请求依法判令：一、田霸公司立即停止使用“田霸”牌注册商标；二、朱占峰和田霸公司赔偿由其违法使用“田霸”牌注册商标给原告造成的损失300万元；三、所有诉讼费用由朱占峰和田霸公司承担。

朱占峰、田霸公司辩称，“田霸”牌注册商标归朱占峰和张绍恒共同所有，因此，朱占峰和张绍恒对“田霸”牌注册商标都有使用权。事实上，张绍恒设立的河北圣牛农业机械有限公司也使用“田霸”牌注册商标。双方达成调解协议时，确认田霸公司归朱占峰所有，田霸公司使用“田霸”牌注册商标并无不当。综上，张绍恒的诉讼请求不能成立，应当驳回。

一审审理查明

2009年4月，张绍恒与朱占峰成立了沧州科丰农机有限公司（以下简称科丰公司）。2010年9月14日，国家工商行政管理总局商标局为科丰公司核准“田霸”牌注册商标。2012年3月28日，科丰公司将“田霸”牌注册商标转让给田霸公司。2012年5月8日，张绍恒与朱占峰在河间市人民法院就科丰公司的清算达成调解协议，河间市人民法院的（2011）河民清字第1452号民事调解书已经生效。调解书的主要内容为：“一、沧州科丰农机有限公司成立以来的所有经营收益，以及新成立的沧州田霸农机有限公司至本协议签订之日的全部经营收益，朱占峰自愿支付1800万元给张绍恒，2012年5月8日前支付1530万元，2012年6月7日前支付270万元。新注册的田霸公司归朱占峰所有，张绍恒不再持有任何股份。自本协议签订之日起原沧州田霸农机有限公司的所有经营收益，均归朱占峰。原科丰公司的所有资产和原科丰公司的全部债权债务、所欠工人工资及应付劳动保险费用、售出产品的保修、退换等全部由朱占峰承担，并由朱占峰在协议之日起十日内通知债权人、债务人及相关人员。二、……原科丰公司所有的“田霸”牌注册商标归张绍恒与朱占峰双方共同所有……三、张绍恒对朱占峰的任何经营行为均表示谅解，并放弃本协议约定之外的任何权利，张绍恒承诺不再以任何方式追究朱占峰的任何责任或以任何方式再向其提出任何主张……”

2013年1月4日，张绍恒以田霸公司为被告、朱占峰为第三人起诉至沧州市中级人民法院，以“2012年3月28日，在其不知情的情况下，第三人朱占峰利用曾任科丰公司法定代表人的便利条件，将‘田霸’牌注册商标擅自转让给田霸公司，田霸公司的行为严重损害了其合法权益”为由，请求法院依法确认科丰公司与田霸公司之间转让“田霸”牌注册商标的行为无效；依法确认原告与第三人朱占峰系“田霸”牌注册商标的共有人。该案经过一、二审法院审理后，认定2012年3月28日第三人朱占峰以科丰公司的名义将“田霸”牌注册商标转让给田霸公司行为无效。张绍恒于2014年6月3日根据上述生效判决以田霸公司和朱占峰为共同被告再次起诉至沧州市中级人民法院，从而形成本案。

一审判理和结果

河北省沧州市中级人民法院认为：河间市人民法院出具的（2011）河民清字第1452号民事调解书与其他生效裁判文书具有同样的法律效力，根据该调解书，张绍恒不得再向朱占峰主张“协议约定之外的任何权利”，现张绍恒再次起诉请求判令田霸公司立即停止使用“田霸”牌注册商标、朱占峰与田霸公司赔偿因其违法使用“田霸”牌注册商标给其造成的损失300万元违反了上述约定，依法对张绍恒的诉讼请求不予支持。依照《中华人民共和国民事诉讼法》（以下简称民事诉讼法）第九十三条、第九十七条第三款的规定，判决：驳回张绍恒的诉讼请求。

上诉与答辩

张绍恒不服一审判决向河北省高级人民法院提出上诉，请求：依法撤销一审错误判决，依法改判。主要上诉理由：（一）一审法院错误引用河间市人民法院（2011）河民清字第1452号民事调解书的内容，断章取义，导致判决结果对张绍恒严重不公。本案中，不仅河间市人民法院（2011）河民清字第1452号民事调解书第二条明确约定：“田霸”牌注册商标归张绍恒与朱占峰共同所有，而且，沧州市中级人民法院和河北省高级人民法院均根据调解书所约定的“田霸”牌注册商标归张绍恒与朱占峰共同所有，认定了朱占峰未经共有人同意擅自转让行为无效。（二）一审法院根据调解书中第三条认定张绍恒不得向被告朱占峰主张“协议约定之外的任何权利”，故对张绍恒的诉讼请求不予支持，实属主观臆断。

朱占峰和田霸公司答辩称：（一）“田霸”牌注册商标在调解书达成之前已经转到了田霸公司，既然张绍恒在调解书中已经承诺不再以任何方式追究朱占峰的任何责任，那么张绍恒再向朱占峰和田霸公司主张权利，不能成立，一审判决对此所作的认定和判处是正确的。（二）田霸公司使用“田霸”

牌注册商标不属于侵权行为。朱占峰和张绍恒对“田霸”牌注册商标都有使用权，事实上，张绍恒设立的河北圣牛农业机械有限公司也使用“田霸”牌注册商标。调解书第一条规定，新注册的田霸公司归朱占峰所有，田霸公司作为朱占峰的公司使用“田霸”牌注册商标是正当的，并没有违反调解书的规定，不属于侵权行为。请求驳回上诉，维持原判。

二审审理查明

河北省高级人民法院经审理查明，一审法院查明的事实属实，予以确认。另查明，朱占峰和田霸公司提交的（2015）河证民字第1313号《公证书》证明河北圣牛农业机械有限公司使用了“田霸”商标。在二审开庭时，张绍恒承认河北圣牛农业机械有限公司是由其和其他几个股东成立的公司，其为法定代表人。

二审判理和结果

河北省高级人民法院认为：张绍恒在二审开庭时已经明确其主张的是在2012年5月8日达成调解协议之后的“田霸”公司使用田霸商标的侵权行为。根据2012年5月8日河间市人民法院出具的（2011）河民清字第1452号民事调解书第二条约定：“原科丰公司所有的‘田霸’牌注册商标归张绍恒和朱占峰共同所有。”朱占峰作为商标共有人，其有权使用“田霸”商标，张绍恒起诉朱占峰侵犯其“田霸”商标权的理由不能成立，不予支持。另外，根据调解协议的约定，田霸公司归朱占峰所有。朱占峰作为“田霸”商标共有权人有权允许田霸公司使用“田霸”商标。张绍恒没有合理理由的情况下，不能阻止朱占峰许可田霸公司使用“田霸”商标。而且张绍恒作为股东之一和法定代表人的河北圣牛农业机械有限公司也在使用“田霸”商标。因此，田霸公司在2012年5月8日调解之后使用“田霸”商标，不属于商标侵权。

综上，张绍恒上诉理由不成立，应予驳回。一审判决理由虽有不妥，但判决结果应予维持。依照民事诉讼法第一百七十条第一款第（一）项之规定，判决如下：驳回上诉，维持原判。

申请再审理由与答辩

张绍恒申请再审称：（一）二审法院认定基本事实缺乏证据证明。1. 由于朱占峰未经商标权共有人的同意，擅自将“田霸”商标转让给田霸公司使用至今，侵害了张绍恒的合法权益。基于此，张绍恒提起本案诉讼，要求朱占峰和田霸公司停止侵权行为，并赔偿损失，该请求应得到支持。2. 一审、二审法院根据调解书第三条认定张绍恒不得向朱占峰主张“协议约定之外的任何权利”，故对张绍恒的诉讼请求不予支持，实属主观臆断。（二）二审法院适用法律错误。作为商标权共有人，朱占峰无权单独许可田霸公司使用“田霸”商标。如果商标权共有人可以随意许可他人使用其注册商标，容易造成被许可的商标的滥用，最终导致商标商誉价值损失殆尽，不利于保护其他商标权共有人的利益。因此，限制商标权共有人随意许可他人使用其商标，从长远看符合商标权共有人的共同利益。所以无论是张绍恒还是朱占峰都无权单独许可他人使用“田霸”商标。退一步讲，即使商标权共有人有权单独许可他人使用其注册商标，也必须经商标权人的许可，签订许可使用合同，并办理备案。本案中，张绍恒有理由相信田霸公司使用“田霸”商标的行为没有得到任何商标权人的许可，属于侵权行为，应当承担侵权责任。综上，张绍恒请求本院依法撤销一、二审判决，再审本案，改判支持其一审诉讼请求。

被申请人朱占峰和田霸公司提交意见称：（一）河北省河间市人民法院民事调解书明确载明朱占峰支付给张绍恒的1800万元，包括科丰公司成立以来的所有经营收益，以及新成立的田霸公司至协议签订之日的全部经营收益。该调解书对科丰公司的财产和田霸公司的财产均做了分割，实际上把田霸公司也作为朱占峰与张绍恒经营的公司来处理。（二）既然张绍恒在调解书中已经承诺不再以任何方式追究朱占峰的任何责任，张绍恒再主张朱占峰和田霸公司商标侵权并赔偿损失，不能成立。（三）田霸公司使用“田霸”商标不属于侵权行为。朱占峰作为“田霸”商标的共有人，有权使用该商标，朱占峰所有的田霸公司当然也有权使用“田霸”商标。事实上，张绍恒设立的河北圣牛农业机械有限公司也使用“田霸”商标。综上，请求本院驳回张绍恒的再审申请。

再审申请审查的判理和结果

最高人民法院认为，张绍恒在二审开庭时已经明确其诉讼主张为在张绍恒与朱占峰达成调解协议之后，田霸公司未经许可使用“田霸”商标构成侵权。因此，本案争议焦点问题为：

（一）田霸公司的上述商标使用行为是否已经获得朱占峰的许可

最高人民法院认为，法院生效裁判已经确认，朱占峰擅自将“田霸”商标转让至田霸公司名下的行为无效，“田霸”商标由张绍恒和朱占峰共同所有。田霸公司由朱占峰设立，朱占峰曾任田霸公司法定代表人；朱占峰作为“田霸”商标的共有人在诉讼过程中也已经申明其许可田霸公司使用“田霸”商标，朱占峰和田霸公司之间是否签订许可合同及备案并不能改变这一事实。而且，商标许可合同是否备案并不影响商标许可行为的效力，只是不能对抗善意第三人。因此，可以认定，田霸公司使用“田霸”商标，经过了商标权共有人朱占峰的许可，张绍恒此项再审申请主张不能成立。

（二）田霸公司的上述商标使用行为是否侵害张绍恒的注册商标专用权

如前所述，田霸公司使用“田霸”商标已经商标权共有人朱占峰的许可，因此，本案关键问题在于作为“田霸”商标共有人之一的朱占峰是否有权以普通许可的方式单独许可田霸公司使用该商标。

对于该问题，最高人民法院认为，商标权作为一种私权，在商标权共有的情况下，其权利行使的规则应遵循意思自治原则，由共有人协商一致行使；不能协商一致，又无正当理由的，任何一方共有人不得阻止其他共有人以普通许可的方式许可他人使用该商标。按照上述规则，本案中“田霸”商标共有人朱占峰有权单独以普通许可方式许可田霸公司使用该商标，田霸公司使用该商标的行为不构成侵权。二审法院认定田霸公司在调解协议之后使用“田霸”商标的行为不构成侵权正确，张绍恒相关申请再审理由不能成立。

关于张绍恒主张一审、二审法院根据调解书第三条认定张绍恒不得向朱占峰主张“协议约定之外的任何权利”的问题，该理由是一审法院认定朱占峰和田霸公司不侵权的主要理由，二审法院对该理由已经进行纠正，本院对张绍恒的该主张不再评述。

综上，张绍恒的再审申请不符合民事诉讼法第二百条规定的情形。依照民事诉讼法第二百零四条第一款的规定，裁定如下：驳回张绍恒的再审申请。

【法官评述】

对于商标权共有，2001 年修正的《中华人民共和国商标法》（以下简称商标法）第五条规定：“两个以上的自然人、法人或者其他组织可以共同向商标局申请注册同一商标，共同享有和行使该商标专用权。”除此之外，商标法对于商标权共有人权利行使的一般规则没有作出具体规定。在该案中，最高人民法院结合案件事实，参照物权法、专利法、著作权法对共有权利人行使权利的相关规定，明确了商标共有权人行使权利的条件和方式，对此类案件的审理有很强的指导意义。最高人民法院认为在商标权共有的情况下，其权利行使的规则应遵循意思自治原则，由共有人协商一致行使；不能协商一致，又无正当理由的，任何一方共有人不得阻止其他共有人以普通许可的方式许可他人使用该商标。该规则主要有以下几点考虑：

一是考虑商标法的价值导向。商标只有用于生产经营活动中，与商品或者服务结合起来，才能起到区分商品或者服务来源的作用，体现商标的真正价值。在司法导向上，应更多的鼓励和引导商标投入市场中进行使用，如果要求商标权共有人全部同意才可进行普通许可，无疑会增加商标许可使用的成本，甚至导致一些有价值的商标因共有人不能达成一致而无法使用，这不仅难以体现出商标的价值，有悖于商标法的立法本意，也难以保障共有人的共同利益。

二是考虑对其他共有人和社会公众的影响。首先，应区分不同许可方式对其他共有人的影响。商标权共有人单独以普通许可方式许可他人使用该商标，一般不会影响其他共有人利益，其他共有人可以自己使用或者以普通许可方式许可他人使用该商标，该种许可方式原则上应当允许。商标权共有人如果单独以排他许可或者独占许可的方式许可他人使用该商标，则对其他共有人的利益影响较大，原则上应禁止。其次，根据商标法的规定，许可人应当监督被许可人使用其注册商标的商品质量，被许可人应当保证使用该注册商标的商品质量。因此，从保证商品质量和商标商誉的角度，商标权共有人单独进行普通许可，对其他共有人和社会公众的利益一般也不会产生重大影响。退一步而言，即便商标权共有人单独进行普通许可造成了该商标商誉的降低，损害到了其他共有人的利益，这也是商标权共有制度自身带来的风险。在商标权共有人对权利行使规则没有作出约定的情况下，共有人应对该风险有所预期。

除此之外，结合本案的具体事实，同样可以得出上述结论。首先，张绍恒在签订调解协议时，应当预期到在科丰公司解散的情况下，田霸公司在以后的经营活动中可能会继续使用“田霸”商标，但在调解协议中却并未作出禁止的约定。其次，本案中并不存在朱占峰随意滥发许可的情况，也没有证据证明田霸公司的使用行为造成了该商标商誉的降低，从而损害到张绍恒的利益。最后，根据二审法院查明的事实，张绍恒为法定代表人的河北圣牛农业机械有限公司也在使用“田霸”商标。

编写人：最高人民法院　周翔

13

浙江现代新能源有限公司等诉杭州奥普卫厨科技有限公司、杨艳侵害商标权纠纷案

——阅读提示：商标权的保护强度应当与其显著性和知名度相适应吗?

【裁判要旨】

商标权的保护强度，应当与其显著性和知名度相适应。如果使用行为并未损害涉案商标的识别和区分功能，亦未因此而导致市场混淆的后果，即不为法律所禁止。

【案号】

一审：江苏省苏州市中级人民法院（2010）苏中知民初字第0312号

二审：江苏省高级人民法院（2011）苏知民终字第0143号

申请再审：最高人民法院（2015）民申字第428号

再审：最高人民法院（2016）最高法民再216号

【案情与裁判】

原告（上诉人、被申请人）：浙江现代新能源有限公司（以下简称新能源公司）

原告（上诉人、被申请人）：浙江凌普电器有限公司（以下简称凌普公司）

被告（上诉人、再审申请人）：杭州奥普卫厨科技有限公司（以下简称奥普卫厨公司）

被告（上诉人）：杨艳

起诉与答辩

新能源公司、凌普公司向江苏省苏州市中级人民法院（以下简称一审法

院）共同提起诉讼称：新能源公司系注册号为1737521，核定使用在第6类的“金属建筑材料、家具用金属附件”等商品之上的“aopu 奥普”（以下简称涉案商标）的权利人，涉案商标核定使用于2002年3月28日。凌普公司为被许可使用人。涉案商标由新能源公司和凌普公司使用于其生产销售的金属集成吊顶等产品上。经新能源公司的大力宣传，“奥普集成吊顶”已成为广大消费者知晓的知名产品，与新能源公司和凌普公司形成了固定的联系和指向。新能源公司和凌普公司于2009年在杨艳的经营场所中发现标有“AUPU奥普”商标的金属吊顶，产品上标注的生产者为奥普卫厨公司。另外，杨艳在经营场所的装潢和广告宣传中还大量使用了“奥普1+N浴顶”和“AUPU奥普”等文字宣传。奥普卫厨公司和杨艳未经新能源公司许可，擅自在第6类金属建筑材料上使用与新能源公司涉案商标相近似的“AUPU奥普”，违反了《中华人民共和国商标法》（以下简称商标法）第五十二条第（一）项的规定，侵害了新能源公司的注册商标专用权，损害了新能源公司和凌普公司的合法权益。请求法院判令杨艳和奥普卫厨公司：1. 立即停止在金属吊顶等产品上使用“AUPU奥普”商标；2. 立即停止在经营场所、网站或其他相关媒体上进行有关“奥普浴顶”的广告宣传；3. 连带赔偿新能源公司和凌普公司经济损失人民币500万元（包括合理费用）；4. 在全国范围的报纸、电视、网站等相关媒体上发表声明消除影响。

法院审理查明

1995年2月起，奥普卫厨公司的关联企业即开始在第11类“照明器材”等商品上申请并获准注册多个“奥普”文字及图文组合商标。2001年6月起，“奥普”系列商标先后被评为杭州市及浙江省著名商标，“奥普”商号被认定为浙江省知名商号。2005年9月，核定使用在第11类商品上的“奥普”商标被司法机关认定为驰名商标。第1737521号“aopu 奥普”商标（即涉案商标）于2002年3月28日被核准注册，核定使用在第6类的“金属建筑材料、家具用金属附件”等商品上。2009年8月7日，涉案商标经核准转让于新能源公司，凌普公司为涉案商标的被许可使用人。2009年11月18日，新能源公司通过公证程序，在杨艳经营的“奥普I+N浴顶”商店内，购买了由奥普卫厨公司生产、标注有“AUPU奥普®”字样的“浴顶”十四箱。在被诉侵权产品的外包装上，除标注有“产品名称：普通扣板”外，还清晰地标明了生产商奥普卫厨公司企业名称的全称、奥普卫厨公司经许可使用的“1 + N浴顶”“浴顶”的商标图样。新能源公司、凌普公司遂以奥普卫厨公司生产、杨艳销售的被诉侵权产品侵害涉案商标权为由，提起诉讼。

一审判理和结果

苏州市中级人民法院一审认为：奥普卫厨公司在被控侵权产品上标注“AUPU 奥普®”的行为，应当视为商标使用。涉案商标核定使用商品类别包含了金属建筑材料，而被控侵权产品系金属扣板，应归属于金属建筑材料。奥普卫厨公司在金属扣板产品上显著标注了“AUPU 奥普”标识，与涉案商标相比，其中的汉字“奥普”完全相同，英文字母“AUPU”与涉案注册商标中的“aopu”仅一个字母之差，从商标呼叫功能判断，均为“奥普”，相同；从字形来看，“AUPU 奥普”与“aopu 奥普”两者应属于近似，以一般消费者的注意力往往容易造成混淆和误认，故杨艳和奥普卫厨公司在金属扣板商品上使用“AUPU 奥普®”，商标标识的行为构成对新能源公司涉案注册商标专用权的侵犯。杨艳系经销商并有合法来源，故可免除其相应的赔偿责任。关于奥普卫厨公司的赔偿责任，奥普卫厨公司及其关联公司杭州奥普电器有限公司在其经营中通过对其电器类奥普注册商标的长期营销宣传已产生较高的知名度，以消费者的一般注意力判断并进行合理的逻辑推论，将涉案奥普卫厨公司生产、杨艳销售的被控金属扣板误认为来源于新能源公司和凌普公司的可能性较小。但奥普卫厨公司利用自身在电器中的“奥普”“AUPU”品牌知名度，强行将该商标使用至金属扣板产品中的行为，侵犯他人的注册商标专用权，其行为足以致使新能源公司所拥有的注册商标失去基本的标识功能，割断涉案商标与新能源公司产品的联系，压制了其经营空间，将新能源公司寄予该注册商标谋求市场声誉，拓展企业发展空间，提升企业品牌信誉的期望受到抑制。就此而言，新能源公司因涉案侵权行为受到损失是确定的。综上，一审法院判令：杨艳和奥普卫厨公司立即停止侵权行为；奥普卫厨公司赔偿新能源公司和凌普公司损失人民币10万元并消除影响。

上诉与答辩

新能源公司、凌普公司、奥普卫厨公司、杨艳均不服一审判决，在法定期限内向江苏省高级人民法院提起上诉。

新能源公司、凌普公司的主要上诉理由为：奥普卫厨公司主观恶意明显、侵权时间长、销售范围广，侵权获利巨大，给新能源公司和凌普公司造成了严重的损失。请求依法改判支持新能源公司和凌普公司的全部诉讼请求。

奥普卫厨公司、杨艳的主要上诉理由为：被控侵权商标的使用不会造成相关公众的混淆误认，系合理、合法地使用，请求判决驳回新能源公司和凌普公司的全部诉讼请求。

二审判理和结果

江苏省高级人民法院审理认为：

奥普卫厨公司明知“AUPU 奥普”标识与涉案商标近似，仍然在其生产和销售的金属扣板上予以使用，构成对涉案商标专用权的侵犯。与涉案商标相比，奥普卫厨公司的电器类“奥普”注册商标具有较高的知名度，消费者将奥普卫厨公司生产、杨艳销售的被控金属扣板误认为来源于新能源公司的可能性较小，但将新能源公司生产销售的金属扣板误认为来源于奥普卫厨公司或认为二者之间存在某种关联的可能性较大。这必然会降低乃至于消灭涉案注册商标在消费者心目中的影响，妨碍新能源公司合法行使涉案商标专用权，对其合法利益造成损害。由于奥普卫厨公司的电器类“奥普”商标的知名度较高，新能源公司合法行使其涉案商标专用权因此而受到的压制必然较大，其因被控侵权行为遭受的损失必然也较大，一审法院判决数额明显偏低。据此，二审法院改判奥普卫厨公司赔偿新能源公司经济损失三十万元，并同时驳回奥普卫厨公司的上诉。

申请再审判理和结果

奥普卫厨公司不服二审判决，向最高人民法院申请再审，请求撤销一审、二审判决，其主要理由为：奥普卫厨公司将注册商标“AUPU 奥普”标识同时使用在“浴顶装置”上的行为是合法的；双方注册商标核定使用的商品既不相同也不类似；新能源公司对涉案商标的使用亦会造成相关公众对商品来源的误认，并损害了“奥普”驰名商标的显著性。综上，奥普卫厨公司请求最高人民法院撤销一审、二审判决，驳回新能源公司的全部诉讼请求。

最高人民法院审理认为：

被诉侵权产品的销售地点为奥普公司的正规销售门店，门店之上突出标注了奥普公司的字号及注册商标。被诉侵权产品的外包装和产品本身清晰标注了奥普卫厨公司企业名称的全称及其关联企业在第6类商品上拥有的“1+N浴顶”等注册商标。结合奥普卫厨公司的在先权利基础，一般消费者凭借奥普卫厨公司在销售场所和被诉侵权商品上标注的上述信息，已足以实现对商品来源的清晰区分，不会导致误认被诉侵权产品来源于新能源公司的结果，亦不会产生攀附涉案商标商业信誉的损害后果。因此，奥普卫厨公司、杨艳生产、销售使用“AUPU奥普®”及“AUPU”标识的被诉侵权商品的行为，不构成对涉案商标权的侵害。遂判决撤销一审、二审判决，驳回新能源公司的全部诉讼请求。

【法官评述】

人民法院对本案纠纷的处理，充分体现了对商标权本质属性的回归，以及比例原则对商标司法保护的理念引导。

首先，关于本案纠纷处理对商标权本质属性的回归。商标是区分商品与服务来源的标识，商标的市场价值来源于对特定商业来源的指向关系。商标的客观形态虽然表现为一种符号形式，但这种符号形式只有通过实际使用、承载了特定的商业信誉，才能够成为真正意义上的商标。在我国以往的商标司法实践活动中，由于注册体制、认知障碍等多方面因素的影响，有将“符号权”与“商标权”混淆的情形，一定程度上影响了商标权救济制度功能的有效发挥，应当对此给予充分的重视。商标法所要保护的，是商标所具有的识别和区分商品及服务来源的功能，而并非仅以注册行为所固化的商标标识本身。商标标识本身的近似不是认定侵权行为是否成立的决定性因素，如果使用行为并未损害涉案商标的识别和区分功能，亦未因此而导致市场混淆的后果，该种使用行为即不在商标法所禁止的范围之中。从杭州奥普电器有限公司享有在先权利的情况来看，除在第11类“浴室装置”等商品上拥有的“奥普”及“AUPU”注册商标外，杭州奥普电器有限公司在第6类“建筑用金属板、金属隔板（建筑）”上还拥有“1+N”“1+N浴顶”注册商标，在第11类“浴室装置”等商品上拥有“1+N”“1+N浴顶”“浴顶”等注册商标。上述商标的核准注册日期均早于本案被诉侵权行为发生的时间。从被诉侵权产品的销售场所来看，新能源公司公证购买被诉侵权产品的行为发生在奥普卫厨公司经销商的门店之中。在该门店的招牌上，以突出的方式使用了“奥普”及“1+N浴顶”字样。从被诉侵权产品对标识的使用情况来看，在被诉侵权产品的外包装上，除标注有“产品名称：普通扣板”外，还清晰地标明了生产商奥普卫厨公司企业名称的全称、“1+N浴顶”“浴顶”的商标图样。在拆开外包装后，可看到扣板侧面同时标注有“AUPU奥普®”“1+N浴顶”以及奥普卫厨公司企业名称的全称。由此可见，被诉侵权产品的销售地点为奥普卫厨公司的正规销售门店，该门店之上突出标注了奥普卫厨公司的字号及注册商标。被诉侵权产品的外包装和产品本身均清晰标注了奥普卫厨公司企业名称的全称及杭州奥普电器有限公司在第6类商品上拥有的“1+N浴顶”等其他注册商标，据此，一般消费者凭借奥普卫厨公司在销售场所和被诉侵权商品上标注的上述信息，已足以实现对商品来源的清晰区分，不会导致误认被诉侵权产品来源于新能源公司的结果，亦不会产生攀附新能源公司对涉案商标享有的商业信誉的损害后果。

其次，关于比例原则对本案纠纷处理的指引意义。

坚持比例协调原则是2017年新近颁布的《中国知识产权司法保护纲要》确定的知识产权司法保护的基本原则之一。比例协调的基本内涵之一是，统筹兼顾保护权利和激励创新，坚持知识产权保护范围和强度与其创新和贡献程度相协调，侵权人的侵权代价与其主观恶性和行为危害性相适应。对于商标权的保护强度，应当与其应有的显著性和知名度相适应。具体到本案而言，涉案商标由中文文字和拼音两部分组成，其中的中文文字“奥普”为臆造词，具有较强的固有显著性，且与杭州奥普电器有限公司、奥普卫厨公司的商号完全一致。根据原审法院查明的事实，“奥普”文字商标早在1995年即已由奥普卫厨公司的关联企业核准注册在第11类商品之上。2001年6月，“奥普”商标已经被评为杭州市著名商标。此后，“奥普”商号被认定为浙江省知名商号，“奥普”系列商标先后被评为浙江省著名商标，并被司法裁判认定为驰名商标。因此，至涉案商标申请日之前，经杭州奥普电器有限公司、奥普卫厨公司及其关联企业的使用，“奥普”系列商标已经在与涉案商标核定使用的“金属建筑材料”商品关联程度很高的浴霸等电器商品上具有了较高的知名度。而与此相比，新能源公司在受让涉案商标后，主要通过许可凌普公司使用的方式对涉案商标进行使用。但本案证据显示，凌普公司在对涉案商标进行使用的过程中，多次因不规范使用或突出使用“奥普”文字等行为，受到工商行政管理部门的处罚或被司法机关认定为不正当竞争行为，而其商誉攀附的对象，正是在市场中已经具有较高知名度的奥普电器产品。作为对凌普公司的使用行为负有监督职责，且与凌普公司作为共同原告提起本案诉讼的新能源公司，对凌普公司的上述行为应当是清楚的。因此，新能源公司在本案中并未提交证据证明，其已经通过正当的使用行为，使涉案商标产生了足以受到法律保护的显著性和知名度。由此可见，涉案商标中的“奥普”文字的显著性和知名度，实际上来源于奥普卫厨公司及其关联企业的使用行为。涉案商标虽然在“金属建筑材料”上享有注册商标专用权，但对该权利的保护范围和保护强度，应当与新能源公司对该商标的显著性和知名度所作出的贡献相符。因此，在坚持比例协调原则的前提之下，在新能源公司并未对商标市场价值的来源，即识别功能的产生与发挥作出相应贡献的情况下，当然无权凭借其占有符号形式本身的事实，而获取应当产生于“商标”而非“符号”之中的市场利益。

编写人：最高人民法院　佟姝

14

沈阳广播电视台诉沈阳吉宝广告传媒有限公司侵害商标权纠纷案

——阅读提示：随着自媒体的应用发展，微信公众账号及自媒体平台服务性质如何认定？将文字标识作为微信公众账号是否属于商标的使用行为？

【裁判要旨】

该案中，被告沈阳吉宝广告传媒有限公司使用与原告沈阳广播电视台注册商标相近似的文字标识作为微信公众账号，“汽车小辣椒”起到了标识服务来源的作用，其行为属于商标的使用行为，其微信公众号在传播媒介的创设和信息推送方式上与电台广播存在差异，但并不影响其实质的广告、营销和信息传送等内容在商标法意义上的服务类别判断。被告在原告注册商标核定使用服务类别上进行了广告、营销和信息传送等服务，鉴于原告对该标识使用在先，且经过较长时间的使用已在辽沈地区具备了较强的显著性和较高的知名度，被告在同一服务上使用近似文字标识具有混淆的可能，即易使相关公众对服务来源产生误认或认为服务来源存在特定联系。因此，法院经审理认定，被告的使用行为构成对原告商标专用权的侵害。

【案号】

一审：辽宁省沈阳市中级人民法院（2016）辽01民初588号

【案情与裁判】

原告：沈阳广播电视台

被告：沈阳吉宝广告传媒有限公司（以下简称沈阳吉宝公司）

起诉与答辩

原告沈阳广播电视台于2016年9月14日向沈阳市中级人民法院提起诉讼，请求依法判令被告沈阳吉宝公司：1. 立即停止对“汽车小辣椒FM98.6”注册商标的侵害行为；2. 赔偿经济损失50万元；3. 承担本案诉讼费用。事实与理由：其为沈阳市广播电视媒体播出平台，2010年2月推出汽车维权栏目《汽车小辣椒》，该节目开启了东北地区广播媒介专业监督维权节目的先河，是辽沈地区唯一一档汽车专业维权节目。开播至今，节目组收到听众咨询投诉案例10000余件，解决听众疑难问题6800余个，处理车主投诉5000余件，已成为辽沈地区广播媒体的强档节目和品牌栏目，受到广泛赞誉。2016年5月，其取得“汽车小辣椒FM98.6”第16565685号、第16565698号商标注册证。被告沈阳吉宝公司于2014年12月注册了微信公众号“汽车小辣椒”，公众号记载功能“沈阳汽车信息发布平台”。该微信平台以“汽车小辣椒”名义进行推广传播，发布各种收费和维权信息。与汽车商家联络，参与各类汽车厂家组织的上市及试驾活动，以原告节目组名义招揽广告和参加车展等。通过与驾校、银行合作，吸引相关公众关注该微信公众号，以谋取利益。沈阳吉宝公司使用近似商标的行为使相关公众对服务来源产生混淆，对原告交通广播FM98.6节目造成严重影响，导致沈阳交通广播98.6微信公众粉丝大量流失，该行为已构成商标侵权。

被告沈阳吉宝公司辩称：原“汽车小辣椒”微信公众号注册之初即定位汽车导购、用车知识及行业新闻类公众号，名称源于东北人的特点，并不知晓原告同名栏目。公众号功能介绍为沈阳买车用车第一服务平台，认证主体为广告公司，并未出现维权或98.6广播电台字样等与电台栏目相混淆的内容。在粉丝增长渠道上，也未借助“98.6汽车小辣椒”名义，而是通过与免费WIFI服务商合作，在4S店免费扫码送防霾口罩，或参加车展扫码送玻璃水、毛巾等方式解决公众号粉丝来源。在与相关公众面对面交流或在98.6栏目也参加车展的情况下，其宣传定位为“沈阳买车用车第一服务公众号”，与“FM98.6汽车小辣椒维权一把刀”，有实质性不同，不存在混淆可能。2015年5月，其公司在第9、35、38、42类服务内容提出商标注册申请，现处于公示期。公众号“汽车小辣椒”在全国行业内的知名度已超过“98.6汽车小辣椒”，“FM98.6汽车小辣椒”影响主要在沈阳，但“汽车小辣椒”公众号通过多家内容分发平台，影响力已扩大至全国，在全国引起关注的多篇公众号文章，均属汽车服务类而非维权内容，其中导购专家类形象“辣椒姐”与电台主持人“晓明”存在不同联想，混淆可能性极小。2016 年 10 月 26 日公众号“汽车小辣椒”发布了更名为“辣评车”的通知，11 月 25 日原告在微信平台投诉，要求对“辣评车”注销账号，该投诉被认定不成立而驳回。因此，其公司的使用行为并不符合恶意侵权的构成要件，即使侵权也是无意导致。原告取得注册商标与“汽车小辣椒”公众号更名仅隔两个多月，原告的赔偿请求缺乏依据，请求驳回诉讼请求。

法院审理查明

原告沈阳广播电视台系面向辽沈地区的广播电视传媒机构，2010 年 2 月在交通广播 FM98.6 中推出了汽车监督维权栏目《汽车小辣椒》。该栏目播出以来，以其内容的专业性和为车主的监督维权，受到社会相关公众和行业的关注。

2016 年 5 月 14 日，沈阳广播电视台向国家工商行政管理总局商标局登记注册取得第 16565685 号和第 16565698 号“FM98.6 汽车小辣椒”图文组合商标专用权，有效期均至 2026 年 5 月 13 日。第 16565685 号注册商标核定使用服务项目为第 35 类：在通信媒体上出租广告时间；广告；为零售目的在通信媒体上展示商品；通过网站提供商业信息；市场营销等。第 16565698 号注册商标核定使用服务项目为第 38 类：无线电广播、移动电话通信；计算机终端通信；信息传送等。

被告沈阳吉宝公司成立于 2014 年 1 月 20 日，经营范围为设计、制作、发布、代理国内外各类广告；企业营销策划；会议及展览服务；经济信息咨询等。

根据原告沈阳广播电视台经公证保全取得的证据以及被告沈阳吉宝公司庭审陈述，沈阳吉宝公司于 2014 年 12 月 26 日完成了公众号“汽车小辣椒”微信认证的账号资质审核，开始以“汽车小辣椒”作为公众号名称在微信公众平台发送消息与订阅用户进行互动。微信用户通过搜索公众号或扫描二维码，可查找添加“汽车小辣椒”公众号。该公众号主页显示其功能介绍为“沈阳汽车信息发布平台”，账号主体系“沈阳吉宝广告传媒有限公司”。公众号内部设置了“违章查询”“买车砍价”和“商务合作”等内容分类导航，具体提供了买车、用车和行业新闻等信息内容，并宣传其公众号为“买车用车第一新媒体平台”。除使用“汽车小辣椒”作为微信公众号名称外，沈阳吉宝公司还在车展展台、户外广告和搜狐、新浪等网络内容分发平台上使用了“汽车小辣椒”文字标识。

另查，沈阳吉宝公司于2016年10月26日将公众号“汽车小辣椒”更名为“辣评车”。

再查，原告沈阳广播电视台为本案支付公证费1万元。

以上事实，有第16565685号和第16565698号商标注册证、(2016)辽诚证民字第1403、1404、1405、1538号公证书、公证费收据及庭审笔录等证据，经庭审质证予以确认，在卷佐证。

一审判理和结果

原告沈阳广播电视台的“”商标经国家商标局核准注册，在商标核定使用服务范围内享有商标专用权。本案争议焦点是被告沈阳吉宝公司对“汽车小辣椒”标识的使用行为是否侵害了原告的注册商标专用权，以及构成侵权所应承担的法律责任。

关于被告沈阳吉宝公司对“汽车小辣椒”标识的使用行为是否侵害了原告沈阳广播电视台的注册商标专用权。依据《中华人民共和国商标法》(下简称商标法)第五十七条第(二)项规定：未经商标注册人的许可，在同一种商品上使用与其注册商标近似的商标，或者在类似商品上使用与其注册商标相同或者近似的商标，容易导致混淆的，属侵犯注册商标专用权。原告“”注册商标的构图要素主要由“FM98.6”“汽车小辣椒”文字以及“小辣椒”图形组成，根据设计要素的文字读音、含义和图文组合情况，可以认定商标核心的识别特征系处于图案中心的“汽车小辣椒”文字部分。被告沈阳吉宝公司作为注册、使用微信公众账号的企业用户，以“汽车小辣椒”作为微信公众号名称，在提供相关买车、用车和行业新闻的信息发送和商业运营推广中，“汽车小辣椒”起到了标识服务来源的作用，故沈阳吉宝公司的行为属于商标的使用行为。被告使用的“汽车小辣椒”文字标识与原告“”注册商标相比较，与注册商标组成要素的主要识别特征即“汽车小辣椒”文字部分完全相同，构成近似商标。沈阳吉宝公司将该文字标识使用在微信公众号、车展展台、户外广告以及网络平台的推广中。对此，其抗辩作为自媒体平台与广播媒介存在不同，属不同服务。法院认为，结合实际使用情况，其微信公众号虽在传播媒介的创设和信息推送方式上与电台广播存在差异，但并不影响其实质的广告、营销和信息传送等内容在商标法意义上的服务类别判断，上述使用范围与原告注册商标核定使用服务项目属相同服务。鉴于原告以《汽车小辣椒》作为FM98.6广播的栏目名称使用在先，且经过较长时间的使用已在辽沈地区的汽车用户和相关行业内具备了较强的显著性和较高的知名度，被告在同一服务上使用“汽车小辣椒”文字标识具有混淆的可能，即易使相关公众对服务来源产生误认或认为服务来源存在特定联系。因此，被告沈阳吉宝公司未经商标注册人许可，在注册商标核定使用的同一服务上使用近似的商标，该行为构成对注册商标专用权的侵害。

被告沈阳吉宝公司的使用行为侵犯了原告沈阳广播电视台的注册商标专用权，依法应承担停止侵权、赔偿损失的法律责任。鉴于原告未能提供证据证明其因被告侵权行为所受到的实际损失或被告因侵权而获得的利益，也未提供可供参照的商标许可使用费的证据，原告请求依法确定赔偿数额。法院综合考虑原告单位性质和主要业务范围、《汽车小辣椒》栏目监督维权的公益性定位，涉案商标的注册时间及服务商标类别，被告行为构成商标侵权的持续时间等因素，以及原告为制止侵权行为所支付的合理开支，酌情确定被告沈阳吉宝公司的赔偿数额为3万元。

综上所述，一审法院依照《中华人民共和国侵权责任法》第二条、第十五条第一款第（一）项、第（六）项、第二款，商标法第四条第二款、第五十七条第（二）项、第六十三条，《最高人民法院关于审理商标民事纠纷案件适用法律若干问题的解释》第九条、第十条、第十六条第一款、第二款之规定，判决如下：

一、被告沈阳吉宝广告传媒有限公司于本判决生效之日起立即停止对原告沈阳广播电视台第16565685号、第16565698号“FM98 汽车小辣椒”注册商标的侵害行为；

二、被告沈阳吉宝广告传媒有限公司于本判决生效之日起10日内赔偿原告沈阳广播电视台经济损失3万元；

三、驳回原告沈阳广播电视台的其他诉讼请求。

如果未按本判决指定的期间履行给付金钱义务，应当按照《中华人民共和国民事诉讼法》第二百五十三条规定，加倍支付迟延履行期间的债务利息。

案件受理费8800元，由原告沈阳广播电视台负担3800元，被告沈阳吉宝广告传媒有限公司负担5000元。

【法官评述】

随着自媒体的应用发展，微博、微信已成为人们日常生活密不可分的联络和沟通媒介。与传统媒体相比，微信作为数字化、普泛化的即时传播方式，任何网络用户都可能成为传播者，其商业化应用带来了前所未有的营销方式，同时也带来了微信公众账号及自媒体平台服务性质如何认定等新问题。本案系辽宁省首例微信公众号被诉侵害商标权纠纷案。

根据商标法第四十八条规定：商标的使用，是指将商标用于商品、商品包装或者容器以及商品交易文书上，或者将商标用于广告宣传、展览以及其他商业活动中，用于识别商品来源的行为。本案中，被告沈阳吉宝公司作为注册、使用微信公众账号的企业用户，以“汽车小辣椒”作为微信公众号名称，在提供相关买车、用车和行业新闻的信息发送和商业运营推广等商业活动中，“汽车小辣椒”起到了标识服务来源的作用，故沈阳吉宝公司对“汽车小辣椒”文字标识的使用行为属于商标的使用。

本案中，被告沈阳吉宝公司亦抗辩作为自媒体平台与广播媒介存在不同，属不同服务。根据商标法规定，未经商标注册人的许可，在同一种商品上使用与其注册商标近似的商标，或者在类似商品上使用与其注册商标相同或者近似的商标，容易导致混淆的，属侵犯注册商标专用权行为。除驰名商标外，一般的商标保护限于核定使用的同一种或者类似商品或服务。即若被告沈阳吉宝公司在微信自媒体平台中的商业服务与原告核定使用服务项目非同种或类似时，被告的使用行为并不侵犯原告注册商标专用权。法院经审理认为，应结合实际使用情况，被告的微信公众号虽在传播媒介的创设和信息推送方式上与电台广播存在差异，但并不影响其实质的广告、营销和信息传送等内容在商标法意义上的服务类别判断，上述使用范围与原告注册商标核定使用服务项目仍属相同服务。鉴于原告以《汽车小辣椒》作为FM98.6广播的栏目名称使用在先，且经过较长时间的使用已在辽沈地区的汽车用户和相关行业内具备了较强的显著性和较高的知名度，被告在同一服务上使用“汽车小辣椒”文字标识具有混淆的可能，即易使相关公众对服务来源产生误认或认为服务来源存在特定联系。因此，被告沈阳吉宝公司未经商标注册人许可，在注册商标核定使用的同一服务上使用近似的商标，该行为构成对注册商标专用权的侵害。宣判后，双方当事人均服从判决，未提出上诉。

编写人：辽宁省沈阳市中级人民法院 侯杨

15

哈药集团三精制药有限公司诉北京三精日化有限公司、哈尔滨市香坊区精彩染发店侵害商标权及不正当竞争纠纷案

——阅读提示：被许可人在许可合同终止后继续使用商标及字号，应承担何种责任？如何判定其赔偿数额？如何把握合法来源抗辩的认定标准？

【裁判要旨】

商标及字号使用许可合同终止后，被许可人违反承诺，继续在生产经营及宣传活动中使用商标和字号，既构成违约，又构成商标侵权及不正当竞争，可根据双方约定的违约金判定其侵权赔偿数额。

当被诉侵权商品的销售者为经营规模较小的个体工商户零售商时，仍应从主、客观两个方面审查、判定其合法来源抗辩是否成立，但审查标准不宜过于严苛，应根据市场流通状况及当事人举证能力等因素综合考量。

【案号】

一审：黑龙江省哈尔滨市中级人民法院（2015）哈知初字第155号

【案情与裁判】

原告：哈药集团三精制药有限公司（以下简称哈药三精公司）

被告：北京三精日化有限公司（以下简称北京三精公司）

被告：哈尔滨市香坊区精彩染发店（以下简称精彩染发店）

起诉与答辩

哈药三精公司于2015年11月3日向哈尔滨市中级人民法院起诉请求：

1. 北京三精公司在其企业名称中停止使用“三精”字号；2. 北京三精公司停止生产、销售生产日期在2013年1月31日以后或者使用期限在2015年12月31日以后、带有“三精”文字商标和“”图形商标及含有“三精”字号的企业名称的染发剂类、洗发液类、护发素类、焗油类以及清洁制剂类商品；3. 精彩染发店停止销售上述商品；4. 北京三精公司、精彩染发店连带赔偿哈药三精公司经济损失2304296元；5. 诉讼费由北京三精公司、精彩染发店负担。事实和理由：哈药三精公司是涉案商标注册权人，曾于2007年1月1日授权北京三精公司使用三个涉案商标及“三精”字号。双方授权许可协议终止后，北京三精公司仍在其企业名称中使用“三精”字号，使用与涉案注册商标相同的标识生产被诉侵权商品，并以“三精”品牌在全国范围内进行宣传和销售，构成商标侵权及不正当竞争。精彩染发店销售被诉侵权商品，构成商标侵权。

北京三精公司辩称：北京三精公司是在北京市工商行政管理局依法核准设立的企业法人，有自己的注册商标，企业名称也受法律保护，有权在原登记注册范围内继续使用。哈药三精公司在北京地区并未以“三精”字号设立经营主体，也没有使用“三精”商标生产、经营日化商品。哈药三精公司的主营业务是制药领域，不具备日化类产品的生产经营资质，其企业名称也注明“制药”；北京三精公司十几年来专注日化领域，享有多项专利技术，获得市场认可，其在企业名称中注明“日化”。因此，北京三精公司将“三精”作为字号，无攀附哈药三精公司及涉案注册商标的主观故意，不会造成相关公众的误认。北京三精公司的企业名称正当合法，不构成对哈药三精公司注册商标专用权的侵犯。

精彩染发店辩称：精彩染发店于2014年9月29日成立，始终在供货商哈尔滨丽柏年商贸公司处进货。精彩染发店不是生产者，仅是销售者，对是否侵害涉案商标权不清楚，并且每年利润仅在2万元左右。故被诉侵权商品是否侵权与精彩染发店无关，精彩染发店不应承担赔偿责任。

一审审理查明

哈尔滨市中级人民法院经审理查明：哈药三精公司是涉案第3396525号“三精”、第4423277号“”、第4267806号“三精”商标注册权人。2007年1月1日，哈药三精公司与北京三精公司签订《品牌使用协议》，授权北京三精公司自2007年1月1日至2012年12月31日非独占使用上述涉案商标及“三精”字号，前三年许可使用费为每年50万元，后三年为每年75万元。许可期限届满后，双方签订《〈品牌使用协议〉履行终止确认书》《〈品牌使用协议〉之终止及后续义务协议书》约定：北京三精公司终止使用涉案注册商标及“三精”字号，即不再使用“三精”注册商标（含文字和图形），包括但不限于广告宣传、媒体传播、销售策划和服务推广等各类形式；停止生产带有“三精”注册商标的文字、图形的产品、标识、包装物等；保证终止使用企业字号日期后不发生误导公众或造成市场混淆的损害哈药三精公司合法权益的其他行为。如违反上述义务，北京三精公司应向哈药三精公司支付违约金50万元。北京三精公司亦出具了书面承诺书。

许可期限届满后，北京三精公司终止使用“三精”字号，于2013年7月8日将原企业名称“北京三精国药日化有限公司”变更为“北京中科精彩日用品有限公司”，后又于2015年5月6日重新使用“三精”字号，将企业名称变更为现名称“北京三精日化有限公司”。2015年9月24日，哈药三精公司经公证取证，在精彩染发店购买了被诉侵权植物染发等14件商品，其包装上有“三精”“Sanchine”“”标识，标注生产商为北京三精公司或北京中科精彩日用品有限公司。此外，北京三精公司在其公司网站上宣传其植物染发、植物清凉柔顺洗发液等美发护发商品，使用了“三精”“”标识；在网站点击按钮处使用“SANCHINE”字样；在网站企业简介中称：“北京三精公司（原名北京三精国药日化有限公司）是集科研、生产、销售于一体的现代化企业。作为三精制药向日化领域扩展的平台，我公司以‘制药’的严谨态度……本公司不仅拥有三精医药研发的深厚实力……”

精彩染发店系个体工商户，于2014年9月29日成立，于2016年11月28日注销企业登记，经营者为于怀信，经营范围为染发，经营场所为哈尔滨市香坊区哈平路63号。北京中科精彩科技发展有限公司于2014年7月1日出具《授权委托书》，授权于怀信在哈尔滨市香坊区哈平路63号销售该公司精彩系列产品，期限自2014年7月1日至12月31日。

精彩染发店举示的自2014年6月23日至2015年1月27日期间的26张机打《哈尔滨丽柏年商贸发货单》，无签名、无公章，内容为：公司地址哈尔滨市南岗区国民街10号，电话0451－84687880、0451－53650684，发货地址南岗区自兴街，客户名称李淑梅，发货人赵丽丽或王霜，业务员王伟，所列部分商品与被诉侵权商品名称相同。精彩染发店还举示了北京三精公司的《企业法人营业执照》《组织机构代码证》《税务登记证》、化妆品产品《全国工业产品生产许可证》、（2007）卫妆准字 01－XK－0419 号《卫生许可证》；精彩焗染膏（自然黑色）的《国家食品药品监督管理总局国产特殊用途化妆品行政许可批件》；国家轻工业化妆品洗涤用品质量监督检测北京站于 2014 年 4 月 28 日出具的检测对象为使用“三精”商标的精彩焗染膏（自然黑色、天然棕黑、雅致栗棕、浓情醉紫、火热红铜、璀璨酒红）《检测报告》7 份；署期为 2014 年 6 月 11 日的三精精彩焗染膏（自然黑色）《成品检验报告单》2 份。

精彩染发店委托诉讼代理人与哈尔滨丽柏年商贸公司王伟于 2016 年 11 月 13 日的对话录音反映：王伟承认精彩染发店销售的三精系列美发用品是在王伟处购进，但不能出具证明等书面材料。

一审判理与结果

哈尔滨市中级人民法院认为：北京三精公司生产的被诉侵权商品包括洗发液、护发素、染发剂及洗手液，与三个涉案注册商标核定使用的商品属同种或类似商品。被诉侵权商品上使用的“三精”“”标识与涉案注册商标相同或近似。北京三精公司于 2015 年 11 月 12 日在其网站上宣传其植物染发、植物清凉柔顺洗发液等美发护发商品时，使用了“三精”“”标识，依据《中华人民共和国商标法》（以下简称商标法）第四十八条的规定，其行为构成商标法意义上的使用。北京三精公司违反约定，超过许可期限，在宣传其生产经营的与涉案注册商标核定使用商品同种或者类似的商品时，使用与涉案注册商标相同或者近似的“三精”“”标识，既构成违约，亦违反商标法第五十七条的规定，构成商标侵权。

北京三精公司在明知《品牌使用协议》到期后其无权使用“三精”字号，且已经为履行终止协议相关约定而终止使用“三精”字号后，违反约定和承诺，于 2015 年 5 月 6 日又再次将其企业名称中的字号变更为与涉案商标相同的文字“三精”，其再次更名使用该字号的时间晚于涉案“三精”注册商标获准注册日。同时，北京三精公司在其网站的企业简介中称：“北京三精公司（原名北京三精国药日化有限公司）是集科研、生产、销售于一体的现代化企业。作为三精制药向日化领域扩展的平台，我公司以‘制药’的严谨态度……本公司不仅拥有三精医药研发的深厚实力……”，故意混淆北京三精公司与哈药三精公司的关系。因此，北京三精公司再次更名使用“三精”字号的行为，违反诚实信用原则，主观上具有攀附哈药三精公司的恶意，客观上使相关公众误认为其与哈药三精公司仍然具有特定联系，造成混淆误认，既构成违约，亦违反商标法第五十八条、《中华人民共和国反不正当竞争法》（以下简称反不正当竞争法）第二条第一款的规定，构成不正当竞争。哈药三精公司关于北京三精公司构成商标侵权和不正当竞争，应停止侵权、赔偿损失的诉讼主张合法。

因北京三精公司以哈药三精公司的涉案注册商标和企业字号“三精”为其企业字号，不停止北京三精公司使用“三精”字号就不足以防止市场混淆误认，故北京三精公司应当承担停止使用带有“三精”字样的企业名称的民事责任。由于北京三精公司因侵权所获得的利益和哈药三精公司因被侵权所受到的损失均难以确定，依据北京三精公司与哈药三精公司签订的《〈品牌使用协议〉之终止及后续义务协议书》的约定以及《最高人民法院关于审理商标民事纠纷案件适用法律若干问题的解释》第十六条第三款的法律规定，北京三精公司应按照协议约定的违约金标准，赔偿哈药三精公司的经济损失及为制止侵权所支付的合理开支50万元。

精彩染发店销售侵犯涉案商标专用权的被诉侵权商品，构成侵权，但鉴于精彩染发店系被诉侵权商品的零售商，所举示的证据能够证明其销售的被诉侵权商品系合法取得。精彩染发店不知道被诉侵权商品系侵犯涉案注册商标专用权的商品，能够证明被诉侵权商品系合法取得并能说明提供者，依法应承担停止侵权的民事责任，不承担赔偿责任。

综上，判决如下：一、北京三精公司于判决生效之日起停止使用以“三精”作为字号的企业名称；二、北京三精公司于判决生效之日起停止生产、销售侵害哈药三精公司第3396525号“三精”、第4267806号“三精”、第4423277号“”注册商标专用权的涉案商品；三、精彩染发店于判决生效之日起停止销售侵害哈药三精公司第3396525号“三精”、第4267806号“三精”、第4423277号“”注册商标专用权的涉案商品；四、北京三精公司赔偿哈药三精公司经济损失及合理费用支出合计50万元，于判决生效之日起十日内付清；五、驳回哈药三精公司的其他诉讼请求。

【法官评述】

在民事案件中，违约责任和侵权责任竞合的情形时有发生，知识产权民事审判领域亦不例外。本案即知识产权民事侵权责任与违约责任竞合的典型案例。

一、关于责任性质的认定

《中华人民共和国合同法》(以下简称合同法) 第六十条规定："当事人应当按照约定全面履行自己的义务。当事人应当遵循诚实信用原则，根据合同的性质、目的和交易习惯履行通知、协助、保密等义务。"第一百二十二条规定："因当事人一方的违约行为，侵害对方人身、财产权益的，受损害方有权选择依照本法要求其承担违约责任或者依照其他法律要求其承担侵权责任。"当被告的被诉行为同时构成违约和知识产权侵权时，原告有权依据合同法第一百二十二条的规定选择违约之诉或是侵权之诉，法院应根据原告的诉讼请求判定被告的责任性质。本案中，北京三精公司的被诉行为，既构成违约又构成商标侵权及不正当竞争，哈药三精公司选择主张北京三精公司构成商标侵权及不正当竞争成立。

二、关于侵权赔偿数额的确定

在商标侵权民事案件中，当侵权人因侵权获利及被侵权人因侵权受损不能确定时，法院通常依据商标法第六十三条第一款、第三款及《最高人民法院关于审理商标民事纠纷案件适用法律若干问题的解释》第十六条、第十七条的规定，考虑法定因素，判定侵权人的赔偿数额。而本案，北京三精公司与哈药三精公司在《〈品牌使用协议〉之终止及后续义务协议书》中约定，北京三精公司违反协议擅自使用"三精"等注册商标、字号及发生误导公众或造成市场混淆等行为，应当向哈药三精公司支付50万元违约金。即北京三精公司、哈药三精公司在订立《〈品牌使用协议〉之终止及后续义务协议书》时对此后侵权赔偿数额等事宜已有充分预见，该约定是双方当事人对自身权利义务的自由处分，且符合《最高人民法院关于审理商标民事纠纷案件适用法律若干问题的解释》第十六条第三款关于"当事人按照本条第一款的规定就赔偿数额达成协议的，应当准许"等法律规定。另，北京三精公司与哈药三精公司均没有对该约定提出异议，没有主张违约金数额明显过高、过低或显失公平，故应依据该约定确定北京三精公司的侵权赔偿数额。在知识产权侵权案件中，当事人事先就赔偿数额的约定体现了当事人的意思自治，如其约定不违反法律规定，且没有证据证明约定的数额显失公平、不合理等情形，应优先适用其约定判定侵权赔偿额。

三、关于合法来源抗辩的理解适用

商标法第六十四条第二款以及《中华人民共和国商标法实施条例》第七十九条规定了销售者合法来源抗辩及其认定标准，即判定销售者合法来源抗辩是否成立，需从主观过错及客观来源两方面进行审查，其实质是对证据认定及证明标准的确定。

本案，各方当事人均确认，精彩染发店是销售者，不是被诉侵权商品的生产者。哈药三精公司没有举证证明精彩染发店明知被诉侵权商品系侵犯涉案注册商标专用权的商品而销售。而精彩染发店举示了被诉侵权商品生产者，即北京三精公司的资质文件以及被诉侵权商品的《检测报告》《成品检验报告单》等产品质量合格文件，表明其对被诉侵权商品的生产者及商品质量等进行了必要的审查，主观上不具有明知侵权而销售的故意。精彩染发店举示的《哈尔滨丽柏年商贸发货单》虽没有加盖公章和签名，但均系统一样式的机打票据，票据上记载的发货人、业务员等能够与其他证据相印证，所记载的商品名称也与被诉侵权商品吻合。精彩染发店举示的证明其合法取得被诉侵权商品的证据能够相互印证，形成封闭的逻辑链环。《最高人民法院关于适用〈中华人民共和国民事诉讼法〉的解释》第一百零八条第一款规定："对负有举证证明责任的当事人提供的证据，人民法院审查并结合相关事实，确信待证事实的存在具有高度可能性的，应当认定该事实存在。"故受诉法院对精彩染发店销售的被诉侵权商品系合法取得的事实予以认定，精彩染发店合法来源抗辩成立。

鉴于精彩染发店系被诉侵权商品的零售商，性质为个体工商户，根据目前我国商品流通市场实际状况和日常交易习惯以及被诉侵权商品的性质，如要求精彩染发店举示正规购销合同以及记载商品批号、生产日期等完整信息并经合法签章的供货票据，方可认定其销售被诉侵权商品具有合法来源，则会使其承担过于严苛的举证责任，与现实交易情况不符，不符合本案实际。故在商标侵权案件中，对销售者销售被诉侵权商品是否具有合法来源的判定，应根据案件实际、市场交易习惯以及当事人的举证能力等因素，灵活准确把握适用商标法第六十四条第二款，不能一概而论。

顺便说明，哈药三精公司及其“三精”“”注册商标、“三精”字号均具有较高知名度，案件受到社会广泛关注。一审宣判后，各方当事人均未上诉，服判息诉，一审判决取得了较好的法律效果和社会效果。

编写人：哈尔滨市中级人民法院　李靖海　杨欣

16

广州市指南针会展服务有限公司等诉优衣库商贸有限公司等侵害商标权纠纷案

——阅读提示：何种情况可认定为恶意提起商标侵权诉讼？恶意提起商标侵权诉讼能否获得经济赔偿？

【裁判要旨】

对商标权人以非使用目的注册商标，并恶意提起商标侵权诉讼的，不予支持其包括诉讼支出在内的经济赔偿请求。

【案号】

一审：上海市第一中级人民法院（2014）沪一中民五（知）初字第114号

二审：上海市高级人民法院（2015）沪高民三（知）终字第97号

【案情与裁判】

原告（上诉人）：广州市指南针会展服务有限公司（以下简称指南针公司）

原告（上诉人）：广州中唯企业管理咨询服务有限公司（以下简称中唯公司）

被告（上诉人）：优衣库商贸有限公司（以下简称优衣库公司）

被告（被上诉人）：优衣库商贸有限公司上海船厂路店（以下简称船厂路店）

起诉与答辩

2014年7月11日，两原告诉称：其系第10619071号“UL”注册商标

（以下简称涉案注册商标）的共有人，共同享有注册商标专用权。该商标核定使用商品为第25类的服装、鞋、帽等，使用期限自2013年6月21日至2023年6月20日。两被告未经两原告许可，在相同商品上及相关网络推广宣传中使用与涉案注册商标相同的标识，侵犯了两原告享有的注册商标专用权，故诉请判令两被告：1. 立即停止侵犯两原告第10619071号注册商标专用权的行为；2. 共同赔偿两原告经济损失人民币15万元（以下币种相同）以及为制止侵权所支付的合理费用12598元，共计162598元；3. 共同在《上海日报》上就商标侵权行为刊登声明及连续30日在被告船厂路店入口处显著位置张贴启事，排除妨碍、消除影响。

两被告辩称：1. 两被告使用被控侵权标识“UL”系与“ULTRA LIGHT DOWN”共同使用，旨在说明商品的特性，并非商标性的使用；2. 两被告在涉案商品上使用了具有较高知名度的自有的“UNI QLO”商标，不会产生混淆、误认；3. 涉案注册商标没有实际使用，两原告没有实际损失，两被告不应承担赔偿责任；4. 两原告申请注册大量的商标却不实际使用，有滥用诉权的恶意。

法院审理查明

经营展览活动策划的指南针公司和经营企业管理咨询的中唯公司系“UL”注册商标的共有人，该商标核定使用在包括服装在内的第25类商品上，有效期自2013年6月21日至2023年6月20日止。2013年12月，中唯公司曾表示涉案商标转让价格不低于800万元，并暗示欲将该商标作为附属品牌，卖给优衣库公司。此外，两原告分别持有注册商标共计2600余个，且确认其曾将持有的多个注册商标转让他人。中唯公司经营的华唯商标转让网曾出现涉案注册商标“UL”的转让信息。

优衣库公司从事服装、配件等经营，船厂路店系其分公司。该店正门上方等处均使用“UNI QLO”商标，在售服装的塑料透明标牌和纸质吊牌上标有“UL ULTRA LIGHT DOWN”标识，其商品发票记载收款单位为优衣库公司，相关收纳袋上印有“UL ULTRA LIGHT DOWN”标识。

优衣库公司系株式会社迅销的子公司，株式会社迅销系“UNI QLO”商标的所有人。株式会社迅销曾向国家工商行政管理总局商标局申请“UL”商标领土延伸，被驳回复审。2014年3月，迅销公司向国家工商行政管理总局商标评审委员会提出撤销两原告“UL”商标在第25类全部核定商品上的注册。目前，该案尚在审理中。

2014年3月，指南针公司向优衣库公司等发出律师函，要求立即停止在其销售的涉案商品上突出使用“UL”标识并作合理赔偿。之后，两原告以被告优衣库公司及其下属分公司侵害两原告涉案注册商标专用权为由，分别向全国多家法院提起诉讼。

一审判理和结果

一审法院认为，优衣库公司与其门店使用的“UL”标识应属于商标使用。将“UL”标识作为比对对象与注册商标“UL”隔离比对，两者在视觉效果上基本无差别，应当认定两者相同；且与涉案注册商标核定使用商品相同，故相关公众对于使用在相同商品上的相同商标必然产生混淆可能性。两被告对其侵权行为依法应立即停止。两商标权利人注册商标并非为了使用，而是以商标注册并转让为其经营模式。商标权利人行为明显不符合鼓励商标使用、激活商标资源的原则。鉴于涉案注册商标并未实际使用，不产生商品来源的区分功能，亦未产生相应的市场价值，两原告并无商标使用价值的损失，其要求被告承担赔偿经济损失的诉讼请求，无事实和法律依据，法院不予支持。由于法院判令两被告停止侵权，两原告在商标禁用权方面所获得的救济，同时也意味着其商标专用权恢复到了圆满状态。因此，两原告商标专用权的行使不存在任何现实发生的或预期产生的障碍。此外由于现有证据表明两原告并没有实际使用“UL”商标，该商标并未承载只有因使用才能形成的商业信誉或商品声誉；两原告的商标原处于睡眠状态，侵权行为被禁止后，两被告对该商标的激活给两原告带来社会评价上的不利影响尚未可知。故依照《中华人民共和国民法通则》第一百一十八条，《中华人民共和国公司法》第十四条第一款，《中华人民共和国商标法》（2001年修正）（以下简称商标法）第五十二条第（一）项、第（二）项，《最高人民法院关于审理商标民事纠纷案件适用法律若干问题的解释》第九条第一款、第十条第（一）项、第（二）项的规定，判决：一、被告优衣库公司于本判决生效之日起立即停止侵害两原告享有的第10619071号“UL”注册商标专用权。二、驳回两原告的其余诉讼请求。

两原告共同提起上诉，请求撤销原判，改判支持其一审诉请或发回重审，本案一、二审诉讼费用由两被告承担。主要理由与一审相同。

两被告共同答辩意见与一审相同。

优衣库公司亦不服原判，提起上诉，请求撤销一审判决第一项，改判驳回两原告全部诉讼请求，本案一、二审诉讼费用由两原告共同承担。其主要上诉理由与一审辩称理由相同。

两原告共同答辩认为：（一）一审判决认定“UL ULTRA LIGHT DOWN”标识的使用属商标使用正确。（二）原审法院认定“UL”与“UL”注册商标相同符合客观实际。

二审判理和结果

二审法院认为，一审法院查明事实清楚，处理结果并无不当。除一审相关理由外，二审法院还认为，由于商标权利人未实际使用涉案注册商标，判令侵权人承担停止侵害的民事责任后，“UL”注册商标已经恢复到被侵权前的状态，权利人正常实施该商标权已不存在任何障碍。同理，鉴于两商标权利人未实际使用涉案注册商标，故权利商标未承载因使用行为而在相关公众中形成的商誉，权利人要求消除影响的主张缺少需恢复的社会评价作为基础，即缺乏所需恢复的被贬损的商标声誉。至于侵权损害赔偿责任的承担，主要是为了弥补业已发生的侵权行为对权利人所造成的经济损失。鉴于两商标权利人未实际使用“UL”注册商标，被控侵权行为未产生侵占其商品市场份额的损害后果，因此不存在因被控侵权行为所产生的实际经济损失。至于因本案支出的相关维权费用，虽然企业注册多个商标之行为不被法律所禁止，但两商标权利人注册商标之目的是通过大量注册商标并转让之行为进行牟利。同时，其就相同事实在全国各地法院提起批量诉讼，明显具有通过利用注册商标批量诉讼以获取多重赔偿之意图。在已有另案生效判决判令相同侵权事实之侵权人承担相关维权合理费用之前提下，该种因批量诉讼策略所产生之诉讼成本均系重复支出，并非商标法所保障之权利人因侵权行为所必须支出的合理费用范畴。同时，基于本案注册商标权利人诉讼目的之非正当性，从引导社会公众诚信诉讼、节约司法资源的角度出发，法院亦不应责令侵权人承担权利人因重复诉讼而支出之费用。因此，两商标权利人应自行承担上述费用。综上，二审法院判决驳回上诉，维持原判。

【法官评述】

知识产权作为一种民事权利，亦存在民法上的权利滥用的可能，而知识产权滥用①的主要形态包括了恶意主张权利的滥用②，在实践中又常常以恶意诉讼为表现形式。而作为知识产权单行法之一的商标法，同样存在权利滥用情形，本案就是一起典型的商标权利人恶意维权诉讼案件。商标恶意维权常体现为商标权人取得商标注册后，并不实际使用，而是借以作为诉讼工具，或者旨在造成对符号的垄断。

知识产权滥用行为的法律后果一般有负侵权行为责任或法律关系无效、侵权请求权不发生和限制或剥夺其权利等③。其中，侵权请求权不发生的法律后果，即在知识产权滥用情形下，法律不承认其具有基于侵权行为而产生的停止侵害、赔偿损失的请求权。因此，商标恶意诉讼这一滥用知识产权行为在理论上，也存在要求商标恶意诉讼人承担败诉后果、负侵权民事责任等法律后果。

本案例的裁判意义在于对利用以非使用为目的注册的商标进行权利滥用、恶意诉讼的行为，进行了合法的法律规制。法院经过对原告启动诉讼主观状态的认定及其客观损失的考量，在支持其侵权主张的情况下，结合公平诚信之民法原则，对商标法关于损失赔偿的相关规定进行了合理的解释和突破，最终不但对商标权利人主张的赔偿损失之要求未予支持，更免除了被告对于原告因诉讼所支出的相关费用的赔偿义务。

根据我国商标法规定，一般而言，被判定侵权构成的被告应当对原告给予赔偿；即便在原告未实际使用其商标、无实际经济损失等案件中，被告也应当对原告因诉讼支出的相关费用予以赔偿。然而在本案中，法院并未机械地套用上述条款，而是通过一种平衡各方利益的方式，对本案进行

① "而以损害他人为目的的提起知识产权侵权诉讼，如果与公共利益不合，未尝不可认为是知识产权的滥用。"沈志先主编：《知识产权审判精要》，法律出版社2010年版，第162页。

② 沈志先主编：《知识产权审判精要》，法律出版社2010年版，第159页。

③ 沈志先主编：《知识产权审判精要》，法律出版社2010年版，第159页。

了判决，即虽承认商标权利人有基于侵权行为而产生的请求权，继而认定侵权人行为构成商标侵权并支持权利人要求停止侵权的诉请；但同时鉴于权利人在全国范围启动的批量诉讼具有滥用诉权的主观恶意，故不支持其包括诉讼支出在内的经济赔偿等诉讼请求。

一、未实际使用商标，不存在业已发生的经济损失

侵权损害赔偿责任的设立，主要目的是弥补业已发生的侵权行为对权利人所造成的经济损失。在商标侵权纠纷中，如果商标权利人未实际使用注册商标，则首先，该注册商标因未发生区别商品来源的功能而没有产生相应的市场价值；其次，由于原告在相关市场上并无带有其商标的产品流通，因此被告的侵权行为在同一市场上也不会产生侵占其市场份额的损害后果。因此，权利人缺乏因被控侵权行为所产生实际经济损失的事实基础。然而在此类案件中，一般情况下，法院会根据综合考虑商标权利人为制止侵权行为而支付的取证费用、律师费等实际支出损失，酌情判令被告承担一定数额的合理费用，以弥补权利人因启动诉讼所产生的损失。

二、法院不支持因商标恶意诉讼所支出的“维权”费用

本案中，在完全可以通过向被告总公司主张权利即能达到制止侵权并获得赔偿之维权目的情况下，两权利人却选择以总公司加上其不具有独立法人资格的各门店作为共同被告的方式，就相同事实在全国各地法院提起批量诉讼，明显具有通过利用注册商标批量诉讼以获取多重赔偿的主观恶意。对于这种恶意诉讼所产生的批量的相关费用，二审法院从以下几个角度进行了分析：首先，从注册商标目的角度，虽然同一主体注册多个商标之行为不违反我国法律规定，但如果注册商标之目的并非使用，而是通过高价转让商标而获利，则其注册商标的目的显然有悖商标法鼓励商标使用的原则，具有非正当性。其次，从合理费用赔偿之立法原意角度，商标法责令侵权人对权利人因制止侵权行为所支出的合理费用，旨在鼓励权利人积极维权以遏制侵权行为的发生。但在已有其他法院生效判决对被告的相同侵权事实责令其承担了两商标权利人的相关维权之合理费用的情况下，两原告此后再在全国启动批量诉讼，因该策略所产生的律师费、公证费、购买产品费用之诉讼成本均系重复支出，并不属于商标法所鼓励之权利人维权合理费用范畴。最后，从引导社会公众诚信诉讼、节约司法资源的角度出发，司法裁判不应鼓励权利人使用该种批量诉讼策略维权。如果机械

适用法条，在侵权认定的基础上责令被告承担原告本案相关诉讼支出费用，客观上无法对这种批量诉讼起到遏制作用。因此，基于公平合理、诚实信用的民法原则，当商标权利人出于并非自身使用的目的注册商标，利用注册商标意图通过恶意诉讼获取多重赔偿时，法院应对商标法的赔偿条款进行突破性的适用，责令以非实际使用为目的注册商标的商标权利人自行承担因恶意诉讼所产生的相关费用。该判决结果不但能够制止侵权行为，同时也可以起到遏制权利人恶意批量诉讼的作用。

本案的判决是国内同类案件中，法院首次认定原告的批量诉讼具有恶意，进而免除被告对合理费用赔偿义务的生效判决。该判决对司法实践中如何正确处理利用知识产权进行恶意诉讼的案件具有指导意义，起到了裁判引导诉讼的司法目的，产生了良好的社会效果，也体现了商标法鼓励商标使用、激励经济发展之立法目的。

编写人：上海市高级人民法院　王静

17

樱花卫厨（中国）股份有限公司诉苏州樱花科技发展有限公司等侵犯商标权及不正当竞争纠纷案

——阅读提示：知识产权侵权纠纷案件中公司法定代表人什么情形下与公司构成共同侵权？

【裁判要旨】

公司股东兼法定代表人将与他人注册商标和企业字号相同的文字作为字号注册成立公司并以公司名义实施侵权行为，在公司被人民法院认定构成侵权并被责令停止使用侵权字号后，该公司股东兼法定代表人仍使用相同字号注册成立新的公司，并控制公司继续实施侵权行为，权利人主张该股东兼法定代表人与新公司构成共同侵权，应当承担连带责任的，人民法院应予支持。

【案号】

一审：江苏省苏州市中级人民法院（2013）苏中知民初字第0322号

二审：江苏省高级人民法院（2015）苏知民终字第00179号

申请再审：最高人民法院（2017）最高法民申1406号

【案情与裁判】

原告（上诉人、被申请人）：樱花卫厨（中国）股份有限公司（以下简称樱花卫厨公司）

被告（上诉人、再审申请人）：苏州樱花科技发展有限公司（以下简称苏州樱花公司）

被告（上诉人）：中山樱花集成厨卫有限公司（以下简称中山樱花集成厨卫公司）

被告（上诉人）：中山樱花卫厨有限公司（以下简称中山樱花卫厨公司）

被告（被上诉人）：苏州樱花科技发展有限公司中山分公司（以下简称苏州樱花公司中山分公司）

被告（被上诉人）：屠荣灵

被告（被上诉人）：余良成

起诉与答辩

樱花卫厨公司一审诉称：其享有在先注册商标及商号权。苏州樱花公司、屠荣灵等故意以与樱花卫厨公司商标、字号完全相同的字号在相同营业范围内取得企业登记并实际生产、销售与其相同或类似的产品，在产品和广告宣传上使用与其相近似的商业标识，造成相关消费者对产品来源和市场主体的混淆，扰乱了市场秩序，构成商标侵权及不正当竞争。遂诉至法院请求判令六被告：1. 停止商标侵权及不正当竞争行为；2. 停止在相关产品、产品包装装潢以及宣传中使用与其相近似的商标；3. 立即停止使用“樱花”“樱花厨卫”“樱花卫厨”等企业字号；4. 停止在宣传中使用“樱花”等字样；5. 公开声明，消除影响；6. 苏州樱花公司、苏州樱花中山分公司、中山樱花集成厨卫公司、中山樱花卫厨公司连带赔偿其经济损失及合理开支200万元；7. 屠荣灵、余良成对前述诉讼请求承担连带责任。

苏州樱花公司一审辩称：1. 其无商标侵权行为及不正当竞争行为。2. 其不构成共同侵权。本案所涉六名被告中的四家公司，除了苏州樱花中山分公司是苏州樱花公司的分支机构以外，其他两家公司均为有限责任公司的法人，并无共同侵权之故意，也无共同侵权的行为。3. 樱花卫厨公司要求屠荣灵、余良成承担连带责任没有法律依据。两个人虽是公司股东，但公司均为有限责任公司，股东也不仅仅两个人。

苏州樱花公司中山分公司一审辩称：同意苏州樱花公司的答辩意见。

中山樱花集成厨卫公司一审辩称：其未与其他被告共同侵犯涉案商标权，亦没有证据证明其构成共同侵权等。

中山樱花卫厨公司一审辩称：其系独立法人，与其他被告不存在财务和人员上的混同，公司财产也独立于其法定代表人，故不存在与其他被告的共同侵权行为。即使其构成侵权，但其同樱花卫厨公司之间与其余被告公司同樱花卫厨公司之间也是独立的法律关系，不应在本案中一并处理，等等。

屠荣灵一审辩称：同意苏州樱花公司的答辩意见，其无论作为个人还是苏州樱花公司的股东，均不应当成为本案的共同被告，也不应承担连带责任。

余良成一审辩称：没有任何证据证明其与屠荣灵在法律上有任何牵连。其合法注册中山樱花集成厨卫公司，且按照公司经营范围合法经营，不存在侵权行为。樱花卫厨公司将其与其余被告捆绑在一起共同提起诉讼没有法律依据，其也不存在任何侵权行为，故请求法院依法驳回樱花卫厨公司的诉讼请求。

一审审理查明

樱花卫厨（中国）股份有限公司成立于 1994 年，营业范围包括热水器、燃气灶、吸油烟机等的生产、销售。

屠荣灵曾于 2005 年 5 月 10 日出资设立苏州樱花电器有限公司并担任法定代表人。2008 年 6 月 18 日及 7 月 29 日，樱花卫厨公司以苏州樱花电器有限公司侵害其商标权及不正当竞争为由，分别提起诉讼。两案均经过一、二审，最终认定苏州樱花电器有限公司的行为构成商标侵权及不正当竞争，判定苏州樱花电器有限公司变更企业字号、赔偿损失等。

2009 年 5 月 8 日，屠荣灵与案外人共同投资设立苏州樱花公司，2009 年 6 月 29 日成立苏州樱花中山分公司，负责人屠荣灵；2011 年 6 月 2 日，屠荣灵与案外人共同投资设立中山樱花卫厨公司，其中屠荣灵均占股 90%。

2011 年 12 月 1 日，余良成与案外人共同投资设立中山樱花集成厨卫公司，其中余良成占股 90%。2013 年，樱花卫厨公司针对中山樱花集成厨卫公司拥有的第 4388900 号、第 4346843 号、第 7139306 号商标向国家工商行政管理总局商标评审委员会提出争议申请，商标评审委员会裁定第 4388900 号和第 4346843 号商标在热水器、煤气灶、厨房用抽油烟机等商品上予以撤销，仅在灯类商品上予以维持；裁定第 7139306 号商标予以撤销。

屠荣灵、余良成成立的上述公司均从事厨房电器、燃气用具等与樱花卫厨公司相近的业务，经营过程中不规范使用其注册商标，使用与樱花卫厨公司相近似的广告宣传语，导致相关公众的混淆误认。

一审判理和结果

苏州市中级人民法院一审认为，苏州樱花公司的行为构成不正当竞争，中山樱花集成厨卫公司的行为构成商标侵权，中山樱花卫厨公司的行为构成商标侵权及不正当竞争，上述公司均应依法承担停止侵权、赔偿损失、消除影响的民事责任；同时认为，樱花卫厨公司的现有举证并不能证明屠荣灵、余良成存在如《中华人民共和国公司法》（以下简称公司法）第二十条规定的滥用各自公司法人独立地位和股东有限责任进而损害公司债权人利益的情形，苏州樱花公司、中山樱花卫厨公司以及中山樱花集成厨卫公司仅为屠荣灵、余良成实施涉案侵权行为载体的事实依据不足。苏州市中级人民法院一审判决：苏州樱花公司停止不正当竞争行为，赔偿损失；中山樱花集成厨卫公司停止侵害商标权的行为，赔偿损失；中山樱花卫厨公司停止侵害商标权及不正当竞争行为，赔偿损失；上述公司刊登声明，消除影响。

上诉与答辩

樱花卫厨公司不服一审判决，向江苏省高级人民法院提起上诉，请求撤销一审判决，改判支持其在一审中的全部诉讼请求。主要理由：苏州樱花公司、中山樱花集成厨卫公司、中山樱花卫厨公司及屠荣灵、余良成的行为构成共同侵权，应当承担连带赔偿责任等。

苏州樱花公司二审答辩称：其不存在商标侵权的情形，也不存在与其他主体构成共同侵权的事实。请求驳回樱花卫厨公司的全部上诉请求。

中山樱花集成厨卫公司二审答辩称：其依法使用自己合法注册的企业字号，没有不正当竞争行为；一审判决赔偿数额过高。请求驳回樱花卫厨公司的上诉请求。

中山樱花卫厨公司二审答辩称：其系独立的市场主体，也没有与其他主体构成共同侵权等。请求驳回樱花卫厨公司的上诉。

苏州樱花公司中山分公司二审答辩称：一审判决认定事实清楚，适用法律正确，请求驳回樱花卫厨公司上诉。

屠荣灵二审答辩称：一审判决认定事实清楚，适用法律正确，请求驳回樱花卫厨公司上诉，维持原判。

余良成二审答辩称：其没有共同侵权，一审判决认定事实清楚，适用法律正确，请求驳回樱花卫厨公司上诉，维持原判。

苏州樱花公司、中山樱花集成厨卫公司、中山樱花卫厨公司亦不服一审判决，以其不构成商标侵权及不正当竞争为由向江苏省高级人民法院提起上诉，请求撤销一审判决，改判驳回樱花卫厨公司诉讼请求。

二审审理查明

二审确认一审查明事实，另查明：1. 樱花卫厨公司在本案起诉前通过网络公证购买了涉案被控侵权产品，该产品的外包装分别标注了苏州樱花公司及其中山分公司、中山樱花集成厨卫公司、中山樱花卫厨公司的名称、厂址及商标，产品上亦分别标注了相应的商标。2. 中山樱花卫厨公司在其办公大楼楼顶竖起“樱花大厦”四个大字，并在办公区域外墙的醒目位置悬挂广告牌，突出标识“樱花卫厨”文字。

二审判理和结果

苏州樱花公司等的行为构成商标侵权及不正当竞争。屠荣灵作为苏州樱花电器有限公司的法定代表人，曾经有过侵犯樱花卫厨公司知识产权的历史，在江苏省高级人民法院判决苏州樱花电器有限公司构成侵权的情况下，屠荣灵又相继成立了苏州樱花公司及其中山分公司、中山樱花卫厨公司，其主观恶意明显。余良成作为中山樱花集成厨卫公司法定代表人亦明知樱花卫厨公司的“樱花”系列注册商标及与其自身商标的区别。苏州樱花公司及其中山分公司、中山樱花集成厨卫公司、中山樱花卫厨公司成立至今系以侵权经营为主业，屠荣灵与余良成应对此承担相应责任。综合上述分析，足以认定屠荣灵与余良成在明知樱花卫厨公司“樱花”系列注册商标及商誉的情况下，通过控制上述公司实施侵权行为，其个人对全案侵权行为起到了重要作用，故与上述公司构成共同侵权，应对上述公司所实施的涉案侵权行为所产生的损害结果承担连带责任。江苏省高级人民法院二审改判：苏州樱花公司及其中山分公司、中山樱花集成厨卫公司、中山樱花卫厨公司立即停止将“樱花”作为其企业字号；停止侵害樱花卫厨公司注册商标专用权的行为；刊登声明，消除影响；屠荣灵、余良成与上述公司连带赔偿樱花卫厨公司经济损失（包括合理费用）200 万元。

申请再审理由与答辩

苏州樱花公司不服二审判决，向最高人民法院申请再审称：1. 其作为第

1547737号、第3419541号“YINGHUA櫻花及图”商标的合法使用人及第3673358号“JNINHUA及图”商标的商标权人，在核定使用的范围内使用上述商标，不构成商标侵权及不正当竞争。2. 各被告没有侵害樱花卫厨公司商标的共同意思联络并实施共同行为，不构成共同侵权。3. 一、二审法院判决苏州樱花公司赔偿经济损失没有事实依据。

樱花卫厨公司答辩称：一、二审判决认定事实清楚，适用法律正确，各被告基于共同故意，共同实施了侵权行为，符合共同侵权的法律构成要件，依法应当承担连带责任。

申请再审审查查明

中山樱花集成厨卫公司于2017年1月11日更名为中山樱普电器有限公司，中山樱花卫厨公司于2017年1月16日更名为中山樱厨电器有限公司，苏州樱花公司中山分公司于2017年4月12日核准注销。

申请再审判理和结果

苏州樱花公司的行为构成商标侵权及不正当竞争，二审判决确定的赔偿数额适当。从苏州樱花公司、原苏州樱花中山分公司、中山樱普公司、中山樱厨公司的成立等情况看，这四家公司对其行为构成商标侵权及不正当竞争是明知的，存在共同侵权的意思联络。从苏州樱花公司、原苏州樱花中山分公司、中山樱普公司、中山樱厨公司的网站形式近似、共用淘宝网销售平台进行网络销售、共同签订广告发布合同、使用类似的广告宣传语等情形看，这四家公司经营的产品种类和范围近似，侵权方式、手段相同，实施了共同侵权的行为。故二审法院关于这四家公司构成共同侵权的认定并无不当。关于屠荣灵、余良成是否应承担连带责任的问题。根据二审认定的事实，在屠荣灵担任案外人苏州樱花电器有限公司法定代表人期间，该公司曾被樱花卫厨公司起诉侵犯商标权及不正当竞争，经过一、二审审理，最终认定该公司的被控行为构成侵权。在此情况下，屠荣灵又相继成立了苏州樱花公司、原苏州樱花中山分公司及中山樱厨公司，并担任这三家公司的法定代表人；樱花卫厨公司曾针对由余良成担任法定代表人的中山樱普公司拥有的商标提出异议申请，这说明余良成亦明知樱花卫厨公司的“樱花”系列注册商标与其自身商标的区别。苏州樱花公司、原苏州樱花中山分公司、中山樱厨公司及中山樱普公司自成立以来即以侵权经营为主业，进而导致本案诉讼的发生。

屠荣灵和余良成是前述公司的法定代表人，对侵权行为起到了重要作用，其二人与上述四家公司构成共同侵权，应对由此给樱花卫厨公司造成的损害结果承担连带责任。苏州樱花公司的此项再审申请理由不能成立。最终，最高人民法院裁定：驳回苏州樱花公司的再审申请。

【法官评述】

本案系一起典型的重复侵权、恶意侵权纠纷。本案被告苏州樱花公司的法定代表人屠荣灵曾于2005年5月10日出资设立苏州樱花电器有限公司并担任法定代表人。2008年6月18日及7月29日，樱花卫厨公司以苏州樱花电器有限公司侵害其商标权及不正当竞争为由，分别提起诉讼。两案均经过一、二审，最终认定苏州樱花电器有限公司的行为构成商标侵权及不正当竞争，判定苏州樱花电器有限公司变更企业字号、赔偿损失等。

屠荣灵在上述案件判决生效后，陆续成立苏州樱花公司等新的公司继续实施侵权行为。樱花卫厨公司再次向法院起诉，在主张苏州樱花公司等构成商标侵权及不正当竞争的同时，要求屠荣灵等对上述公司的行为承担连带责任。本案的争点集中在屠荣灵等是否与其新设立的苏州樱花公司等构成共同侵权。对此，形成了两种意见。一种意见认为，樱花卫厨公司的举证不能证明屠荣灵等存在如公司法第二十条规定的滥用公司法人独立地位和股东有限责任进而损害公司债权人利益的情形，苏州樱花公司等成为屠荣灵等实施侵权行为的载体的事实依据不足，不能认定共同侵权成立。另一种意见认为，屠荣灵等以实施侵权行为为目的设立新的公司，并与其新设立的公司共同实施侵权行为，构成共同侵权。本案二审判决采纳了第二种意见，在判定苏州樱花公司等构成商标侵权及不正当竞争、停止使用“樱花”字号等的同时，结合上述公司法定代表人的主观恶意、公司股东构成及公司的侵权行为，认定屠荣灵等在明知樱花卫厨公司“樱花”系列注册商标及商誉的情况下，通过苏州樱花公司等实施侵权行为，其个人对全案侵权行为起到了重要作用。最终，江苏省高级人民法院二审判决根据《中华人民共和国侵权责任法》第八条关于共同侵权的规定，认定屠荣灵等与上述公司构成共同侵权，判令屠荣灵等对公司的涉案侵权行为承担连带责任。本案的判决，充分体现了对重复侵权、恶意侵权加大惩治力度的司法裁判引导作用，对于严格知识产权保护，维护公平竞争的市场秩序具有典型意义。本案入选江苏法院2016年度十大典型案例和2016年中国法院50件典型知识产权案例。

编写人：江苏省高级人民法院　史乃兴

18

钓鱼台美高梅酒店管理有限公司诉安徽省高速地产集团（苏州）有限公司侵害商标权纠纷案

——阅读提示：将与他人注册商标相同、相近似的标识作为楼盘名称使用，是否可以认定构成商标侵权？商标侵权成立的，应当如何考量是否判令停止使用楼盘名称？

【裁判要旨】

楼盘开发商销售的商品房与核定注册在不动产建筑、出租、管理等类别的服务商标相比较，两者在功能、用途、消费对象、销售渠道等方面基本相同，属于类似的商品与服务。将与具有一定知名度的上述服务商标相同、相近似的标识作为楼盘名称使用，易使相关公众认为两者之间存在一定的联系从而产生混淆和误认，构成商标侵权。

在判定楼盘名称构成商标侵权而应承担民事责任时，人民法院应当根据个案的不同情形，在综合衡量商标权人的权益以及因判令停止使用该名称而给他人及社会公众造成影响的利益后，裁量是否需要判令停止使用楼盘名称。为最大化地维护商标权人的合法权益，在不违背社会公共利益或造成重大利益失衡的情形下，法院可以判决停止使用楼盘名称。

【案号】

一审：江苏省苏州市中级人民法院（2015）苏中知民初字第00281号

二审：江苏省高级人民法院（2016）苏民终1167号

【案情与裁判】

原告（被上诉人）：钓鱼台美高梅酒店管理有限公司（以下简称钓鱼台美高梅公司）

被告（上诉人）：安徽省高速地产集团（苏州）有限公司（以下简称安徽高速地产苏州公司）

起诉与答辩

钓鱼台美高梅公司诉称，钓鱼台国宾馆于1959年建馆，由外交部下属单位外交部钓鱼台宾馆管理局管理，系中国国家领导人从事重要国事和外交活动的最高规格接待场所之一，“钓鱼台”由此成为代表国家形象的特殊建筑。外交部钓鱼台宾馆管理局先后就“钓鱼台”向国家商标局进行了全类商标注册，包括涉案第36类的第857806号、第37类的第845879号“釣魚臺”商标。

钓鱼台美高梅公司经外交部钓鱼台宾馆管理局许可，有权以自己名义单独对侵犯“釣魚臺”商标权的行为进行维权。安徽高速地产苏州公司未经许可，以“钓鱼台”命名其开发并销售的位于苏州市相城区的商品住宅，在对外宣传及销售中使用“钓鱼台别墅”“姑苏钓鱼台”（简、繁体）标识，使用与钓鱼台国宾馆建筑名称“芳菲苑”几乎一样的“芳菲院”作为楼盘名称宣传，以误导公众、攀附钓鱼台国宾馆，并已借此销售出了大量商品住宅。上述行为构成商标侵权及不正当竞争行为，遂于2015年10月29日诉请法院判令安徽高速地产苏州公司：1. 停止侵权，停止使用“钓鱼台”作为楼盘名并向相关行政部门申请变更；2. 赔偿其经济损失100万元；3. 赔偿其为维权所花费的合理费用，包括律师费15万元、公证费4160元。

安徽高速地产苏州公司辩称：1. 涉案商标权人的服务内容只在饭店和餐饮等的服务项目上，从未经营过房地产开发，也未在房地产开发领域进行过宣传和使用。2. 其使用的“姑苏钓鱼台别墅”与“釣魚臺”商标在字形、整体外观、含义及呼叫等方面有显著区别，未误导公众也未造成公众混淆；“钓鱼台”是一种常见的垂钓场所名称，涉案商标权人不能对该文字或名称享有垄断权。3. 其使用“姑苏钓鱼台别墅”是基于当地的历史文化，前面冠以“姑苏”代表苏州，开发的项目为别墅，项目的位置就在钓鱼台路一号，其开发项目的价值是由开发商的品牌、项目位置、物业管理水平等因素决定，和楼盘名称没有任何关系。

一审审理查明

第857806号“釣魚臺”商标注册核定服务项目包括第36类的不动产出

租、不动产管理等。第845879号“釣魚臺”商标核定服务项目包括第37类的建筑等。外交部钓鱼台宾馆管理局系该两商标注册权人。

2005年，国家商标局在（2005）商标异字第02712号《“钓鱼台及图形”商标异议裁定书》中认定：钓鱼台国宾馆建于1959年，用于接待应邀来访的国家元首和政要。中华人民共和国成立五十多年来，近千位访华的国家元首领导以及政府要员都下榻在钓鱼台国宾馆，“钓鱼台”作为中国最高级别的宾馆品牌也因此扬名世界。我国各大媒体和报纸在报道国外元首来访时，都在显著位置刊登了“钓鱼台”字样，把“钓鱼台”作为代表国家形象的特殊建筑物来加以报道。外交部钓鱼台宾馆管理局于1996年就已在涉及所有类别的诸多商品及服务上获准注册了40余个“釣魚臺”商标。故外交部钓鱼台宾馆管理局使用在餐馆，住所（饭店供膳寄宿处）等服务上的“釣魚臺”商标经过长期使用已具有较高声誉，同时鉴于“钓鱼台国宾馆”特殊的政治影响，认定其为驰名商标。

2011年7月12日，外交部钓鱼台宾馆管理局将其“釣魚臺”商标在中国的注册期限内授权钓鱼台美高梅公司。2015年6月1日，该局再次授权钓鱼台美高梅公司在“釣魚臺”注册商标在中国境内遭遇不法侵害时，可以自己的名义单独提起诉讼并获得侵权赔偿。

在钓鱼台别墅官网的首页中部显示有“钓鱼台别墅”“中赫地产”及“高速地产集团”等信息，点击进入页面显示有“钓鱼台别墅”“古今几人能坐钓鱼台”“姑苏钓鱼台本纪”，以及“贵宾专线：0512－66736666”，“项目地址：中国 苏州 钓鱼台路1号”等文字内容，并包括有“盛泽湖”“规划”“园林”“宽墅”“品牌”“资讯”等几个子栏目。点击该页面右侧“姑苏钓鱼台本纪”进入后，在该页面“目录”下的“2013/姑苏钓鱼台，裁成天地之道，再续古今风藻”标题内，表述有“携钓鱼台离京返乡，妙传当年天子雅号”等内容。关闭“姑苏钓鱼台本纪”相关页面，回到首页，点击该页面“资讯”栏目进入后，显示从2012年12月13日到2014年8月23日发布有十三篇新闻动态，均为在钓鱼台别墅举办的活动。

在“钓鱼台别墅”售楼处现场及内部均有“钓鱼台别墅”“芳菲院”字样的广告宣传，楼书宣传有“钓鱼台别墅”“芳菲院”以及“一席芳菲院，尽得盛泽湖”等文字内容，名片背面则标识有“钓鱼台别墅”文字。

经查，安徽省高速地产集团有限公司于2009年11月5日竞得苏地2009－B－65地块并于2009年12月3日独家发起设立了安徽高速地产苏州公司。

2011年8月，中赫置地有限公司增资45000万元入股安徽高速地产苏州公司，其后，安徽高速地产苏州公司在该地块进行住宅的开发建设。2012年5月4日，苏州市地名委员会办公室批复同意相城区民政局请示的将跨相城区渭塘镇、阳澄湖镇，位于湘洲路南，东南起阳澄湖镇盛泽荡（湖泊名）东部水域无名小岛、至西北折西至渭塘镇聚金路的道路命名为“钓鱼台路”。2012年8月23日，该办公室又批复同意相城区民政局申报的由安徽高速地产苏州公司在聚金路以东、湘洲路南侧无名河道以南、盛泽荡（湖泊名）以西、钓鱼台路及其南侧河道以北范围内建设的住宅区命名“钓鱼台别墅”。

另查，芳菲苑系钓鱼台国宾馆内部楼宇名称，被用于国家外事会议等活动。

一审判理和结果

一审法院认为：

安徽高速地产苏州公司的涉案行为构成对第857806号、第845879号两商标权的侵害，应承担停止侵权、赔偿损失的民事责任。鉴于钓鱼台美高梅公司以相同涉案事实指控安徽高速地产苏州公司构成不正当竞争，因两者产生竞合，在前述被控行为已被认定构成商标侵权的情况下，法院对钓鱼台美高梅公司构成不正当竞争的诉请不再支持。依照《中华人民共和国民法通则》第一百一十八条，《中华人民共和国商标法》第五十七条第（二）项，《最高人民法院关于审理商标民事纠纷案件适用法律若干问题的解释》第九条第二款、第十一条第三款、第十二条、第十六条之规定，判决：一、被告安徽高速地产苏州公司立即停止涉案侵害第857806号、第845879号“釣魚臺”注册商标专用权的行为，停止在涉案楼盘名称中使用“钓鱼台”字样；二、被告安徽高速地产苏州公司于本判决生效之日起十日内赔偿原告钓鱼台美高梅公司经济损失及合理费用开支合计人民币20万元；三、驳回原告钓鱼台美高梅公司的其他诉讼请求。

上诉与答辩

安徽高速地产苏州公司上诉称，其涉案行为不构成商标侵权。1. 钓鱼台美高梅公司获得的商标使用权仅限于服务，不包括商品，而安徽高速地产苏州公司的被控侵权行为仅涉及房地产商品，本案商品与服务之间不构成类似，不会造成相关公众的混淆或误认。2. 钓鱼台国宾馆从未涉足过房地产领域，相关公众不会将安徽高速地产苏州公司与钓鱼台国宾馆相联系，自然不会对涉案商标与“钓鱼台别墅”产生误认和混淆。3. 安徽高速地产苏州公司对“钓鱼台”文字不属于商标性使用，而只是描述性使用。

二审审理查明

安徽高速地产苏州公司涉案钓鱼台楼盘占地五百余亩，位于苏州市相城区渭塘镇，属于盛泽湖风景区。其中别墅分四期开发，一期170余套，已销售三分之一；二期300余套，已销售三分之二。截至目前，入住业主并不多。

二审判理和结果

二审法院认为：安徽高速地产苏州公司将与涉案“釣魚臺”商标相近似的“钓鱼台”标识作为楼盘名称使用，容易使相关公众产生混淆和误认，构成对钓鱼台美高梅公司涉案商标权的侵犯。首先，安徽高速地产苏州公司从事开发与销售的“钓鱼台别墅”与涉案商标核定使用的服务类别之间构成商品与服务类似。根据《最高人民法院关于审理商标民事纠纷案件适用法律若干问题的解释》第十一条第三款的规定，商品与服务类似，是指商品与服务之间存在特定联系，容易使相关公众产生混淆和误认。钓鱼台美高梅公司涉案第857806号、第845879号“釣魚臺”注册商标核定的服务类别分别是不动产管理、建筑等，与商品房销售相比，两者在功能用途、消费对象、销售渠道等方面基本相同，不动产管理、建筑等服务与商品房销售存在特定的联系，故应当认定本案存在商品与服务之间的类似。其次，安徽高速地产苏州公司在www. gsdiaoyutai. com、www. 2500sz. com等网站及其售楼现场、楼盘的宣传书等处以“钓鱼台别墅”“姑蘇釣魚臺”文字广为宣传，其中“钓鱼台别墅”系其楼盘名称，“别墅”为商品房，“姑苏”系苏州的另一称谓，故“钓鱼台”“釣魚臺”文字起到了对不同房地产公司开发的楼盘、商品房加以识别的作用。基于“钓鱼台国宾馆”特殊的政治影响力和长期广泛的新闻报道，钓鱼台国宾馆及其“钓鱼台”品牌已在公众中具有较高的知名度，故本院认定安徽高速地产苏州公司主观上借助钓鱼台国宾馆的声誉，诱导相关公众对其开发、销售的“钓鱼台别墅”楼盘与钓鱼台国宾馆及其“钓鱼台”品牌之间存在特定关系产生联想和误认，引起相关公众对两者来源产生混淆的故意十分明显，安徽高速地产苏州公司的上述行为构成了对涉案第857806号、第845879号“釣魚臺”注册商标权的侵害。综合考量“钓鱼台”文字的政治影响和较高声誉，安徽高速地产苏州公司被控侵权楼盘的销售量、业主入住情况、拆除被控侵权标识的成本及影响，本院认为原审判决安徽高速地产苏州公司承担停止侵权、赔偿损失的民事责任并无不当。

综上，安徽高速地产苏州公司的上诉请求及理由均缺乏事实和法律依据，不能成立。一审判决认定事实清楚，适用法律正确，应予维持。依据《中华人民共和国民事诉讼法》第一百七十条第一款第（一）项之规定，判决：驳回上诉，维持原判。

【法官评述】

楼盘名称的命名是房地产开发企业的自主行为，尽管命名楼盘名称一般均要经过行政审批，且其本身具有表明地理位置的含义，但在本质上还是属于房地产开发企业进行市场营销的一种手段，楼盘名称更多承载了房地产开发企业的商誉，起到了标识楼盘来源的标识作用。但由于楼盘名称在《类似商品和服务区分表》中没有可直接对应的商品项目进行商标注册，房地产开发企业往往只能选择在相关的第36类、第37类不动产出租、代理、建筑等服务类别申请服务商标。这导致在实践中的涉楼盘名称商标侵权案件中，权利人注册商标核定使用的服务类别无法与侵权者使用标识的行为相对应，房地产开发企业的维权主张难以得到法院的支持。

最高人民法院在2015年2月26日作出的（2013）民提字第102号广州星河湾实业发展有限公司（以下简称星河湾公司）、广州宏富房地产有限公司（以下简称宏富公司）与江苏炜赋集团建设开发有限公司（以下简称炜赋公司）侵害商标权及不正当竞争纠纷再审案判决书中认为，炜赋公司在商品房上使用“星河湾花园”该商品名称，与星河湾公司享有的核定注册在不动产管理、建筑等服务类别上的涉案两商标相比，两者功能用途、消费对象、销售渠道基本相同，开发者均系相关房地产开发商，不动产管理、建筑等服务与商品房销售存在特定的联系，应当认定为商品与服务之间的类似。宏富公司以“星河湾”命名的楼盘具有较高知名度，炜赋公司将其开发的楼盘命名为“星河湾花园”，该名称起到了识别楼盘的作用，属于一种商业标识，该使用方式会使相关公众造成混淆误认，构成对星河湾公司、宏富公司相关商标权的侵犯。该判决还指出，根据民法关于善意保护之原则，在商标权等知识产权与物权等其他财产权发生冲突时，应以其他财产权是否善意作为权利界限和是否容忍的标准，同时应兼顾公共利益之保护。由于炜赋公司经南通市民政局批准将小区命名为“星河湾”，小区居民已经入住多年，且并无证据证明其购买该房产时知晓小区名称侵犯星河湾公司商标权，如果判令停止使用该小区名称，会导致商标权人与公共利益及小区居民利益的失衡，因此不再判令停止使用该小区名称，但炜赋公司在其尚未出售的楼盘和将来拟开发的楼盘上不得使用相关“星河湾”名称作为其楼盘名称。由此，该判决明确了审理涉楼盘名称争议案件的裁判思路，改变了过去各地法院裁判不一的做法。

本案与最高人民法院的（2013）民提字第102号案件同为涉楼盘名称商标侵权案件，但在实际审理中对是否认定构成侵权以及民事责任的承担方式上有案件自身的考量因素：一是由于本案商标权人钓鱼台宾馆管理局及其商标被许可使用人钓鱼台美高梅公司并非传统意义上的房地产经营企业，在判断安徽高速地产苏州公司的涉案行为是否构成商标侵权时，法院充分考虑了钓鱼台国宾馆系用于国事活动的接待场所，基于特殊的政治影响力和长期广泛的新闻报道，“钓鱼台”已成为公众心目中代表国家形象的特殊建筑物，钓鱼台国宾馆及其“钓鱼台”品牌已在公众中具有很高的知名度这一事实，同时结合安徽高速地产苏州公司在其楼盘中使用与钓鱼台国宾馆楼宇“芳菲苑”一字之差的“芳菲院”，以“携钓鱼台离京返乡，妙传当年天子雅号”的语句进行宣传等事实，最终认定其引起相关公众对两者来源产生混淆的主观故意明显，且容易使相关公众对两者之间的关系产生误认，从而构成商标侵权。

二是在是否应当判令安徽高速地产苏州公司停止使用“钓鱼台”字样作为楼盘名称上，由于此前最高人民法院在（2013）民提字第102号案件中并未判令停止使用小区名称，故该案是否应当沿用该案的裁判思路也判令被告无须停止使用楼盘名称，审理法院对此也有过不同的考虑。最终法院认为，最高人民法院在该案中对于如何确定侵权责任承担方式，明确的是应以善意保护、利益平衡的原则来解决权利冲突问题的思路，而并非一概认定楼盘名称无须判令停止使用。本案中的商标在不动产出租、管理等服务类别上经过商标权人的长期使用和新闻媒体的广泛宣传，同时基于钓鱼台国宾馆本身的特殊政治影响力和长期广泛的新闻报道，“钓鱼台”品牌已在公众中具有较高的知名度，而安徽高速地产苏州公司将其开发楼盘名称命名为带有“钓鱼台”字样的主观攀附恶意明显，审理法院同时综合考虑了被控侵权楼盘的销售量、业主入住情况、拆除被控侵权标识的成本及影响等，最终判决被告停止在所开发楼盘中使用“钓鱼台”字样。本案判决被告停止使用楼盘名称，既未造成商标权人与相关公共利益之间的失衡，也最大化地维护了商标权人的合法权益。

编写人：江苏省苏州市中级人民法院　庄敬重

19

参考消息报社诉福建博瑞网络科技有限公司侵害商标权纠纷案

——阅读提示：对涉诉商品或服务是否类似应如何考量？运用混淆侵权标准即可获得法律救济，是否可不再审查认定是否为驰名商标？

【裁判要旨】

认定驰名商标须遵从“按需认定原则”，只有在穷尽所有普通商标救济手段仍不能获得侵权救济情况下，才需要审查是否属于驰名商标。

鉴于被告所提供的服务与原告的商品构成类似，通过运用商标法“混淆侵权”标准即可对被告使用涉案商标的行为是否构成侵权作出认定，故无须对原告请求保护的商标是否属于驰名商标进行认定。

【案号】

一审：福州市中级人民法院（2014）榕民初字第1222号

二审：建省高级人民法院（2015）闽民终字第1533号

【案情与裁判】

原告（被上诉人）：参考消息报社

被告（上诉人）：福建博瑞网络科技有限公司（以下简称博瑞公司）

起诉与答辩

原告参考消息报社于2014年8月8日诉至法院，请求判令：1. 被告停止侵犯原告商标专用权的行为，即针对涉案“参考消息手机APP应用程序”进行下架处理。2. 被告提供涉案“参考消息手机APP应用程序”开发运营者的网络注册资料及下载数量走势图。3. 被告赔偿原告经济损失30万元人民币，包括原告为制止侵权支出的合理费用13880元。4. 被告承担本案诉讼费用。事实理由：原告依法拥有第1347964号“参考消息”注册商标，应受法律保护。《参考消息》作为中央级重要刊物，具有极高的显著性和商誉，构成驰名商标。被告未经许可擅自在其登记并实际经营的安卓市场平台，向网民提供名称为“参考消息”的APP手机应用程序，使用《参考消息》标识，属于商标性使用。涉案手机APP应用程序与原告权利商标核定的报纸商品在《类似商品与服务区分表》中虽为不相同和不相类似的商品，但因其与《参考消息》报纸具有极为密切的关联，客观上易使相关公众误认为涉案软件系原告发布或者具有某种合作关系，造成混淆误认或者淡化权利商标的后果，请求法院依法认定权利商标为驰名商标，并判令被告承担相应的民事责任。

被告博瑞公司辩称：原告提供的证据不足以证明其涉案商标为驰名商标，被告事前无法判断原告涉案商标是否属于驰名商标，是否应当受到跨类保护，被告没有负有更多的注意义务。本案不是已经注册的商标与驰名商标的冲突，也不是被诉的企业名称与驰名商标相同或近似的情形，且若认定原告的商标为驰名商标，将使案外的相关权利人丧失必要的抗辩。请求法院依法驳回原告的诉讼请求。

法院审理查明

原告参考消息报社系经国家事业单位登记管理局核准成立的事业单位，其业务范围为主报出版，报纸网络版、报纸手机版出版等。1999年12月28日，原告经核准注册取得第1347964号“参考消息”商标，核定使用商品第16类：报纸，目前该商标处于有效状态。《参考消息》报系国际时政类报纸，由新华通讯社主管主办、参考消息报社出版。《参考消息》报发行量大，原告长期通过多种形式宣传《参考消息》报，获得“中国500最具价值品牌”“百强报刊”等多项荣誉；原告还多次对案外人侵害“参考消息”商标权的行为进行维权。被告在其登记并实际经营的安卓市场平台（apk. hiapk. com），向网民提供名称为“参考消息”的APP手机应用程序，下载热度达到13.22万。被告未经许可擅自使用与原告注册商标完全相同的《参考消息》标识。2014年7月，原告遂通过公证形式进行证据保全；并向被告发出《关于参考消息APP应用的咨询函》及《参考消息新媒体中心关于下架盗版客户端的函》的邮件，要求被告对涉案 APP 等客户端作下架处理。原告诉称中要求认定“参考消息”商标为驰名商标事实并给予跨类保护。被告认为其系网络服务的提供者，对安卓网上的安卓市场平台上线的 APP 软件所使用的商标没有审查义务，并通过公证方式举证证明其在收到原告侵权通知函件后已将涉案 APP 下架，并不构成侵权。

一审判理和结果

原告依法注册取得了第 1347964 号“参考消息”商标，其享有的注册商标专用权应当受到我国法律的保护。根据原、被告双方的诉辩意见及本院查明的事实，本案争议焦点为：1. 被告使用涉案“参考消息”商标是否对原告“参考消息”注册商标构成侵权；2. 被告使用涉案商标的服务与原告的注册商标商品是否类似；3. 涉案“参考消息”注册商标是否应当作出驰名商标的认定。

关于争议焦点之一。被告在其经营的网站中提供“参考消息”手机 APP 应用程序下载服务及相关时政新闻财经信息阅览服务中使用了“参考消息”文字提示，属商标性使用了原告涉案注册商标“参考消息”。被告虽为免费提供这些软件下载，但是这些软件的功能也在于帮助被告通过提供新闻财经信息服务以谋取商业利益。因此，被告的上述行为毫无疑义地侵害了原告在第 16 类报纸上的商标专用权。被告虽辩称涉案 APP 上“参考消息”与原告注册的“参考消息”在外观上完全不同，前者为绿色字体，纵向排列，后者为红色字体，横向排列；且字体大小不同，并未侵权。本院认为：在“参考消息”标识上，虽然颜色和字体、排列顺序略有不相同，但该商标的显著性在于“参考消息”文字性及其读音，因此，被告使用涉案“参考消息”商标已构成侵权。

关于争议焦点之二。鉴于原告诉请要求认定其涉案注册商标“参考消息”为驰名商标进而进行跨类别保护，这涉及本案是否可以“混淆侵权”获得法律救济，因此，需进一步分析被告使用涉案商标的服务与原告的注册商标商品是否类似的法律问题。对此，本院认为，认定商品或者服务是否类似，应当以相关公众对商品或者服务的一般认识进行判断。人民法院在侵权诉讼中对商品或服务类似与否的司法审查不同于商标审查、核准阶段的行政审查，也区别于商品行政管理过程中对具体类别的划分。商品或服务是否类似不是一个孤立和静止的问题，在侵权诉讼中对商品或服务类似与否的司法审查应当比较和考量服务的目的、内容、方式、对象等因素。如果在这些方面相同或者相关公众一般认为存在特定联系，容易造成混淆的，则可以认定为类似商品或服务。本案中，原告“参考消息”报为时政类报纸，向相关公众提供时政新闻财经信息内容，而被告通过其经营的网站提供“参考消息”手机APP应用程序下载服务及相关时政新闻财经信息阅览服务，原告报纸与被告网站宣传载体虽不相同，但其宣传内容类似，消费群体相关。在各大媒体争相采用原有纸质载体和互联网传播方式向消费者提供新闻财经信息的社会形式中，被告通过提供软件下载服务及相关信息阅览服务，商标性使用已具有广泛知名度的涉案“参考消息”注册商标，容易使相关公众认为该软件服务和信息阅览服务为原告或与原告存在某种联系，进而引起相关公众对其中的时政新闻财经信息的传播出处产生混淆。故被告使用涉案商标所提供的服务与原告注册商标“参考消息”商品类似，被告侵犯了原告“参考消息”在第16类报纸商品上的商标专用权。

关于争议焦点之三。驰名商标不是一个荣誉称号，而是在特定情形下，为了保护某一商标，在该商标具备驰名条件的时候，通过行政或司法途径对其是否驰名予以明确。因为只有在认定该商标驰名的情况下，依据法律对驰名商标的特殊规定，该商标才可以突破普通商标受保护的范围，在其他情况下受到保护。而某一商标也许非常知名，已经达到了驰名的程度，但是它在法律上并不一定会被认定为驰名商标，因为如果通过商标法对普通商标的规定就足以得到保护，行政或司法机关就无须也不应当认定该商标是否驰名。换言之，驰名商标认定遵从“按需认定原则”，是在穷尽所有普通商标救济手段仍不能获得救济的“终极”救济方式，需要运用驰名商标扩大保护，作出跨类保护，这也是有一定知名度的商标最后唯一救济的手段，反之，倘若不认定驰名商标也可以通过普通维权程序得到法律救济，如在类似商品上使用与注册商标相同或近似的商标的侵权行为，注册商标权人完全可以依据《中华人民共和国商标法》（以下简称商标法）第五十七条第（一）项之规定，以“混淆侵权”获得法律救济，那么就不能启动驰名商标认定程序。本案中，原告虽对认定涉案注册商标为驰名商标作出了请求，但本院根据被告使用的商标与原告注册商标的相似性以及被告所提供的服务与原告的商品的类似性，已对被告使用涉案商标的行为是否构成侵权作出了认定，因此，尽管涉案注册商标具有较大的影响力，但涉案注册商标是否驰名不再是本案必须认定的事实，故原告的该项主张本院不予支持。

综上所述，本院认为，原告系本案讼争的第16类“参考消息”商标专用权人，其合法权利受到法律保护。被告未经原告许可，将与原告注册商标相同的“参考消息”文字商标在其网站上使用，足以使相关公众产生混淆误认，构成对原告注册商标专用权的侵害，应承担相应的民事侵权责任。

鉴于被告已对相关网络页面和APP手机应用程序涉及“参考消息”标识作了下架处理，原告针对涉案“参考消息手机APP应用程序”要求判令下架处理的诉请，已实无必要。原告要求判令被告提供涉案“参考消息手机APP应用程序”开发运营者的网络注册资料及下载数量走势图的主张，缺乏事实理由。因此，对原告的上述诉讼请求，本院不予支持。被告对原告承担的民事侵权责任，主要应是赔偿原告相应经济损失。鉴于原告并未有相应证据证明其因侵权所受损失的情况，亦未有证据证明被告因实施侵权行为的获益情况，据此本院将根据原告涉案商标的知名度、被告的侵权情节及主观过错程度，酌情确定被告应承担的赔偿数额。关于原告主张的为制止侵权支出的合理费用，公证费有相关票据予以印证，本院予以支持；律师费发票原告当庭撤回该证据，交通费票据虽无原件核对，但确为原告实际支出的费用，本院予以酌定。

综上，依照2001年商标法第十四条、第五十一条、第五十二条第（五）项、第五十八条第一款，《中华人民共和国商标法实施条例》第三条，《中华人民共和国反不正当竞争法》第二条第一款、第九条第一款，《最高人民法院关于审理商标民事纠纷案件适用法律若干问题的解释》第一条第（二）项之规定，判决如下：被告博瑞公司自本判决生效之日起七日内赔偿原告参考消息报社经济损失包括合理费用共计人民币250000元；驳回原告参考消息报社的其他诉讼请求。

二审审理情况

一审判决后，被告博瑞公司不服上诉至福建省高级人民法院，经福建省高级人民法院主持协商，本案二审调解结案。

【法官评析】

一、关于如何考量涉诉商品或服务是否类似的问题

2001年商标法第二十八条、第五十二条以及《最高人民法院关于审理

商标民事纠纷案件适用法律若干问题的解释》第十一条、第十二条提供了商品类似判断依据。商品类似是行政机关驳回注册、法院确认侵权的必要条件。类似商品是指在功能、用途、生产部门、销售渠道、消费对象等方面相同，或者相关公众一般认为其存在特定联系、容易造成混淆的商品。认定商品是否类似，应当以相关公众对其的一般认识综合判断，《类似商品和服务区分表》不能机械适用，也即商品是否类似不是一个孤立和静止的问题，必须与消费者对商标的主观认知程度结合起来考虑，只要有可能导致消费者混淆，就判定为商品类似，也即混淆标准。最高人民法院在“啄木鸟”案中对这一标准进行了阐释①，其认为判断商品是否类似，并非物理属性的比较，而主要考虑商标能否共存或决定商标保护范围的大小。避免来源混淆是商品类似关系判断时要坚持的一项主要基本原则。因此，在侵权诉讼中对商品或服务类似与否的司法审查应当比较和考量服务的目的、内容、方式、对象等因素。如果在这些方面相同或者相关公众一般认为存在特定联系，容易造成混淆的，则可以认定为类似商品或服务。

本案中，被告网站中有“参考消息”等栏目，该网站为时政新闻和财经信息网站，原告报纸为时政类报纸，原告报纸与被告网站均为传播新闻财经信息的媒体，虽报纸与网站宣传载体不同，但其宣传内容类似，消费群体相关。在各大媒体争相采用原有纸质载体和互联网传播方式向消费者提供新闻财经信息的社会形式中，被告在其互联网站中商标性使用已具有广泛知名度的涉案“参考消息”注册商标，容易使相关公众认为该网站所有者为原告或与原告存在某种联系，进而引起相关公众对其网站时政和财经新闻信息传播的出处产生混淆。故被告在其网站中提供的时政新闻信息阅览服务与原告使用涉案商标的报纸商品类似，

二、关于运用混淆侵权标准即可获得法律救济，是否可不再审查认定为驰名商标的问题

司法认定驰名商标是为了加强对某些知名度较高的商标的保护，以防止他人不正当利用权利人的商誉损害其利益。对于驰名商标司法认定应当持有审慎的态度，遵循“按需认定原则”，避免驰名商标司法保护制度被滥用。“按需认定原则”是指在案件审理过程中，根据当事人的诉讼主张，

① 最高人民法院（2011）知行字第37号裁定书。

在其他法律途径无法得到救济，需要运用驰名商标扩大保护的情况下，对涉案商标是否驰名做出认定。根据“按需认定原则”的精神，以下几种情形，没有必要认定驰名商标：

其一，原告主张权利的注册商标核定使用的商品与被告产品属于相同或类似商品，且原告主张适用的法律规范亦非跨类保护的规定，则无须认定驰名商标。其二，在不具备侵权构成要件，无论是否认定驰名商标均不构成侵权时，则无须认定驰名商标。其三，除请求认定驰名的注册商标外，原告在被控侵权行为涉及的商品或服务上有注册商标的，可以该注册商标为主张权利的依据，没有必要进行跨类保护，不予认定驰名商标。其四，在主张和适用其他法律规范能够解决纠纷、保护原告合法权利的情况下，无须认定商标驰名。如他人未经许可在相同或类似商品或服务上，使用与其注册商标相同或相近似的标识，其可以注册商标同类禁止混淆制度作为请求权基础，来维护自己的商标权益。

根据上文分析，驰名商标认定是穷尽所有普通商标救济手段仍不能获得救济的“终极”救济方式，也是有一定知名度商标最后唯一救济的手段，倘若不认定驰名商标也可以通过普通维权程序得到法律救济，那么就不能启动驰名商标认定程序。如我国在类似商品上使用与注册商标相近似的商标的侵权行为，商标权人完全可以依据2001年商标法第五十二条第（一）项之规定，以“混淆侵权”获得法律救济。本案中，原告虽然请求认定涉案注册商标为驰名商标，但本院根据被告使用的商标与原告注册商标的近似性以及被告所提供的服务与原告的商品的类似性，已对被告使用涉案商标的行为是否构成侵权作出了认定，因此，尽管涉案注册商标具有较大的影响力，但涉案注册商标是否驰名不再是本案必须认定的事实，故原告该项事实主张，法院不予支持。

编写人：福建省福州市中级人民法院　李瑞钦

20

深圳市引领平安文化传媒有限公司诉中国平安保险（集团）股份有限公司、中超联赛有限责任公司侵害商标权纠纷案

——阅读提示：被告以支付宣传推广费为对价在体育赛事活动中使用与原告注册在第41类组织体育竞争活动等服务上的商标相同或者相近似的名称，是否构成商标侵权？

【裁判要旨】

本案中，中超联赛的主办、组织和管理单位只能是中国足协和其授权的单位，平安保险公司以向中超联赛公司支付宣传推广费为对价在中超联赛中冠名，属于获取并实现中超联赛冠名权益的正当行为，不属于在第41类“组织体育活动竞赛”将“平安”文字作商标法意义上的使用；参加中超联赛的球员、球队、裁判以及大多数中超联赛观众，知道中超联赛比赛过程中出现的“中国平安”是平安保险公司的简称，不会误认为“中国平安”等文字是指向引领公司，或与引领公司有何关联。平安保险公司对“中国平安”文字的使用的行为不构成对引领公司商标的侵权。

【案号】

一审：深圳市福田区人民法院（2015）深福法知民初字第142号

二审：深圳市中级人民法院（2016）粤03民终15570号

【案情与裁判】

原告（上诉人）：深圳市引领平安文化传媒有限公司（以下简称引领公司）

被告（被上诉人）：中国平安保险（集团）股份有限公司（以下简称平安保险公司）

被告（被上诉人）：中超联赛有限责任公司（以下简称中超联赛公司）

起诉与答辩

引领公司于2015年3月9日向深圳市福田区人民法院提起诉讼称，第1302444号“平安”、第1302445号“Ⓐ平安”注册商标系平安保险公司作为深圳足球俱乐部股东期间，由深圳足球俱乐部于1998年向国家商标局提出申请，1999年获得注册。上述两商标核定的商品类别为第41类组织体育活动竞赛、俱乐部服务（娱乐或教育）等。后平安保险公司于2002年出让了深圳足球俱乐部全部股权，但上述商标所有权人依然为深圳足球俱乐部。引领公司于2005年11月取得了深圳足球俱乐部（当时已更名为“深圳市健力宝足球俱乐部”）90%的股权。2009年9月，涉案商标转让至引领公司名下。2014年2月21日，平安保险公司取得2014年至2017年中超联赛公司组织的“中国足球协会超级联赛”独家冠名权。随后，平安保险公司未经许可，并放任中超联赛公司在其组织的比赛中大量使用“平安”字样，并通过上述侵权行为获得了巨额收益。据此，引领公司请求法院判令：一、平安保险公司、中超联赛公司立即停止侵犯引领公司第1302444号“平安”、第1302445号“Ⓐ平安”注册商标专用权的行为；二、平安保险公司立即停止对中超联赛公司组织的“中国足球协会超级联赛”的冠名，平安保险公司、中超联赛公司停止在“中国足球协会超级联赛”所有宣传资料中使用“平安”文字字样；三、平安保险公司、中超联赛公司公开连续三十日刊登道歉声明，就其侵权行为为引领公司消除影响；四、平安保险公司、中超联赛公司承担本案诉讼费用。

平安保险公司答辩称，“2014、2015中国平安中国足球协会超级联赛”或简称“2014、2015中国平安中超联赛”中的“中国平安”是作为赞助和冠名商的答辩人的字号，不是作为商标使用，不会导致相关公众混淆和误认，不构成对引领公司“平安”注册商标专用权的侵犯。

中超联赛公司辩称，冠名权是一种广告行为，是对企业的宣传。引领公司与平安保险公司经济体量和影响力差距巨大，平安保险公司不可能要借助引领公司的所谓影响来误导普通大众，普通大众也不会误认引领公司与平安保险公司有关系或者是一体。

法院审理查明

第1302444号“平安”和第1302445号“平安”商标系由深圳足球俱乐部于1998年5月26日申请注册，经核准有效期限：2009年8月7日至2019年8月6日，商标核定服务类别为第41类的组织体育活动竞赛、俱乐部服务（娱乐或教育）。

引领公司于2005年6月注册成立，注册名称为深圳市新泰顺投资咨询有限公司。2008年11月，更名为深圳市亚旅体育文化传播有限公司。2015年5月，更名为深圳市引领平安文化传媒有限公司。2009年9月，深圳市亚旅体育文化传播有限公司经核准受让取得第1302444号“平安”和第1302445号“平安”注册商标专用权。

2013年6月17日，引领公司与深圳市南山少年足球俱乐部签订《商标使用许可合同》约定：引领公司将第1302444号“平安”、第1302445号“平安”注册商标等以普通许可的方式许可深圳市南山少年足球俱乐部在俱乐部服务（娱乐或教育）、组织体育活动竞赛服务上无偿使用。

平安保险公司成立于1988年3月，是一家以经营保险业务为主、融证券、信托、投资为一体的全国性金融保险集团。原名“中国平安保险公司”，1997年1月改名为“中国平安保险股份有限公司”，2003年1月改为中国平安保险（集团）股份有限公司。

自1999年以来，平安保险公司获准注册多个“平安”“中国平安”商标，上述商标主要核准使用于保险服务类别。2004年6月，平安保险公司第1327336号“PAIC”图形加“平安”文字图形组合商标被深圳市中级人民法院所作（2003）深中法民三初字第328号民事判决认定为驰名商标。2008年12月，平安保险公司第1327337号、第1327338号“平安PINGAN”商标（认定服务项目：保险）被认定为广东省著名商标。其第6974784号“平安”、第6974816号“PINGAN”商标（于2008年9月26日提出注册申请，于2010年6月21日获准注册，核定使用在第36类“保险、银行、资本投资”等服务上）被国家工商行政管理总局商标评审委员会认定在2011年6月13日前，属于驰名商标。

多年以来，平安保险公司荣获“中国25家最受尊敬上市公司”“2008中国最具生命力百强企业第一名”“2009年度中国最佳企业公民大奖”“二〇〇九最具责任感企业”“2009中国十大最佳保险公司”“中国品牌价值冠军”“中国品牌百强榜共和国60年最具影响力品牌60强”“2009年度‘中国最具和谐竞争力的上市公司’”等称号。

2006年3月、2013年3月，中国足球协会两次出具《中国足球协会授权书》，授权中超联赛公司代理开发经营中超联赛冠名权、赛场广告权等。

2014年2月14日，平安保险公司（乙方）与中超联赛公司（甲方）签订《协议》，约定：乙方向甲方支付宣传推广费6亿元，获得2014年至2017年中超联赛冠名权益，独家享有“中超联赛独家冠名商”和“中超联赛冠名商”称号，非独家享有“中国足球协会超级联赛战略合作伙伴”称号。

《2015年中国足球协会超级联赛规程》第二条规定，中超联赛由中国足球协会主办。中国足球协会职业联赛理事会在中国足球协会的领导和授权下管理中超联赛。主办方在各俱乐部主场赛区设立赛区委员会，在当地政府的领导下，全面负责管理和组织赛区工作，中超联赛公司全面负责中超联赛的赛事组织、品牌建设、版权销售、商务运作及市场经营。《2015中超联赛商务管理实施细则》对中超联赛的冠名、正式名称、简称、联赛标志、合成标志以及中超联赛赞助商独家权保护、中超联赛广告权益的实施等作出了规定。

中国平安官网2014年2月21日《中国平安获得“中超联赛”四年独家冠名权》新闻报道载明：中超联赛公司董事长称，平安曾是中国职业足球最早的参与者和投资者之一，带领当年的深圳平安俱乐部在赛场上取得过骄人战绩。同时，该报道又称，1997年1月平安收购了深圳足球俱乐部，从1997年到2002年，短短5年时间，带领深圳平安足球队从一只甲B球队成功晋级甲A并于2002年甲A联赛获得亚军。

引领公司所提交证据显示，在2014年至2015年的相关中超联赛球票上印有“2014中国平安中国足球协会超级联赛”和“中国平安 PINGAN”以及“保险银行投资”等字样和图形。在相关比赛替补席雨棚、比赛时间栏、队员队服、场外围栏及地面、比赛看台观众席、伤停补时牌等均显示有“中国平安”或印有“中国平安”字样。

中超联赛官方网站2015年7月28日截图显示，该网站首页标注为“中国平安中超联赛官方网站”，并有“ ”等字样。该网站赞助商页面有“中国平安 PINGAN”及“保险银行投资”等字样。

一审判理和结果

深圳市福田区人民法院一审经审理认为，平安保险公司、中超联赛公司在体育赛事名称中使用“平安”二字，是将其作为指示赞助商名称进行的使用，其目的是将赞助商信息告知相关公众，而不是以商业标识的方式，从识别商品或服务来源的意义上使用“平安”二字。而相关公众不会因该体育赛事名称中有“平安”二字，就认为这是对引领公司“平安”和“Ⓐ平安”注册商标的使用，故平安保险公司、中超联赛公司的行为不构成商标侵权。

深圳市福田区人民法院判决：驳回深圳市引领平安文化传媒有限公司的诉讼请求。

上诉与答辩

宣判后，引领公司不服提出上诉，请求撤销一审判决，其上诉的主要理由是：一审片面认定冠名行为的宣传性质，忽视了本案被上诉人冠名行为中使用他人商标的法律后果；两被上诉人在体育比赛名称及各项宣传资料中使用“平安”字样，构成关联关系混淆与反向混淆。

平安保险公司二审辩称，平安保险公司冠名中超联赛是一种广告行为，其享有的是冠名商的广告权益。平安保险公司并未参与到中超联赛的组织工作中，中超联赛的赛事中的“中国平安”文字、标志并非使用在“组织体育活动竞赛”服务上，不构成在该类服务上商标意义的使用。

中超联赛公司二审辩称：中国足协是中超联赛的唯一的组织者，平安保险公司作为冠名赞助商使用“中国平安”宣传的仅仅是自己的企业，并非商标性使用。

二审判理和结果

深圳市中级人民法院认为，首先，中超联赛作为中国足球的顶级赛事，其主办、组织和管理单位只能是中国足协和其授权的单位，不可能是其他组织机构或企业。平安保险公司仅仅以向中超联赛公司支付宣传推广费人民币6亿元为对价，而成为中超联赛冠名商，获得与中超联赛有关企业品牌和产品市场推广的权利和机会，但平安保险公司并未参与中超联赛赛事的任何组织和办赛活动。平安保险公司的行为不属于在第41类“组织体育活动竞赛”将“平安”文字作商标法意义上的使用。其次，“平安”是平安保险公司的字号，也是其商标的核心部分，“平安保险”“中国平安”“平安”也一直是平安保险公司的简称。在2014年到2016年的中超联赛比赛名称中使用简称“20××中国平安足球协会超级联赛”、全称“20××中国平安中国足球协会超级联赛”，抑或在“中国平安中超联赛官方网站”名称、“2014中国平安中国足球协会超级联赛”球票、《2015中国平安中国足球协会超级联赛秩序册》中出现“中国平安”字样，以及在比赛时间栏、队员队服、替补席雨棚、看台观众席、伤停补时牌、场外围栏及地面上显示“中国平安”字样，均系平安保险公司使用其字号、简称，获取并实现中超联赛冠名权益的正当行为。第三，参加中超联赛的球员、球队、裁判以及大多数中超联赛观众，都对中超联赛有所了解，他们在参与或观看平安保险公司冠名的中超联赛比赛过程中，知道平安保险公司是中超联赛的冠名赞助商，赛事名称以及比赛过程中出现的“中国平安”是平安保险公司的简称。引领公司没有对其请求保护商标长期、持续使用和宣传，也未能建立该两个商标与上诉人之间的牢固的联系，没有人会因为被上诉人在中超联赛赛事名称以及相关网站、球票、比赛活动中使用“中国平安”“中国平安 PINGAN”，而误认为该“中国平安”“中国平安 PINGAN”是指向引领公司，或与引领公司有何关联。故本案被上诉人对“中国平安”文字的使用的行为不会导致相关公众的混淆与误认。引领公司上诉理由不成立，予以驳回。

【法官评述】

本案涉及何为商标法意义上的使用以及如何准确判断商标侵权。

一、关于商标性使用

《中华人民共和国商标法》（以下简称商标法）第四十八条规定，本法所称商标的使用，是指将商标用于商品、商品包装或者容器以及商品交易文书上，或者将商标用于广告宣传、展览以及其他商业活动中，用于识别商品来源的行为。第1302444号“平安”和第1302445号“平安”商标核定服务类别为第41类“组织体育活动竞赛、俱乐部服务（娱乐或教育）”。在第41类“组织体育活动竞赛”使用商标，通常情况下是体育活动竞赛的组织者，为突出其组织者的主体地位与形象，在其所组织的体育活动竞赛中使用或宣传其商标，方便他人识别体育活动竞赛的组织者，以树立该企业的良好形象及商标、品牌的美誉度。比如，中国足球协会使用“CSL”标识以表明其系相关赛事中超联赛（Chinese Super League）组织者。因此，本案引领公司指控商标侵权是否成立，关键在于平安保险公司、中超联赛公司是否在组织体育活动竞赛使用“平安”字样与标识。笔者认为，结论是否定的，其理由为：第一，根据《国际足联章程》《中国足球协会章程》和《2015年中国足球协会超级联赛规程》，中超联赛的主办方为中国足球协会，中超联赛公司被授权全面负责赛事组织、品牌建设和市场经营等活动。也就是说，按照现有规定，除中国足协与中超联赛公司，其他主体不可能成为中超联赛的主办者。第二，诸如中超联赛等大型体育赛事的组织通常包括赛事组织、品牌建设、版权销售、商务运作及市场经营等要素与赛前、赛中、赛后等环节。仅从组织机构来说，中超联赛设职业联赛理事会，下设裁判、纪律、仲裁、安保委员会，并设立赛事部、资格部、技术部、裁判部、安保部、新闻部、财务部、商务部等多个工作机构。赛事组织包括赛事安排、竞赛规则的确定、报名与资格审查、裁判仲裁等，而赛事安排又包括赛区划分、比赛场地的选用以及安保、交通管制具体策划、安排等。本案中超联赛的上述活动显然是由中国足协及其委托的中超联赛公司组织、协调、安排、管理。平安保险公司仅仅以向中超联赛公司支付宣传推广费人民币6亿元为对价，成为中超联赛冠名商，获得与中超联赛有关企业品牌和产品市场推广的权利和机会。平安保险公司没有组织或参与组织中超联赛，也就谈不上在第41类“组织体育活动竞赛”将“平安”文字作商标法意义上的使用。

二、平安保险公司使用“平安”文字是否具有正当性

冠名是一种特殊的广告形式，冠名一般是指企业为了达到提升企业、产品、品牌知名度和影响力而采取的一种阶段性宣传策略。平安保险公司取得2014年至2017年中超联赛冠名权益，平安保险公司有权利用冠名、场地、媒体等多种形式对自身产品和服务（保险、银行和投资）进行广告宣传以及市场推广。需要注意的是，平安保险公司成立于1988年，“平安”是平安保险公司的字号，平安、中国平安、平安保险一直都是平安保险公司的简称。平安保险公司注册了“平安”“PINGAN”“中国平安”等

一系列商标，其中多个商标被认定为著名商标或驰名商标。平安保险公司在中超联赛中使用其字号、简称，塑造企业形象，宣传其品牌，系实现其中超联赛冠名权益的正当行为，无可厚非。需要强调的是，由于体育竞赛活动及转播的特殊性，要求在体育赛事名称以及相关体育比赛活动的广告中特别是电视转播中均使用冠名商完整名称或加入大量、冗长的叙述说明既不现实也不合理。

三、关于平安保险公司使用“中国平安”文字是否会导致相关公众的混淆与误认

首先，注册商标的专用权，以核准注册的商标和核定使用的商品为限，对于商标保护的力度及边界，必须考虑该商标的显著性与知名度。本案中，上诉人的商标使用极少，更谈不上有何知名度、美誉度，对上诉人商标的保护应与其显著性相匹配。其次，商标法所称相关公众，是指与商标所标识的某类商品或者服务有关的消费者和与前述商品或者服务的营销有密切关系的其他经营者，而非泛指一般群体。体育活动竞赛的相关公众指喜爱体育活动，并对体育活动常识有一定了解的群体。中超联赛的相关公众多数都知道，中超联赛是中国大陆顶级职业足球联赛，由中国足球协会组织和主办，中超联赛公司受托负责中超联赛的组织、宣传以及相关商务活动的具体运作。赛事名称以及比赛过程中出现的“中国平安”，仅仅因为平安保险公司是中超联赛的冠名赞助商，被上诉人对“中国平安”文字的使用的行为不会导致相关公众联想到引领公司，混淆与误认其关系。

四、关于反向混淆问题

所谓反向混淆，是与传统意义上的混淆（正向混淆）相对而言的，即在后商标使用人对商标的使用已使之具有较高的知名度，以至于消费者会误认为在前的商标使用人的商品来源于在后商标使用人或认为二者之间存在某种赞助或认可的联系。因为反向混淆必须具备前、后商标使用人都有将相同或近似商标使用于相同或类似商品或服务的前提条件，平安保险公司并未在第41类对“平安”作商标法意义上的使用，故而本案并不存在反向混淆的情形。但毋庸讳言，由于上诉人请求保护的两“平安”商标与平安保险公司存在历史渊源关系，平安保险公司在业内影响巨大，其“平安”商标品牌产生了跨越保险金融行业的影响力，而上诉人对该两“商

标”使用、宣传有限，这有可能导致上诉人在第41类使用其涉案商标之时，部分相关公众误认为该活动的组织者是平安保险公司。但即便出现这样的后果，其责任不在平安保险公司。引领公司若要树立其品牌形象，建立其商标与引领公司之间的联系与对应关系，就必须加大对商标的使用、宣传力度，并以正确的方式区分上诉人、上诉人的该两个商标与被上诉人平安保险公司之间的关系，防止可能发生的混淆与误认，而不是企图阻止平安保险公司对其自身的字号、简称及商标的正当合法使用与宣传。

综合以上，引领公司虽系第1302444号“平安”文字商标和第1302445号“Ⓐ平安”文字图形组合商标商标权人，但平安保险公司并未在两商标核定服务类别使用“中国平安”文字，而是对自身字号、品牌正当宣传、使用，且根本不会导致相关公众的混淆与误认，不构成侵权。

编写人：广东省深圳市中级人民法院　陈文全

21

腾讯科技（深圳）有限公司诉广东微信互联网服务有限公司等侵害商标权与不正当竞争纠纷案

——阅读提示：计算机软件与计算机软件相关的服务是否构成类似商品与服务？将他人在计算机软件上注册的商标登记注册为企业字号，并将该企业名称用于与计算机软件与关的服务上，构成商标侵权还是不正当竞争？

【裁判要旨】

如果经营者出于搭便车的故意，将他人在先具有一定知名度的注册商标登记注册为其企业字号，并将含有该企业字号的企业名称使用于相同或类似商品或服务上，造成相关公众混淆或误认的，其行为违反了经营者在市场竞争中所应遵循的诚实信用原则和商业道德，构成不正当竞争。

【案号】

一审：广东省佛山市顺德区人民法院（2015）佛顺法知民初字第863号

二审：广东省佛山市中级人民法院（2016）粤06民终3137号

【案情与裁判】

原告（被上诉人）：腾讯科技（深圳）有限公司（以下简称腾讯科技公司）

被告（上诉人）：广东微信互联网服务有限公司（以下简称广东微信公司）

被告（原审被告）：广东微启动力互联网服务有限公司（以下简称微启动力公司）

被告（原审被告）：岑伟涵

起诉与答辩

腾讯科技公司主张广东微信公司未经授权在其办公场所、网站上突出使用“广东微信”字样、在其公司名称中使用“微信”字样等多项行为构成商标侵权和不正当竞争，起诉请求：1. 判令广东微信公司、微启动力公司、岑伟涵立即停止侵害商标权和不正当竞争行为，包括在经营的网站、办公场所等处不得使用“微信”及“微商会”字样；2. 判令广东微信公司立即停止在其公司名称中使用“微信”字样，并向佛山市顺德区市场监管局申请变更公司名称中的“微信”字样；3. 判令广东微信公司、微启动力公司、岑伟涵向腾讯科技公司赔偿经济损失及合理开支100万元；4. 判令广东微信公司、微启动力公司、岑伟涵承担本案诉讼费。

广东微信公司辩称：1. 广东微信公司享有企业名称权，企业名称未被撤销前广东微信公司有合法使用企业名称的权利。2. 广东微信公司未将“微信”作为企业商标及产品服务标识使用，广东微信公司的企业名称与腾讯科技公司的注册商标核定使用的商品或服务范围不同，不构成侵害腾讯科技公司的注册商标专用权。3. 广东微信公司没有侵犯腾讯科技公司拥有的“腾讯微信软件”计算机著作权。4. 广东微信公司使用“微商会”字样没有侵犯腾讯科技公司的任何权利，腾讯科技公司无权要求其停止使用。5. 即使广东微信公司被认定商标侵权或计算机软件著作权侵权成立，腾讯科技公司要求广东微信公司变更企业名称中的“微信”二字无法律依据。6. 腾讯科技公司诉请赔偿100万元无事实法律依据。

一审审理查明

2012年4月9日，腾讯科技公司就一款名为“腾讯微信软件（以下简称微信）3.5”的计算机软件取得我国计算机软件著作权登记证书（证书号为软著登字第0395032号）。该证书记载软件开发完成日期和首次发表日期均为2011年1月21日。

腾讯科技公司是第9085979号“微信及图”商标的注册人，该商标核定使用商品/服务项目为第9类的计算机、计算机外围设备、计算机软件（已录制）、电子出版物（可下载）、计算机程序（可下载软件）等。腾讯科技公司的微信软件在我国具有较大的用户群体，具有高的知名度。

广东微信公司成立于2014年1月27日，登记经营范围为软件和信息技术服务业。

腾讯科技公司提供部分网页打印件显示，广东微信公司与其他企业开展业务往来的新闻资料和图片中，广东微信公司以“广东微信互联网服务有限公司”的全称对外开展业务。广东微信公司在其官方网站“关于我们”一栏介绍广东微信公司的情况，其中有“企业风采”下方的图片显示有“广东微信互联网服务有限公司”“广东微信”字样。根据腾讯科技公司提供的ICP/IP地址/域名信息备案资料，该网站的备案主办单位为微启动力公司，网站登记负责人为岑伟涵。

一审判理和结果

一审法院经审理后认为：第一，广东微信公司将与腾讯科技公司注册商标近似的“广东微信”文字作为企业字号在其办公场所、官方网站上突出使用，容易使相关公众产生误认，侵害了腾讯科技公司对第9085979号注册商标享有的专用权。第二，“微信”为知名商品（服务）特有名称，广东微信公司使用的企业字号与腾讯科技公司的知名商品（服务）特有名称“微信”相同，其主观上具有攀附该商品（服务）知名度的目的，违反了诚实信用原则，易使相关消费者误认为广东微信公司与腾讯科技公司存在关联，违反了公平竞争原则，构成不正当竞争。第三，广东微信公司未提供证据证实该平台为“腾讯唯一认证”以及与“泰研社群联盟共同打造”的平台，其在网站中宣传其为“腾讯唯一认证社群泰研汇社联盟共同打造的平台”构成虚假宣传。第四，广东微信公司在其网站中使用“微商会”字样，不足以导致相关消费者误解其与腾讯科技公司存在某种关联，广东微信公司在公司名称中使用“微信”字样不成构虚假宣传。第五，“大众创业，万众创新”为国家提出的一个鼓励性口号，广东微信公司使用“大众创业，万众创新”的口号，不足以导致客户或消费者误解，该行为不构成虚假宣传。

微启动力公司是广东微信公司官方网站的主办单位，该网站实际上传的是广东微信公司的经营资料，且两公司具有部分共同的股东，法定代表人亦相同，登记办公场所地址相同，两者存在关联，故微启动力公司应对广东微信公司赔偿损失的债务承担连带责任。岑伟涵虽然是广东微信公司、微启动力公司的股东，并被登记为被控侵权网站的负责人，但其行为应视为职务行为，无须与广东微信公司、微启动力公司承担共同侵权责任。

佛山市顺德区人民法院依照《中华人民共和国商标法》第五十七条第

（二）项、第六十三条第三款，《中华人民共和国反不正当竞争法》第二条、第五条第二款、第九条第（一）项，《中华人民共和国侵权责任法》第八条、第十五条，《最高人民法院关于审理商标民事纠纷案件适用法律若干问题的解释》第十六条第一款、第二款、第十七条，《关于审理不正当竞争民事案件应用法律若干问题的解释》第十七条第一款的规定，作出如下判决：

一、广东微信公司、微启动力公司立即停止对腾讯科技公司的侵权行为，即停止在经营场所、网站等处突出使用“广东微信”字样；

二、广东微信公司立即停止在其公司名称中使用“微信”字号，并在判决发生法律效力之日起三十日内向企业登记管理部门办理公司名称变更手续，且变更后的企业名称中不得含有“微信”字样；

三、广东微信公司于判决发生法律效力之日起十日内，一次性赔偿腾讯科技公司80000元；

四、微启动力公司对判决第三项的债务承担连带清偿责任；

五、驳回腾讯科技公司的其他诉讼请求。

案件受理费13800元，由广东微信公司、微启动力公司负担。

上诉与答辩

广东微信公司上诉称：1. 一审法院判决广东微信公司停止在公司名称中使用“微信”二字法律依据不足。首先，办理公司名称变更手续不属于民事责任。其次，即使广东微信公司突出使用“广东微信”构成不正当竞争行为，法院可以判令广东微信公司在报刊、网站等渠道公告二者的区别，是否应当变更公司名称与广东微信公司的行为是否构成侵权没有直接的因果关系，一审法院不应判决广东微信公司停止使用其企业字号。最后，一审法院并未认定广东微信公司的企业名称对腾讯科技公司的“微信”商标及知名商品（服务）特有名称构成商标侵权和不正当竞争，而是认定广东微信公司突出使用“广东微信”字样构成商标侵权和不正当竞争。腾讯科技公司未取得第42类“微信”商标［即技术研究；研究与开发（替他人）；计算机编程；计算软件设计、更新、出租；计算机数据复原；把有形的数据和文件转换成电子媒体；计算机程序和数据转换（非有形转换）；计算机软件咨询］，只是取得第9、38、39类“微信”商标。由于二者属于不同类别，广东微信公司突出使用“广东微信”字样不会对腾讯科技公司第9、38、39类商标构成侵权。广东微信公司正常使用企业名称是不会构成对腾讯科技公司的知名“微信”商品（服务）构成不正当竞争。2. 一审法院判令广东微信公司赔偿腾讯科技公司8万元数额过高。

腾讯科技公司辩称：1. 一审法院判决广东微信公司停止在公司名称中使用“微信”字号并办理公司名称变更手续合理、合法。2. 广东微信公司在公司名称中使用“微信”字号等行为构成不正当竞争。3. 一审法院判令广东微信公司停止使用并限期变更其公司名称中的“微信”二字，于法有据。4. 二审法院对赔偿数额不应再予调低。

二审审理查明

广东微信公司在其官方网站中介绍其公司为：“公司专注于销售系统的自主研发，并基于客户需求为客户提供和策划各种类型的销售解决方案，进行软件开发等服务。通过不同移动互联网渠道，为企业策划和提供专业的销售和运营方案，致力于为各行业的企业解决店面销售和产品展示两大经营难题。渠道主要包括门店、会议营销、APP（如百度搜索、陌陌、微信等）。”广东微信公司还在其网站的“最新产品”一栏中设有“小意思销微商城”产品报价页面，并在网页中登载“小意思分销微商商城简介”：“小意思系统卖点：微信公众平台引流，全民营销；分销商城搭建于公众平台内，与微信7亿活跃用户完成无缝对接引流。”

二审判理和结果

第一，关于广东微信公司在其企业名称中使用“微信”字号是否构成不正当竞争的问题。首先，腾讯科技公司在第9类计算机软件等商品上注册了第9085979号“微信及图”商标，并将该商标用于其“微信”软件上，“微信及图”注册商标在计算机软件商品上已具有较高的知名度。其次，广东微信公司作为从事计算机软件相关行业的企业，在登记成立时应当知悉“微信”商标的知名度，其将“微信”注册为企业字号，主观上明显具有攀附腾讯科技公司商标商誉的故意。最后，广东微信公司工商登记的经营范围显示其从事的是软件和信息技术服务业，其经营范围与计算机软件存在一定的关联关系，而且广东微信公司实际所提供的服务与腾讯科技公司使用“微信”注册商标的软件也存在密切关系。考虑到腾讯科技公司在计算机软件等商品上注册的“微信”商标具有较高的知名度，广东微信公司在从事软件和信息技术服务相关的经营活动过程中，尤其是在提供与腾讯科技公司“微信”软件相关的服务过程中，使用带“微信”二字的企业名称，容易使相关公众认为其所提供的服务与腾讯科技公司存在特定的关联关系，造成相关公众混淆或误认，其行为违反了经营者在市场竞争过程中所应遵循诚实信用原则，构成不正当竞争。

第二，关于广东微信公司所应承担的民事责任的问题。首先，停止使用企业名称、规范使用企业名称均是在被诉企业名称侵犯注册商标专用权或构成不正当竞争的情况下侵权人承担民事责任的方式。因企业名称不正当使用他人具有较高知名度的注册商标，不论是否突出使用均难以避免产生市场混淆的，当事人有权请求判决停止使用或者变更该企业名称。本案中，因广东微信公司登记注册含“微信”二字的企业名称在主观上具有攀附腾讯科技公司注册商标商誉的故意，客观上也足以造成混淆或误认，其注册使用企业名称的行为具有违法性，一审法院根据腾讯科技公司的诉讼请求，判令广东微信公司立即停止在其企业名称中使用“微信”字号并办理相应的企业名称变更手续于法有据。

第三，关于广东微信公司应向腾讯科技公司承担的赔偿责任。综合考虑腾讯科技公司注册商标知名度、广东微信公司的经营规模以及腾讯科技公司为制止侵权支付的合理开支等因素，一审法院酌定广东微信公司向腾讯科技公司赔偿8万元并无不当，应予以维持。

佛山市中级人民法院依照《中华人民共和国民事诉讼法》第一百七十条第一款第（一）项规定，作出如下判决：驳回上诉，维持原判。

二审案件受理费1800元，由广东微信公司负担。

【法官评述】

腾讯科技公司是“微信”软件的权利人，同时也是在计算机软件等商品上注册的“微信”商标的商标权人。腾讯科技公司发现国内多家公司为攀附“微信”的商誉而将“微信”作其企业字号注册使用，遂在全国范围内提起多起诉讼维权。由于微信软件在国内有众多的用户，微信商标和微信软件在国内具有极高的知名度，故腾讯科技公司此次诉讼活动在国内引起广泛的关注。本案就是腾讯科技公司为维护其“微信”商标权而发起的维权诉讼中的第一宗案件，也是最先作出终审判决的案件。

本案中，腾讯科技公司“微信”注册商标核定使用的商品类别为计算机软件等，腾讯科技公司未在与计算机软件相关的服务类别上注册“微信”商标，而广东微信公司将被诉侵权“广东微信”标识以及其企业名称使用于与计算机软件相关的服务上。因此，判断广东微信公司使用被诉侵权标识以及其含“微信”字样的企业名称的服务类别与腾讯科技公司“微信”注册商标核定使用的计算机软件商品类别是否构成类似商品与服务，是判断广东微信公司的行为是否构成商标侵权或不正当竞争的前提，是本案审理的关键。《最高人民法院关于审理商标民事纠纷案件适用法律若干问题的解释》第十一条第三款规定：“商品与服务类似，是指商品和服务之间存在特定联系，容易使相关公众混淆。”以相关公众的一般认识为出发点判断，计算机软件商品的权利主体一般也是利用该软件的功能提供相关服务的主体，计算机软件商品的来源通常与利用该计算机软件功能提供相关服务的来源存在关联关系。本案中，腾讯科技公司“微信”注册商标核定使用的商品类型是计算机软件，而广东微信公司提供的是与计算机软件相关的服务，尤其是广东微信公司提供的服务中还包括利用微信软件相关功能的服务，故应认定腾讯科技公司“微信”注册商标核定使用的商品类别与广东微信公司提供的服务构成类似商品与服务。因此，广东微信公司在类似商品或服务上突出使用与腾讯科技公司“微信”注册商标相近似的“广东微信”字样的行为，侵害了腾讯科技公司的“微信”注册商标专用权，同时，广东微信公司将腾讯科技公司的“微信”注册商标作为其企业字号注册，并将其企业名称使用于与腾讯科技公司“微信”注册商标核定使用的商品相类似的服务上，其行为构成不正当竞争行为。本案作出判决后，在全国范围内引起巨大影响，各大媒体纷纷报道，本案的二审判决书也被各知名知识产权微信公众号纷纷转载。因本案的审理具有极高的典型意义，在此之后全国各地法院均按照本案判决的定性和结果对同类案件作出相应的判决，在全国范围内起到先例作用。

编写人：广东省佛山市中级人民法院　郑正坚

22

安佑生物科技集团股份有限公司诉自贡联合饲料有限公司、深圳安佑康牧科技有限公司商标权侵权纠纷案

——阅读提示：技术的被授权人使用授权人的企业名称简称与他人商标权相冲突时，是否构成侵害他人商标权？

【裁判要旨】

对于商标权和企业名称权之间的冲突，应当区分不同情况，按照诚实信用、维护公平竞争和保护在先权利等原则，依法处理。技术被授权人使用授权人企业名称的目的和范围应限于表明技术来源，若被授权人在商品上使用授权人企业名称简称时，突出使用与同行业他人商标相近似的部分，该行为构成商标性使用，易使相关公众混淆误认的，构成侵害商标权。

【案号】

一审：四川省自贡市中级人民法院（2014）自知民初字第3号

二审：四川省高级人民法院（2016）川民终319号

【案情与裁判】

原告（上诉人）：安佑生物科技集团股份有限公司（以下简称安佑生物公司）

被告（被上诉人）：自贡联合饲料有限公司（以下简称自贡联合公司）

被告（被上诉人）：深圳安佑康牧科技有限公司（以下简称深圳安佑康牧公司）

起诉与答辩

安佑生物公司起诉称：其为驰名商标“安佑及图”商标权人，经营项目

主要是生产饲料和销售公司自产产品。自贡联合公司在其生产的产品外包装上使用“深圳安佑康牧”“深圳安佑”字样，突出使用“安佑”文字，足以导致相关消费者对市场主体和商品来源产生混淆，侵犯了安佑生物公司依法享有的商标专用权；深圳安佑康牧公司系自贡联合公司生产侵权产品的授权人，构成共同侵权。安佑生物公司遂诉至法院，请求判令：1. 自贡联合公司与深圳安佑康牧公司立即停止侵权，停止在商品中使用“安佑”标识并销毁带有“安佑”标识的产品和产品外包装；2. 自贡联合公司与深圳安佑康牧公司连带赔偿安佑生物公司经济损失 50 万元；3. 自贡联合公司与深圳安佑康牧公司连带承担安佑生物公司的律师代理费、调查取证等维权费用 6 万元；4. 自贡联合公司与深圳安佑康牧公司承担本案诉讼费用。

自贡联合公司辩称，其没有侵权行为，商品上的“深圳安佑康牧”不是商标，且是授权使用，两者不相同也不相似，产品销售市场不存在交集，安佑生物公司没有损失，请求驳回诉讼请求。

深圳安佑康牧公司辩称，深圳安佑康牧公司没有侵犯安佑生物公司商标权。深圳安佑康牧公司成立早于安佑生物公司，并早于涉案商标注册时间。深圳安佑康牧公司向自贡联合公司销售饲料，并许可自贡联合公司使用深圳安佑康牧公司的技术生产销售产品，只是买卖关系，属于专利授权，不构成侵权。自贡联合公司是一家独立法人公司，其生产销售属于自己公司的行为，与深圳安佑康牧公司没有关系，没有共同过错或者侵权行为。请求法院驳回安佑生物公司的诉讼请求。

一审审理查明

安佑生物公司成立于 2009 年 5 月 6 日，原名“安佑（中国）动物营养研发有限公司”，于 2013 年 1 月 23 日变更为现名，许可经营项目为：生产饲料（含配合饲料、浓缩饲料及添加剂预混合饲料），销售公司自产产品等。

1999 年 5 月 14 日，中华人民共和国国家工商行政管理总局商标局（以下简称国家商标局）就“安佑及图”注册商标向华鸿实业股份有限公司颁发了第 1274693 号商标注册证，载明核定使用商品为第 31 类，包括动物饲料、家畜饲料、动物催肥剂、家禽饲料、动物食用蛋白质、非医用饮料添加剂、宠物食品、猪饲料。2008 年 12 月，该商标经核准续展有效期至 2019 年 5 月 13 日。2010 年 2 月 13 日，上海安佑饲料科技有限公司（以下简称上海安佑公司）经核准受让该商标。2012 年 7 月 13 日，安佑（中国）

公司经核准受让该商标。2013年7月24日，该商标经核准变更注册人为安佑生物公司。

2005年5月7日，国家商标局就“安佑”注册商标向上海安佑公司颁发了第3752440号商标注册证，载明核定使用商品为第31类，包括动物饲料、家畜饲料、动物催肥剂、家禽饲料、动物食用蛋白质、非医用饮料添加剂、猪饲料；注册有效期限至2015年5月6日。2012年7月13日，该商标经核准转让给安佑（中国）公司。2013年7月24日，该商标经核准变更注册人为安佑生物公司。

2012年12月31日，经国家工商行政管理总局商标评审委员会认定，案涉“安佑及图”商标被评为驰名商标。

深圳安佑康牧公司于2000年7月22日经依法核准登记成立，经营范围由章程确定。自贡联合公司于2005年1月31日经依法核准登记成立，经营范围为：生产、销售配合饲料，销售饲料原料，农副产品初级加工。2013年8月1日，深圳安佑康牧公司与自贡联合公司签订《授权书》及《关于授权书的承诺书》，约定深圳安佑康牧公司授权自贡联合公司生产“深圳安佑技术”的猪用配合料及猪用浓缩料，并对产品的质量等问题进行了约定。自贡联合公司在生产和销售深圳安佑康牧公司授权其使用的“深圳安佑技术”的猪用配合料及猪用浓缩料时，在产品外包装上完整地使用了“深圳安佑康牧”和“深圳安佑”文字，在“深圳安佑”字样的前面使用了自贡联合公司的注册商标，即外方内圆加变异“LH”图形组合商标。在“LH”图形组合商标的右上方加有注册商标“R”标记。

经安佑生物公司申请，一审法院依法对自贡联合公司编号为4013的饲料编织袋28件，每件300个、编号为1312的饲料297袋、编号为1310的饲料110袋、编号为102的饲料119袋、编号为1311的饲料46袋、编号为4013的饲料16袋进行了查封、扣押。

一审判理和结果

一审法院审理认为：在维护公平竞争秩序和社会公共利益的前提下，解决商标专用权与企业名称之权利冲突应遵循诚实信用原则，对注册商标专用权给予充分保护的同时，无法定事由亦不能忽略企业名称权的存在。安佑生物公司受让“安佑及图”和“安佑”注册商标时深圳安佑康牧公司已经成立并经营多年，安佑生物公司受让时，应当明知在同一行业的同类商品上其

“安佑”商标与深圳安佑康牧公司“深圳安佑”字号同时存在的情况。“安佑及图”被评为驰名商标是在深圳安佑康牧公司登记成立十二年之后，安佑生物公司没有提供证据证明在深圳安佑康牧公司成立之前，“安佑及图”商标已经具有一定知名度。因此，深圳安佑康牧公司对安佑生物公司的“安佑及图”和“安佑”注册商标不构成商标侵权或者其他侵权行为。深圳安佑康牧公司的商号权依法应当受到保护。深圳安佑康牧公司在对外签订合同中使用“深圳安佑”作为简称，属符合法律规定使用商号权的行为，未侵犯他人权利，依法应当受到保护。深圳安佑康牧公司授权自贡联合公司生产“深圳安佑技术”的猪用配合料及猪用浓缩料的标的系自有技术，该协议系双方真实意思表示，未违反法律规定，未侵犯他人的合法权利，授权协议合法有效，依法应当受到保护。自贡联合公司在其生产的猪用配合料及猪用浓缩料上使用“深圳安佑康牧”和“深圳安佑”文字，也不构成对安佑生物公司“安佑及图”和“安佑”注册商标专用权的侵权，也不存在不正当竞争行为。综上，一审法院判决：驳回安佑生物公司的诉讼请求。

上诉与答辩

安佑生物公司不服，向四川省高级人民法院提起上诉。安佑生物公司的主要上诉理由为：一、安佑生物公司系案涉两个注册商标的合法持有人，其中“安佑及图”商标系驰名商标，所包含的“安佑”文字是该商标的显著识别部分；二、自贡联合公司在被控侵权产品外包装的正面和左侧面标注“深圳安佑康牧”“深圳安佑”文字，其中“安佑”二字均为突出使用，属于《最高人民法院关于审理商标民事纠纷案件适用法律若干问题的解释》第一条第（一）项关于“将与他人注册商标相同或者相近似的文字作为企业的字号在相同或者类似商品上突出使用，容易使相关公众产生误认的，属于商标法第五十二条第（五）项规定的给他人注册商标专用权造成其他损害的行为”规定的情形，构成商标侵权；三、自贡联合公司的该行为，应系深圳安佑康牧公司授权，深圳安佑康牧公司与自贡联合公司构成共同侵权；四、自贡联合公司与深圳安佑康牧公司的行为是否构成商标侵权，与深圳安佑康牧公司是否为知名企业无关，一审法院明显混淆了商标权与企业名称权之间相互独立的法律关系；五、安佑生物公司要求自贡联合公司与深圳安佑康牧公司停止侵权，并赔偿相应经济损失的诉讼请求，事实和法律依据充分，应当得到支持。请求：撤销一审判决，依法改判支持安佑生物公司的诉讼请求，本案一、二审诉讼费由自贡联合公司与深圳安佑康牧公司负担。

自贡联合公司答辩认为：原审判决认定事实清楚，适用法律正确。请求维持原判。

深圳安佑康牧公司答辩认为，自贡联合公司在其产品外包装上使用的有关文字是对深圳安佑康牧公司企业名称的合法正当使用；案涉商标中的“安佑”二字不具有显著性，使用包含“安佑”二字的注册商标与企业名称很多；自贡联合公司系善意使用深圳安佑康牧公司企业名称缩写，且在显著位置标明自身的注册商标，不会导致相关消费者对产品来源产生混淆和误认；《最高人民法院关于审理商标民事纠纷案件适用法律若干问题的解释》第一条第（一）项规定的立法本意，是指商标注册后，其他公司恶意注册与注册商标相同或相近似名称并使用的行为，与本案情况不符；深圳安佑康牧公司只是销售核心料给自贡联合公司，自贡联合公司的生产销售行为及对产品外包装的使用，与深圳安佑康牧公司无关，二者不构成共同侵权，无须承担任何责任。请求驳回上诉，维持原判。

二审审理查明

自贡联合公司生产销售的编号为1312的饲料的外包装正面上方分三行标注“全国最先进的保育饲养体系”“深圳安佑康牧”“顺顺康”字样，其中“全国最先进的保育饲养体系”字样使用绿色较小字体，“深圳安佑康牧”字样中“深圳”“康牧”使用黑色较小字体，中间的“安佑”二字使用红色、较“深圳”“康牧”字样更大的字体，“顺顺康”字样系红色更大号字体；该外包装的中部有“1312”字样和一个卡通猪形象；下方标注“深圳安佑康牧科技有限公司授权”“自贡联合饲料有限公司出品”等字样，包装下方使用的字体较上方字体较小、笔画较细。该外包装的左侧面使用红色、较大字体的“深圳安佑”字样，在“深圳安佑”字样前面、大概占用“深圳安佑”字样四分之一的位置，标注自贡联合公司自身的变异“LH”字母及图形组合商标。

自贡联合公司在其生产销售的其他编号饲料的外包装正面、左侧面亦分别使用了“深圳安佑康牧”“深圳安佑”字样，字体大小、颜色、排列、布局及在整个外包装上所处位置，与前述编号为1312的饲料外包装基本相同。

自贡联合公司被控侵权的产品外包装上无“深圳安佑技术”字样。

二审判理和结果

二审法院审理认为：自贡联合公司使用的“深圳安佑康牧”“深圳安佑”字样系来源于深圳安佑康牧公司的企业名称。企业名称权是市场主体经依法核准登记取得的合法权利，依法应受法律保护，但在市场经营活动中，市场主体亦应恪守诚实信用原则和应有的商业道德，正确、规范使用其企业名称，且不得将企业名称许可他人使用。自贡联合公司无权独立使用深圳安佑康牧公司的企业名称，其使用深圳安佑康牧公司企业名称的目的和范围应以表明其所生产、销售商品的技术来源于深圳安佑康牧公司为限，否则其使用深圳安佑康牧公司企业名称的行为本身就不具有正当性。从具体使用方式来看，自贡联合公司在其生产、销售的饲料产品外包装的醒目位置使用的“深圳安佑康牧”“深圳安佑”字样，并非深圳安佑康牧公司企业名称的完整、规范表述，其中“深圳安佑康牧”字样，将“安佑”二字与“深圳”“康牧”四字使用不同颜色、不同大小的字体，“安佑”二字较紧邻的“深圳”“康牧”尤为突出，客观上起到强化“安佑”二字的效果；而“深圳安佑”四字，不仅不当省略深圳安佑康牧公司企业名称中“安佑康牧”企业字号，且使用红色较大字体，占据包装左侧面的大部分空间，十分醒目，其使用方式已非对深圳安佑康牧公司企业名称的合理简化使用，更超越了表明或描述其商品技术来源作用的范围，实际是以商业标识的方式使用包含“安佑”文字的字样，应属于商标性使用行为。

其次，案涉“安佑”及“安佑及图”注册商标核定使用的范围包括动物饲料、家畜饲料等，与自贡联合公司所生产、销售的被控侵权产品属于相同商品范畴。“安佑”“安佑及图”商标已在市场上持续使用多年，“安佑”文字非固有词语，在动物饲料类商品上使用具有较强的显著性，其中“安佑及图”商标于2012年被认定驰名商标，享有较高的知名度和市场声誉。自贡联合公司在其产品外包装上的醒目位置使用“深圳安佑康牧”“深圳安佑”字样，有意淡化其自身享有的变异“LH”字母及图商标，并以较大的字体和鲜艳的颜色单独、突出使用“安佑”文字，客观上使“安佑”文字起到标识商品来源的作用，明显具有攀附“安佑”注册商标商誉的恶意，易使相关公众对其商品来源产生混淆误认，或者认为不同的生产者之间具有关联关系，其行为破坏了安佑生物公司“安佑”“安佑及图”注册商标的识别功能，侵害了安佑生物公司的注册商标专用权。

根据深圳安佑康牧公司向自贡联合公司出具的《授权书》与两公司联合作出的《关于授权书的承诺书》，深圳安佑康牧公司向自贡联合公司提供产品的核心料、原材料及配方，授权自贡联合公司使用其猪用配合料及猪用浓缩料技术，深圳安佑康牧公司对自贡联合公司所生产、销售产品的包装装潢及包装装潢上使用的标识并无法定的审查义务；且根据庭审中两公司的一致陈述，深圳安佑康牧公司对自贡联合公司产品的外包装并不进行审定，双方也未约定深圳安佑康牧公司对此负有审定的义务。深圳安佑康牧公司对案涉被控侵权行为不应承担法律责任。

综上，二审法院判决：一、撤销四川省自贡市中级人民法院（2014）自知民初字第3号民事判决；二、自贡联合公司在判决生效之日起，立即停止在其产品外包装上使用“深圳安佑康牧”“深圳安佑”字样的行为；三、自贡联合公司在判决生效之日起十日内，销毁现有使用了“深圳安佑康牧”“深圳安佑”字样的商品外包装；四、自贡联合公司在判决生效之日起十日内，向安佑生物公司赔偿经济损失及合理开支共计8万元；五、驳回安佑生物公司的其他诉讼请求。

【法官评述】

一、关于商标权和企业名称权的冲突

商标权和企业名称权是市场主体的两项重要标识性权利，对企业、消费者以及市场管理者都有重要意义。由于二者在管理机关、许可程序、法律适用、地域范围等方面的不同，引发众多交叉冲突。本案在认定自贡联合饲料公司在外包装上使用深圳安佑康牧公司的企业名称简称“深圳安佑”是否恰当时，即涉及这一问题。

《最高人民法院关于审理商标民事纠纷案件适用法律若干问题的解释》《最高人民法院关于审理注册商标、企业名称与在先权利冲突的民事纠纷案件若干问题的规定》等司法解释对处理商标权和企业名称权的冲突提供了法律渊源，但由于一些法律概念的模糊性以及社会生活的多样性等原因，导致了权利冲突法律认定的莫衷一是。法院从维护公平竞争秩序和社会公共利益出发，遵循诚实信用和保护在先权利等原则，要求其正确、规范使用其企业名称合法恰当。

二、关于技术的被授权人对授权人企业名称的使用问题在市场经济条件下，为充分实现技术的价值，技术所有人将技术授权他人使用是较为常用的方式。技术的被授权使用人在使用技术时，通常会标注授权人的企业名称，如此将会导致标注行为侵犯他人商标权或者构成不正当竞争等侵权行为的可能。技术的被授权人应该如何规范自己的标注行为呢？

企业名称权是市场主体经依法核准登记取得的合法权利，依法应受法律保护，但在市场经营活动中，市场主体亦应恪守诚实信用原则和应有的商业道德，正确、规范使用其企业名称，且不得将企业名称许可他人使用。因此，技术的被授权人无权独立使用技术授权人的企业名称，其使用技术授权人企业名称的目的和范围应以表明其所生产、销售商品的技术来源于技术授权人为限，否则其使用行为本身即不具有正当性。同时，在使用方式上，技术的被授权使用人应该规范使用技术授权人的企业名称，不得进行超越表明或描述商品技术来源作用范围的不当使用，不得进行攀附他人商标、商誉或者其他权利的违法使用。

三、关于技术授权人是否与技术的被授权人构成共同侵权的问题

在技术的被授权人不当使用技术授权人的企业名称，侵犯他人权利时，技术授权人是否与技术的被授权人构成共同侵权，应从以下方面考虑。

《中华人民共和国侵权责任法》第八条规定，二人以上共同实施侵权行为，造成他人损害的，应当承担连带责任。通常共同侵权的数个行为人主观上应当具备共同的意思联络，其行为应具有互相配合、互相支持的协作性，其行为造成的损害后果应当是与共同意思相统一的整体。判断技术授权人与技术的被授权人是否构成共同侵权，亦应该从上述法律对共同侵权规定的要件出发，予以判断。具体来讲，在判断技术授权人与技术被授权人之间是否有共同侵权的意思联络时，可以从技术授权人对技术被授权人的违法标注行为是否具有合同约定，对技术被授权人的违法标注行为是否具有审查义务等方面进行判断，如果技术授权人与技术被授权人之间签订合同中约定了技术被授权人的相关标注行为，或者说技术授权人对技术被授权人的相关行为有审查的义务，则可以认定技术授权人与技术被授权人之间主观上有共同侵权故意，客观上二者共同行为，构成了共同侵权。反之，则不构成共同侵权。

编写人：四川省高级人民法院　赵文文

23

捷豹路虎控股有限公司诉成都路虎商贸有限公司等侵害商标专用权案

——阅读提示：2014年5月1日施行的《中华人民共和国商标法》施行前，经审查异议不成立而准予注册的商标，自该商标公告期满之日起至准予注册决定做出前，商标注册申请人享有的权利性质如何？

【裁判要旨】

虽然2001年10月27日第二次修正的《中华人民共和国商标法》（以下简称旧商标法）对商标注册申请人在商标注册申请期间的权利性质未做明确，但参考新商标法相关规定的精神，使用人在同一种或类似商品上恶意使用与申请注册的商标相同或近似的标志，给商标注册人造成损失的，应当予以赔偿。

【案号】

一审：四川省成都市中级人民法院（2012）成民初字第1872号

二审：四川省高级人民法院（2016）川民终350号

【案情与裁判】

原告（上诉人）：捷豹路虎控股有限公司（以下简称捷豹路虎公司）

被告（被上诉人）：成都路虎商贸有限公司（以下简称成都路虎公司）

被告（被上诉人）：南通诚荣贸易有限公司（以下简称诚荣公司）

被告（被上诉人）：成都洋洋摩尔百货有限公司（以下简称摩尔百货公司）

被告（被上诉人）：吴晓春

起诉与答辩

捷豹路虎公司起诉称：其前身路华公司是迄今唯一拥有过四个英国皇室荣誉证书的汽车制造商，并于2003年在中国设立办事处和销售公司，国内知名度和美誉度快速提升，“LAND ROVER”具有巨大品牌价值。捷豹路虎公司十分注重其产品的品牌形象维护，其“LANDROVER”商标已在中国第25类获得注册（注册号：3004861，有效期限自2004年3月14日至2014年3月13日止），享有商标专用权，并且经过其公司投入大量资金进行宣传和推广，在公众中已经获得深入人心的品牌形象和极高的知名度，在消费者心中建立起与其公司产品密不可分的联系。捷豹路虎公司发现，成都路虎公司、诚荣公司生产、销售的服装商标有与其注册商标相同及近似的“LAND ROVER”“L. ROVER”“Lvud Rover”等标识，销售区域涉及多个城市和地区的高档百货公司，仅2011年10月，成都路虎公司在成都市天府广场摩尔百货大楼五楼的专柜和其办公地点被工商行政部门查扣的侵权产品数量800余件，涉案价值近百万余元。吴晓春是成都路虎公司的法定代表人，其在国内申请注册了多个与原告“LAND ROVER”商标近似的商标，并在境外注册影子公司，将相关商标许可给成都路虎公司和诚荣公司使用在服装上，其行为系明知捷豹路虎公司在中国市场上的良好声誉而借捷豹路虎公司声誉误导消费者，故与成都路虎公司和诚荣公司共同实施了侵权行为。摩尔百货公司作为摩尔百货的经营管理者，为成都路虎公司销售侵权产品提供了场地等便利条件，并从中获利，同样侵犯了捷豹路虎公司的商标权。捷豹路虎公司认为，上述被告的侵权时间长、地域广、数量大、价值高，大量侵占了捷豹路虎公司的市场，给捷豹路虎公司造成了巨大的经济损失。据此，诉请人民法院判令：1. 成都路虎公司停止生产、销售侵权产品，南通诚荣公司停止生产侵权产品，并销毁库存产品和回收侵权产品；2. 四被告连带赔偿捷豹路虎公司经济损失及为制止侵权支出的合理费用人民币60万元（包括翻译费492元、公证费5020元、购买被控侵权商品费用1322元、律师费10万元）；3. 四被告在《中国法制报》和《消费者报》上刊登声明，消除影响。

成都路虎公司辩称，第一，成都路虎公司系从事合法服装销售业务的企业，于2009年3月19日在香港注册成立，先于路华公司在香港实际注册“路虎”商标的2012年3月2日，故成都路虎公司在国内申请注册商标、使用“路虎”字样都是正常的商业活动，并无主观上侵犯路华公司商标权的恶意；第二，在成都路虎公司生产、销售被控侵权的服装期间，路华公司并不享有涉案第3004861号注册商标专用权，缺乏要求成都路虎公司承担侵权责任的事实基础和法律依据；第三，路华公司主张的经济损失数额过高，没有事实和法律依据，合理费用亦不应由成都路虎公司承担。综上，请求人民法院驳回路华公司的诉讼请求。

诚荣公司辩称，其与成都路虎公司签订有委托加工合同，该合同中载明的加工品牌并非涉案被控侵权商品上使用的标识，故涉案被控侵权商品并非由其生产，诚荣公司并无路华公司所诉称的侵犯商标权的行为，不应承担任何侵权民事责任。据此，请求人民法院驳回路华公司对诚荣公司的诉讼请求。

吴晓春辩称，第一，吴晓春仅是成都路虎公司的法定代表人，并无生产、销售被控侵权商品的行为，故吴晓春并非本案的适格主体；第二，路华公司在其主张的成都路虎公司销售被控侵权商品的期间内并不享有第3004861号注册商标专用权，故其无权主张他人的商标侵权责任。综上，请求人民法院驳回路华公司对吴晓春的起诉。

摩尔百货公司辩称，其与成都路虎公司签订有联销合同书，审查了成都路虎公司的资质及由其提供的商标注册证，故摩尔百货公司作为大型百货商场的经营者已经尽到了相应的合理注意义务，并无为成都路虎公司提供侵权便利条件的故意，没有实施路华公司所诉称的帮助侵权行为，亦不应承担民事侵权责任。据此，请求人民法院驳回路华公司对摩尔百货公司的诉讼请求。

一审审理查明

2003年12月14日，中华人民共和国国家工商管理总局商标局（以下简称商标局）发布2003年第46期（总第907期）《商标公告》，其中商标初步审定公告中包含第3004861号“LAND ROVER”商标，申请日2001年10月26日，申请人北京科文华商贸有限责任公司（以下简称科文华公司），商品类别第25类，包括工作服；尿布（婴儿纺织品）；体操服；帽子；袜带；连指手套；披肩；背带。2004年3月14日，商标局发布2004年第10期（总第919期）《商标公告》，其中商标注册公告中包含第3004861号“LAND ROVER”商标，商品类别第25类，注册人科文华公司。2004年6月28日，商标局发布2004年第24期（总第933期）《商标公告》，其中商标异议公告中包含公告于第907期的第3004861号“LAND ROVER”商标，被异议人为科文华公司。2012年10月21日，商标局发布2012年第39期（总第1322期）《商标公告》，其中商标注册公告载明“2012年7月20日总第1320期商标公告刊登的初步审定商标，审定期满，下列商标核准注册。商标专用期限自2012年10月21日至2022年10月20日”，项下包含第3004861号“LAND ROVER”商标，注册人为“英国路华公司”，商品类别为25类。

2008年10月8日，商标局作出（2008）商标异字第07479号《“LAND ROVER”商标异议裁定书》（以下简称《异议裁定书》），载明异议人路华公司就刊登于第907期《商标公告》的第3004861号“LAND ROVER”商标提出的异议理由不能成立，该商标予以核准注册。该《异议裁定书》于2008年10月15日向路华公司送达。路华公司不服该裁定，向中华人民共和国国家工商管理总局商标评审委员会（以下简称商评委）申请复审，商评委后于2010年6月12日作出商评字〔2010〕第13128号《关于第3004861号“LAND ROVER”商标异议复审裁定书》（以下简称《复审裁定书》），载明申请人（异议人）路华公司就被申请人科文华公司（被异议人）的第3004861号“LAND ROVER”被异议商标提出的异议主张不能成立，裁定被异议商标予以核准注册。该《复审裁定书》于2010年6月30日向路华公司送达。

2011年1月17日，商标局出具《核准商标转让证明》，载明核准第3004861号商标转让，受让人为路华公司，并在附注部分同时载明“核准转让商标为注册商标的，本证明应与《商标注册证》一并使用；本证明标注的日期为转让的生效日期”。2012年6月25日，商标局出具《商标注册证明》，内容为：“兹证明，路华公司在25类商品上使用的‘LAND ROVER’商标，已在我局注册。注册号为3004861。有效期自2004年3月14日至2014年3月13日。核定使用商品工作服；尿布（婴儿纺织品）；体操服；帽子；袜带；连指手套；披肩；背带（截止）。”

经路华公司2011年9月26日向四川省工商行政管理局（以下简称省工商局）投诉，省工商局就成都路虎公司涉嫌销售侵权服装进行立案调查，并于2011年10月14日派执法人员在成都市大石西路雅然居3栋1501号成都路虎公司的办公地点及东御街55号摩尔百货天府店5楼成都路虎专柜分别进行了现场检查，查扣了被控侵权的服装。2012年5月3日，省工商局作出川商处字〔2012〕1004号《行政处罚决定书》，认定成都路虎公司未经"LAND ROVER"注册商标权利人路华公司的许可，销售"LAND ROVER"服饰的行为违反了新商标法第五十二条的规定，处以没收标有"LAND ROVER"字样服装799件、罚款3万元的处罚。经路华公司申请，本院在案件审理过程中向省工商局调取了工商行政处罚档案材料，该材料中显示部分被控侵权服装在其金属配件及吊牌上使用有"LAND ROVER"字母标识，并在部分吊牌上载明有包括"商标：LAND ROVER，制造商：南通诚荣贸易有限公司，地址：南通工农路111号华晨大厦1903，电话：0513－88869303"等内容，另有部分吊牌载明"商标：Lvnd Rover，生产商：中国上海罗浮服饰有限公司，地址：上海市嘉定区兴贤路1378号"等内容。

经北京捷鼎知识产权代理有限责任公司（以下简称北京捷鼎公司）向山东省青岛市市南公证处（以下简称市南公证处）申请，2012年3月16日，市南公证处公证员张焕红、公证员助理孙娟娟与北京捷鼎公司的委托代理人余燕青来到位于青岛市市南区香港中路69号的"麦凯乐青岛总店"商场四楼一处标有"LIIROVER"字样的销售区，余燕青在该销售区选购了一条深色裤子，销售人员为其出具了No.0135421的《麦凯乐青岛总店销售票》，其上有"卖区代码：22，2012年3月26日，名称/规格 路虎"等内容，余燕青支付了797元购货款并取得发票号码为"17068439"的发票，发票原件及所购买商品均由申请人自行保管。2012年3月28日，市南公证处为此次证据保全制作（2012）青市南证民字第121号公证书。庭审中，本院当庭对上述所购商品进行查看，该长裤在其所缝制的标贴及纽扣上多处使用了"LIIROVER""lvudRauer"标识，在其所挂吊牌上印有"LAND ROVER"字样，并载明有"商标：Lvnd Rover，生产商：中国上海罗浮服饰有限公司，地址：上海市嘉定区兴贤路1378号"等内容。

经北京捷鼎公司山东省淄博市鲁中公证处（以下简称鲁中公证处）申请，2012年7月6日，鲁中公证处公证员吕志研、公证人员阮健及摄像人金宗永与北京捷鼎公司的委托代理人余燕青来到位于淄博市张店区华光路的永旺淄博购物中心，在公证员与公证人员的现场监督下，余燕青在该中心一层的"LIIROVER英国路虎有限公司"店铺购买了"路虎"牌男士休闲裤一条，支付购买费用525元，并取得发票号码为"32197306"的发票一张。公证员与公证人员随后在鲁中公证处对上述购买的休闲裤进行封存，并交由余燕青保管。2012 年 7 月 13 日，鲁中公证处为此次证据保全制作（2012）淄鲁中证经字第 0140 号公证书。庭审中，本院当庭对公证书所封存的商品实物进行当庭拆封并查看，该长裤在其所缝制的标贴及金属配件上分别使用了“lvudRauer”“LIIROVER”标识，在其所挂吊牌上印有“LAND ROVER”字样，并载明有“商标：LAND ROVER，制造商：南通诚荣贸易有限公司，地址：南通工农路 111 号华晨大厦 1903，电话：0513－88869303”等内容。

一审庭审后，捷豹路虎公司于 2013 年 5 月取得第 3004861 号“LAND ROVER”商标注册证，其上载明注册人为路华公司，核定使用商标为第 25 类，注册有效期限自 2004 年 3 月 14 日至 2014 年 3 月 13 日止。

另查明，成都路虎公司（委托方）与诚荣公司（生产方）分别于 2010 年 11 月 10 日、2011 年 10 月 31 日签订有《委托加工合同》（合同编号分别为 LC110101、LC110102），约定加工品牌为“LIIROVER”“lvudRauer”。成都路虎公司在签订合同时向诚荣公司提供了第 7541726 号“LIIROVER”商标注册证及第 7255129 号“lvudRauer”商标注册证等相应材料，上述两份商标注册证均载明注册人为吴晓春，核定使用商标为第 25 类，注册有效期限分别为自 2010 年 11 月 7 日至 2020 年 11 月 6 日、2010 年 9 月 14 日至 2020 年 9 月 13 日。

摩尔百货有限公司（甲方）与成都路虎公司（乙方）签订有《摩尔百货联销合同书》（合同编号：T10201），载明甲方在运动休闲部五层提供适当经营场地及商场有关经营管理条件，乙方向甲方提供包括自产以及从正当渠道进销或授权代理的商品，并约定“乙方对其专柜名称及陈列、销售的商品应符合有关法律、法规及政府的相关规定，使用合法的注册商标，不得侵犯他人的商标权、专利权、知识产权及独家代理权等合法权益”。合同有效期自 2011 年 9 月 1 日至 2012 年 2 月 28 日。合同附件（一）载明乙方联销的品牌为“LIIROVER”“lvudRauer”，类别为第 25 类。摩尔百货公司在签订合同时，成都路虎公司向其提供了第 7541726 号商标注册证及商标使用许可合同备案通知书、第 7255129 号商标注册证。

还查明，2012 年 7 月 21 日、8 月 14 日、8 月 24 日，中国对外翻译出版社有限公司分别向北京市路盛律师事务所开具金额分别为 209 元的翻译费发票（发票号分别为13971112、06253531、06253657）。鲁中公证处2012年7月6日向北京捷鼎公司开具票据号为“121097574376”、金额为2 010元的“公证费”收款收据；2012年3月26日，市南公证处向北京捷鼎公司开具票据号为“121006445252”、金额为3 010元的“公证费”收款收据。

又查明，在一审审理过程中，2013年10月4日，路华公司更名为捷豹路虎公司。

一审判理和结果

一审法院审理认为：本案被控侵权行为发生于2011年间，故本案应适用旧商标法。

由于路华公司已于2013年10月更名为捷豹路虎公司，故本案现诉讼主体应为捷豹路虎公司。鉴于本案被控侵权行为已于2012年5月3日被工商机关以〔2012〕1004号《行政处罚决定书》查处，在捷豹路虎公司没有主张并证明，2012年5月3日之后被控侵权行为依然存在的情况下，捷豹路虎公司应当举证证明其享有诉争第3004861号“LAND ROVER”商标专用权的时间早于该查处时间，有权就他人的侵权行为主张权利。本案中，根据《复审裁定书》及《核准商标转让证明》所载明的内容，科文华公司系诉争第3004861号商标的出让人，捷豹路虎公司为该商标的受让人。因此，捷豹路虎公司是否为注册商标专用权人以及何时取得注册商标专用权应根据旧商标法第三十九条关于“转让注册商标的，转让人与受让人应当签订转让协议，并共同向商标局提出申请……转让注册商标经核准后，予以公告，受让人自公告之日起享有商标专用权”的规定予以判断。即使在《复审裁定书》如捷豹路虎公司所主张的2010年7月30日生效，也只能证明科文华公司取得该注册商标专用权，在此之后捷豹路虎公司经转让而取得注册商标专用权，须经商标局核准并予以公告。但捷豹路虎公司既未举出商标局在2012年5月4日之前作出的核准公告，也未举出在此时间之前商标局向其颁发的商标注册证以与《核准商标转让证明》一并使用，即捷豹路虎公司没有证据表明其享有涉案注册商标专用权的时间早于2012年5月4日。相反的，成都路虎公司举出商标局总第1322期《商标公告》关于涉案商标注册人为路华公司，商标专用期限自2012年10月21日至2022年10月20日的记载，以及捷豹路虎公司所举商标局于2012年6月25日颁发的《商标注册证明》和在本案庭审后于2013年5月方才取得第3004861号《商标注册证》并向法庭提交的事实，也对上述判断给予了佐证。另外，捷豹路虎公司还依据《商标注册证》关于涉案商标注册有效期起于2004年3月14日的记载来证明其享有注册商标专用权的时间，根据旧商标法第三十四条第三款关于“经裁定异议不能成立而核准注册的，商标注册申请人取得商标专用权的时间自初审公告三个月期满之日起计算”之规定，该时间点系科文华公司取得涉案商标专用权的时间，而非捷豹路虎公司作为受让人取得该商标专用权的时间，显然这也不能证明捷豹路虎公司早在2004年就享有了涉案商标专用权。综上，因捷豹路虎公司系以受让方式获得诉争商标，但本案现有证据无法表明捷豹路虎公司已于其主张被告实施商标侵权行为的2011年至2012年5月间享有该诉争的第3004861号注册商标专用权，故路华公司关于其作为商标注册人，于2004年3月14日起享有商标专用权的主张缺乏主要证据支撑，不符合法律规定，本院对此不予支持，对被告的相反主张予以支持。由于捷豹路虎公司并未证明其于2012年5月4日前享有第3004861号商标专用权，根据《中华人民共和国侵权责任法》第二条关于侵害包括商标专用权在内的民事权益，应当依法承担侵权责任之规定，民事侵权行为的构成应以权利人享有相应民事权利为前提，没有权利则没有侵权，因四被告的被控侵权行为发生在捷豹路虎公司取得涉案注册商标专用权之前，则没有侵犯捷豹路虎公司的第3004861号商标专用权，四被告也不应承担相应的民事责任。故捷豹路虎公司关于被告行为侵犯其权利的主张不能成立，本院不予支持，判决驳回捷豹路虎公司的诉讼请求。

上诉与答辩

捷豹路虎公司不服，向四川省高级人民法院提起上诉。捷豹路虎公司的主要上诉理由为：一、一审法院认定捷豹路虎公司没有证据证明其在侵权行为发生前享有注册商标专用权，属于事实认定错误。二、一审法院错误适用法律，从而认为现有证据无法表明捷豹路虎公司已于其主张被告实施商标侵权行为的2011年至2012年5月间享有该诉争的第3004861号注册商标专用权。请求：撤销一审判决，依法改判支持安佑生物公司的诉讼请求，本案一、二审诉讼费由被上诉人负担。

成都路虎公司及吴晓春答辩认为：一、第3004861号“LAND ROVER”商标注册申请人取得专有权的时间自2004年3月14日起算，这个时间并不是捷豹路虎公司取得商标专用权的时间，也不是其可以开始追究侵权赔偿责任的时间。2011年1月17日，捷豹路虎公司取得第3004861号商标的《核准商标转让证明》，但此时尚未完成注册商标的全部申请流程，其仅是通过转让，取得一个仍在申请状态中的商标。

二、商标局于2012年10月27日刊发异议复审裁定公告，异议复审裁定生效，公告具有对外公示效力，因此，自2012年10月27日开始，第三人才能够知晓异议复审裁定生效，捷豹路虎公司才有权利追究他人在同一种或者类似商品上使用与涉案商标相同或者近似的标志的行为。

三、成都路虎公司自2011年8月开始制造涉案服装，2011年10月14日即被省工商局予以全部查封，故成都路虎公司销售涉案服装的时间为2011年8月起至2011年10月14日止。成都路虎公司授权外地加盟店使用的商标，并非案涉第3004861号商标，也无权监控外地加盟店的自主经营销售行为。成都路虎公司作为一名服装销售商，从事的是合法的服装销售行为，其在国外创设公司，在国内申请注册商标，都只是正常的商业营销手段，不管是成都路虎公司还是吴晓春，主观上都不存在侵犯上诉人商标权的恶意。成都路虎公司的法定代表人吴晓春通过合法途径，在香港注册成立了路虎国际服饰有限公司（现卢弗国际服饰有限公司）、英国路虎有限公司（现英国卢孚有限公司），在英国注册成立了英国路虎集团有限公司（现英国卢孚集团有限公司），虽然有关单位裁定上述公司变更企业字号，但该案并未对证据及我方的主张进行实质性审查，仅仅是程序性判决，以此并不能说明我方的主观恶意性。

诚荣公司、摩尔百货公司未陈述答辩意见。

二审审理查明

2015年3月6日，商标局发布2015年第9期（总第1446期）《商标公告》，在该《商标公告》的《商标更正公告》部分载明“原刊登于第1332期《商标公告》中的第3004861号‘LAND ROVER’商标专用权期限有误，现更正为第3004861号‘LAND ROVER’商标专用权期限自2004年3月14日起，经续展至2024年3月13日”。

2010年6月30日，商评字〔2010〕第13128号《复审裁定书》送至捷豹路虎公司，2010年7月30日，捷豹路虎公司就该《复审裁定书》向北京市第一中级人民法院提交预立案。2010年7月28日，罗思公司与科文华公司签订《注册商标转让协议》，涉案第3004861号“LAND ROVER”商标由科文华公司转让给罗思公司，商标局于2010年12月2日核准该转让。2010年12月2日，捷豹路虎公司与罗思公司签订《注册商标转让协议》，商标局于2011年1月17日予以核准。二审期间，罗思公司向法院提交声明，证明其系代捷豹路虎公司从科文华公司处受让涉案第3004861号“LAND ROVER”商标并暂时代为持有，该商标的全部权利（包括罗思公司代持期间的全部权利）均归属于捷豹路虎公司。根据《北京市高级人民法院关于行政审判适用法律问题的解答（三）》第十六条以及北京市第一中级人民法院《涉外以及涉港、澳、台案件当事人参加诉讼须知》第（四）项规定，外国当事人作为原告参加诉讼的，应在提交起诉状（即提交预立案）后三个月内向受案法院递交委托书的公证、认证文件，由于捷豹路虎公司已通过受让取得涉案第3004861号“LAND ROVER”商标，故捷豹路虎公司未在规定的三个月期限提交委托书的公证、认证文件。因此，捷豹路虎公司未就《复审裁定书》正式提起行政诉讼。

二审还查明，2015年2月27日，商标局出具商标函字〔2015〕5号《国家工商行政管理总局关于北京市路盛律师事务所就第3004861号商标转让公告有关事宜的复函》，其上载明：“原《商标法》第三十九条第二款规定，转让注册商标经核准后，予以公告。受让人自公告之日起享有商标专用权。根据该规定，商标转让公告是针对注册商标转让后的公告程序。对于申请状态中商标的转让，商标法并未要求予以公告。”

二审判理和结果

二审法院审理认为：涉案第3004861号“LAND ROVER”商标最初由科文华公司申请注册，历经两次转让，最后由捷豹路虎公司受让取得。捷豹路虎公司对涉案第3004861号“LAND ROVER”商标享有商标专有权，依法应受法律保护。成都路虎公司（委托方）与诚荣公司（生产方）签订有《委托加工合同》，诚荣公司生产被控侵权服装的行为系受成都路虎公司委托。吴晓春作为成都路虎公司的法定代表人以及“LIIROVER”“lvudRauer”商标持有人，授权成都路虎公司以及包括诚荣公司在内的制造商生产、销售被控侵权产品，并在成都路虎公司与摩尔百货公司签订《摩尔百货联销合同书》时，代表成都路虎公司签字等行为，均说明其系被控侵权行为的实际操控者。因此，成都路虎公司、吴晓春、诚荣公司应当对此次被控侵权行为承担连带责任。摩尔百货公司已经尽到了合理注意义务，不应当承担相应的民事责任。

综上，二审法院判决：一、撤销四川省成都市中级人民法院（2012）成民初字第1872号民事判决；二、成都路虎公司、吴晓春在判决生效之日起，立即停止生产、销售侵犯捷豹路虎公司第3004861号“LAND ROVER”商标专用权的侵权产品；三、诚荣公司在判决生效之日起，立即停止生产侵犯捷豹路虎公司第3004861号“LAND ROVER”商标专用权的侵权产品；四、成都路虎公司、吴晓春、诚荣公司在判决生效之日起十日内，连带赔偿捷豹路虎公司经济损失45万元。成都路虎公司、吴晓春、诚荣公司在判决生效之日起十日内，连带赔偿捷豹路虎公司为制止侵权支出的合理费用5512元；五、驳回捷豹路虎公司的其他诉讼请求。

【法官评述】

旧商标法第三十四条第三款规定，经裁定异议不能成立而核准注册的，商标注册申请人取得商标专用权的时间自初审公告三个月期满之日起计算。新商标法对前述规定作了修订和补充，新商标法第三十六条第二款规定，经审查异议不成立而准予注册的商标，商标注册申请人取得商标专用权的时间自初步审定公告三个月期满之日起计算。自该商标公告期满之日起至准予注册决定做出前，对他人在同一种或类似商品上使用与该商标相同或者近似的标志的行为不具有追溯力；但是，因该使用人的恶意给商标注册人造成的损失，应当给予赔偿。新商标法虽然对商标权人在商标注册申请期间的权利进行了明确，加强了对商标权人的保护。然而，自该商标公告期满之日起至准予注册决定作出前这段时间内权利人享有的是什么样权利？该条中规定的“因该使用人的恶意给商标注册人造成的损失，应当予以赔偿”中的“恶意”应当如何理解？“恶意”需要达到什么程度？学术界和实务界对上述问题存在较多争议。本案对上述问题皆有涉及，尽管本案发生在新商标法施行以前，应该适用老商标法的有关规定，但是鉴于老商标法对商标权人在商标注册申请期间的权利未做明确，因此，在处理此类案件时，可以参考新商标法相关规定的精神处理。

由于案涉商标历经申请、异议、复审、转让等多道程序，并涉及科文华公司、捷豹路虎公司、罗思公司等多方主体，因此，明确各主体是否享有权利，享有何种权利，以及享有权利的时间段是本案审理的前提。根据查明事实可知，案涉商标是科文华公司申请，并于2003年12月14日初审公告。后捷豹路虎公司对案涉商标提出异议，经过商标局复审和商标评审委员会复审，最终复审裁定于2010年7月30日生效，裁定驳回了捷豹路虎公司的异议，核准案涉商标予以注册。而在商标评审委员会复审裁定最终生效前，即2010年7月28日，捷豹路虎公司委托罗思公司代其与科文华公司签订了案涉商标转让协议，2010年12月2日，商标局核准。2010年12月2日，罗思公司与捷豹路虎公司签订案涉商标转让协议，2011年1月17日，商标局核准。2012年10月21日，商标局发布商标注册公告，案涉商标核准注册，商标注册人为捷豹路虎公司，商标专用期限为2004年3月14日起，经续展至2024年3月13日。科文华公司作为商标注册申请人，在商标为最终核准注册前，与捷豹路虎公司受托人罗思公司签订了转让协议，从严格意义上来讲，该份转让协议的标的并非注册商标的专有权，这一点从2012年10月21日商标局的商标注册公告可以看出，该公告标明案涉商标注册人为捷豹路虎公司。也即通过前述转让协议的签订，捷豹路虎公司的商标注册申请人身份得以确定。

本案被诉行为分别发生在2011年10月14日、2012年3月16日以及2012年7月6日，均发生在案涉商标的最终核准注册时间2012年10月21日之前。在商标公告期满之日2004年3月14日到商标核准注册决定做出2012年10月21日之前发生的涉嫌侵权行为，捷豹路虎公司作为商标注册申请人是否有权提起诉讼并得到救济即成为本案处理的关键。虽然老商标法对商标注册申请人在商标注册申请期间的权利未做明确，但参考新商标法相关规定的精神，使用人在同一种或类似商品上恶意使用与申请注册的商标相同或近似的标志，给商标注册人造成损失的，应当予以赔偿。本案被诉侵权行为人在有自己的注册商标的情况下，在其生产的商品上同时标注了案涉商标，主观恶意明显，同时案涉侵权商品与注册商标核准使用商品为同一种类，可以认定被诉行为构成侵权，行为人应当进行赔偿。

从社会影响方面分析，本案一审原告、二审上诉人捷豹路虎控股有限公司是一家具有极高国际知名度的跨国企业，在其行业内外和普通社会公众之间都具有很大影响力。“搭便车”“傍名牌”是当今市场中存在的较为常见的不正当竞争行为（此处所指不正当竞争是传统意义上理解的，而非从法律意义上解释的不正当竞争行为)，不仅扰乱了市场秩序，更打击了其他社会主体的创新和发展积极性，长此以往，也将对我国的改革创新和知识产权战略实施产生不利影响。该案终审判决切实保障了商标权权利人的利益，打击了“搭便车”行为，彰显了我国法律保护知识产权权利人利益的决心，具有良好的社会示范导向意义。

编写人：四川省高级人民法院　赵文文

25

重庆松江管道设备厂诉上海松江环福橡胶制品厂等商标权侵权纠纷案

——阅读提示：图文组合商标的近似判断一般是以图形、符号为主要部分还是以文字为主要部分？含有县级以上行政区划名称的组合商标的近似判断是以文字为主要部分还是以图形、符号为主要部分？

【裁判要旨】

将县级以上行政区划的名称作为组合商标的一部分申请商标注册并获得注册的，如被控侵权人将与该行政区划名称的字形近似的文字或者组合作为其产品标识使用的，在判断该组合商标和标识是否构成近似时，应综合考虑该地名在整个组合商标中所占比例或者是否构成组合商标的主要部分，组合商标和被控侵权标识在隔离观察下的近似程度，以及被控侵权标识在相关地域的实际使用情况等因素。

【案号】

一审：重庆市第五中级人民法院（2015）渝五中法民初字第01143号

二审：重庆市高级人民法院（2016）渝民终151号

【案情与裁判】

原告（上诉人）：重庆松江管道设备厂（以下简称重庆松江厂）

被告（被上诉人）：上海松江环福橡胶制品厂（以下简称上海松江厂）

被告（被上诉人）：重庆环德信管道设备有限公司（以下简称环德信公司）

被告（被上诉人）：重庆市高新技术产业开发区昌元阀门销售部（以下简称昌元销售部）

起诉与答辩

重庆松江厂于2016年3月25日向一审法院起诉，请求：1. 上海松江厂立即停止生产、销售侵犯重庆松江厂商标专用权的产品，并停止侵权行为；2. 上海松江厂在重庆、上海两地报刊上刊登启事，消除其侵权行为造成的影响；3. 环德信公司、昌元销售部停止销售侵权产品；4. 三被告赔偿经济损失100万元；5. 三被告赔偿为制止侵权行为付出的差旅费、律师费、公证费、侵权物品采购费等费用4万元；6. 三被告承担本案诉讼费用。事实和理由：重庆松江厂分别于2005年8月和2008年9月取得了“淞江”组合商标和“松江”组合商标的注册。“松江”商标经多年经营使用，具有广泛知名度和美誉度，于2012年12月获得了重庆市著名商标。重庆松江厂发现上海松江厂在其生产、销售的管道用橡胶接头类产品上使用了由“淞江”文字、“SJ”字母及“菱形”图案构成的图文标识，与其注册商标在字形、字音上都极其近似，足以造成消费者误认，侵犯了其注册商标专用权。销售环德信公司、昌元销售部涉案侵权产品并在互联网上进行宣传，构成了共同侵权。

上海松江厂答辩称：“松江”是上海行政区划地名，“淞江”标识与“松江”或“淞江”注册商标有明显区别，不构成近似。

环德信公司与昌元销售部答辩称：涉案产品没有侵犯重庆松江厂的注册商标专用权。环德信公司、昌元销售部是合法的销售行为，所销售、宣传的产品具有合法来源，不构成商标侵权。环德信公司是租用昌元销售部的场地进行经营，昌元销售部不是适格的诉讼主体。

法院审理查明

重庆松江厂成立于1999年8月，重庆松江厂的执行合伙人周一鑫系重庆松江机电设备制造有限公司的股东和重庆松江减震机械设备厂的合伙人。2004年12月，重庆松江厂“松江牌”橡胶软接头、金属软管、阀门被认定为2004年度“成渝最具影响力畅销机电品牌”。2005年9月，重庆松江厂生产、销售的“松江牌”橡胶软接头、金属软管、减振器、阀门等系列产品荣获“2003年度中国质量金榜”奖牌。重庆松江厂于2005年8月7日取得“淞江”组合商标的商标注册，注册有效期自2005年8月7日至2015年8月6日止，核定使用商品为第17类。2015年8月11日，该商标被核准续展。根据重庆松江厂庭审陈述，该商标作为防御性商标注册，未实际使用。2008

年9月14日，重庆松江厂取得“松江”组合商标的商标注册，有效期自2008年9月14日至2018年9月13日止，核定使用商品为第17类。重庆松江厂和重庆松江减震机械设备厂自2009年起销售了合同标注“松江牌”的减振器、橡胶软接头等产品。2012年12月，“松江”商标被评为重庆市著名商标。重庆松江厂还曾于2003年、2005年、2009年、2012年、2013年多次在不同商品和服务类别上提出过其他带有“松江”“老松江”“松江久鑫”等文字的组合商标注册申请，但均未被核准。

2015年7月21日，重庆市公证处公证人员及重庆松江厂代表在该公证处计算机上分别对“上海松江环福”和“重庆环德信管道设备有限公司”进行百度搜索，发现网页显示上海松江厂在网络销售橡胶软接头产品时使用了“淞江”标识，环德信公司在网络销售“上海松江橡胶接头、减震喉、软接头、软连接、橡胶法兰、可曲挠高压橡胶接头”时使用了“淞江”标识，并注明产品品牌为“上海松江环福”或“上海松江”。重庆市公证处分别对上述行为予以了公证。2015年7月28日，重庆市公证处公证人员及重庆松江厂委托代理人购买了商品标示为“可曲挠橡胶接头”，厂商标示为“上海松江环福橡胶制品厂”的管道设备42个，重庆市公证处对上述行为予以了公证。公证实物外包装上有上海松江厂的厂名、厂址以及“淞江”标识，公证产品上则有“上海松江”字样以及同“淞江”标识近似的标识，仅在菱形图案上下部的个别字母上有所区别。诉讼中，环德信公司称涉案产品均购自上海松江厂，上海松江厂对此予以认可。在署名为“上海松江厂”的宣传资料上使用了同“淞江”标识近似的菱形标识，仅在上下部分缺少“HF”和“SHANGHAI”字母，但标注了“环福橡胶 huanfu rubbr”字样。

另查明，从2003年起，上海松江厂销售了橡胶软接头、减振器等产品，并在合同上标注品牌为“淞江”。

一审判理和结果

一审法院认为，重庆松江厂两个注册商标分别为由“淞江”文字、“SJ”字母及“同心圆”图案构成的组合商标和由“松江”文字、“CQ”字母及“三环”图案构成的组合商标。上述商标与上海松江厂使用的由“淞江”文字、“SJ”字母及“菱形”图案构成的图文标识相比，虽然个别要素相同或近似，但商标整体和主要部分存在明显区别。在隔离的状态下分别进行比对，整体上两个商标呈左中右结构且圆形图案要素突出，而标识为全包围结构且菱形图案要素明显；就商标主要部分而言，“松江”商标的主要部分为三环及“CQ”字母、“淞江”商标的主要部分为“CQ同心圆”及“SJ”字母，而“淞江”标识的主要部分为菱形中间呈上中下排列的“淞江”文字与“HF”“SJ”和“SHANGHAI”字母，其区别比较明显。

“松江”商标中的“松江”一词是行政区划名称，且重庆松江厂也曾提出过大量带有“松江”文字的组合商标注册申请但未得到核准，可以证明“松江”一词缺乏固有显著性。但重庆松江厂将“松江”文字结合“CQ”字母及“三环”图案组合申请的商标具有固有显著性，因而获得了核准注册。该商标经重庆松江厂实际使用，“松江”牌橡胶软接头在成渝地区也具有一定知名度，“松江”商标还被评为重庆市著名商标，因此也具有了获得显著性。而“淞江”商标中的“淞江”一词本为臆造词，其与“SJ”字母、变体CQ字母形成的“同心圆”图案构成的组合商标更具有较强的固有显著性，但根据重庆松江厂庭审陈述，该商标作为防御性商标注册，未实际使用。鉴于重庆松江厂两个商标中均含有“CQ”字母要素并与重庆松江厂所处地域相关，因此“CQ”字母也应对重庆松江厂两个商标的显著性产生影响。上海松江厂使用的“淞江”标识中的“淞江”一词是江河名称，固有显著性不强，但其结合“SJ”字母及“菱形”图案具有较强的识别作用。尤其是标识上下方的“HF”和“SHANGHAI”字母与上海松江厂所处地域以及企业字号有密切联系，能够区别商品来源。在实际使用中，上海松江厂使用“淞江”标识时也均标注了其企业名称或字号，或注明了“上海松江”的字样，能够与重庆松江厂商标进行区别，没有混淆可能性。

综上，上海松江厂使用“淞江”标识的行为不侵犯重庆松江厂对“松江”和“淞江”商标所享有的注册商标专用权。重庆松江厂主张环德信公司销售了被控侵权产品，仅有采购清单为据而没有实物，不能查证环德信公司是否销售了被控侵权产品。据此，重庆松江厂诉请环德信公司和昌元销售部销售涉案橡胶减震缓冲器产品侵权的主张不能成立，不予支持。一审法院遂判决：驳回重庆松江厂的诉讼请求。

上诉与答辩

重庆松江厂向二审法院提起上诉，请求：1. 撤销一审判决，改判支持其一审诉讼请求；2. 本案诉讼费用由三被上诉人承担。事实和理由：1. 商标的静态对比应以显著的中文部分对比为主，“松江”与“淞江”两词在含义上虽略有区别，但也仅仅是偏旁部首之差，不足以起到区分不同商标的作用。2. 重庆松江厂与上海松江厂的商标极易产生混淆，重庆松江厂“松江”商标经过长期使用亦具有显著性。

上海松江厂答辩称：“松江”商标与“淞江”标识有显著区别，不近似也不会引起混淆，不构成侵权。

环德信公司和昌元销售部共同答辩称：环德信公司是善意的经销商，不构成商标侵权；昌元销售部没有销售诉争产品，不是本案的适格被告。

二审判理和结果

二审法院认为：首先，商标“松江”“淞江”与标识“淞江”的读音相同、字形近似，但文字的含义不同。其次，“松江”商标中“三环”图案占据商标的主要位置，环中嵌入变体的“CQ”字母，对整体视觉效果产生直接影响，为商标主要部分；“淞江”商标中“SJ”字母与变体“CQ”字母形成“同心圆”图案且“SJ”字母突出显示，构成商标主要部分；而“淞江”标识中的菱形中部呈上中下排列的“HF”字母、变体的“SJ”字母和“SHANGHAI”字母与“淞江”文字共同构成了标识的主要部分。对商标和标识的主要部分进行比对，“松江”商标的主要部分为三环及“CQ”字母、“淞江”商标的主要部分为“CQ 同心圆”及“SJ”字母，而“淞江”标识的主要部分为菱形中间呈上中下排列的“淞江”文字与“HF”“SJ”和“SHANGHAI”字母，其区别比较明显。同时，在判断商标近似时，还要充分考虑“松江”二字在“松江”图文组合商标中所起到的作用。重庆松江厂在其“松江”图文组合商标被核准注册之前和之后，曾多次申请注册含有“松江”文字的图文组合的其他商标，但申请均被驳回，由此可知“松江”二字作为县级以上行政区划名称如果要单独注册或者作为商标的主要部分进行注册，是不会得到核准注册的。而要想将含有“松江”文字的组合商标注册成功，只有尽量降低“松江”文字的比例或者突出图形或符号在整个组合商标中的位置和比例，尽可能让“松江”组合商标的整体含义与地名相分离，使该商标具有区别于地名的其他含义，而这在重庆松江厂所注册成功的涉案“松江”组合商标的文字、图形和符号的构成上得到了体现。因此在判断“松江”组合商标与“淞江”标识是否构成近似时，应以图形、符号为主要部分，而“松江”文字作为次要部分。经过比对，虽然“松江”“淞江”两个组合商标和“淞江”标识的个别要素相同或近似，但整体和主要部分存在明显区别，因此不构成商标近似。

由于“松江”和“淞江”组合商标与“淞江”标识并不近似，且“淞江”组合商标也并未实际使用，故相关公众也不会将“淞江”标识所标注商品与“淞江”组合商标所标注商品的来源产生误认，不会产生混淆。由于上海松江厂使用“淞江”标识的行为不侵犯重庆松江厂所享有的注册商标专用权，故请求环德信公司和昌元销售部承担民事责任的请求亦不予支持。二审法院作出判决：驳回上诉，维持原判。

【法官评述】

重庆松江厂虽然拥有“松江”和“淞江”两个组合商标，但“淞江”组合商标是防御商标，且未实际使用，故重庆松江厂对法院认定“淞江”组合商标和“淞江”标识不近似并未出提出异议。因此，本案争议的核心问题是“松江”组合商标和“淞江”标识的近似判断。

组合商标近似，是指由文字和图形组成的组合商标中，文字和图形部分在整体外观上构成的近似或者作为显著部分的文字或图形部分相近似而构成的近似。一般情况下，组合商标中的文字部分应当作为判断商标是否近似的主要部分。最高人民法院于2013年10月25日作出的（2013）知行字第52号行政裁定书中就指出，在文字及图形组合商标中，由于文字在呼叫上的天然优势，一般情况下文字为商标中的主要识别部分，除非有相反证据证明图形部分具有更高的显著性或者知名度。① 该裁定书之所以得出如下结论，主要是由于文字部分具有可识读性，相关公众往往也通过对文字部分的称呼来辨认商标和品牌，所以，整体上来说文字部分对相关公众的影响力要大于图形部分，文字部分构成了商标整体的显著部分。若作为显著部分的文字部分由于在读音、字形或含义方面具有相似性而构成近似，则组合商标可以认定为近似。在北京中农科技术开发公司与中国农业生产资料集团公司商标侵权纠纷案中，法院认定两公司的商标均有“中农”二字，虽然图形等其他方面不同，但对于商标构成来说，通常文字部分既有形又有意，在识别上具有更强的功能，对商标的表现力和影响力相

---

① 再审申请人吕保卫因与被申请人国家工商行政管理总局商标评审委员会商标驳回复审行政纠纷一案。

对图形等因素来说作用更大些，是为显著部分，所以两商标近似。[1]

根据《中华人民共和国商标法》第十条第二款规定，县级以上行政区划的地名不得作为商标，但地名具有其他含义或者作为集体商标、证明商标的组成部分除外，已经注册的适用地名的商标继续有效。根据该条规定，含有县级以上行政区划名称的组合商标一般是不能够获得注册的，只有该地名在组合商标中不是主要部分或者该地名在持续的使用中已经具有了其他含义，该组合商标才能获得注册。因此，在对含有县级以上行政区划名称的组合商标进行近似判断时，由于地名的显著性很低，判断商标是否近似时应将组合商标中除地名外的其他部分作为主要部分。本案中，在对"松江"组合商标与"淞江"标识进行近似判断时，应将组合商标中的图形、符号作为主要部分，而将"松江"文字作为次要部分进行考察。法院正是根据该原则对二者进行对比后认为，虽然"松江"组合商标和"淞江"标识的个别要素相同或近似，但商标和标识的整体和主要部分存在明显区别，不构成近似。

在判断组合商标是否近似时，除直接对注册商标和被控侵权的商标或标识的各要素进行对比外，还要考虑被控侵权商标或标识在相关地域的实际使用情况等因素。本案中，"松江"组合商标和"淞江"标识的主要部分经过对比并不近似，同时"淞江"标识在实际使用时上下方的"HF""SHANGHAI"字母和企业名称或字号，更能够突出"淞江"标识的可识别性。综合以上因素，结合"松江"组合商标和"淞江"标识的主要部分对比，一、二审法院均作出两者不近似的认定。

编写人：重庆市高级人民法院　黑小兵

---

① 北京市高级人民法院（2009）高行终字第145号行政判决书。

26

海宁中国皮革城股份有限公司与重庆空港浙商皮革城管理有限公司侵害商标权及不正当竞争纠纷诉中禁令案

——阅读提示：当事人在二审程序中能否申请诉中禁令？一审裁判结果对二审发布诉中禁令有何种影响？二审发布诉中禁令应当满足哪些条件？

【裁判要旨】

申请人有权在二审阶段提出诉中禁令请求。在涉案商品销售旺季，若被申请人的宣传、经营行为涉嫌不正当竞争的盖然性较高，不及时制止被申请人的相关宣传、经营行为，可能对申请人的竞争优势、市场份额造成难以弥补的损害后果的，在申请人提供适当担保的前提下，有必要对被申请人的宣传、经营行为发布临时禁令。

【案号】

重庆市高级人民法院（2016）渝民终536号

【案情与裁判】

申请人：海宁中国皮革城股份有限公司（以下简称中国皮革城公司）

被申请人：重庆空港浙商皮革城管理有限公司（以下简称浙商皮革城公司）

申请理由与答辩

申请人中国皮革城公司于2016年11月10日向重庆市高级人民法院申请诉中禁令。申请人称：申请人与被申请人不正当竞争及侵害商标权纠纷案一审判定被申请人构成侵权，被申请人不服提起上诉，二审正在审理过程中。但自进入10月皮革服装销售旺季以后，被申请人开始大肆以“空港海宁皮革城”名义做广告，并在重庆市多个地区散发相关宣传资料，引起了消费者混淆，已经对申请人开设在重庆市九龙坡区的“海宁皮革城”时尚广场造成了实质性损害。鉴于二审诉讼程序尚需经历一定时间，而皮革销售旺季仅仅只有4个月时间，若等待二审判决生效，将可能使申请人的财产损失和侵权行为的不良社会影响进一步加大，造成难以弥补的损害后果。

为此，请求裁令：一、被申请人不得以“海宁皮革城”名义（包括“空港海宁皮革城”“重庆空港海宁皮革城”“重庆浙商空港（海宁）皮革城”“空港（海宁）皮革城”等字样，下同）开展广告宣传活动，销毁其印制的带有“海宁皮革城”名称的宣传资料；二、被申请人立即停止使用“海宁皮革城”名称，拆除其市场招牌、路牌、广告牌上使用的“海令皮革城”名称；删除kgpige微信号以及www. kgpige. cn网站上使用的“海宁皮革城”名称及图片。

被申请人浙商皮革城公司称：申请人的商标权效力具有不确定性，同时，申请人从被申请人广告中获得了益处，而且，被申请人是否构成侵权尚不确定，故不应当发布临时禁令。

法院审理查明

中国皮革城公司主张“海宁皮革城”是其知名服务特有的名称。浙商皮革城公司在重庆市开办了空港海宁皮革城市场。浙商皮革城公司在该皮革市场建筑物、kgpige微信号、www. kgpige. cn网站等广告宣传中，使用了“海宁皮革城”“空港海宁皮革城”“重庆空港海宁皮革城”“重庆浙商空港（海宁）皮革城”“空港（海宁）皮革城”等标识、标语。为此，中国皮革城公司起诉请求：浙商皮革城公司立即停止商标侵权行为和不正当竞争行为，并赔偿使用“海宁皮革城”名称给中国皮革城公司造成的经济损失13125000元，支付为制止侵权所支出的合理开支250000元。重庆市第一中级人民法院一审判决：浙商皮革城公司立即停止商标侵权行为和不正当竞争行为，并立即赔偿中国皮革城公司经济损失300万元（包括为制止侵权支付的合理开支）。浙商皮革城公司不服一审判决，提起上诉。二审过程中，浙商皮革城公司未停止被诉不正当竞争行为。中国皮革城公司为此提出二审阶段的诉中禁令请求，并提供了300万元信用担保。

法院判理和结果

重庆市高级人民法院认为：中国皮革城公司与浙商皮革城公司均从事专业皮革市场相关服务，具有直接竞争关系。浙商皮革城公司使用“海宁皮革城”名称（包括“空港海宁皮革城”“重庆空港海宁皮革城”“重庆浙商空港（海宁）皮革城”“空港（海宁）皮革城”等字样）宣传、经营涉嫌侵犯中国皮革城公司的权益，有可能构成不正当竞争。当前季节是皮革服装销售旺季，若不及时制止浙商皮革城公司的上述行为，可能对中国皮革城公司的竞争优势、市场份额造成难以弥补的损害后果，在中国皮革城公司提供适当担保的前提下，有必要对浙商皮革城公司的上述行为发布禁令。

据此，依据《中华人民共和国民事诉讼法》（以下简称民事诉讼法）第一百条、第一百五十四条第一款第（四）项，《最高人民法院关于适用〈中华人民共和国民事诉讼法〉的解释》（以下简称民事诉讼法司法解释）第一百五十二条第三款之规定，裁定：一、被申请人浙商皮革城公司于裁定生效之日起立即停止使用“海宁皮革城”名义（包括“空港海宁皮革城”“重庆空港海宁皮革城”“重庆浙商空港（海宁）皮革城”“空港（海宁）皮革城”等字样）开展广告宣传活动，并销毁印制有“海宁皮革城”“空港海宁皮革城”“重庆空港海宁皮革城”“重庆浙商空港（海宁）皮革城”“空港（海宁）皮革城”等字样的宣传资料；二、被申请人浙商皮革城公司于裁定生效之日起立即停止使用“海宁皮革城”名称［包括“空港海宁皮革城”“重庆空港海宁皮革城”“重庆浙商空港（海宁）皮革城”“空港（海宁）皮革城”等］，删除其市场招牌、路牌、广告牌上使用的“海宁皮革城”“空港海宁皮革城”“重庆空港海宁皮革城”“重庆浙商空港（海宁）皮革城”“空港（海宁）皮革城”等字样名称，删除 kgpige 微信号以及 www. kgpige. cn 网站上使用的“海宁皮革城”“空港海宁皮革城”“重庆空港海宁皮革城”“重庆浙商空港（海宁）皮革城”“空港（海宁）皮革城”等字样名称及图片。

【法官评述】

禁令制度是知识产权财产规则的重要内容，是以设定权利的方式阻止侵害发生，实现加强知识产权保护的目标，运用好禁令制度是加强知识产权保护的重要途径。本案涉及在二审程序中如何适用诉中禁令问题，在司法实践中并不常见，但对于澄清诉中禁令规则模糊地带，完善知识产权诉中禁令制度，却具有十分重要的意义。

一、当事人有权在二审阶段申请临时禁令

民事诉讼法第一百条第一款规定："人民法院对于可能因当事人一方的行为或者其他原因，使判决难以执行或者造成当事人其他损害的案件，根据对方当事人的申请，可以裁定对其财产进行保全、责令其作出一定行为或者禁止其作出一定行为；当事人没有提出申请的，人民法院在必要时也可以裁定采取保全措施。"显然，民事诉讼法并没有限制财产保全和行为保全必须在一审中申请。而且，民事诉讼法司法解释第一百六十二条第一款规定："第二审人民法院裁定对第一审人民法院采取的保全措施予以续保或者采取新的保全措施的，可以自行实施，也可以委托第一审人民法院实施。"也就是说，民事诉讼法司法解释明确二审中可以采取新的保全措施，更进一步说明了当事人有权在二审中申请行为保全（临时禁令）。

另外，部分诉讼行为不允许在二审阶段提出，主要是为了维护双方当事人的审级利益。比如，原则上，不允许当事人在二审中提出反诉、增加诉讼请求。但是，民事诉讼法司法解释第一百七十一条第一款规定："当事人对保全或者先予执行裁定不服的，可以自收到裁定书之日起五日内向作出裁定的人民法院申请复议。"因此，二审中提出临时禁止申请，并不涉及审级利益问题，审级并不是当事人提出禁令申请的障碍。

二、一审裁判结果对二审发布禁令的影响

二审中发布禁令不同于一审之处在于，案件已经过一审法院的实体审理，并且作出了裁判结果。此种情况下，是否意味着二审法院可以甚至应当根据一审的裁判结果直接判断案件的胜诉可能性。

笔者认为，案件经过一审实体审理是二审正确适用诉中禁令有力的基础，但是不能影响二审法院对是否发布临时禁令的独立判断。二审中发布临时禁令，始终应当立足二审程序，对于案件胜诉可能性的判断，应当结合一审查明的事实、裁判的结果，以及当事人的上诉请求、事实及理由、相关证据进行综合判断。

本案中，一审法院已判定被申请人的行为侵权，但该判决并非生效判决，不能据此认定申请人胜诉可能性大。此时应当重点考虑本案二审实质性改判的可能性，如果二审维持可能性较大的，应当认定其符合胜诉可能性要件。

三、二审阶段诉中禁令司法审查考虑因素

二审阶段的诉中禁令司法审查与一审本质上是相同的。参照商标法及商标诉前禁令司法解释等规定，发布诉中禁令通常要满足四个条件：（一）胜诉可能性；（二）难以弥补的损害；（三）不损害公共利益；（四）申请人提供有效担保。

本案中，申请人已经提供了相应担保，且不涉及公共利益，主要的审查要件是胜诉可能性和难以弥补的损害。

胜诉可能性是指实体胜诉的可能性，而不是要求申请人的诉求得到法院的全面支持。在此类侵权案件中，胜诉可能性具体是指被诉侵权行为被认定为侵权的可能性。如果有多个可区分的被诉侵权行为的，则应当进行单独评价。对于难以认定为侵权的行为，不应发布临时禁令。而且，对某一被诉侵权行为是否发布禁令，并不影响对其他被诉侵权行为是否发布临时禁令。本案中，结合一审审理情况、涉案的相关证据，可以确认中国皮革城公司使用"海宁皮革城"十余年之久，"海宁皮革城"也有相当的知名度，在无其他有力反证的情况下，可以确认"海宁皮革城"为申请人享有的知名服务特有名称。因此，被申请人相关宣传行为涉嫌侵犯中国皮革城公司的权益，很有可能构成不正当竞争。所以，本案满足胜诉可能性要件。

难以弥补的损害要件可以防止申请人滥用禁令措施。一般认为，可以用金钱补偿或者能够用金钱合理地量化补偿数额，且有可执行的合理预期的，不属于难以弥补的损害。当然，对于可用金钱计量的损失，若被申请人有物质偿付风险，也可以认为存在"难以弥补的损害"。在知识产权领域，"难以弥补的损害"更多是指商誉等无形资产的减损，以及著作人身权等人格利益的损害。本案的诉中禁令针对是不正当竞争行为，所以主要是从竞争优势和市场份额方面考查损害的难以弥补性。本案的不正当竞争行为主要体现在"傍名牌""搭便车"，窃取他人的市场份额。即使最终判定被申请人停止侵权，赔偿损失，被申请人窃取的竞争优势和市场份额也并不会因此而消失殆尽。另外，竞争优势和市场份额也是一项重要的无形资产，本身能够给企业带来额外经济利益。在重庆地区，皮革属于季节性商品，本案二审期间属于皮革销售旺季，一旦错过销售旺季将对相关企业的经营造成重大影响。如果不下达临时禁令，申请人的竞争优势和市场份额将面临进一步被蚕食的风险，因此，本案情况可以认定申请人有可能遭受不可弥补的损失。

编写人：重庆市高级人民法院　戈光应

27

小米科技有限责任公司诉宁夏华润万家生活超市有限公司银川市正源北街店等侵害商标权纠纷案

——阅读提示：权利人提交了涉案侵权商品的部分信息，而被告抗辩其不是生产者，系他人假冒公司名义生产，此时是否应由被告举证证明其抗辩主张？

【裁判要旨】

被控侵权产品的商品信息（内、外包装信息、IMEI码、许可证号、CMIIT码）全部指向东方通信公司，且东方通信公司未提供证据证明涉案手机系他人假冒其公司名称生产销售的产品，依据民事诉讼证明中的盖然性规则，依现有证据可以认定小米公司公证购买的涉案手机系东方通信公司生产。

【案号】

一审：宁夏回族自治区银川市中级人民法院（2015）银民知初字第34号

二审：宁夏回族自治区高级人民法院（2016）宁民知终字第13号

【案情与裁判】

原告（上诉人）：小米科技有限责任公司（以下简称小米公司）

被告（被上诉人）：宁夏华润万家生活超市有限公司银川市正源北街店（以下简称华润万家正源北街店）

被告（被上诉人）：宁夏华润万家生活超市有限公司（以下简称宁夏华润万家公司）

被告（被上诉人）：东方通信股份有限公司（以下简称东方通信公司）

起诉与答辩

本案由宁夏回族自治区银川市中级人民法院于2015年4月21日立案。

小米公司诉请判令被告立即停止生产、销售侵犯其“”“小米”注册商标专用权商品的行为，销毁库存侵权产权、模具；被告赔偿原告经济损失人民币一百万元

法院审理查明

小米公司认为华润万家正源北街店销售的涉案产品假冒“”注册商标的商品，遂申请银川市国信公证处进行了证据保全。经当庭拆封，小米公司公证购买的手机包装盒正面右上角有红色“”字标识，手机机身背部下侧上有“”字标识，该侵权手机包装盒内所附的使用说明书、三包凭证中记载“制造商：东方通信股份有限公司”。小米公司主张该标识图形与其注册的商标的“”极其相似，侵害了其的商标专用权，构成不正当竞争。

庭审中，宁夏华润万家公司、华润万家正源北街店认为小米公司主张的商标与涉案商品上的商标颜色与图形均不同，没有构成不正当竞争，且其销售的商品由与其合作经营的广东大地通讯连锁服务有限公司（以下简称大地公司）提供，并提供了一份由大地公司出具的关于“奇异果 3S”产品的说明，声称涉案的 M3 手机由大地公司从深圳市东之星亚通讯技术有限公司购进，但没有提交相关的进货凭证。东方通信公司不认可上述手机系其公司生产，当庭提交了其生产的同型号 M3 手机一部。该手机包装盒正面印有“M3”标示，机身背面印有“*EASTCOM*”标识。小米公司购买涉案被控侵权产品支出费用 799 元，公证费用支付 500 元。但未就其请求的赔偿数额向法庭提交证据证实。另查明，华润万家正源北街店系宁夏华润万家公司分公司。

一审判理与结果

小米公司是国家商标局第 8911270 号商标“”商标专用权人，在国家商标局核定使用的商品范围内受到保护。本案被控侵权的商品是手机，属小米公司该注册商标核定使用的商品范围。小米公司注册商标为图形“”；由“”和“”组成，其中“”位于商标左方占整个商标的四分之三，“”位于商标的右方占整个商标的四分之一，涉案被控侵权产品及其包装上两次使用“”标识，结构与小米公司享有的商标

“mi”的左半边完全一致，字体的粗细比例也一样，虽然被控侵权商品盒上的“m”标识为红色且图形较长，但观看的直接印象仍为图形“m”而非其标识长短或颜色效果。被控侵权商品上两个“m”标识的所标位置，与小米公司所生产的红米手机“mi”的所标位置相同，普通消费者施以一般注意力，足以产生混淆。华润万家正源北街店的销售行为侵犯了小米公司的商标权，并构成不正当竞争。宁夏华润万家公司及华润万家正源北街店认为其在销售涉案商品时，不知道涉案商品有可能侵犯小米公司注册商标权，且商品是与其合作经营的大地公司从深圳市东之星亚通讯技术公司购进，有合法来源，但其提交的合作经营合同中，并未约定涉案侵权商品品牌的合作，提交的大地公司说明也没有相关进货合同及凭证的佐证，不能充分证实涉案被控侵权产品的来源，故宁夏华润万家公司及华润万家正源北街店的行为不符合《中华人民共和国商标法》（以下简称商标法）规定的作为销售者免除赔偿责任的法定条件。综上，对小米公司要求宁夏华润万家公司及华润万家正源北街店停止侵权和赔偿损失的请求，予以支持。但其所主张的损失无证据证实，虽然宁夏华润万家公司及华润万家正源北街店提交了销货单四份，但未提交相关的进货单证、账簿等，不能客观反映实际的进货数量和销货数量，依据小米公司维权支付的合理费用，酌情支持2.5万元。因华润万家正源北街店系非法人机构，不能独立承担民事责任，应由其所属的宁夏华润万家公司与其一并承担。小米公司要求华润万家正源北街店销毁库存产品，但其未提交证据证实存在库存产品，故对该主张不予支持。小米公司还主张东方通信公司系涉案被控侵权产品的制造者，应停止生产侵犯小米公司“mi”“小米”注册商标专用权商品的行为，销毁库存侵权产品、模具并赔偿其经济损失。但东方通信公司不认可其为生产者，并提供证据证实其公司生产的同型号手机与涉案被控侵权产品不同，而小米公司、宁夏华润万家公司及华润万家正源北街店也未提供证据证实被控侵权产品系从东方通信公司购得，故对小米公司的该主张不予支持。依照商标法第五十七条第（三）项、第六十三条、第六十四条第二款之规定，判决：一、本判决生效之日起，宁夏华润万家公司及华润万家正源北街店停止销售涉案侵权产品；二、宁夏华润万家公司及华润万家正源北街店于本判决生效之日起十日内赔偿小米公司损失2.5万元；三、驳回小米公司的其他诉讼请求。

上诉与答辩

小米公司上诉请求：请求二审法院依法撤销一审判决，将本案发回重审或改判被上诉人东方通信公司、宁夏华润万家公司及华润万家正源北街店停止生产、销售侵权产品、模具，并赔偿上诉人经济损失人民币100万元。主要上诉理由：一、原判未认定东方通信公司为涉案手机的生产商是错误的。二、原审判决适用法律错误，被上诉人东方通信公司应当依法承担停止侵权行为及赔偿上诉人经济损失的责任。

宁夏华润万家公司及华润万家正源北街店当庭辩称：一、被上诉人销售的产品与上诉人的商品存在差异；二、被上诉人销售涉案商品时从未明示或暗示为小米品牌；三、涉案商品的实际经营者为大地公司。东方通信公司辩称：一、涉案手机与其提供的手机实物差别巨大，涉案手机非其公司生产；二、上诉人推定其公司为生产者缺乏事实和法律依据；三、上诉人未能提供证据证明手机的实际生产者，应当自行承担责任。

二审判理和结果

结合双方的诉辩主张，二审法院认为涉案手机构成对小米公司商标权的侵犯。关于东方通信公司是否为涉案手机生产者的问题。二审法院认为，首先，涉案手机的外包装盒、手机机身内部、手机使用说明书、合格证以及注明东信手机三包凭证中的信息均指向东方通信公司；其次，涉案手机IMEI码（国际移动设备识别码，由15位数字组成的电子串码，具有一一对应的唯一性）、许可证号、CMIIT码（无线电发射设备型号核准代码）查询到的生产商均系东方通信公司；东方通信公司一审时当庭提交的手机与涉案手机虽不同，但并不能达到证明涉案手机非东方通信公司生产销售的证明目的。涉案手机从流通市场取得，商品信息全部指向东方通信公司，且东方通信公司未提供证据证明涉案手机系他人假冒其公司名称生产销售的产品。依据民事诉讼证明中的盖然性规则，现有证据可以认定小米公司公证购买的涉案手机系东方通信公司生产。故小米公司“原判未认定东方通信公司为涉案手机的生产商是错误的”的上诉理由成立，本院予以支持。但鉴于小米公司所主张的损失、被上诉人侵权获利的数额无证据证实，且小米公司亦未提交该商标的许可使用费情况，本院依据其维权支付的合理费用，综合考量侵权商品的生产商与经销商应承担赔偿责任的比例，酌情支持7.5万元。原判决对华润万家正源北街店、宁夏华润万家公司作为销售商因侵权而认定承担的赔偿责任并无不当。

依照《中华人民共和国民事诉讼法》第一百七十条第一款第（三）项、第一百七十五条之规定，判决：一、维持宁夏回族自治区银川市中级人民法院（2015）银民知初字第34号民事判决书的一、二项；二、撤销宁夏回族自治区银川市中级人民法院（2015）银民知初字第34号民事判决书的第三项；三、本判决生效之日起，东方通信公司停止生产销售涉案侵权产品；四、东方通信公司于本判决生效之日起十日内赔偿小米公司损失7.5万元；五、驳回小米公司的其他诉讼请求。

【法官评述】

对侵权行为的认定，一、二审法院意见一致。但对于涉案侵权产品是否系东方通信公司生产存在认定上的不同。主审人认为，基于生产者与权利人在对涉案侵权产品数据信息掌握上的不对等，不宜加重、苛求权利人的举证责任，可以适当放宽权利人的举证责任，降低权利人的证明标准，由生产者举证证明其抗辩主张。被控侵权产品的商品信息（内、外包装信息、IMEI码、许可证号、CMIIT码）全部指向东方通信公司，且东方通信公司未提供证据证明涉案手机系他人假冒其公司名称生产销售的产品，依据民事诉讼证明中的盖然性规则，依现有证据可以认定小米公司公证购买的涉案手机系东方通信公司生产，从而认定东方通信公司生产的涉案手机构成对小米公司商标权的侵犯。判决后，双方均服判息诉，被上诉人主动履行了生效判决。

编写人：宁夏高级人民法院　罗卫江

（三）著作权侵权、权属纠纷案件

28

孙新争诉马居奎侵害著作权纠纷案

——阅读提示：如何判断当事人主张的作品是否是《中华人民共和国著作权法》意义上的作品？

【裁判要旨】

判断一部作品是否具有独创性，应当从是否独立创作以及在外在表现上是否与已有作品存在一定程度的差异或具备最低程度的创造性方面进行分析判断。如果一个智力成果在表现上是唯一的，那么其不符合著作权法关于独创性的要求，因为其无法呈现出作品与已有作品的差异性或者最低的创造性，更无从寻找所谓个人的印迹，在理论上无法产生归结于作者的结果，在现实上也是无法与已有的智力劳动成果进行区分的。著作权法保护那些凝结了作者智力劳动的成果归其所有，作者的智力劳动须借助于特定的形式予以传达，这是作品须具备有形形式的本质含义。

【案号】

一审：山东省聊城市中级人民法院（2015）聊民三初字第333号

二审：山东省高级人民法院（2016）鲁民终339号

申请再审：最高人民法院（2016）最高法民申2136号

【案情与裁判】

原告（上诉人、再审申请人）：孙新争

被告（被上诉人、被申请人）：马居奎

起诉与答辩

孙新争诉称，原告系图形作品《716预测817行情趋势方向图表》的作者，对该作品享有完全的著作权。2013年7月25日下午马居奎承诺使用原告的图形作品盈利后付原告总利润10%的报酬，但在原告为其提供图形作品并盈利之后，却拒不支付给原告任何报酬，被告的行为已经构成对原告图形作品的严重侵权，为维护原告的合法权益，根据《中华人民共和国著作权法》（以下简称著作权法）等有关法律的规定，请求法院判令被告：1. 立即停止使用原告享有著作权的图形作品《716预测817行情趋势方向图表》；2. 向原告公开赔礼道歉；3. 赔偿原经济损失133280元，精神损失10000元；4. 承担本巡查的诉讼费、律师费等合理费用。

马居奎答辩称，没有使用过原告的作品，其作品也不管用。

一审审理查明

孙新争系莘县康宝养鸡专业合作社成员，2013年3月12日原告对《716预测817行情趋势方向图表》进行了著作权登记，登记号为：国作登字－2013－J－0086503，该作品拟对817品种鸡苗坐格分析预测。经当讲当庭电脑打开原告电子版作品及原告陈述，紫线华表每鸡苗的价格，红线代表45日的移动平均趋势线，45天是成鸡的平均生长周期，故原告选择了该数值作为图表的一条分析线：黑色曲折线代表21日短期移动平均趋势线；绿线代表60日移动平均趋势线，通过鸡苗价格线与60天移动平均线的变化，来分析今后的鸡苗价格从而增加收入减少损失；深红色线代表80天移动平均线，该线属于长期范围的分析预测范围线；蓝绿线代表配合使用，在该两条线与前面的线交集时是投资的最佳时刻。输入每天的鸡苗价格，紫线会发生波动，通过查看紫线与红线、绿线的变化来确定是否上种蛋，当紫线向上穿越红线或绿线时是盈利点，此时可以上种蛋生产鸡苗，紫线向下穿越红线或绿线时是风险损失点，此时应停止生产鸡苗避免损失。

经孙新争陈述及当庭电脑操作涉案图表生成过程，点击WPS表格，出现一个空白表格，在图表的AB栏分别输入日期和价格，作为制作图表的横轴和纵轴，选定数据源范围，点击“插入”，出现“图表”选项，点击该选项，选择图表的折线图，点击第一个折线图，数据源右边会自动生成有一条折线的图表，即价格线，右键点击图表中的价格折线，出现“添加趋势线”选项，点击选项出现的移动平均值选项，然后再点击该选项并在右侧周期中选择天数，比如21天，右侧图表中会自动生成一个移动平均趋势线。

另查明手机号码为1826450××××的用户名为马居奎，马居奎曾于2013年7月25日前往孙新争处查看其电脑里的趋势图，并留下了联系电话，但马居奎否认使用孙新争主张的作品，孙新争为本案支付律师费10000元。

经询问，孙新争坚持认为马居奎使用其作品不付费，构成著作权侵权，孙新争本案请求保护的是图表及基于图表所产生的数据分析。

一审判理和结果

一审法院认为，孙新争虽然对《716预测817行情趋势方向图表》作品进行了著作权登记，但法院仍应审查该作品是否受著作权法保护。根据著作权法第三条规定：作品包括文字作品、口述作品、图形作品等，本案中原告孙新争所主张的作品《716预测817行情趋势方向图表》，是孙新争运用现有的WPS表格软件，通过输入每日鸡苗价格，利用软件中的图表功能自动生成鸡苗价格曲折线，21天、45天、60天等移动平均趋势线也只是通过表格软件选择天数添加完成，原告只是机械地从软件中固有的项目中进行选择。《中华人民共和国著作权法实施条例》（以下简称著作权法实施条例）第二条规定：著作权法所称作品，是指文学、艺术和科学领域内具有独创性并能以某种有形形式复制的智力成果。所谓作品的独创性包括独立完成和创造性，两者共同具备，缺一不可，本案图表是原告经过WPS表格软件通过输入数据完成，只是原告利用现有的表格软件并通过选项选择制作，其中并没有原告自己独立构思的内容，体现不出原告的创造性，故原告主张的《716预测817行情趋势方向图表》并不构成著作权法意义上的图形作品，不能获得著作权法的保护。

本案中，孙新争基于《716预测817行情趋势方向图表》的价格线及21天、45天、80天等的移动平均趋势线的走向及交叉，总结分析出了鸡苗行情趋势，何时是盈利点有助于生产鸡苗，何时是风险点，原告对上述数据的分析亦主张通过著作权法保护，但著作权法保护的是能够以某种有形形式复制的智力成果，保护的是作品的表现形式，而不保护作品的内容，对图表的数据分析不属于表现形式范畴，故不能获得著作权法保护。

综上，依照著作权法第三条、著作权法实施条例第二条、《中华人民共和国民事诉讼法》（以下简称民事诉讼法）第六十四条第一款规定，判决：

驳回孙新争的诉讼请求。

上诉与答辩

孙新争上诉称，请求撤销原审判决，改判支持其原审诉讼请求，一、二审案件受理费由马居奎承担。其主要理由是：1. 孙新争的《716 预测 817 行情趋势方向图表》及依据图表进行的数据分析具有独创性，依法构成作品，应受到法律的保护。2. 马居奎使用了孙新争的作品，但是未支付报酬，侵犯了孙新争的著作权。

马居奎提交书面答辩称，原审法院认定事实清楚，适用法律正确，请求二审法院维持原审判决，驳回孙新争上诉请求。

二审审理查明

二审中，孙新争为证明《716 预测 817 行情趋势方向图表》构成作品，向法院提交证人李丽丽和刘广和的书面证言。为证明孙新争支出的维权费用，向法院提交交通费、调查费、律师费等票据一宗。马居奎未质证。二审法院认为，因李丽丽和刘广和均未出庭接受质询，且依据两人证据证言无法确定与本案作品的关联性，故对两人证人证言不予采信。对维权费用的证据系复印件，且未与另案王书祥的费用进行区分，真实性无法确认。

二审判理和结果

二审法院认为，根据当事人双方的诉辩主张，本案争议的焦点问题有三点：一是孙新争是否享有《716 预测 817 行情趋势方向图表》及基于该图表所进行数据分析的著作权；二是马居奎是否侵犯了孙新争的著作权；三是如果马居奎构成侵权，其责任如何承担。

一、关于孙新争是否享有《716 预测 817 行情趋势方向图表》及基于该图形所进行数据分析的著作权的问题。本院认为，著作权法实施条例第二条规定："著作权法所称作品，是指文学、艺术和科学领域内具有独创性并能以某种有形形式复制的智力成果。"因此，构成作品必须具备三个条件，一是具有独创性，二是能够以有形形式复制，三是智力成果。涉案《716 预测 817 行情趋势方向图表》所依据的数据属于公有领域的客观数据，并非孙新争个人创作，不是其智力成果，虽然图表中体现了不同天数的鸡苗价格曲线，但是不管孙新争选择的天数如何确定，未改变鸡苗的客观价格，亦未产生新的独创性的内容，而图表也是经表格软件按照已经设定好的函数关系对客观数据自动生成，生成图表过程中没有孙新争独创性的智力成果，亦未产生新的图表生成方式，故《716 预测 817 行情趋势方向图表》不构成著作权法意义上的作品，不应获得著作权的保护。关于基于涉诉图表所进行的数据分析是否构成作品，本院认为，著作权法保护的作品能够以有形形式复制，且保护的系作品的表达，但孙新争并未提供记载相关数据分析的载体，本院无法确定作品的内容及表达方式，因此，本院对孙新争主张保护基于涉案图表进行的数据分析这一诉请不予支持。

二、关于马居奎是否侵犯了孙新争的著作权的问题。因孙新争主张保护的图表不构成作品，数据分析内容无法确定，其在本案中主张马居奎侵犯其著作权缺乏法律基础，本院对其上述主张不予支持。相应的，因马居奎未侵犯孙新争著作权，本院对第三个焦点问题不再论述。

综上，原审判决认定事实清楚，适用法律正确，依法应予维持。孙新争的上诉请求缺乏事实和法律依据，依法应予驳回。依据民事诉讼法第一百三十四条第一款、第一百四十四条、第一百七十条第一款第（一）项之规定，判决：驳回上诉，维持原判。

申请再审理由与答辩

孙新争申请再审称，一审、二审判决认定事实和适用法律存在错误。1. 本案所涉图表作品及其分析结果具有独创性。对图表作品的整体排列，横向纵向布局，包含原始厂家的独特价格数据，其颜色与线条的搭配，是孙新争独创的构思。因此，该图表作品无论是设计格局、颜色搭配、标识标注以及用途等，都具有明显的独创性。2. 电话录音证实了马居奎的侵权事实，即其在 2013 年 7 月 25 日至 8 月 25 日共投资了 140 箱鸡苗，按当时市场盈利每箱平均 9800 元计算，共盈利 135 万元，按之前双方约定应付 13.5 万元作品使用费。3. 二审法院存在程序违法。综上，请求撤销二审判决，支持孙新争的诉讼请求。

马居奎未提交意见。

申请再审审查查明

对一审、二审判决认定的事实予以确认。

申请再审判理和结果

最高人民法院经审查认为，根据一审、二审判决和孙新争申请再审的理由，本案的主要争议焦点为：（一）孙新争所主张的作品是否是著作权法意义上的作品；（二）如果前述作品主张成立，马居奎是否实施了侵权行为及应当承担何种侵权责任；（三）二审法院是否存在程序违法问题。

（一）关于孙新争主张的作品是否属于著作权法意义上的作品。

本院认为，著作权法保护作品及基于作品产生的权利，但并非所有作品都能成为著作权法保护的客体。只有那些符合著作权法规定条件的作品，才能成为著作权的客体，受到著作权法的保护。我国著作权法虽未明确规定作品受保护的条件，但在著作权法实施条例第二条关于作品的定义中作了说明，该条规定：著作权法所称作品，是指文学、艺术和科学领域内具有独创性并能以某种有形形式复制的智力成果。这项规定表明，只有具备独创性并能以某种有形形式复制的智力成果，才是著作权法给予保护的作品。

本院认为，判断作品是否具有独创性应当从以下两点把握：1. 从著作权法保护作品的历史和传统上看，著作权法之所以保护基于个人的智力劳动产生的结果。从人格权的角度，概因为相较于体力劳动而言，智力劳动系个人运用智力、思想、认识的过程，通常被视为个人思想的延伸，作为人格延伸的智力成果应当产生归属于个人的结果，这是著作权法保护作品并赋予著作权的基础。从财产权的角度，作品系个人智力的付出，按照投入者应该从获利中得到公平回报的原则，智力劳动的结果亦应当归属于付出者。总之，无论是何种法律传统，均要求作品必须是作者独立创作完成的，独立创作构成独创性的首要之义。独创性有关独立创作要素的要求，排除了那些抄袭他人作品的结果成为受著作权法保护作品的可能。同时独立创作可能会在作品上留下个人印迹，这时个人印迹成为判断作品独创性的重要根据。2. 从著作权法保护作品的目的上来看，著作权法体现了人类对社会文化生活多样性的追求。著作权法保护作品并赋予专有权的目的，正如我国著作权法第一条开宗明义所提到的，系为促进社会主义文化和科学事业的发展与繁荣。著作权法试图推动文学艺术和科学作品的多样性与进步性的立法宗旨，反映在作品上，就产生了作品在客观表现形式上，如在文字的组合、线条的安排、音符的排列、动作的设计等方面，至少应与公有领域的相关作品存在些许程度差异的要求。至于差异的程度，一般并无特定的要求，不同类型的作品可能会有不同程度的表现。如果一个智力成果在表现上是唯一的，那么其表现形式将无法呈现出相应的差异性，在理论上无法产生归结于作者的结果，在现实上也无法与已有的智力劳动成果进行区分，不符合著作权法关于独创性的要求。

综上，判断一部作品是否具有独创性，应当从是否独立创作以及在外在表现上是否与公有领域作品存在一定程度的差异方面进行分析判断。

关于作品的有形形式，本院认为，著作权法保护那些凝结了作者智力劳动的成果归其所有，要求作者的智力劳动须借助于特定的形式予以传达，否则对该智力劳动他人无从知晓，智力成果也将是不确定的。这意味着，那些仅存在于头脑中而未借助于特定形式表达的，或者那些深藏于作品内部不同的人感知到不同结果的结论与观点，将因为缺乏确定的形式而不能也无法成为著作权法调整的对象。这是作品须具备有形形式的本质含义。

本案中，孙新争所主张的曲线图，系当事人根据客观的价格数据，通过使用 WPS 制表工具制作完成。鉴于图表所使用的数据客观存在，数量有限，WPS 为通用软件，将上述数据录入制表工具所形成的结果，尽管属于孙新争运用智力的结果，符合独立完成的要件，但该结果的表现形式有限，换言之，使用上述数据与工具所产生的结果缺少差异性。这种唯一或有限的表达方式，通常被排除在独创性之外。至于，孙新争所主张的线条颜色问题，在线条数量有限的情况下对线条颜色的选择，并不能改变该图表表达有限的现状。据此，一审、二审法院认定孙新争主张的曲线图不构成著作权意义上的作品，认定事实清楚，适用法律正确。

孙新争除主张曲线图作品外，还主张对该图表的分析结果同样构成作品。本院认为，对说明性作品而言，即使在作品本身可以获得著作权法保护的情况下，著作权法通常也仅着重于保护作品的表达方式而非结论本身，垄断结论不符合著作权法的立法本义。本案中，孙新争主张保护的曲线图本身不符合作品构成的要件，加之孙新争主张的所谓分析结果，并无明确确定的形式，因而无从保护。因此，一审、二审判决认为孙新争的该项主张没有依据不予支持，并无不当。

（二）关于第二个争议焦点，鉴于孙新争所主张的作品不成立，其主张马居奎侵害其著作权并承担侵权责任的主张亦不能成立。对此本院不再评述。

（三）关于是否存在程序违法问题。孙新争主张二审法院程序违法，并无依据，本院对其主张不予支持。

综上，孙新争的申请不符合民事诉讼法第二百条规定的情形。依照民事诉讼法第二百零四条第一款之规定，裁定：驳回孙新争的再审申请。

【法官评述】

本案主要涉及对当事人主张的作品是否构成著作权法意义上的作品的认定。

著作权法保护作品及基于作品产生的权利，但并非所有作品都能成为著作权法保护的客体。在不同的国家，法律为作品享受著作权法的保护规定了不同的原则与条件，只有当作品已经满足各项可能的先决条件时，其才能成为著作权法意义上的作品，享受著作权法给予的保护。在著作权案件中，当事人主张保护作品的著作权，首先必须审查其主张的作品是否属于著作权法意义上的作品。我国现行著作权法未对作品构成的实质性要件给予明确规定，但在著作权法实施条例第二条对作品的含义作了说明，该条规定：著作权法所称作品，是指文学、艺术和科学领域内具有独创性并能以某种有形形式复制的智力成果。这条规定显示了我国著作权法对作品构成要件的要求，它表明，只有具备独创性并能以某种有形形式复制的智力成果，才是我国著作权法给予保护的作品。

那么何为独创性？独创性无疑是著作权法的核心问题之一，对独创性的判断也是各国著作权立法、理论和实践颇多争议的问题。对独创性问题给予考察，首先，必须了解两大法律传统在独创性方面的见解及其产生的原因。通过考察著作权法保护作品的历史和传统，可以发现，著作权法之所以保护基于个人的智力劳动产生的结果，从人格权的角度，概因为相较于体力劳动而言，智力劳动系个人运用智力、思想、认识的过程，通常被视为个人思想的延伸，作为人格延伸的智力成果应当产生归属于个人的结果，这是著作权法保护作品并赋予著作权的基础。从财产权的角度，作品系个人智力的付出，按照投入者应该从获利中得到公平回报的原则，智力劳动的结果亦应当归属于付出者。无论两种法律传统的哲学理念和法律习惯存在怎样的不同，它们存在共同之处，即无论是何种法律传统，均要求作品必须是作者独立创作完成的。因此，独立创作构成独创性的首要之义。独创性有关独立创作要素的要求，排除了那些抄袭他人作品的结果成为受著作权法保护作品的可能。同时独立创作可能会在作品上留下个人印迹，这时个人印迹成为判断作品独创性的重要根据。这些都可以成为我们在审理案件中对独创性进行分析判断的根据。其次，回到著作权法保护作品的本义上来。在知识产权法中，与同样保护人类智力成果的专利法相比，著作权法的保护目的有所不同。专利法重在保护创新，促进技术进步和发展，著作权法重在保护繁荣，即促进创作的多样和不同。从著作权法保护作品的目的上看，著作权法体现了人类对社会文化生活多样性的追求。著作权法保护作品并赋予专有权的目的，正如我国著作权法第一条开宗明义所提到的，系为促进社会主义文化和科学事业的发展与繁荣。著作权法试图推动文学艺术和科学作品的多样性与进步性的立法宗旨，反映在作品上，就产生了作品在客观表现形式上，如在文字的组合、线条的安排、音符的排列、动作的设计等方面，至少应与公有领域的相关作品存在些许程度差异的要求。至于差异的程度，一般并无特定的要求，不同类型的作品可能会有不同程度的表现。如果一个智力成果在表现上是唯一的，那么其表现形式将无法呈现出相应的差异性，在理论上无法产生归结于作者的结果，在现实上也无法与已有的智力劳动成果进行区分，不符合著作权法关于独创性的要求。因此，判断一部作品是否具有独创性，重点在于是否独立创作以及在外在表现上是否与公有领域作品存在一定程度的差异方面进行分析判断。

有形性到底是什么含义呢？关于作品的有形复制性，在理论和案件中讨论得都比较少。著作权法保护那些凝结了作者智力劳动的成果归其所有，要求作者的智力劳动须借助于特定的形式予以传达，否则对该智力劳动他人无从知晓，智力成果也将是不确定的。这意味着，那些仅存在于头脑中而未借助于特定形式表达的，或者那些深藏于作品内部不同的人感知到不同结果的结论与观点，将因为缺乏确定的形式而不能也无法成为著作权法调整的对象。这是作品须具备有形形式的本质含义。

通过上述分析，结合本案情况，可以看出本案中，孙新争所主张的曲线图，系当事人根据客观的价格数据，通过使用 WPS 制表工具制作完成。鉴于图表所使用的数据客观存在，数量有限，WPS 为通用软件，将上述数据录入制表工具所形成的结果，尽管属于孙新争运用智力的结果，符合独立完成的要件，但该结果的表现形式有限，换言之，使用上述数据与工具所产生的结果缺少差异性。这种唯一或有限的表达方式，通常被排除在独创性之外。至于，孙新争所主张的线条颜色问题，在线条数量有限的情况下对线条颜色的选择，并不能改变该图表表达有限的现状。因此，孙新争主张的曲线图不符合我国著作权法关于作品需具备独创性的条件，不构成著作权意义上的作品，

本案中，还存在另外一个重要问题，即著作权保护中经常要涉及的思想与表达的保护问题。孙新争除主张曲线图作品外，还主张对该图表的分析结果同样构成作品，当他人利用其图表分析结果时，同样也构成对著作权的侵害。假设其主张的作品具有独创性受到著作权法保护的前提下，他人利用其作品形成的数据，会侵害著作权吗？按照著作权法的逻辑，著作权法保护作品，作品因具有独创性而受到保护，因此著作权法保护的是作品中具有独创性的部分。当作品因为最低的独创性而获得保护时，其实法律所能保护的也就是那些体现在作品中的独创性部分，独创性部分需要借助于一定的形式即有形性加以呈现，因此法律保护的是那些以某种有形式呈现出来的独创性，这使得法律的保护仅限于独创性形式，而非通过该形式形成的结果或者反映出来的思想。同理，每个人在欣赏和使用作品过程中获得的思想、结果，也仅仅是使用者的体验与利用，同样不属于作品本身的范围。对作品而言，即使在作品本身可以获得著作权法保护的情况下，著作权法通常也仅着重于保护作品的表达方式而非结论本身，垄断结论不符合著作权法的立法本意。本案中，孙新争主张保护的曲线图本身不符合作品构成的要件，加之孙新争主张的所谓分析结果，并无明确确定的形式，所谓的著作权保护更无从谈起了。

编写人：最高人民法院　马秀荣

29

齐良末、齐秉颐、齐来欢、齐展仪诉湖南美术出版社有限责任公司、天津市超越世纪图书商贸有限公司侵害著作权纠纷案

——阅读提示：如何依据“分类施策、比例协调”司法政策，妥善化解著作权财产权利继承人与出版单位之间由来已久的矛盾纠纷，实现文化传承者和文化传播者间的利益平衡？

【裁判要旨】

国家八五重点出版规划项目《齐白石全集》的出版发行促进了中华传统文化的继承与传播，发展、繁荣了社会主义文化。在著作权财产权继承人人数众多难以确定的情况下，出版社取得了部分著作权继承人许可，且该出版发行行为不会妨碍继承人对作品的正常使用，亦不会损害其合法利益，应当认定不构成对著作权财产权的侵害。出版社未经著作权人许可，再次印刷作品，应向著作权财产权的继承人支付报酬。

【案号】

一审：天津市和平区人民法院（2015）和知民初字第482~488号

二审：在津市第一中级人民法院（2016）津01民终1273~1594号

申请再审：天津市高级人民法院（2016）津民申24~320号

【案情与裁判】

原告（被上诉人、被申请人）：齐良末、齐秉颐、齐来欢、齐展仪

被告（上诉人、再审申请人）：湖南美术出版社有限责任公司（以下简称湖南美术出版社）

被告：天津市超越世纪图书商贸有限公司（以下简称超越公司）

起诉与答辩

2015年5月25日，齐良末、齐秉颐、齐来欢、齐展仪起诉至天津市和平区人民法院称，其系我国著名画家齐白石《瀑布图》等涉案298幅美术作品的合法继承人，湖南美术出版社在没有合法授权的情况下，以营利为目的，多年来非法出版发行包括涉案298幅美术作品在内的《齐白石全集（第三卷）》，超越公司对外销售该涉案作品。上述行为侵犯了其涉案作品的著作权。故请求判令：湖南美术出版社、超越公司停止侵权，湖南美术出版社赔礼道歉并赔偿每幅作品经济损失及合理开支20000元。

湖南美术出版社一审辩称：湖南美术出版社的前身是国家企事业单位，代表国家行使出版发行职能；齐良末等四人无证据表明其取得齐白石作品著作的继承权，诉讼主体不适格；齐良末等四人提起的诉讼程序不合法；齐良末等四人的涉案主张已过诉讼时效；湖南美术出版社系过了著作权保护期后再次印刷、发行《齐白石全集》，不构成侵权。

一审审理查明

湖南美术出版社于1990年成立，2008年由全民所有制企业转制为法人独资的有限责任公司。1994年，湖南省文化厅等下发通知，确定列入国家八五重点出版规划的《齐白石全集》由湖南美术出版社编辑出版。在1995年和1996年间，齐白石后人齐良迟与齐佛来分别以个人名义授权湖南美术出版社出版《齐白石全集》。在此期间，湖南美术出版社与多个图书馆、博物馆及个人签订组稿协议，拍摄齐白石书画作品，并于1996年10月编辑出版了《齐白石全集》。齐良末等四人主张的涉案298幅美术作品收录于《齐白石全集（第三卷）》。因齐白石家族共分为十支，齐秉颐于2004年7月领取了十套《齐白石全集》样书。2007年12月，齐良末等四人向湖南美术出版社就本案纠纷主张过权利，要求其停止侵权，赔偿损失，湖南美术出版社对此予以拒绝。

湖南美术出版社当庭表示，其于1996年10月出版的《齐白石全集》，当时委托深圳华新彩印制版有限公司进行印制，共印制500套（每套10卷）。2008年后，其分别委托深圳华新彩印制版有限公司及利丰雅高印刷（深圳）有限公司对该涉案全集加印三次，共计2500套。对此，齐良末等四人提出异议，表示其于2010年6月11日在深圳书城中心城实业有限公司分别以6380元及7040元的价格购买了两套《齐白石全集》。2013年7月4日于超越公司处以803.60元的价格购买了《齐白石全集（第三卷）》。同时，齐良末等四人表示其购买的《齐白石全集》外观颜色及纸张厚度均存在明显差异。且深圳市政府文化产业发展办公室就印制《齐白石全集》提供专项资金计划，于2008年12月进行了复核。对此，齐良末等四人认为该全集应为多次印制。

经齐良末等四人申请天津市和平区人民法院对深圳华新彩印制版有限公司、利丰雅高印刷（深圳）有限公司相关的印刷行为进行调查。调查结果为：利丰雅高印刷（深圳）有限公司表示其应湖南美术出版社的委托，于2001年或2002年，最迟不超过2004年，对涉案的《齐白石全集》进行了印制，共印制1200套，每套10卷。其印制该全集使用的仍然是1996年10月的版本。其后该公司未再印制过。深圳华新彩印制作有限公司表示其在1996年10月接受湖南美术出版社委托对涉案全集进行制版，当时其公司名称为深圳华新彩印制版有限公司。后于2008年3月或4月再次受湖南美术出版社的委托，印制了涉案全集500套；2012年又印制了1000套。其印制该全集使用的仍是1996年10月的版本。同时，其还明确表示1996年10月之后至2008年之前未印制过该全集。

根据《齐白石全集（第三卷）》版权页上仅体现了1996年10月第一版第一次印刷，书号为ISBN7－5356－0889－2。该版权页上未标注定价、印数及在版编目数据。

一审判理和结果

天津市和平区人民法院一审认为：根据吉林省高级人民法院作出的生效裁判文书所认定的相关事实，据此认定齐良末等四人为齐白石老人涉案美术作品著作权的合法继承人。齐白石的涉案作品著作权中相关的财产权利应截止于2007年12月31日，上述相关权利在法定保护期内由包括齐良末等在内的涉案作品著作权继承人享有。齐秉颐作为诉讼代表人委托涉案两名诉讼代理人的程序，符合法律规定。关于湖南美术出版社于1996年10月的涉案出版发行行为的合法性问题。首先，齐白石家族的人数众多，湖南美术出版社欲取得涉案著作权继承人的一一授权，于现实中难以实现；其次，湖南美术出版社于1996年10月出版发行《齐白石全集》的行为，既获得两位继承人的明示授权，又得到了继承人代表的默示授权；最后，湖南美术出版社出版发行的《齐白石全集》是国家八五重点出版规划项目，属于继承和传播中华传统文化的行为，有助于促进优秀文化作品的推广与传承，有利于社会主义文化的发展与繁荣。故该出版发行行为不能认定是侵权行为。齐良末等四人自湖南美术出版社出版发行涉案作品时即已知晓，至其主张权利时，即2007年12月，已超过诉讼时效。关于湖南美术出版社于2001年至2004年，对涉案的《齐白石全集》进行印制的行为认定。其重印行为依法应向齐良末等支付相应的报酬。上述事实为齐良末等向本院申请调取证据后获知，并未超过诉讼时效，故认定湖南美术出版社每幅作品向齐良末等四人支付其再次印制的相应报酬及维权损失，共计300元。湖南美术出版社于2008年1月1日之后对涉案作品进行复制发行的行为，以及超越公司对涉案作品的销售行为均发生在涉案作品著作权中相关财产权的法定保护期外，依据著作权法的相关规定，湖南美术出版社、超越公司的上述行为未侵犯齐良末等四人的相关著作权权益，故对齐良末等四人停止侵权、赔偿损失的请求，不予支持。对于齐良末等四人要求赔礼道歉的请求，没有法律依据，不予支持。此外，考虑到齐良末等四人并非齐白石现存全部的合法继承人，为了避免其他权利人的利益受到损害，因此，齐良末等四人应当将获得的赔偿由诉讼代表人代为保管，再行分配。

2014年12月18日，一审法院判决：一、湖南美术出版社给付齐良末等四人每幅涉案作品报酬及维权费用共计300元，由齐秉颐代为领取并负责保管、分配；二、驳回齐良末等四人的其他诉讼请求。

上诉与答辩

湖南美术出版社不服一审判决，向天津市第一中级人民法院上诉称：1. 齐良末等四人并无证据证明其为齐白石作品著作权的合法继承人，一审法院依据吉林高院相关判决认定齐良末等四人取得齐白石作品著作权的继承权没有根据。齐良末等四人的代理人于锦江、刘一鸣的授权不符合法律规定，代理人代为提起诉讼不合法，一审法院立案程序亦不合法；2. 己方出版发行《齐白石全集》依法取得了授权，不应向齐良末等四人承担法律责任；3. 利丰雅高印刷（深圳）有限公司职员胡媛在本案一审期间所做证词错误，该印刷公司并未在2001年至2004年有过印刷《齐白石全集》的行为，该书在1996年10月第一次印刷后，至2008年并未再次印刷，湖南美术出版社不应向齐良末等四人支付重印报酬。请求依法撤销一审判决，驳回齐良末等四人的起诉，诉讼费用由齐良末等四人负担。

齐良末等四人辩称：1. 己方有权提起本案诉讼，齐良末等四人均是齐白石作品著作权的合法继承人，依法享有涉案作品著作权中相应的财产权；2. 己方的起诉并未超过诉讼时效及涉案作品著作权保护期；3. 己方展示的褐色、蓝色、白色封底的《齐白石全集》纸张、厚度、色泽等都不相同，足以说明存在多次印刷的事实，湖南美术出版社应当对其出版发行《齐白石全集》的行为承担侵权责任。

二审审理查明

天津市第一中级人民法院二审审理查明，湖南美术出版社在二审期间提交《关于〈齐白石全集〉印刷情况的说明》等四份证据，以证明：胡媛在本案一审期间接受一审法院询问时所作陈述有误。经查，该四份证据均系利丰雅高印刷（深圳）有限公司及其职员胡媛在接受一审法院依法询问之后，并经湖南美术出版社与其联系后方提交的证据。考虑到该四份证据的形成时间及过程，一审法院依法对该印刷公司及其职员胡媛所做询问笔录的客观性明显高于该四份证据，故该四份证据并不足以推翻利丰雅高印刷（深圳）有限公司及其职员胡媛向一审法院所做陈述。结合齐良末等四人在本案庭审中展示的封底分别为褐色、蓝色、白色的三本《齐白石全集（第十卷）》，三本书在纸张色泽、开本大小厚度等方面存在明显不同，应为不同批次印制的不同版本，故二审法院认定，湖南美术出版社于 2001 年至 2004 年，存在委托利丰雅高印刷（深圳）有限公司再次印制《齐白石全集》的行为。

另，二审法院认定 2004 年 7 月 13 日齐秉颐收到湖南美术出版社出版的《齐白石全集》为一种（套）。

二审判理和结果

天津市第一中级人民法院经审理认为，1. 关于齐良末等四人是否为涉案作品著作财产权的合法继承人，以及是否有权提起诉讼程序问题。根据吉林省高级人民法院（2010）吉民三知终字第 5 号、第 25 号以及第 43 号终审民事判决书中查明的事实，应认定齐良末等四人为齐白石涉案美术作品著作财产权的合法继承人。齐良末等四人的代理人授权委托符合法律规定，合法有效，一审法院立案程序并无不当。2. 关于湖南美术出版社的涉案出版、发行行为是否侵害齐白石涉案作品著作权问题。《齐白石全集》由湖南美术出版社于1996年10月出版发行，系国家八五重点出版规划项目。该全集的出版发行促进了中华传统文化的继承与传播，发展、繁荣了社会主义文化。涉案作品编录于该全集第三卷中。由于齐白石继承人人数众多、难以确定，且分散于各地。齐白石作品出版如需取得全体继承人同意，一则难以实现，二则将会导致齐白石作品在保护期内难以出版，不仅不利于包括齐良末等四人在内的齐白石作品著作财产权继承人的利益，也有违著作权法促进文化传承与发展的精神。湖南美术出版社在出版发行《齐白石全集》时，亦取得了齐白石作品著作权继承人齐良迟、齐佛来的许可。该出版、发行行为并不会妨碍齐白石继承人对作品的正常使用，亦不会损害其合法利益。综合考虑以上因素，认定湖南美术出版社出版、发行《齐白石全集》中使用涉案作品的行为，不构成对该作品著作权的侵害。3. 关于湖南美术出版社是否应向齐良末等四人承担支付报酬的民事法律责任问题。湖南美术出版社在2001年至2004年间存在未经著作权人许可，再次印刷涉案作品的行为，故其依法应向齐白石作品著作财产权的合法继承人支付报酬。就涉案美术作品报酬的计算标准，一审法院参考《国家版权局关于出版美术作品适用版税问题的意见(国权办〔2003〕10号)》中的相关规定，并结合本案实际情况，酌定300元，并无不妥。

2015年5月20日，二审法院判决：驳回上诉，维持原判。二审案件受理费50元，由湖南美术出版社负担。

申请再审的理由与答辩

湖南美术出版社申请再审称，1. 一、二审诉讼程序违法，判决适用法律错误。首先，齐良末、齐来欢、齐展仪未依法参与诉讼，一、二审判决却认定其为诉讼当事人。其次，齐白石涉案作品的著作权依据继承法属于齐白石的遗产，齐良末等四人向湖南美术出版社主张齐白石遗产的继承，法院应当依法通知所有齐白石的遗产继承人参加诉讼。一、二审法院未通知应当参加诉讼的当事人参加诉讼，诉讼程序违法。2. 一审判决认定湖南美术出版社在齐白石的著作权保护期内重印《齐白石全集》的基本事实缺乏证据证明。首先，胡媛的证词在另案中已被其否定。其次，齐良末等四人提供的封底分别为蓝色、白色的《齐白石全集》与湖南美术出版社出版的版本不同，又不能提供购书凭证，系齐良末等四人制造的伪证。3. 湖南美术出版社在二审程序中被剥夺辩论权利。首先，湖南美术出版社二审中依法申请法院责令胡媛到庭接受质证，二审法院未予理睬。其次，二审法院对《关于齐白石全集印刷情况的说明》等证据未予质证，直接认定无效，上述行为剥夺了湖南美术出版社的辩论权利。4. 齐良末等四人主张权利已经超过诉讼时效期间。2008年齐良末等四人已经知晓湖南美术出版社存在重印行为，诉讼时效期间即应开始计算，到本案起诉时已经超过了诉讼时效期间。故《中华人民共和国民事诉讼法》第二百条第（一）项、第（二）项、第（三）项、第（四）项、第（六）项、第（八）项、第（九）项的规定，请求对本案进行再审。

齐良末等四人提交意见称，齐秉颐等提起本案诉讼经过了齐家所有人授权认可，且赔偿款是由齐秉颐代为保管并按照分配方案分别领取，此模式已由600多份生效判决予以确认。湖南美术出版社多次重印《齐白石全集》均未通知齐良末等四人，其版权页未按国家规定标明相关的印刷次数及印制时间，存在瑕疵，应承担因此导致的不利后果。湖南美术出版社的再审申请缺乏事实和法律依据，请求予以驳回。

再审审查与审查结果

审查过程中，齐良末、齐秉颐、齐来欢、齐展仪与湖南美术出版社达成如下调解协议：湖南美术出版社自愿给付齐白石后人500000元及30套《齐白石全集》，上述款项和书籍由齐白石后人齐秉颐代表全体齐白石后人保管和分配；双方当事人就齐白石作品及书籍著作权问题互不追究，不再有任何争议。

湖南美术出版社于2016年5月4日提出撤回再审申请。

天津市高级人民法院认为，湖南美术出版社在本案审查期间提出的撤回再审申请，不违反法律规定，予以准许。2016年5月6日裁定准许湖南美术出版社撤回再审申请。

【法官评述】

此案是天津三级法院依据“分类施策、比例协调”司法政策成功调解的典型案例。双方当事人自2004年产生纠纷以来，在全国多地法院均曾有诉讼，仅在天津市就涉及三级法院不同审判程序共计626件案件，且双方当事人误解较深，尤其是齐白石继承人一方特别授权的委托代理人明确表示不愿意调解解决纠纷。面对这种情况，天津市高级人民法院知识产权审判庭受理297件再审审查案件后，决定组成五人合议庭对297件再审审查案进行公开听证，邀请部分人大代表、政协委员等旁听，并在听证之前就积极协调齐白石继承人代表齐秉颐到庭参加诉讼，让双方当事人深切感受到天津法院以公开促公正的鲜明立场，通过参加公开听证，双方当事人均明确表达调解意愿且表示一定积极配合法院调解工作，双方当事人愿意调解解决纠纷成为彻底化解双方矛盾的基础。接下来，天津市高级人民法院、天津市第一中级人民法院和天津市和平区人民法院上下联动，在一审、二审查明案件事实的基础上，分别通过判后答疑、诉中调解等方式反复释法明理，一方面，让齐白石继承人认识到湖南美术出版社在传播弘扬齐白石老人优秀文化作品方面发挥的积极作用以及在尽量取得权利人许可方面做出的切实努力；另一方面，让湖南美术出版社认识到作为出版社在出版、加印《齐白石全集》时应尽的法律责任。最终，双方当事人在互谅互让的基础上，达成了一揽子解决包括涉案作品在内的所有相关著作权纠纷的调解协议，湖南美术出版社不仅撤回297件案件的再审申请；其他三百余件案件，也分别以双方撤回起诉和上诉等方式予以解决。案件的处理结果既保护了齐白石继承人对齐白石作品享有的著作权财产权利，也充分考虑了湖南美术出版社作为邻接权人对文化传播作出的贡献，实现了相关方利益平衡。案件的最终调解使双方当事人历经十余年，涉及国内多家法院的众多纠纷全部圆满化解。

编写人：天津市高级人民法院　原晓爽　王倩

30

上海耀宇文化传媒有限公司诉广州斗鱼网络科技有限公司著作权侵权及不正当竞争纠纷案

——阅读提示：通过客户端旁观模式截取网络游戏赛事画面进行实时直播是否构成不正当竞争？不正当竞争行为如何认定？《中华人民共和国反不正当竞争法》第二条如何适用？

【裁判要旨】

未经授权许可，擅自对网络游戏赛事进行实时直播，免费坐享他人投资并组织运营赛事所产生的商业成果，为自己谋取商业利益和竞争优势，其实际上是一种“搭便车”行为，违反了《中华人民共和国反不正当竞争法》（以下简称反不正当竞争法）中的诚实信用原则，违背公认的商业道德，损害比赛组织运营者的合法经营利益，构成不正当竞争。

【案号】

一审：上海市浦东新区人民法院（2015）浦民三（知）初字第191号

二审：上海知识产权法院（2015）沪知民终字第641号

【案情与裁判】

原告（二审被上诉人）：上海耀宇文化传媒有限公司（以下简称耀宇公司）

被告（二审上诉人）：广州斗鱼网络科技有限公司（以下简称斗鱼公司）

起诉与答辩

2015年2月2日，耀宇公司起诉称，耀宇公司通过协议约定获得DOTA2

亚洲邀请赛在中国大陆地区的独家视频转播权，并负责赛事的执行及管理工作。斗鱼公司未经授权，以通过客户端旁观模式截取赛事画面配以主播点评的方式实时直播涉案赛事，构成著作权侵权和不正当竞争。请求判令：1. 被告立即停止侵权行为；2. 被告赔偿原告经济损失800万元以及维权的合理开支211000元（包括律师费20万元、公证费11000元）；3. 被告在《新民晚报》刊登消除影响的声明（内容由法院审核）。

斗鱼公司辩称：涉案DOTA2游戏的客户端具有对外公开的旁观者观战功能，该功能通过软件对同一场比赛截取了十个不同视角的比赛画面供旁观者观看，且不限制比赛画面的流出，被告直播的赛事画面即来源于该功能中的某个观战视角的比赛画面，因视角不同而与原告直播的画面不同，被告没有实施侵权行为或者不正当竞争行为。即使被告构成侵权，原告主张的经济损失赔偿金也没有依据，故其主张驳回原告的全部诉讼请求。

法院审理查明

DOTA2（刀塔2）是美国维尔福公司（Valve Corporation）开发的一款风靡全球的电子竞技类网络游戏，该游戏在中国大陆地区的代理运营商为完美世界（北京）网络技术有限公司。2014年，耀宇公司与游戏运营商签订战略合作协议，共同运营2015年DOTA2亚洲邀请赛。耀宇公司通过协议约定获得该赛事在中国大陆地区的独家视频转播权，并负责赛事的执行及管理工作（包括选手管理、赛事宣传、场地租赁及搭建布置、设备租赁及购置、主持人聘请、赛事举行、后勤保障以及节目拍摄、制作、直播、轮播和点播等），双方还约定合作赛事的执行费用总计11700704元，耀宇公司承担8200704元。

耀宇公司在2015年1月至2月举办涉案赛事，赛事分为预选赛、决赛。2015年1月举行120场预选赛，该阶段各参赛队伍通过互联网及计算机进行比赛。通过预选赛，名次靠前的和其他受邀参赛队伍集中至上海，于2015年2月5日至9日参加在耀宇公司提供的比赛场所进行线下主赛事即决赛。在上述赛事进行期间，耀宇公司通过火猫TV网站对比赛进行了全程、实时的视频直播。同时，耀宇公司还授予虎牙独家直播/转播的权利（除火猫TV外），并收取授权费用600万元。

斗鱼公司未经授权，以通过客户端旁观模式截取赛事画面配以主播点评的方式实时直播涉案赛事。耀宇公司指控斗鱼公司在2015年1月6日至2015年1月28日共播出了80场涉案赛事预选赛阶段的比赛，而斗鱼公司辩称仅直播了8场预选赛。2015年1月15日耀宇公司办理证据保全公证过程中约1小时的时间内，斗鱼公司同时直播了DK与TongFu、HGT与Inv之间的2场比赛，还预告在当日将另外直播4场比赛。

一审判理和结果

斗鱼公司明知涉案赛事由耀宇公司举办、并付出了较大的办赛成本，在未取得任何授权许可的情况下，向其用户提供了涉案赛事的部分场次比赛的视频直播，其行为直接损害了耀宇公司的合法权益，损害了网络游戏直播网站行业的正常经营秩序，违反了诚实信用原则和公认的商业道德，构成对耀宇公司的不正当竞争。据此，依照反不正当竞争法第二条第一款、第九条第一款、第二十条；《中华人民共和国侵权责任法》第十五条第一款第（六）项、第（八）项，第二款的规定，判决：一、被告赔偿原告经济损失人民币100万元和维权的合理开支人民币10万元，合计人民币110万元；二、被告在“斗鱼”网站（网址为www. douyutv. com）的首页显著位置刊登声明，消除对原告实施不正当竞争行为所造成的不良影响；三、驳回原告的其余诉讼请求。

斗鱼公司向上海知识产权法院提起上诉称：目前国内的游戏直播网站大部分都采取通过客户端截取比赛画面然后将画面转给观看玩家，并配上自己平台的解说和配乐从而进行直播，游戏厂商对此亦未提过异议，本案所涉游戏客户端并无任何禁止截取画面转播的提示，根据法无明文规定不可为即可为的民法原则，斗鱼公司通过客户端截取部分比赛画面，再配上自己独创性的评论在网上从特定观战者角度对涉案赛事进行直播，本质上是对涉案赛事进行报道，该行为没有超出游戏客户端旁观者的合理使用范围。原审适用反不正当竞争法第二条错误。

耀宇公司答辩称：游戏直播网站主办或直播、转播电子竞技游戏应取得游戏厂商和授权方许可并支付费用，这是国际国内通常做法和商业惯例。通过客户端观看比赛画面，只能为个人目的使用，不得用于商业用途。斗鱼公司不正当竞争行为影响了被上诉人与广告商、授权方之间的签约能力，并分流了被上诉人网站用户关注度和网站流量，侵害了被上诉人的经济利益。

二审判理和结果

本案耀宇公司在与成都完美公司的协议中约定被上诉人获得赛事在中国

大陆地区的视频转播权独家授权，负责赛事的执行及管理工作（包括选手管理、赛事宣传、场地租赁及搭建布置、设备租赁及购置、主持人聘请、赛事举行、后勤保障以及节目拍摄、制作、直播、轮播和点播等），承担执行费用等。耀宇公司一系列的人力、物力、财力的投入，其有权对此收取回报，通过视频转播赛事增加网站流量、扩大提高广告收入、提升知名度、加强网络用户粘性，使直播平台经济增值。因此，网络游戏比赛视频转播权需经比赛组织运营者的授权许可是网络游戏行业中长期以来形成的惯常做法，符合谁投入谁收益的一般商业规则，亦是对比赛组织运营者的正当权益的保护规则，符合市场竞争中遵循的诚实信用原则。斗鱼公司未对涉案赛事的组织运营进行任何投入，也未取得视频转播权的许可，却免费坐享耀宇公司投入大量人力、物力、财力组织运营的赛事所产生的商业成果，为自己谋取商业利益和竞争优势，其实际上是一种“搭便车”行为，夺取了原本属于耀宇公司的观众数量，导致其网站流量严重分流，影响其广告收益能力，损害其商业机会和竞争优势，弱化其网络直播平台的增值力。因此，斗鱼公司的行为违反了反不正当竞争法中的诚实信用原则，违背了公认的商业道德，损害了耀宇公司合法权益，破坏了市场竞争秩序，具有明显的不正当性。据此判决：驳回上诉，维持原判。

【法官评述】

本案系全国首例电子竞技游戏赛事网络直播纠纷案件，而电子竞技游戏产业是我国近年来才迅猛发展的行业，因而该行业业内竞争者之间竞争自由的界限及如何进行知识产权保护等均是引人关注的热点问题。

一、市场竞争的自由与规制

电子竞技游戏行业内的竞争与一般市场竞争一样，既要鼓励业内竞争对手间的自由竞争促进行业的蓬勃发展，但又要防止对竞争的放任自流，以免扰乱、破坏整个市场秩序。自由竞争，简单而言就是指所有市场参与者在完全没有外力干预情况下所进行的市场竞争。一般而论通过自由竞争可以使市场参与者优胜劣汰，资源配置得到进一步优化，竞争越充分激烈资源配置越优化市场经济就越繁荣。但是鼓励市场自由竞争并不等于放任无序的、恶性的不正当竞争行为。

竞争的自由必须以公平为原则，公平是对于自由竞争的伦理规范，是对竞争自由的适度规制和矫正。我国反不正当竞争法第二条第一款规定，经营者在市场交易中，应当遵循自愿、平等、公平、诚实信用的原则，遵守公认的商业道德，这也是公平竞争对市场竞争主体的基本要求。而公认的商业道德，是指特定商业领域普遍认知和接受的行为标准，具有公认性和一般性。公平、诚实信用等原则构成最基本的竞争原则，公认的商业道德则是在该些原则的基础上所形成的各种具体商业惯例。我国反不正当竞争法第二条第一款所确立的该些原则，其实质就是市场竞争主体在市场竞争中应遵守一种公平的竞争秩序。

二、对本案不正当竞争行为的认定

最高人民法院于2011年发布的《最高人民法院知识产权案件年度报告（2010）》就山东省食品进出口公司等与马达庆等不正当竞争纠纷案件进行分析点评，为类似案件处理提供了指导性意见。最高法院认为，适用反不正当竞争法第二条第一款和第二款认定构成不正当竞争应当同时具备以下条件：一是法律对该种竞争行为未作出特别规定；二是其他经营者的合法权益确因该竞争行为而受到了实际损害；三是该种竞争行为因确属违反诚实信用原则和公认的商业道德而具有不正当性或者说可责性。最高人民法院在该案评析中还指出，在正常情况下能够合理预期获得的商业机会，可以成为法律特别是反不正当竞争法所保护的法益，但只有当竞争对手不遵循诚实信用原则和违反公认的商业道德，通过不正当手段攫取他人可以合理预期获得的商业机会时，才为反不正当竞争法所禁止。据此可见，竞争行为的不正当性，如是否不正当利用他人竞争优势或者破坏他人竞争优势，是司法实践中具体案件判断的关键；第二项要件中的“其他经营者的合法权益……受到了实际损害”目的是揭示不正当竞争的侵权性质，就不正当竞争行为构成而言，“损害”也应包括合理预期收益损失或合理预期商业机会流失等情况。

电竞赛事作为新晋体育竞赛项目，同样需要组织者投资、策划、运营、宣传、推广、管理等。本案耀宇公司通过协议约定获得赛事在中国大陆地区的视频转播权独家授权，并负责赛事的执行及管理工作，对赛事投入一系列的人力、物力、财力，其有权对此收取回报，通过视频转播赛事增加网站流量等使直播平台经济增值。正如上文所述，电子竞技游戏网络直播平台通过组织运营转播游戏比赛吸引网络用户，提高网络用户流量，增加网络用户粘性，吸引相关广告商投放广告。电竞赛事的转播权对于网络直播平台来讲，是其创造商业机会、获得商业利益、提升网站流量和知名度的经营项目之一。耀宇公司以此谋求商业利益的行为应受法律保护，他人不得以不正当的方式损害其正当权益。

电子竞技游戏比赛网络视频转播权需经比赛组织运营者的授权许可是网络游戏行业中长期以来形成的惯常做法，符合谁投入谁收益的一般商业规则，亦是对比赛组织运营者的正当权益的保护，符合市场竞争中遵循的诚实信用原则。本案双方当事人均系专业的电竞网络游戏视频直播网站经营者，双方具有直接的竞争关系。斗鱼公司明知涉案赛事由耀宇公司举办、耀宇公司享有涉案赛事的独家视频转播权、耀宇公司付出了较大的办赛成本，应知电子竞技游戏比赛网络视频转播权须经相关方授权许可的商业惯例的情况下，未对赛事的组织运营进行任何投入，也未取得视频转播权的许可，却免费坐享耀宇公司投入巨资、花费大量人力、物力、精力组织运营的涉案赛事所产生的商业成果，为自己谋取商业利益和竞争优势，其实际上是一种“搭便车”行为，夺取了原本属于耀宇公司的观众数量，导致耀宇公司网站流量严重分流，影响了耀宇公司的广告收益能力，损害耀宇公司竞争优势，弱化耀宇公司网络直播平台的增值力。斗鱼公司的行为违反反不正当竞争法中的诚实信用原则，也违背了公认的商业道德，损害耀宇公司合法权益，破坏了行业内业已形成的公认的市场竞争秩序，具有明显的不正当性，应为反不正当竞争法所制止。

本案的审理对于我国迅猛发展的电子竞技游戏产业具有较好的引导和规制作用，只有正当有序的自由竞争才能保障行业的长期健康发展。同时本案对不属于我国反不正当竞争法明确列举的不正当竞争行为，根据该法第二条的规定认定为不正当竞争行为，为该类案件的审理提供了一定的指导和借鉴意义。

编写人：上海知识产权法院　陆凤玉　朱永华

31

磊若软件公司诉江苏林芝山阳集团有限公司侵害计算机软件著作权纠纷案

——阅读提示：Telnet 远程取证结果是否具有证明效力？网站所有者是否对网站所在服务器中的所有侵权行为都承担侵权责任？

【裁判要旨】

通过 Telnet 远程取证方式检测目标服务器的相应端口，其反馈信息具有较高的确定性，已经可以达到民事诉讼证据高度盖然性的标准。如果一方抗辩其仅使用了试用版或者使用的是其他软件，则应由提出抗辩的一方提交服务器日志等相关证据进行反证。若提出抗辩一方未提交任何证据仅是简单否认，则应由其承担不利后果。

计算机软件著作权侵权案件中，需要厘清“网站”与“服务器”的关系，不应简单认定网站的所有者就是网站所在服务器的所有者或管理者，进而推导出网站所有者需要对网站所在服务器中侵权行为承担责任的结论。对于网站所有者并非服务器的所有者或管理者，且无证据证明网站所有者与服务器所有者共同实施侵权行为的，网站所有者无须对服务器中的侵权行为承担责任。

【案号】

一审：江苏省无锡市中级人民法院（2015）锡知民初字第 4 号

二审：江苏省高级人民法院（2015）苏知民终字第 00300 号

【案情与裁判】

原告（被上诉人）：磊若软件公司（以下简称磊若公司）

被告（上诉人）：江苏林芝山阳集团有限公司（以下简称林芝山阳公司）

起诉与答辩

磊若公司于2014年12月24日起诉称，其系“Serv－U”系列计算机软件作品的作者，依法享有著作权。林芝山阳公司未取得磊若公司的授权许可，擅自复制、安装及商业使用上述软件，其行为侵害了磊若公司的著作权，给磊若公司造成严重的经济损失。诉请法院依法判令林芝山阳公司：1. 立即停止侵犯磊若公司“Serv－U”系列计算机软件作品著作权的行为，且在国内主要报刊公开赔礼道歉；2. 赔偿磊若公司经济损失及为制止侵权支出的合理费用人民币15万元；3. 承担本案案件受理费。

林芝山阳公司辩称：1. 磊若公司提交的证据不能证明其为涉案软件的著作权人；2. 林芝山阳公司网站所使用的服务器是由无锡市网之易科技有限公司（以下简称网之易公司）提供，其并非该服务器的所有人，磊若公司关于林芝山阳公司侵犯其软件著作权的主张无事实依据；3. 磊若公司提交的证据缺乏相应的证明力，仅仅为软件名称，并非是计算机软件的全部，涉案著作权侵权行为必须是林芝山阳公司所使用的服务器软件与磊若公司的相应软件完全相同才能构成，不能仅凭名称相同来认定侵权事实。

一审审理查明

磊若公司系住所地在美国威斯康辛州的企业。美国版权局版权登记文件显示，“Serv－U”计算机软件第六版注册号TX7－558－280，首次发表于2004年12月7日，首次发表国家为美国，作者磊若公司。2012年1月1日起，磊若公司委托上海国惠知识产权代理有限公司（以下简称国惠公司）代理人对中国境内的任何侵权人就其侵犯磊若公司知识产权事宜调查取证，提起诉讼等。2014年10月15日，在上海市徐汇公证处公证人员的现场监督下，国惠公司委托代理人李俊在公证处进行公证取证，部分公证页面显示，www. lzsy. com网站的主办单位为林芝山阳公司，在输入“telnet www. lzsy. com 21 ”命令后，屏幕显示内容为“220 Serv－U FTP Server v6. 4 for WinSock ready. . . ”2011年12月6日，林芝山阳公司与网之易公司签订一份网络服务订单，约定林芝山阳公司向网之易公司购买网站空间200兆，续费服务2年，时间为2011年12月6日至2013年12月6日。2011年12月6日，网之易公司出具一张收据，写明收到林芝山阳公司现金1000元，收款事由为网站空间服务2年。

一审判理和结果

一审法院认为：1. 磊若公司为涉案软件的著作权人。2. 林芝山阳公司网站服务器上安装有涉案软件。首先，通过 Telnet 远程取证反馈信息可以推定被控服务器中安装有涉案软件；其次，林芝山阳公司亦未提交证据证明其系安装的其他 FTP 软件。3. 依据现有证据，可以认定涉案软件系林芝山阳公司安装。林芝山阳公司作为涉案网站的主办单位，有权对该网站进行管理，同时亦应对网站内容及相应服务器中的知识产权侵权行为承担责任。即使林芝山阳公司的上述主张成立，其网站交由网之易公司进行管理维护，但这并不改变其为涉案网站的控制者和管理者的身份，同时亦不影响其涉案网站引发的相关法律责任的承担者身份。

综上，一审法院判决：一、林芝山阳公司立即停止侵犯“Serv－U”系列软件的著作权，卸载其网站服务器上的涉案软件；二、林芝山阳公司于判决生效之日起十日内赔偿磊若公司经济损失及为制止侵权支出的合理费用人民币 70000 元；三、驳回磊若公司的其他诉讼请求。

上诉与答辩

林芝山阳公司上诉请求，撤销一审判决，改判驳回磊若公司的诉讼请求，并由磊若公司承担本案诉讼费用。事实和理由：1. 一审法院仅依据磊若公司测试出现“Serv－U”标记，即认定林芝山阳公司存在侵权行为，证据不足，在未侵权的情况下，可以通过修改软件名称得到相同的结果。2. 一审法院推定林芝山阳公司知晓网之易公司使用了涉案软件，证据不足。3. 一审法院推定 2014 年 10 月 15 日期间网站由林芝山阳公司管理，对林芝山阳公司显失公平。4. 一审判决赔偿额过高，没有事实证明磊若公司的损失有 7 万元，无法令人信服。

磊若公司书面答辩称，一审法院认定事实清楚，证据确实充分。林芝山阳公司是否为涉案网站的控制者和管理者，不影响其涉案网站所引发的相关法律责任的承担者的身份。请求驳回上诉，维持原判。

二审审理查明

二审庭审中，林芝山阳公司申请网之易公司的技术人员曹永刚出庭作证。曹永刚陈述：林芝山阳公司的网站是网之易公司管理的，公司网站的 IP

地址是222.186.37.11。服务器中使用的FTP软件是Filezilla，且从2012年左右即安装使用。涉案服务器中大概有200-300个公司的网站，都是网之易公司建立管理的。只有网之易公司有权限在服务器中安装软件，其他购买空间的公司没有权限安装。

二审法院另查明：磊若公司在（2015）锡知民初字第6号案件中起诉无锡海源微电子有限公司、网之易公司侵犯了其“Serv-U”计算机软件著作权，后于2015年4月16日撤回起诉。磊若公司在（2015）锡知民初字第0008号案件中起诉无锡远方节能科技有限公司、网之易公司侵犯了其“Serv-U”计算机软件著作权，后于2015年6月16日撤回起诉。（2015）锡知民初字第6号案件中磊若公司提交的（2014）沪徐证经字第7386号公证书、（2015）锡知民初字第0008号案件中磊若公司提交的（2014）沪徐证经字第7389号公证书，该两份公证书中显示，无锡海源微电子有限公司、无锡远方节能科技有限公司的网站服务器IP地址均是222.186.37.11。

二审判理和结果

二审法院认为，林芝山阳公司并非被控侵权服务器的实际管理者和控制者，其并未侵犯磊若公司的“Serv-U”计算机软件著作权。磊若公司起诉认为林芝山阳公司安装、使用被控侵权软件的行为侵犯了其计算机软件著作权，具体到软件著作权的权项中，其对应的应该是复制权，即磊若公司认为林芝山阳公司侵犯了其涉案计算机软件的复制权。在判断林芝山阳公司是否实施了相关复制行为之前，需要首先了解一个公司在因特网中发布自己公司网站的两种不同模式：第一种模式，是公司购买一台服务器，将服务器在自己公司机房或者托管到电信机房接入因特网。在这种模式下，服务器的所有权属于公司所有，公司对服务器享有完整的控制权，可以随意在服务器中安装软件、更改配置。因此，如果服务器中安装有侵权软件，则相应的侵权责任应由该公司负担。第二种模式，是公司到网络空间服务商处购买服务器空间，网络空间服务商负责相关服务器的连接入网以及系统软件的维护、设置，并负责将客户空间中的网站内容以web方式发布。一台服务器中的空间可以被划分为若干份分配给若干个公司。在这种模式下，购买空间的公司对服务器没有控制权，仅对自己购买空间中的数据有上传、下载、删除等有限的操作权限。其不能在服务器中复制、安装系统软件，相关的侵权行为不可能由空间使用者实施。故在空间购买者没有过错的情形下，侵权责任一般应由侵权行为实施者即服务器的实际管理者和控制者承担。

本案中，林芝山阳公司所举证据已可以证明其仅是网之易公司的网络空间使用者。在无其他证据证明林芝山阳公司与网之易公司有实施共同侵权的故意与行为时，对服务器中可能存在的软件侵权行为，林芝山阳公司不应承担侵权责任。综上，二审法院判决：撤销一审判决，改判驳回磊若公司的全部诉讼请求。

【法官评述】

一、关于 Telnet 远程取证证明效力问题

随着计算机及网络技术的不断发展，审判实践中涉及计算机软件著作权的案件也越来越多。但是计算机软件著作权案件存在取证难、比对难等诸多问题。取证难主要体现在以下几点：第一，因被控侵权软件往往都存储、安装于被告控制的计算机中，权利人很难直接进行取证；第二，由于网络的虚拟性特征，权利人甚至很难确定被控计算机的具体位置在哪里；第三，鉴于计算机软件以电子数据形式存在的特点，很容易被被告删除或者替换。甚至有时在法院进行证据保全时，被告仅需要几秒钟时间就可以将所有软件的痕迹抹除。因为取证存在上述诸多的困难，在此类案件中，权利人很难在被控计算机中完整取得被控侵权软件，也就很难进行全部的代码比对。在此情形下，法院需要平衡权利人和用户之间的利益，不能使权利人因举证困难而难以维权。同时，又由于 Telnet 远程取证的方便性及其取证结果的高度盖然性，笔者认为，确认这一取证方式的证明效力，是符合客观实际和相关法律精神的。下面，笔者就为什么可以确认 Telnet 远程取证证明效力进行一个简单的分析。

（一）对 Telnet 命令进行信息反馈，并不属于软件后门

1. 信息反馈属于正常的软件与用户之间的信息交流。

通过 Telnet 探测目标服务器的相关端口，会反馈软件名称、版本等相关信息，这是无图形界面命令行应用程序交互过程中的常用方法，因为在图形化应用系统出现之前，软件程序与用户之间都是通过在屏幕上输入输出相关的文字来进行交互。除本案中涉及的“Serv－U FTP”软件会对 Telnet 命令进行反馈外，还有许多程序也有各自的反馈信息，例如：

这是使用Telnet命令探测微软自带的FTP服务器的反馈界面，其中也有软件名称的信息反馈。

这是使用Telnet命令探测MDaemon邮件服务器的25端口得到的反馈信息，其中包含服务器的域名、软件名称、版本、时间等信息。

从以上的几个实例可以看出，信息反馈不是“Serv－U FTP”软件特有的，而是属于软件与用户之间信息交流的手段之一。

2. 对Telnet命令进行信息反馈，不具备软件后门的两大基本特征。

软件后门具有两大基本特征，即隐蔽性和破坏性。所谓隐蔽性，指软件后门并不是所有人均知晓，一般只有预留后门程序的人或者单位知晓；所谓破坏性，是指通过预留的后门程序，可以不经过正常的安全认证而控制程序或系统。对比Telnet命令来看，应用软件的反馈信息主要是软件名称、版本等，且此种命令和反馈，所有的技术人员均知晓，并不存在隐蔽性。同时，反馈信息仅限于软件名称、版本等告知性的内容，在探测者完成登录验证之前，不能使用系统的任何功能，也不能获得系统内的任何数据，因此也不具备破坏性。

（二）Telnet远程取证结果可以高度盖然性的证明被测服务器中安装有相关软件

目前在我国的民事诉讼中，证明标准采用的是高度盖然性标准，其并不要求证据达到刑事诉讼中的唯一性、排他性，只要能证明其主张的事实存在高度盖然性即可。下面笔者针对Telnet远程取证的一些例外情形分析为什么其具有高度盖然性。

1. 关于是否是使用试用版软件的问题。

主要从两个方面进行分析。在软件版本方面，“Serv－U FTP Server v6.4”软件是磊若公司2004年左右推出的软件，到2012年已经发布到

v14 版，如果真是想试用软件的话，肯定应该找最新版的软件进行试用，而不应该找一个十几年前发布的版本进行试用。在可行性方面，目前网络上已经很难找到一个“Serv - U FTP Server v6.4”试用版，通过搜索引擎能搜索到的几乎都是破解版。相反，在磊若公司中文网站上，可以非常方便地下载到最新版本的试用版软件。基于以上这两点，结合常识性的判断，笔者认为被告使用的是试用版软件不符合常理，可能性不高。

2. 关于是否是其他软件更改配置的问题。

将一个软件的欢迎信息更改为其他软件的信息，本身就是一种不常见、非常规的操作，且如果真是这样操作的，被告应该能提供相应的证据证明其观点。在没有任何相反证据的情况下，仍应认定 Telnet 远程取证结果的高度盖然性。

3. 计算机软件程序运行的确定性，保证了不会存在不可解释的原因导致相应的反馈结果。

当某一服务器对 Telnet 命令反馈信息是“220Serv - U FTP Server v6.4 for WinSock ready...”时，除上述提到的更改其他软件欢迎信息外，最大的可能性还是这一服务器中安装了“Serv - U”软件，不可能存在未安装任何 FTP 软件而又有 FTP 软件信息反馈的情形发生。

（三）有效性不等于绝对性

认可 Telnet 远程取证的有效性，仅是指认可当事人通过 Telnet 远程取证的合法性、关联性和高度盖然性，但是并不表示只要 Telnet 取证得到了相应的反馈信息，其诉讼主张就绝对成立。首先，在具体的个案中还需要结合被告的抗辩和案件具体情况对是否属于前述的两种例外情形作出判断。其次，前述分析主要针对的是被告是服务器的所有者或管理者的情况，如果被告仅是租用了部分网络空间，则相应的法律责任应由服务器的管理者承担，但这并不影响对 Telnet 远程取证证明效力的认定。

二、关于网站所有者侵权责任承担问题

因 Telnet 远程取证案件多涉及服务器软件，而实践中对服务器的使用存在不同的模式，进而导致对服务器中侵权行为的责任承担主体的不同。但是由于该方面内容专业性较强，许多律师和法官并不完全清楚其中的差异，律师不知道如果更好地进行举证、抗辩，法官不了解如何向当事人进一步释明。从一些法院的判决中也可以看出，有的法院直接认为网站所有者应该对服务器中的侵权行为负责，有的法院对网站所有者所举用以证明其仅租用服务器空间的证据视而不见或者对网站所有者苛以更重的举证责任，这些法院最终均判决网站所有者对服务器中安装侵权软件的行为承担侵权法律责任。因此笔者认为有必要通过本案例对“网站”及“服务器”概念进行一个明确的区分，以进一步明确网站所有者与网站所在服务器的所有者或管理者的责任范围。

编写人：江苏省高级人民法院　顾正义

32

叶宗轼诉浙江冠素堂食品有限公司著作权侵权纠纷案

——阅读提示：民间传说衍生作品的权利如何加以保护与限制?

【裁判要旨】

在文学、艺术领域，任何一部作品的创作都离不开对前人成果或已有素材的使用。著作权法对作品的保护是对作品表达的保护，不延及作品的思想或主题，因此，法律并不禁止创作者对前人作品的合理借鉴。涉案作品《观音饼来历》系依据民间观音传说的公有素材而创作，但加入了作者自己想象创作的情节，并用古文体形式加以表达，具有一定的独创性，属于我国著作权法所保护的文字作品。但“观音饼”作为具有传递信息功能的单个汉语词汇，并未达到作品独创性高度，且在事实上已成为一种商品名称，故不应得到著作权法的保护。

对他人作品的借鉴，应当限于对作品思想、主题或属于公有领域内容的借鉴，对他人作品中具有独创性的表达不得擅自使用。

【案号】

一审：浙江省舟山市中级人民法院（2015）浙舟知初字第3号

二审：浙江省高级人民法院（2016）浙民终118号

【案情与裁判】

原告（上诉人）：叶宗轼

被告（上诉人）：浙江冠素堂食品有限公司（以下简称冠素堂公司）

起诉与答辩

原告叶宗轼认为其系《观音饼来历》的作者，享有完整的著作权。冠素堂公司未经许可，在产品包装盒、手提袋上改编使用其作品，且未注明作者，侵犯了叶宗轼对上述作品的改编权、复制权、发行权、署名权、保护作品完整权、获得报酬权等权利，在经济和精神上给其造成了巨大损失，遂于2015年6月2日诉至舟山市中级人民法院，请求判令冠素堂公司：1. 立即停止侵犯叶宗轼作品《观音饼来历》的改编权、复制权、发行权、署名权、保护作品完整权；2. 立即停止在其产品包装上使用“观音饼”名称，销毁其全部侵权包装及印刷模板；3. 在《浙江日报》上公开向叶宗轼道歉；4. 赔偿叶宗轼经济损失100万元，以及叶宗轼因制止侵权而发生的公证费、调查取证费2216元、律师费1万元；5. 赔偿叶宗轼精神损害抚慰金3万元；6. 承担本案的全部诉讼费用。

冠素堂公司答辩称：一、叶宗轼至今未能提供符合法律规定的证明著作权归属的直接证据，应承担举证不能的法律后果。1. 该作品已在2004年年底以外观设计专利公开的形式公之于众，冠素堂公司成立时间晚于上述作品公开时间，无论侵权与否，叶宗轼主张侵犯其发行权缺乏法律依据；2. 叶宗轼主张保护作品完整权、署名权，但冠素堂公司使用的是自己创作的文字作品，不涉及歪曲、篡改他人作品的行为，更不必署名；3. 就冠素堂公司的使用方式上看，其在产品外包装装潢上的使用应当属于工业设计，工业性质的使用不属于著作权法保护范围规定的范畴，不会侵犯著作权；4. 叶宗轼主张权利的故事与冠素堂公司的观音饼故事均是对观音传说这一相同题材创作的不同作品，各自享有独立的权利，并不是冠素堂公司对叶宗轼主张权利的作品的改编。二、根据史料记载，以白土作饼称作“观音饼”即在民间广为流传，叶宗轼称“观音饼”是其定名不符合客观事实。且“观音饼”的名称已经被行政机关、生产商、销售者、消费者及相关公众广泛认知，成为一种约定俗成的商品通用名称，任何人都无权禁止他人合法地使用“观音饼”。三、鉴于叶宗轼不能举证证明其为《观音饼来历》的著作权人，亦非“观音饼”名称的独占权利人，其所主张的要求冠素堂公司承担停止侵权、赔偿损失、消除影响等责任于法无据，应予驳回。

法院审理查明

叶宗轼原系中国作家协会会员、舟山市作家协会名誉主席、普陀山佛教协会文字顾问，其作品在全国、省市多次获奖。2003年年初，叶宗轼受托为筹建中的舟山市普陀山旅游食品公司（以下简称普陀山公司）开发素食品取名并创作主题故事。后叶宗轼创作完成《观音饼来历》，并建议将该素食品定名为“观音饼”，经原普陀山全山方丈戒忍审阅后，交给普陀山公司在“普陀山”牌观音饼外包装盒上印制使用。2003 年 10 月，普陀山公司就观音饼包装盒申报外观设计专利，并在该观音饼包装盒上加以印制。冠素堂公司此后在其生产销售的“冠素堂”牌观音饼包装盒、手提袋上印制了经改写的《观音饼的由来》一文。

一审判理和结果

舟山市中级人民法院经审理认为，普陀山公司出具的情况说明及法定代表人的相关陈述，结合证人周晓萍的证言、叶宗轼的身份及创作能力，以及冠素堂公司在另案中的陈述等证据，可以认定普陀山公司生产销售的观音饼包装盒上印制的《观音饼的由来》系叶宗轼创作，该作品即为叶宗轼主张著作权的《观音饼来历》一文。上述作品虽是源自民间观音传说的公有素材，但加入了作者想象的“捏土为饼”“如是者三”“山矮坡陷”等情节，并用古文体形式加以表达，具有一定的独创性，属于我国著作权法所保护的文字作品。但其中“观音饼”一词作为单个汉语词汇，具有表达思想、传递信息的功能，任何人均不能禁止他人正当使用，只有在该汉语词汇具有著作权法意义上的独创性时，才能认定为作品。

从审理查明的事实来看，叶宗轼的《观音饼来历》与冠素堂公司的《观音饼的由来》题材相同，但两部作品语言风格不同，叶宗轼作品采用古文体，文字精练，冠素堂公司作品语言偏白话，用语略显粗糙。两部作品所含情节基本相同，但冠素堂公司作品中没有“如是者三”“山矮坡陷”等情节。本案中，冠素堂公司可从公开销售渠道获取叶宗轼作品内容。冠素堂公司作品的人物安排、情节排布很大程度上来源于叶宗轼作品，包含叶宗轼作品的主要创作表达，用语也存在一定相似度，但冠素堂公司将叶宗轼古文体的《观音饼来历》改编为白话体的《观音饼的由来》的行为，并不是对叶宗轼作品的原样再现，而是在叶宗轼作品基础上进行的再创作，具有一定的主动性。但冠素堂公司的改编事先并未获得叶宗轼的许可，且冠素堂公司将改编后的作品用于商品销售，也未向叶宗轼支付报酬，故冠素堂公司在包装盒上印制《观音饼的由来》的行为侵害了叶宗轼的改编权。但冠素堂公并非被动再现叶宗轼作品，或以出售、赠与方式向公众提供叶宗轼作品复制件，因此，冠素堂公司的行为并未侵害叶宗轼所享有的作品发行权、复制权。普陀山公司在使用叶宗轼作品过程中并未署叶宗轼的名字，作为侵权人的冠素堂公司无法知晓作者的身份，故其在改编使用作品时未署叶宗轼之名并未侵害叶宗轼的署名权。改编过程中，冠素堂公司在充分尊重叶宗轼作品的主题思想、主要情节和主要人物关系等基础上，对叶宗轼作品的一些情节进行删除，但未对作品进行歪曲、篡改，也未损害或者贬低叶宗轼声誉，故未侵害叶宗轼享有的保护作品完整权。综上，一审法院遂于2015年12月30日判决：1. 冠素堂公司停止侵权，公开向叶宗轼赔礼道歉并赔偿叶宗轼经济损失及合理费用共计10万元。2. 驳回叶宗轼的其他诉讼请求。

上诉与答辩

一审宣判后，双方当事人均不服，向浙江省高级人民法院分别提起上诉。叶宗轼上诉认为：1. 冠素堂公司所使用的《观音饼的由来》作品是对叶宗轼《观音饼来历》作品的剽窃、歪曲、篡改；2. 叶宗轼依法享有"观音饼"名称的著作权，"观音饼"三个字不是商品的通用名称；3. 冠素堂公司的违法所得可以计算，应依此确定赔偿标准；4. 冠素堂公司不但侵犯了叶宗轼的财产权，还侵犯了人身权，精神损害赔偿的诉请应得到支持。请求二审法院撤销原审判决，支持其一审全部诉请。

冠素堂公司上诉认为：1. 一审认定本案《观音饼的由来》系叶宗轼创作，冠素堂公司产品包装上使用《观音饼的由来》系对叶宗轼作品的改编，均属事实认定错误；2. 冠素堂公司将《观音饼的由来》用于商品销售应认定为一种工业设计上的使用；3. 普陀山公司以《观音饼来历》作为后视图的主要部分申请了观音饼包装盒的外观专利，且至今该外观专利已经失效，《观音饼来历》故事在观音饼商品外包装上使用已进入公有领域，冠素堂公司涉案使用行为不构成侵权。

冠素堂公司针对叶宗轼的上诉意见答辩称：叶宗轼上诉请求中增加了要求认定冠素堂公司的行为属于对叶宗轼作品的剽窃、歪曲、篡改，该请求已经超出了二审审理范围。其余意见同上诉理由。

叶宗轼针对冠素堂公司的上诉意见答辩称：一审判决认定冠素堂公司涉案行为构成侵权正确。

二审判理和结果

浙江省高级人民法院审理后认为：现有证据已形成较为完整的证据链，

足以证明叶宗轼系《观音饼来历》一文的著作权人。"观音饼"一词不具有著作权法意义上的独创性，不能认定为作品。冠素堂公司的《观音饼的由来》一文采用文言文与白话文兼有的文体表达方式，在表现形式上与叶宗轼的《观音饼来历》有所不同，不是简单地重复原作品的内容，属于在叶宗轼的《观音饼来历》的基础上进行的再创作。因冠素堂公司未经叶宗轼许可对原作品进行改编并用于商品销售，也未向叶宗轼支付报酬，一审法院认定其侵犯了叶宗轼的改编权并无不当。但冠素堂公司并未侵犯叶宗轼所享有的作品复制权、发行权及保护作品完整权。冠素堂公司在改编原作时未表明原作者身份，虽然叶宗轼在原作品上未加署名，但不能以此否定叶宗轼所实际享有的署名权，故冠素堂公司仍构成对叶宗轼署名权的侵害，一审判决对此未作认定不当，应予纠正。

关于损害赔偿的问题，一审法院在综合考量涉案作品的类型、知名度，叶宗轼制止侵权行为的合理开支，冠素堂公司侵权行为持续时间、规模、过错程度以及使用侵权作品在观音饼销售中的作用等因素的基础上，酌情确定冠素堂公司赔偿经济损失及为诉讼支出的合理费用为 10 万元，并无不当。至于叶宗轼要求冠素堂公司赔偿精神损害抚慰金的诉讼请求应否予以支持的问题，虽然冠素堂公司使用侵权作品侵害了叶宗轼的署名权，但一审判决已作出由冠素堂公司承担公开赔礼道歉及赔偿 10 万元的侵权责任，对被诉侵权行为已作出了明确否定性评价，足以慰藉被诉侵权行为给叶宗轼造成的精神损害，故对叶宗轼要求冠素堂公司赔偿精神损害抚慰金的诉讼请求不再予以支持。

关于冠素堂公司使用叶宗轼《观音饼来历》一文是否属于合理利用已失效外观设计专利的问题，普陀山公司享有的观音饼包装盒外观设计专利的后视图印有《观音饼来历》一文，该外观设计专利现已进入公有领域，但冠素堂公司在其自身设计的包装上使用涉案作品系版权性使用，不属于对已失效外观设计的利用，不影响著作权人叶宗轼对其作品《观音饼来历》一文行使著作权。依照《中华人民共和国民事诉讼法》第一百七十条第一款第（一）项之规定，判决：驳回上诉，维持原判。

【法官评述】

民间传说通常以口口相传的方式流传于老百姓中，是我国宝贵的传统文化财富。本案涉及根据民间宗教传说所衍生的作品的保护问题。创作者虽以民间传说中的公有素材为基础，但如果在再加工的过程中融入了独创性的表达，那么对于独创性表达部分就应当受到著作权法的保护。同时，本案也需要对涉案的多项著作权权能作出清晰界定，以期能较好地平衡著作权人、相对方及社会公众的利益，实现定分止争的作用。

本案涉及的争议问题主要包括：1. 作品名称中的单个词汇在成为一种商品通用名称的情况下能否作为作品受著作权法的保护。2. 修改权、保护作品完整权、改编权的区分与界定。3. 对署名权的侵害是否应以作者在原作品已实际署名为前提。4. 若作品系已失效外观设计专利的一部分，该事由能否成为阻却著作权侵权成立的合法依据。

第一，我国著作权法对文学作品的名称能否给予单独的保护没有明确规定，在实务上亦存有较大争议。著作权法保护的作品是指在文学、艺术或者科学领域内具有独创性并能以某种有形形式复制的智力成果，也就是说，对作品名称是否实行保护还是应从其是否构成作品的角度来分析。本案中，“观音饼”一词作为单个汉语词汇，系由“观音” + “名词”组成，类似称谓如“观音土”“观音粉”“观音糕”“观音卷”“观音酥”“观音茶”等早已有之，与之相应的民间传说亦不鲜见，此类称谓实际包含有佛教信众的一种虔诚信仰，涉及一定的佛教因素，也是公众资源的体现，并不具有独创性，显然不能为特定个体所独占，况且该名称亦已成为一种商品的通用名称，不宜认定为系由叶宗轼所创作的作品。

第二，修改权、保护作品完整权和改编权都是我国著作权法明文规定的权能。修改权与发表权、署名权、保护作品完整权均为著作人身权。改编权则属于著作财产权。司法实践中，如何把握侵犯修改权、保护作品完整权和改编权的尺度和界限是备受争议的问题，需要明确各项权能之间的关联性，并合理加以区分。依照著作权法规定，修改权，是指修改或者授权他人修改作品的权利；而保护作品完整权注重保护作品不受歪曲、篡改，体现对著作权人人身利益的维护；改编权则系改变作品，创作出具有独创性的新作品的权利。在司法实践中，上述权能之间存有千丝万缕的联系，特别是修改权和保护作品完整权的权能覆盖范围很多时候存在重叠。学界通常认为，对作品的修改只有达到足以损害作者声誉之时，才会牵涉歪曲、篡改，才会涉及是否构成对保护作品完整权的侵害；修改权则往往被认为仅能控制那些以作者名义进行的修改行为。

本案中，针对叶宗轼提出的侵权主张，需要根据各项权能的区分作条分缕析的甄别，以作出侵权与否的客观评价。由于在文学、艺术领域，任何一部作品的创作都离不开对前人成果或已有素材的使用。著作权法对作品的保护是对作品表达的保护，不延及作品的思想或主题。因此，法律并不禁止创作者对前人作品的合理借鉴。但对他人作品的借鉴，应当限于对作品思想、主题或属于公有领域内容的借鉴，对他人作品中具有独创性的表达不得擅自使用。涉案被诉侵权作品与原作品在思想和故事情节上较为一致，但在表达方式、语言风格、故事情节等方面有所不同，叶宗轼《观音饼来历》以文言文为主要文体表达方式，故事情节形象生动，富有语言美感。冠素堂公司的《观音饼的由来》采用文言文与白话文兼有的文体表达方式，在表现形式上有所不同，内容上亦有所增减，包含有一定的独创性内容，不是对原作品的简单重复，亦非字句章节的简单修改，更未涉及对叶宗轼原作品的歪曲、篡改，应认定是在叶宗轼《观音饼来历》一文的基础上进行的再创作，系一种改编行为，是对叶宗轼改编权的侵害，而无涉修改权和保护作品完整权。

第三，关于对署名权的侵害是否应以作者在原作品已实际署名为前提的问题，存有不同意见。有观点认为，既然署名权是作者表明作者身份，在作品上署名的权利，那么作者也享有不署名的自由。在原作者未署名的情况下，使用该作品只要不署其他人的名字就不会构成对署名权的侵害。而本案裁判所持观点则认为，虽然著作权人未在原作品上署名，但不能以此否定叶宗轼所实际享有的署名权，冠素堂公司在改编原作时未表明原作者身份，也未以其他方式对原作者身份予以适当表示，同时亦未查找作者或与普陀山公司进行沟通接洽，故仍构成对叶宗轼署名权的侵害。

第四，关于如果作品系已失效外观设计专利的一部分，该事由能否成为阻却著作权侵权成立的合法依据的问题。虽然当外观设计专利已经失效进入公有领域，但专利视图自由使用的权限应只限于原外观设计专利权所使用的相同或类似的产品类别和具体形态，而不能将其中的某项元素进行抽离后单独加以利用，特别是其中包含的版权内容，仍有其独立存在的保护价值，在其保护期内，并不随外观设计专利的失效而丧失相应权能。本案中，普陀山公司享有的观音饼包装盒外观设计专利于2004年6月23日授权公告，其后视图印有《观音饼来历》一文，该外观设计专利现已进入公有领域，公众可以自由地使用包装盒，但在失效专利的原保护范围以外，如果对涉案作品进行版权性使用仍应获得著作权人的许可，两者并不冲突。冠素堂公司在其自身设计的包装上使用改编后的涉案作品系版权性使用，不属于对已失效外观设计专利的利用，不影响著作权人叶宗轼对其作品《观音饼来历》一文行使著作权，冠素堂公司的抗辩理由不能成立。

编写人：浙江省高级人民法院　刘静　陈宇

33

上海美术电影制作厂有限公司诉杭州玺匠文化创意股份有限公司著作权侵权纠纷案

——阅读提示：对传统角色形象进行再创作的作品独创性标准以及侵权判断规则应如何把握？

【裁判要旨】

把握利益平衡规则，在对传统角色形象的创作较为成熟，留余的传统历史文化创作空间较为狭窄的情况下，结合该形象的发展历史和创作规律，对新作品所呈现出的显著性和识别性特征，应作为独创性部分予以重点关注。

坚持激励创新导向，著作权侵权认定与作品独创性密切相关，给予在较窄创作空间内形成的独创性较高的作品以较强的保护，实现作品保护范围和强度与其独创性范围和尺度相适应。

【案号】

一审：浙江省杭州市中级人民法院（2016）浙01民初242号

二审：浙江省高级人民法院（2016）浙民终590号

【案情与裁判】

原告（被上诉人）：上海美术电影制片厂有限公司（以下简称上海美影厂）。

被告（上诉人）：杭州玺匠文化创意股份有限公司（以下简称玺匠公司）。

起诉与答辩

上海美影厂于2016年1月28日向一审法院起诉，请求判令玺匠公司：1. 判令玺匠公司立即停止制造、销售侵权铜艺产品，立即销毁用于复制侵犯上海美影厂用于复制侵权铜艺产品的模具等专用工具，并明确主张玺匠公司侵犯其著作权中的复制权、发行权；2. 在玺匠公司官方网站及天猫“铜师傅旗舰店”网站首页显著位置刊登侵权致歉声明，消除影响；3. 赔偿上海美影厂经济损失及合理费用合计 30 万元及上海美影厂因本案的合理支出 1 万元（含律师费、公证费、差旅费等）；4. 承担本案的全部诉讼费用。

法院审理查明

2011 年 8 月 10 日，速达独立创作完成了“Q 版孙悟空”美术作品。2013 年 12 月 11 日，上海美影厂与南京璞若广告有限公司、速达签订《“Q 版孙悟空”美术作品著作权转让协议》，确认“Q 版孙悟空”的全部著作权（包括复制权、发行权、出租权、展览权、表演权、放映权、广播权、信息网络传播权、摄制权、改编权、翻译权、汇编权以及著作权法规定的其他权利），自协议签署之日起永久性转让给上海美影厂。2012 年 1 月 12 日，上海美影厂的电影《大闹天宫 3D》上映，在电影片尾处使用了多个 Q 版孙悟空形象。新华网、搜狐新闻等媒体对《大闹天宫 3D》电影进行了报道。2015 年 11 月 11 日，上海美影厂委托代理人许乐乐向上海市徐汇公证处申请证据保全公证。在公证人员的监督下，许乐乐以普通消费者身份，在天猫网上名称为“铜师傅旗舰店”的店铺订购了“全铜摆件”3 件。公证人员对购买、收件、启封过程进行公证。玺匠公司确认上述铜艺产品系其生产销售。上海美影厂为本案维权支出公证费 2000 元、购买商品费 1364 元。

上海美影厂成立于 1989 年 9 月 6 日，是中国规模最大的美术电影制片厂，亦是中国历史上最老的动画制片厂之一，制作了《大闹天宫》《黑猫警长》《葫芦兄弟》《三个和尚》《宝莲灯》《大耳朵图图》等动画影片。上海美术电影制片厂于 2015 年 12 月 30 日变更企业名称为上海美术电影制片厂有限公司。玺匠公司成立于 2013 年 3 月 26 日，注册资本为 1000 万元。天猫店铺“铜师傅旗舰店”由玺匠公司注册并经营。

一审判理和结果

一审法院认为：涉案“Q 版孙悟空”美术作品系速达独立创作完成，表达具有一定程度的智力创造性，整体具备独创性，属于美术作品。上海美影厂继受取得涉案作品的著作权，有权向侵权使用者提起诉讼。涉案作品为美术作品，任何立体的形象的形成皆以平面形象为基础，故上海美影厂对涉案作品的著作权当然及于以平面形象为基础的立体形象。涉案作品于2012年1月12日上映的《大闹天宫3D》电影的片尾中发布。之后上海美影厂取得作品著作权并进行商业推广和使用，涉案作品为公众所知悉，故可以认定玺匠公司有接触该作品的可能性。

在进行侵权比对时，应考虑到动画片故事主题和情节的需要，动画片角色表现形态具有多变性，因此在进行比对时不能完全静止地、孤立地比较，而应从作品整体的形象、设计的主旨和传达的信息等全面把握，比对的对象不仅仅是单一的动作、姿态、表情的作品形象，而是“Q版孙悟空”作品的整体形象。经比对，虽然二者具体神态、姿势有所不同，但二者头部特征基本相同，均有大而圆的头部，类似的帽子，面部由两个较为饱满的桃心组成，脸颊、嘴巴向外鼓，圆形招风耳等，整体上均体现出可爱的孙悟空形象，故可以认定涉案铜艺产品与涉案作品构成实质性相似。

玺匠公司未经著作权人许可，制造、销售涉案铜艺产品的行为，侵犯了上海美影厂对涉案美术作品享有的复制权、发行权，依法应当承担停止侵权、赔偿损失的民事责任。上海美影厂要求玺匠公司停止制造、销售涉案铜艺产品的主张予以支持，要求玺匠公司销毁相关专用模具、赔礼道歉、消除影响的诉讼请求不予支持。上海美影厂主张玺匠公司侵权获利的计算方式中虽然采用了玺匠公司认可的销售数量，但其利润数据来源不明，无相关证据证明，故综合考虑涉案作品的知名度、独创性、玺匠公司侵权行为的性质、主观过错程度、上海美影厂为制止侵权所支出的合理费用等因素酌定赔偿数额为10万元。

据此，依据《中华人民共和国著作权法》第十条、第十一条、第四十八条、第四十九条、第五十三条，《最高人民法院关于审理著作权民事纠纷案件适用法律若干问题的解释》第十九条，《中华人民共和国民事诉讼法》第六十四条之规定，一审法院于2016年6月30日判决：一、玺匠公司立即停止制造、销售名称为“神通广大”“神通广大（彩绘）”“神通广大手把件（紫铜）”的侵权铜艺产品；二、玺匠公司于判决生效之日起十日内赔偿上海美影厂经济损失（含合理费用）100000元；三、驳回上海美影厂的其他诉讼请求。

一审宣判后，玺匠公司不服，上诉称：涉案作品的权利客体应是七幅平面绘画作品，一审判决以应当考虑涉案作品情节需要以及可能存在多变性因素作为侵权比对的理由，不当地扩大了涉案作品的权利保护范围；涉案作品是平面绘画作品，被诉侵权作品属于雕塑作品，两者的表达方式、设计风格、布局安排、作品题材完全不同，后者系玺匠公司独立完成并具有创造性的作品；一审判决认为著作权法上的复制包括平面到立体的复制没有法律依据，且侵权比对标准混乱；一审判令玺匠公司停止制造行为以及所确定的赔偿数额均缺乏事实和法律依据。请求撤销原判，依法改判驳回上海美影厂的诉讼请求。

上海美影厂答辩称：一审法院认定事实清楚，适用法律正确。且一审判决后玺匠公司仍在销售被诉侵权产品，主观恶意明显。请求二审法院驳回上诉，维持原判。

二审判理和结果

二审法院认为："Q版孙悟空"形象在保持已有作品表达的基础上，采用现代动漫的圆萌化艺术处理手法形成卡通形象特有的造型特点，具有较高的独创性，应认定为新的作品。上海美影厂明确其在本案中主张的是"Q版孙悟空"卡通动漫形象著作权，其经美术作品原始权利人明确授权取得了上述美术作品的全部著作财产权，则其有权就该"Q版孙悟空"角色形象主张权利。

将被诉侵权产品和涉案作品进行比对，虽然两者在部分面貌特征上存在差异，但并不影响在主要艺术造型独创性表达部分的相似度。由于两者在身材比例、人物体貌等主要特征方面基本相同，相同之处又恰恰体现了涉案作品的独立创作部分且最具有显著性的特征部分，玺匠公司亦没有举证证明被诉侵权产品形象的创作来源，故认为两者构成实质性相似。

玺匠公司将涉案角色形象造型制作成立体艺术品，是一种以立体方式再现涉案作品独创性表达的行为，构成著作权法意义上的复制。同时，玺匠公司未经著作权人许可销售被诉侵权产品，故应认定其构成对涉案作品复制权和发行权的侵害，一审判决判令其停止制造行为具有法律依据。在确定侵权损害赔偿数额时，应坚持损害赔偿数额与知识产权的市场价值相契合的原则，基于涉案作品知名度、侵权情节、合理开支等考量因素，一审判决酌情确定玺匠公司赔偿经济损失（含合理费用）10万元尚属恰当。综上，二审法院于2016年12月9日判决：驳回上诉，维持原判。

【法官评述】

近年来，因动画角色形象而引起的著作权侵权纠纷案件并不鲜见，起诉主体既有角色形象的作者，也有动画影视片的制片者，涉及如“阿凡提”“葫芦娃”“大头儿子小头爸爸”等众多知名动画形象。本案则是一起涉及对“孙悟空”这一我国著名神话角色形象进行再创作时所产生的著作权侵权纠纷，如何把握好此类作品的独创性标准以及侵权判断规则是审理此类案件需要解决的问题。

一、动画影视作品的创作规律决定作品的性质

本案中，上海美影厂明确主张的权利基础是“Q版孙悟空”卡通动漫形象著作权。对于动画影视作品中有关人物或动物的形象在审判实践中的称谓一直较为混乱，有的称为卡通形象、动漫形象，也有的称为角色形象或角色造型。因此，厘清一本动画影视作品创作过程中所产生的作品类型及性质尤为重要。

“动漫”是动画（animation）和漫画（comics）的合称与缩写。一个完整的动漫产业链主要包括三大环节：第一阶段为漫画作品原创并通过图书、杂志等载体发表；第二阶段为动画制作并以电影、电视、舞台剧、网络动漫等形式开发和传播；第三阶段为动漫衍生品开发和后续滚动再开发。伴随着以上三个发展阶段，相关的著作权作品形式、权利载体、创作主体以及权利归属也随之产生变动。从动画影视作品的创作规律看，动画角色造型的最初形成一般早于该动画作品的完成，通常是由创作者凭借自身丰富的想象力而创作的虚拟人物或动物，是一个从无到有的创作过程。这是第一阶段，此时产生的作品多是结合线条、轮廓、服饰以及颜色的运用，以特定化、固定化的静态角色造型方式呈现，体现了创作者的匠心独运和绘画技巧，符合著作权法规定的美术作品的构成要件，这一阶段的作品性质应为角色造型美术作品。到了第二阶段——动画影视作品拍摄阶段，创作者会以静态动画造型为基础，另行绘制不同表情、动作、展示面等多个版本的角色造型，并拍摄形成连续的画面以满足故事情节发展的需要。这是所产生的角色形象与故事情节、画面背景、道具台词等元素紧密结合，并形成一部完整的动画影视作品。此时动画片中所呈现的动态角色形象表现形式千变万化，与原始静态的角色造型并不完全相同，是动漫影视作品中最重要的要素之一。动态角色形象是可以从动漫影视作品中分离出来的独立的抽象概念，与动漫影视作品是整体与部分的关系，其在性质上仍属于美术作品。第三阶段则涉及以动画形象为核心向周边产品衍生的

动漫产业，动漫产业产品不仅包括核心产品即动画片的直接播出发行市场，还包括如图书、音像制品等附属产品和如服饰、玩具、食品等的周边衍生产品。

二、对传统角色形象进行再创作的作品独创性标准及保护范围的界定

《著作权法实施条例》第二条规定："著作权法所称作品，是指文学、艺术和科学领域内具有独创性并能以某种有形形式复制的智力成果。"由此可见，独创性是作品获得著作权保护的核心条件，它决定了著作权保护的范围，界定了著作权与公共领域的界限。但我国著作权法并未就独创性的定义以及独创性的具体判断标准作出明确的规定，这也就导致在司法保护实践中出现对作品独创性认定存在一定的差异。尤其是近年来，为适用市场需求，一些影视公司将早年家喻户晓的经典动画人物形象重新搬上银幕，本案中的《大闹天宫3D》即是如此。在对原有影视作品通过高科技手法如3D技术等进行翻拍的过程中，难免会涉及对原有作品的再利用，以及在再利用基础上的再创作。法律并不禁止创作人可以在公有领域素材或者他人在先作品基础上进行再创作，只要对该素材的表现形式具有独创性，对创作完成的作品都依法各自享有相应的著作权。因此，在对传统动画角色造型进行再创新过程中独创性判断标准将直接影响到涉案作品的认定、保护范围以及侵权判定。

在判断此类案件的独创性标准及保护范围时，可以遵循以下原则：

首先，利益平衡是著作权保护中的永恒话题，平衡的中心点就是如何激励创作和创新，如何妥善处理好传承与创新、保护和利用的关系。在考量历史因素和现实认知的基础上，既要留存丰富的公有领域，又要尊重原作品权利人的合法权益，更要给予历史传统文化以创新空间，以利于我国传统历史文化的弘扬与发展。追溯孙悟空形象的发展历史，《西游记》中孙悟空形象基本是以自然界动物"猴"为原型加以艺术创作而来。19世纪60年代，上海美术电影制片厂（上海美影厂的前身）根据《西游记》中精彩段落"大闹天宫"制作完成了彩色动画影片《大闹天宫》，经典孙悟空形象由此产生，并牢牢扎根在人们心里。也就是说，孙悟空经典形象在公有领域和所属领域的已有作品的创作中已较为成熟，能够留余给后代的创作空间是十分狭窄的。在这种情况下，合理平衡原作者权利、后续作者权利和社会公众利益，厘清各自的权利保护边界尤为重要。

其次，要妥善处理好作品的独创性与独创高度的关系，既要维护现有法律框架内作品著作权保护基本标准的统一性，又要综合考虑作品属性、所属领域的作品现状、创作空间、公众需求等因素，合理确定独创性尺度，依法确定与之相对应的相关权利归属和保护范围。将“Q版孙悟空”与《大闹天宫》中孙悟空形象进行比对，两者在角色造型的塑造上既具有共性又互为差异。其中最主要的差异表现在，《大闹天宫》中孙悟空形象在比例上接近成人的六头身比例，四肢细长，手脚写实，凹脸凸嘴，面部整体显尖嘴猴腮；而“Q版孙悟空”则采用二头身比例，躯干短小，四肢等长圆短，手脚虚化，饱满放大的正圆形头部设计，短眉小嘴。在整体表现的艺术效果上，前者更多呈现的是勇猛矫健的齐天大圣形象，而后者则加以独特的现代动漫创意，使其更趋于圆萌可爱的小孙猴形象。显然，“Q版孙悟空”形象突破了传统的艺术手法，采用了更符合现代审美观的圆萌化处理手法，在保持已有作品对孙悟空这一虚拟人物形象基本表达的基础上，创作出特有的Q萌可爱动漫卡通造型，这种在传统文化创作夹缝中产生的作品只要呈现出区别于公有领域和已有作品的独创性表达元素，就应当认定具有较高的独创性。

最后，著作权侵权认定与作品独创性密切相关，给予在较窄创作空间内形成的独创性较高的作品以较强的保护，以实现作品保护范围和强度与其独创性范围和尺度相适应。因此，在判断被诉侵权产品与权利作品是否构成实质性相似时，权利作品的形象特点以及区别于已有作品的独创性表达部分是需要重点关注的比对部分。

具体到本案，美术作品的表达是由线条和色彩等要素构成的艺术造型，所以对美术作品的侵权认定应以艺术造型方面的实质性相似为前提。虽然被诉侵权产品和权利作品在部分面貌特征上存在一定差异。但其相同之处在于整体上均为二头身，呈躯干短小，四肢等长圆短的圆萌状小孙猴形象，而这一相同之处又恰恰体现了权利作品与已有作品相比的独立创作部分且最具有显著性的特征部分。作品体现的是作者的独特个性，这种个性是作品的标志。在玺匠公司没有相反证据证明被诉侵权产品个性表达来源的情况下，应当认定两者构成实质性相似。

编写人：浙江省高级人民法院　王亦非

34

安少康诉长江文艺出版社等侵害著作权纠纷案

——阅读提示：出版社将从著作权人处获得的专有出版权许可第三方使用，是否构成对著作权的侵害？出版社以“租型”为名，向第三方收取管理费，由第三方自行印刷、发行图书，复制发行的主体应该如何认定？

【裁判要旨】

因当事人一方的违约行为，侵害对方人身财产权益的，受损害方有权选择依照合同法要求其承担违约责任，或依照其他法律要求其承担侵权责任。

出版社未经许可，将从著作权人处获得的专有出版权许可第三方使用，既是违反出版合同的违约行为，也是违反著作权法规定的侵权行为。

出版社以“租型”为名，向第三方收取管理费，由第三方自行印刷、发行，应当认定第三方是复制发行图书的实质主体。

【案号】

一审：湖北省武汉市中级人民法院（2014）鄂武汉中知初字第 00612 号

二审：湖北省高级人民法院（2015）鄂民三终字第 00158 号

【案情与裁判】

原告（上诉人）：安少康

被告（上诉人）：长江文艺出版社有限公司（以下简称长江文艺出版社）

被告（上诉人）：海豚传媒股份有限公司（以下简称海豚传媒）

起诉与答辩

原告安少康 2014 年 3 月 11 日诉至湖北省武汉市中级人民法院（以下简

称一审法院）称，其与长江文艺出版社2000年6月14日签订《图书出版合同》，将其翻译的《巴黎圣母院》一书授权长江文艺出版社在中国大陆、香港、台湾地区或其他国家和地区以图书形式出版发行；在首次出版5年内，长江文艺出版社可以自行决定重印，5年后重印应事先通知。长江文艺出版社许可第三方出版包含此作品的选集、文集、全集须另行取得书面授权。但安少康发现长江文艺出版社在首次出版5年后，即从2006年1月至2013年以来，未经许可，由海豚传媒参与策划，印刷此书120000册进行了销售。据此，安少康请求：一、确认由长江文艺出版社出版发行、由海豚传媒参与策划和销售的署名为安少康翻译的《巴黎圣母院》一书侵犯其著作权；二、判令长江文艺出版社、海豚传媒停止侵害，并在《新闻出版报》上公开刊登经法院核准的道歉声明，向其赔礼道歉、消除影响；三、判令长江文艺出版社、海豚传媒共同向其赔偿经济损失600000元（人民币，下同）；四、判令长江文艺出版社、海豚传媒共同向其赔偿因制止侵权所支付的必要费用共计36690元；五、一审诉讼费由长江文艺出版社、海豚传媒共同承担。一审庭审中，安少康明确本案的被诉侵权行为系长江文艺出版社、海豚传媒侵害其对翻译作品《巴黎圣母院》享有保护作品完整权、复制权、发行权的行为。

长江文艺出版社辩称，1. 其认可2006年1月至2013年由海豚传媒参与策划印刷被控侵权图书120000册并进行销售的事实；2. 2006年到2010年期间属于其与安少康图书出版合同的有效期内，本案是违约之诉，作者的稿酬损失应按照应得报酬计算。

海豚传媒辩称，1. 本案仅是重印图书产生的报酬支付问题，不是侵权之诉；2. 其公司只是图书《巴黎圣母院》的销售方，没有出版行为，不应承担相应的责任。

一审审理查明

一审经审理查明：2000年6月14日，安少康和长江文艺出版社就授权出版安少康翻译的文学作品《巴黎圣母院》中文译本事宜，签订《图书出版合同》，对授权的地域范围、稿酬计算标准及支付方式、重印再版等事项以及双方的其他权利义务作出约定。《图书出版合同》合同第十三条约定："上述作品首次出版5年内，乙方可以自行决定重印。首次出版5年后，乙方重印应事先通知甲方。如果甲方需要对作品进行修改，应于收到通知后10日内答复乙方，否则乙方可按原版重印。"第二十五条约定："本合同自签字之日起生效，有效期为拾年。”2000年10月，上述图书出版合同约定的《巴黎圣母院》一书的中文译本由长江文艺出版社首次出版，长江文艺出版社也按合同约定的稿酬标准，就已出版的图书向安少康支付了稿酬。

安少康提交的被控侵权图书显示，图书《巴黎圣母院》的版权页中显示有“【法国】维克多·雨果著”“安少康译”“2012年3月第4版第6次印刷”“ISBN 978－7－5354－2117－3”“出版：长江文艺出版社”“发行：长江文艺出版社”“策划：海豚传媒股份有限公司”等信息。2014年2月11日，海豚传媒向一审法院出具书面说明，声明长江文艺出版社出版的《巴黎圣母院》一书2006年1月至2013年共计印数120000册。一审诉讼期间，海豚传媒提交的证据显示：被控侵权图书于2006年3月至2010年6月分14次印刷91000册，于2012年7月至2013年8月分2次印刷20000册。

一审判理和结果

一审法院认为，安少康将法国文学作品《巴黎圣母院》翻译成汉语，其对该翻译作品享有著作权。虽然安少康和长江文艺出版社就出版《巴黎圣母院》中文译本一事订立有图书出版合同，但安少康对于图书出版合同有效期内及期限届满后，长江文艺出版社、海豚传媒出版、发行其翻译作品《巴黎圣母院》的行为，选择以侵害复制权、发行权为由一并提起侵权之诉，符合法律规定。本案属侵害著作权纠纷。

涉案被控侵权图书在2006年至2013年期间的出版印刷总量为120000册。其中，在2006年至2010年6月期间（即安少康和长江文艺出版社的图书出版合同有效期内），上述图书被出版印刷的数量为91000册；此后（即安少康和长江文艺出版社的图书出版合同有效期届满之后），上述图书被出版印刷的数量为29000册。长江文艺出版社在图书出版合同有效期内重印、再版91000册图书，是图书出版合同赋予的权利，不侵犯安少康的复制权、发行权。但是，长江文艺出版社没有有效证据证明履行了通知义务，也未按合同约定支付稿酬，违反了合同义务。长江文艺出版社应依合同约定向安少康支付91000册图书的印数稿酬9682.4元及相应的利息损失。长江文艺出版社在图书出版合同期限届满后继续出版图书29000册的行为，未经安少康许可，侵害了安少康对其翻译作品的复制权、发行权，应承担停止侵害、赔偿损失等法律责任。海豚传媒因共同参与实施，应当与长江文艺出版社承担连带责任。一审法院酌定安少康所受损失按照24元（图书定价）×29000册

（合同期限届满后继续发行数）×7%（版税率）×3（倍数）的方式计算，即146160元。

一审法院据此判决：一、确认由长江文艺出版社、海豚传媒于2010年7月之后复制、发行的署名为安少康翻译的《巴黎圣母院》一书（中国标准书号：ISBN 978-7-5354-2117-3）侵犯了安少康对其翻译作品的复制权、发行权；二、长江文艺出版社、海豚传媒于判决生效之日起停止复制、发行署名为安少康翻译的《巴黎圣母院》一书（中国标准书号：ISBN 978-7-5354-2117-3）；三、长江文艺出版社于判决生效之日起十日内支付安少康稿酬9682.4元及逾期利息（逾期利息按中国人民银行同期一年期存款利率计算至判决生效之日；至2014年3月11日，逾期利息为1507元）；四、长江文艺出版社于判决生效之日起十日内赔偿安少康经济损失146160元；五、长江文艺出版社于判决生效之日起十日内赔偿安少康因制止侵权所支付的合理开支36690元；六、海豚传媒对判决第四项、第五项确定的长江文艺出版社的民事责任承担连带责任；七、驳回安少康的其他诉讼请求。一审案件受理费10167元，由安少康负担7068元，由长江文艺出版社、海豚传媒共同负担3099元。

上诉与答辩

一审判决后，安少康、长江文艺出版社与海豚传媒均不服，向湖北省高级人民法院（以下简称二审法院）提起上诉。安少康上诉认为，长江文艺出版社与海豚传媒共同出版发行的91000册被控侵权图书既构成违约也构成侵权，应按照一审确定的侵权赔偿标准赔偿。

长江文艺出版社与海豚传媒上诉认为，一审认定的被控侵权图书册数为120000册与事实不符，并且确定的版税率7%×3倍的赔偿标准过高。

二审审理查明

二审经审理查明，一审查明的事实属实。二审另查明：

1.2000年6月14日，安少康与长江文艺出版社签订的《图书出版合同》第一条约定："甲方（安少康）授予乙方（长江文艺出版社）在合同有效期内，在中国大陆、中国香港、中国台湾或其他国家和地区以图书形式出版发行上述作品（汉字文本）的专有使用权。"第七条约定："在合同有效期内，未经双方同意，任何一方不得将第一条约定的权利许可第三方使用。如有违反，另一方有权要求经济赔偿并终止合同。……”第二十条约定：“在合同有效期内，乙方出版包含上述作品的选集、文集、全集或者许可第三方出版包含上述作品的选集、文集、全集的，须另行取得甲方书面授权。”

2. 2005年7月18日，湖北海豚卡通有限公司（海豚传媒变更前的企业名称）与长江文艺出版社签订《协议书》。《协议书》第一条A条款约定：“甲方（长江文艺出版社）为乙方（海豚传媒）提供的现有作品采取租型的方式。甲方授予乙方在合同有效期内，在中国大陆（不包括香港、台湾地区）地区以图书形式出版上述作品中文简体版本的专有使用权。”第二条约定：“甲方现为乙方提供的世界名著品种为1本（《巴黎圣母院》），此部分篇目甲方与乙方约定采用租型的方式。合同签署后，甲方应为乙方提供此品种的电子文本，乙方预付50%的费用约0.5万元人民币给甲方，开出付印单时结清余款。”第五条约定：“上述所有作品由乙方负责印刷，印制费用由乙方承担。在印刷过程中，如遇印制工本、材料等涨价，需增加费用，或遇到其他不可抗拒的灾害，书稿遭到损坏，由乙方承担。”第八条约定：“乙方不再向甲方支付稿费。”第九条约定：“本合同自甲乙双方签字之日起生效，有效期为5年。”

3. 2005年7月18日的《协议书》签订后，长江文艺出版社按照协议约定向海豚传媒交付了《巴黎圣母院》的电子文本，并向版权部门履行了本案所涉被控侵权图书出版发行的报批、备案手续。海豚传媒在一审审理过程中提交的2006年至2013年8月的16份印刷通知单及16份印刷合同，均系海豚传媒以自己的名义与印刷单位签订。二审审理过程中，海豚传媒与长江文艺出版社认可在涉案被控侵权图书的出版发行过程中，海豚传媒负责了编辑、校对、印刷、发行、营销等工作。

4. 二审审理期间，安少康申请在本案中放弃对长江文艺出版社关于赔偿经济损失及承担合理开支的诉讼请求。

二审判理和结果

二审法院认为，《图书出版合同》中约定的首次出版五年后，长江文艺出版社和海豚传媒未通知安少康，出版发行涉案被控侵权图书的册数应认定为120000册。本案被控侵权图书是长江文艺出版社以“租型”为名，向海豚传媒收取管理费，由海豚传媒自行印刷、发行。本案被控侵权图书复制发行的主体实质上已经不是长江文艺出版社，而是海豚传媒。长江文艺出版社将从安少康处取得的《巴黎圣母院》作品专有出版权，许可海豚传媒使用，既是违反《图书出版合同》第七条约定的违约行为，也是违反著作权法规定的侵权行为。长江文艺出版社与海豚传媒对涉案被控侵权图书的复制、发行行为构成共同侵权，应连带承担停止侵害、赔偿损失等法律责任。一审法院以演绎作品版税标准的上限7%，确定三倍的赔偿标准，虽未超出国家版权局《出版文字作品报酬规定》（1999年）的规定，但标准偏高，二审法院将付酬的版税率从一审确定的7%调整为4%，再确定三倍的赔偿标准。

二审法院依照《中华人民共和国合同法》第一百二十二条，《中华人民共和国侵权责任法》第八条、第十三条，《中华人民共和国著作权法》第十条第一款第（五）项和第（六）项、第十二条、第四十八条第（一）项、第四十九条第一款，《中华人民共和国民事诉讼法》第一百七十条第一款第（二）项的规定，判决：

一、维持一审判决第二项，即长江文艺出版社、海豚传媒于判决生效之日起停止复制、发行署名为安少康翻译的《巴黎圣母院》一书（中国标准书号：ISBN 978-7-5354-2117-3）；

二、撤销一审判决第一、三、四、五、六、七项；

三、确认由长江文艺出版社、海豚传媒于2005年7月之后复制、发行的署名为安少康翻译的《巴黎圣母院》一书（中国标准书号：ISBN 978-7-5354-2117-3）侵犯了安少康对其翻译作品的复制权、发行权；

四、海豚传媒于判决生效之日起十日内赔偿安少康经济损失345600元；

五、海豚传媒于判决生效之日起十日内赔偿安少康因制止侵权所支付的合理开支36690元；

六、驳回安少康的其他诉讼请求。

一审案件受理费10167元，由长江文艺出版社、海豚传媒共同负担。二审案件受理费10167元，由安少康负担5083.5元，长江文艺出版社、海豚传媒负担5083.5元。

【法官评述】

本案虽系一起较为典型的侵害翻译作品复制权、发行权案件，但法律适用涉及侵权责任与违约责任是否构成竞合这一传统民法问题。本案中，长江文艺出版社在其与著作权人的图书出版合同有效期内，未履行通知义务，未支付稿酬，署名为“出版发行”单位、海豚传媒署名为“策划”，出版发行91000册图书，长江文艺出版社的行为构成违约没有争议，但是否构成侵权，侵犯何种权利，存在不同观点。有观点认为，长江文艺出版社享有专有出版权，其署名为“出版发行”单位，联合海豚传媒共同出版发行，是对其自身享有权利的处分，不构成对著作权人权利的侵害。一审法院也持此种观点。

分析这一问题，既要划清侵权行为与违约行为的界限，又要厘清被控侵权行为的实质主体。从侵权行为与违约行为的区别而言，侵权行为违反的义务是法定的义务，即法律保护民事主体的人身权利和财产权利，任何人都负有不得侵犯的不作为义务。违约行为违反的是约定的义务。

从行为的实质主体这个角度来看，谁才是这91000册被控图书的实质出版发行主体？海豚传媒在本案中辩称其只是被控图书的销售单位，出版发行主体是长江文艺出版社。但二审法院注意到海豚传媒在关联的系列案中辩称其复制权、发行权系从长江文艺出版社“租型”取得，不构成侵权，并提交了其与长江文艺出版社2005年7月签订的“租型”协议。“租型”是出版行业长期以来的一大“恶疾”。部分出版单位或传媒公司认为，图书出版权的取得可以通过“缴纳管理费”“联营”“共同出版发行”等形式，从享有专有出版权的出版单位处“租型”取得，无须经过著作权人的许可。“租型”能取得出版权而不构成对著作权的侵害吗？二审法院依职权补充查明了海豚传媒与长江文艺出版社之间“租型”协议的内容，认定涉案被控图书即包括这91000册在内的共计120000册图书，是长江文艺出版社以“租型”为名，向海豚传媒收取管理费，由海豚传媒自行印刷、发行。二审依据《出版管理条例》《新闻出版署关于严格禁止买卖书号、刊号、版号等问题的若干规定》等行政法规和部门规章的规定，认定被控图书复制发行的实质主体是海豚传媒，而非长江文艺出版社。该认定既符合上述行政法规与部门规章的规定，也与我国刑法和最高人民法院关于非法出版物的认定相一致。我国刑法和《最高人民法院关于审理非法出版物刑事案件具体应用法律若干问题的解释》中规定，因买卖书号出版物引起的侵犯著作权罪或非法经营罪，犯罪主体是实际从事非法复制行为的经营者，而不是提供书号的出版社。可见，在认定非法出版物的出版行为到底是谁实施的时候，是看实质，而不是看形式。

确定了被控侵权行为的实质主体，再回头分析是否构成侵权的问题。海豚传媒作为被控图书实质上的复制发行主体，未经著作权人安少康许可，复制、发行涉案被控侵权图书，侵犯了安少康享有的复制权、发行权，这也毫无争议。那么，长江文艺出版社是否构成侵权？如果构成侵权，侵犯何种权利？是构成直接侵权，还是间接侵权？二审法院认为，长江文艺出版社与海豚传媒签订“租型”协议，向海豚传媒交付《巴黎圣母院》的电子文本，就被控侵权图书的出版发行向版权部门履行报批、备案手续，并向海豚传媒收取费用，长江文艺出版社与海豚传媒对涉案被控侵权图书的复制、发行行为有共同故意，构成共同侵权。此时，长江文艺出版社承担侵权责任的基础是直接侵权，而非仅仅是提供书号、为侵权行为提供帮助的间接侵权。长江文艺出版社将从著作权人处获得的专有出版权许可第三方使用，既违反图书出版合同的约定，也违反著作权法的规定，构成违约责任与侵权责任的竞合。

关于赔偿标准，二审判决较好地平衡了双方当事人的利益。包括本案在内的系列案还涉及上海人民美术出版社、崇文书局等国内知名的出版机构，四起案件所涉图书近20万册，纠纷在出版行业影响较大。并且，双方当事人由授权许可到被诉侵犯著作权，由合作出版演变为对簿公堂，情绪十分对立，双方对被控图书册数的认定、是否构成侵权以及侵权的赔偿标准锱铢必较。在确定侵权赔偿标准上，二审法院除综合考虑涉案翻译作品的知名度、印刷数量以及当事人的过错程度等因素外，尤其考量到本案合同有效期内的91000册图书被认定构成侵权，与不构成侵权、仅构成违约在赔偿标准上差异较大，将侵权赔偿所依据的版税率从一审确定的演绎作品版税标准的上限7%调整为4%，再确定三倍的赔偿标准。四起案件既保持了证据采信、赔偿标准等裁判标准的统一，又兼顾了与已调解关联案件的协调，并且注重了双方当事人之间的利益平衡。

编写人：湖北省高级人民法院　徐翠

（四）不正当竞争、合同纠纷案件

35

钦州锐丰钒钛铁科技有限公司诉北京航空航天大学技术合同上诉纠纷案

——阅读提示：技术委托开发合同中欺诈行为的认定标准是什么？中间产品应如何理解？试验设备费用与技术开发成本及技术开发合同定价之间的关系是什么？规模化工业试验项目投资判断的性质是什么？

【裁判要旨】

对于技术委托开发合同中受托方欺诈行为的认定，必须尊重技术开发活动本身的特点和规律，区分技术开发的不同阶段，以合同签订之时的已知事实和受托方当时可以合理预知的情况作为判断其是否告知了虚假情况或隐瞒了真实情况的标准。

对于产品的理解，尤其是对中间产品的理解，既要考虑其所处的研发阶段，也要考虑其所对应的具体工序。

技术开发成本包括但不限于试验设备的相关费用，且技术开发成本也仅仅是决定技术开发合同价款的因素之一。技术成果的先进性、技术成果实施转化和应用的程度、当事人享有的权益和承担的责任、技术成果的经济效益等，亦与技术开发成本一样，是技术开发合同定价的重要考虑因素。

关于是否向规模化工业试验项目投资的判断，尽管离不开对技术和项目的理解，但本质上仍是一种商业判断。项目产值的估算、项目成本的核算、项目利润的预测等商业分析，应由投资方完成。

【案号】

一审：北京市高级人民法院（2014）高民知初字第3421号

二审：最高人民法院（2015）民三终字第8号

【案情与裁判】

原告（上诉人）：钦州锐丰钒钛铁科技有限公司（以下简称钦州锐丰公司）

被告（被上诉人）：北京航空航天大学（以下简称北航大学）

起诉与答辩

钦州锐丰公司诉称，北航大学以高新技术和国家产业政策导向为幌子，利用钦州锐丰公司对北航大学的充分信任及对钒钛磁铁砂矿综合利用领域技术的不了解，虚构事实、隐瞒真相，捏造生产成本、市场价值等重要数据，致使钦州锐丰公司做出错误的投资决策，与其签订《技术开发（委托）合同》及其合同附件，投入大量资金用于钒钛铁分离技术工业化示范项目建设，给钦州锐丰公司造成了巨大的经济损失。签订合同后，北航大学故意制造信息不对称，为获取高额利益，继续虚构信息，任由钦州锐丰公司的损失进一步扩大，其行为已构成欺诈。请求判决撤销涉案合同，判令北航大学立即返还钦州锐丰公司已经支付的技术开发经费5796万元，赔偿钦州锐丰公司的经济损失2.704亿元，并承担本案的诉讼费用。

北航大学辩称，钒钛磁铁砂矿综合利用技术经过权威鉴定，并非虚假技术，北航大学在合同签订前通过《示范项目申请报告》等真实完整地告知了钦州锐丰公司相关信息，并不存在虚报产品、虚报产值、虚报成本等情形，北航大学不构成欺诈。请求驳回钦州锐丰公司的诉讼请求。

一审审理查明

北京金坤宏宇矿业科技有限公司（以下简称北京金坤宏宇公司）、北航大学共同完成了“钒钛磁铁砂矿综合利用技术”研发，并就该技术成果取得了由中国有色金属工业协会出具的《鉴定证书》。《鉴定证书》中“鉴定意见”部分记载：1. 提供的技术资料齐全、数据可靠，符合鉴定要求。2. 该项目在我国首次利用滨海钒钛磁铁矿砂，有效地回收了铁、钛、钒，实现了资源的综合利用，将对缓解我国铁资源紧张具有重要意义。其技术特点和创新点如下：（1）采用转底炉直接还原熔分生产块铁——电炉深度还原熔分生产高钛渣新工艺，铁、钛、钒的回收率分别达到90%、85%和85%。（2）研究成功配方独特的添加剂和催化剂，使得块铁和高钒钛铁渣有效分离。（3）进一步将高钒钛铁渣通过电炉熔分和湿法冶金技术制得了二氧化钛和五氧化二钒产品。3. 该试验对工艺技术条件进行了优化，流程简单、技术先进，为工业试验提供了技术依据。预计将有较好的经济效益和社会效益，其工艺技术达到国际领先水平。4. 该项目的实施符合国家循环经济和节能减排政策，对难处理钒钛磁铁矿和低品位探矿资源化利用和清洁有重要意义。5. 建议尽快进行工业化试验和建设处理钒钛磁铁矿的工业示范基地。随后，北京金坤宏宇公司、北航大学申请了名称为“从钒钛磁铁矿砂中直接制取铁和钒钛铝合金的工业化生产方法”的发明专利，并于2011年6月15日获得授权。

2010年2月，香港锐丰集团有限公司（以下简称香港锐丰公司）的代表陈克英先生经人介绍认识了北航大学材料科学与工程学院卢惠民教授。卢惠民教授向陈克英介绍了其带领的科研团队研发世界领先的短流程转底炉技术，双方有意合作推进钒钛铁分离技术工业化示范项目的实施。随后香港锐丰公司与北航大学就钒钛铁分离技术工业化示范项目的合作问题举行了多次洽谈，香港锐丰公司也多次到北航大学考察相关技术。北航大学向香港锐丰公司提供了署名为北航大学和中国钢研新冶高科技集团有限公司（以下简称新冶公司）的《示范项目申请报告》和《钒钛铁分离技术工业化示范项目节能专篇》。

2010年3月30日，香港锐丰公司作为甲方与乙方北京金坤宏宇公司签订《技术使用合同》，约定香港锐丰公司以人民币700万元的价格取得北京金坤宏宇公司滨海钒钛磁铁矿砂半工业试验技术成果使用权，该合同已经得到实际履行。2010年4月10日，香港锐丰公司与广西钦州市人民政府签订协议，决定将钒钛铁分离技术工业化示范项目落户钦州，并着手组建钦州锐丰公司。随后，钦州锐丰公司作为香港锐丰公司为股东（发起人）在中国大陆成立的独资企业于2011年6月24日成立。

2010年8月10日，钦州锐丰公司与北航大学签订了《技术开发（委托）合同》，约定双方共同研究开发钒钛铁分离技术工业化示范项目；同日，双方还签订了该合同的技术附件；此后，双方又签订了《技术开发（委托）合同》的《合同附件（1）》《合同附件（2）》（统称涉案合同）。

2013年7月26日，广西交通实业有限公司组织了钦州锐丰钒钛磁铁矿项目技术交流会，并于2013年8月1日形成了《广西交通公司专家评审意见》，指出钒钛磁铁矿原料来源的保障及稳定性问题；现有实验不足以推理出40m转底炉的工业生产可行性，而且项目可研报告中没有关于40m转底炉的任何设计参数及应用成果鉴定；项目产品成本分析中，部分关键材料的消耗量估算偏低；报告对产品市场价格的分析过于乐观，与实际市场情况出入较大；项目生产规模太小，经济上很难盈利；建议技术方对确定用于生产的砂矿开展系统的工艺流程，在此基础上开展项目规模化工业生产的技术经济可行性论证，然后方可委托有经验和资质的工程设计单位开展项目工程的初步设计工作。

一审判理和结果

一审法院认为，钦州锐丰公司主张北航大学采取欺诈手段与其订立《技术开发（委托）合同》，但北航大学提供的钒钛铁分离技术早在2008年10月8日就通过了中国有色金属工业协会的鉴定，中国有色金属工业协会在鉴定意见中对该技术予以肯定。在《技术开发（委托）合同》签订过程中，北航大学与钦州锐丰公司的相关人员已经进行多次接触和反复磋商，钦州锐丰公司的相关人员也多次到北航大学考察相关技术问题。虽然《广西交通公司专家评审意见》中指出，《技术开发（委托）合同》中“钒钛分离技术工业化示范项目”可能存在的某些缺陷，钦州锐丰公司也据此主张北航大学提供的技术无法实施故构成欺诈，但一审法院认为，该评审意见的鉴定对象主要是“钒钛分离技术工业化示范项目”是否可行而不是北航大学提供的技术是否存在致命缺陷，鉴定目的是帮助广西交通实业有限公司决策是否为“钒钛分离技术工业化示范项目”投资参股，与会者看到的会议材料也不同于中国有色金属工业协会对钒钛铁分离技术进行鉴定时的会议材料，评审的组织者与相关结论具有直接的利害关系，故该评审意见尚不足以否定中国有色金属工业协会《鉴定证书》的权威鉴定结论，不足以认定北航大学在《技术开发（委托）合同》提供的技术存在致命缺陷。在没有足够有效证据证明北航大学提供的技术存在致命缺陷的情况下，一审法院认定北航大学并不存在欺诈，并判决驳回了钦州锐丰公司的全部诉讼请求。

上诉与答辩

钦州锐丰公司上诉称，（一）一审法院采信《鉴定证书》，并据此认定涉案合同所载技术并无致命缺陷，缺乏依据。（二）一审法院对广西交通公司所组织的钦州锐丰钒钛磁铁矿项目技术交流会后形成的《广西交通公司专家评审意见》不予采信，缺乏依据。（三）北航大学虚构钛渣和含钒生铁的产值，其虚构项目产值的总额超过 16 亿元，导致了钦州锐丰公司的投资误判，其对钦州锐丰公司构成欺诈。（四）北航大学虚报技术开发成本，骗取了巨额技术研发经费。北航大学在《示范项目申请报告》中报称整条工业化生产线的制造成本为 3.15 亿元，其与钦州锐丰公司据此签订了涉案合同。但北航大学向新冶公司发包生产线制造项目的总费用仅为 1.702 亿元，其虚报的技术开发成本金额高达 1.448 亿元。（五）一审法院未支持钦州锐丰公司关于对钒钛磁铁砂矿综合利用技术重新鉴定的申请，缺乏依据。综上，北航大学虚构技术产品及技术经济效益，以虚假技术内容骗取《鉴定证书》，转而以《鉴定证书》的权威性掩盖技术源头造假的真相，诱使钦州锐丰公司投资建设该技术的工业化示范项目，以达到骗取巨额技术开发经费的目的，其行为已经构成欺诈。请求撤销一审判决，依法改判支持钦州锐丰公司的诉讼请求，并判令北航大学负担本案全部诉讼费用。

北航大学辩称：（一）鉴定的基础文件资料齐备、程序合法，一审法院采信《鉴定证书》，并无不当。（二）钦州锐丰公司明确知晓涉案合同项目一期工程的工艺与《鉴定证书》所载工艺不同，涉案合同项目一期工程仅能得到整个项目的中间产品钛渣。（三）一审法院对《广西交通公司专家评审意见》不予采信，并无不当。广西交通公司所组织召开钦州锐丰钒钛磁铁矿项目技术交流会的主要目的是为钦州锐丰公司融资，会议的主要焦点问题是钦州锐丰公司是否能够保证矿砂资源。（四）一审法院认定北航大学的钒钛磁铁砂矿综合利用技术不存在致命缺陷，并无不当；钦州锐丰公司主张钒钛磁铁砂矿综合利用技术是虚假技术，缺乏依据。（五）北航大学并未虚报技术开发成本。北航大学发包生产线的 1.702 亿元合同价格并非北航大学与钦州锐丰公司所签订合同项目的全部成本，不能由此认定北航大学虚报 1.448 亿元技术开发成本。综上，钦州锐丰公司的上诉请求缺乏依据，请求驳回上诉，维持一审判决。

二审判理和结果

二审法院认为，本案的主要争议焦点是：钦州锐丰公司能否依据《中华人民共和国合同法》（以下简称合同法）第五十四条第二款之规定，撤销其与北航大学签订的涉案合同。

（一）关于北航大学是否实施了欺诈行为的问题

1. 关于北航大学是否向钦州锐丰公司完整告知了钒钛磁铁砂矿综合利用技术半工业试验阶段真实情况的问题

涉案合同磋商阶段，北航大学即向香港锐丰公司、钦州锐丰公司提供了由中国有色金属工业协会出具的《鉴定证书》，用以说明钒钛磁铁砂矿综合利用技术半工业试验阶段的相关情况。此次鉴定的基础文件资料齐备、程序合法，一审法院对其予以采信并无不当。《示范项目申请报告》与《鉴定证书》虽有不同，但并不矛盾。《示范项目申请报告》是该技术规模化工业试验阶段的项目规划。北航大学在《鉴定证书》所载钒钛磁铁砂矿综合利用技术半工业试验的基础上，对工业试验阶段的工艺作出了调整，这一工艺调整恰是《示范项目申请报告》与《鉴定证书》关于产品和数据描述不同的原因。且北航大学在《示范项目申请报告》中也明确表述了钛渣中的二氧化钛含量为46%。

综上，北航大学完整地告知了钦州锐丰公司钒钛磁铁砂矿综合利用技术半工业试验阶段的真实情况，其未对涉案技术在这一研发阶段的情况实施欺诈；且依据现有证据难以认定《鉴定证书》所载钒钛磁铁砂矿综合利用技术系虚假技术。

2. 关于北航大学是否向钦州锐丰公司完整告知了钒钛铁分离技术工业化示范项目真实规划的问题

（1）关于北航大学是否虚报了项目产品的问题

《示范项目申请报告》中既有对《鉴定证书》所载钒钛磁铁砂矿综合利用技术半工业试验阶段的情况回顾，也有对该技术规模化工业试验阶段的项目规划；既有对钒钛铁分离技术示范项目一期工程的介绍，也有对后期工程的展望，因而其中所涉及的产品相对复杂。对于其中“富钛渣”“高钛渣”“钛渣”“钒铁金属间化合物”“钒铁”等产品概念的理解，必须结合不同语境，明确其所指向的研发阶段和具体工序，不能简单因为报告中同时出现了上述概念就认定其自相矛盾或陈述不实。鉴于《示范项目申请报告》关于熔分后的产物为钛渣，钛渣中二氧化钛含量为46%的表述自始至终是清晰、一贯的，且这与涉案合同中关于钒钛铁分离技术工业化示范项目一期工程的产品为还原铁、钛渣、钒渣的明确约定也是一致的，二审法院认定，北航大学并未虚报项目产品。

（2）关于北航大学是否虚报了项目开发成本的问题

北航大学向新冶公司发包生产线制造项目的1.702亿元仅是钒钛铁分离技术工业化示范项目技术开发成本的一部分，而该项目的技术开发成本也仅是整个合同定价的考虑因素之一。钦州锐丰公司将项目生产线的制造费用等同于整个技术开发成本，又将技术开发成本等同于涉案合同价款，既不符合技术开发成本的客观构成，也不符合技术开发合同定价的基本规律，其关于北航大学虚报技术开发成本的主张，缺乏依据。

鉴于北航大学完整告知了钒钛磁铁砂矿综合利用技术半工业试验阶段的真实情况，以及钒钛铁分离技术工业化示范项目的真实规划，二审法院认为，北航大学不构成对钦州锐丰公司的欺诈。

（二）关于钦州锐丰公司是否因受欺诈而陷于错误判断，并在此基础上做出违背其真意意思表示的问题

北航大学并未对钦州锐丰公司实施欺诈行为，故本就不存在钦州锐丰公司因受欺诈而陷于错误判断，做出违背其真实意思表示的问题。更何况钦州锐丰公司理应明确知悉合同项下钒钛铁分离技术工业化示范项目一期工程的工艺和产品与《鉴定证书》所载半工业试验阶段的钒钛磁铁砂矿综合利用技术之间的区别，并在此基础上估算项目产值，核算项目成本，做出是否签订涉案合同的商业判断。鉴于涉案合同载明的还原铁、钛渣、钒渣等项目一期工程产品均系行业内的常见产品，钦州锐丰公司完全有能力自行估算项目产值，并在此基础上判断以3.15亿元的对价签订涉案合同是否符合其商业利益。钦州锐丰公司主张北航大学虚报项目成本和产值，使其陷入错误判断，缺乏依据。

综上，二审法院判决驳回钦州锐丰公司的上诉。

【法官评述】

本案涉及的典型法律问题包括：技术委托开发合同中欺诈行为的认定标准是什么？中间产品应如何理解？试验设备费用与技术开发成本及技术

开发合同定价之间的关系是什么？规模化工业试验项目投资判断的性质是什么？

一、关于技术委托开发合同中欺诈行为的认定标准问题

合同法第五十四条第二款规定："一方以欺诈、胁迫的手段或者乘人之危，使对方在违背真实意思的情况下订立的合同，受损害方有权请求人民法院或者仲裁机构变更或者撤销。"本院认为，因受欺诈而违背自己真实意思订立的合同之所以可以被变更或撤销，是因为该类合同的订立有违意思自治原则。意思自治，一方面意味着民事主体有权在法律规定的范围内，依其意思自由创设、变更、终止民事法律关系；另一方面也意味着其须为自己创设、变更、终止民事法律关系的行为承担责任。但"责任"须以"真意"为前提和范围，民事主体不应为并非自己真意，或超出自己真意范围的意思表示承担责任。因此，判断一个合同是否构成合同法第五十四条第二款所规定的欺诈情形下订立的合同，既要看被诉欺诈的一方是否实施了欺诈行为，也要看主张被欺诈的一方是否因欺诈而陷于错误判断，并基于该错误判断做出了违背自己真意的意思表示，二者缺一不可。若被诉欺诈的一方本就未实施欺诈行为，合同自然不能因欺诈而予变更或撤销；但即便被诉欺诈的一方实施了欺诈行为，只要另一方未因欺诈而陷于错误判断，其意思表示仍与其真实意思相符，那么合同的订立并不违反意思自治原则，该合同也就不能因此而予以变更或撤销。

在技术委托开发合同领域，对于受托方是否告知虚假情况或隐瞒真实情况的判断，须充分考虑技术开发活动本身的特性。技术开发活动具有阶段性，其结果具有不确定性。从实验室试验，到半工业试验、工业试验，再到成熟的工业生产，研发阶段的不断递进不只是产量和规模的简单递增，更是不断克服已知和未知困难的复杂过程，技术开发活动中的某些困难可能难以预见、难以预防、难以控制、难以克服。每一个研发阶段的成功都只是为后续研发提供了基础性条件，至于下一个研发阶段是否亦能成功，乃至于技术成果能否最终获得，都不可确知。故对于技术委托开发合同中受托方欺诈行为的认定，必须尊重技术开发活动本身的特点和规律，区分技术开发的不同阶段，以合同签订之时的已知事实和受托方当时可以合理预知的情况作为判断其是否告知了虚假情况或隐瞒了真实情况的标准。这也是本案审理的基本理念。

二、关于中间产品的理解问题

技术研发活动具有阶段性，后一阶段并非前一阶段的简单复现和放大，不同研发阶段的产品可能存在差异；即便就同一研发阶段而言，不同工序也会对应不同产品——所谓“中间产品”本就不是一个指向固定的概念，中间产品为何物，取决于其对应的工序为何者。故对于产品的理解，特别是对中间产品的理解，既要考虑其所处的研发阶段，也要考虑其所对应的具体工序。

本案中，《示范项目申请报告》既有对《鉴定证书》所载钒钛磁铁砂矿综合利用技术半工业试验阶段的情况回顾，也有对该技术规模化工业试验阶段的项目规划；既有对钒钛铁分离技术示范项目一期工程的介绍，也有对后期工程的展望，因而其中所涉及的产品相对复杂，包括“富钛渣”“高钛渣”“钛渣”“钒铁金属间化合物”“钒铁”等。对这些产品的理解，必须结合不同语境，明确其所指向的研发阶段和具体工序。例如，“富钛渣”“高钛渣”基本都指向半工业试验阶段的钒钛磁铁砂矿综合利用技术或整个钒钛铁分离技术工业化示范项目；“钛渣”基本都指向钒钛铁分离技术工业化示范项目的一期工程。

三、关于试验设备费用与技术开发成本及技术开发合同定价之间的关系问题

技术开发成本包括但不限于试验设备的相关费用。尽管试验设备在技术开发活动中的作用举足轻重，但其远非技术研发活动的全部。尤其是在工业化试验项目中，除试验设备外，项目的整体设计、生产工艺的优化、生产流程的监控等也都至关重要，其相应对价均可计入技术开发成本。且技术开发成本仅仅是决定技术开发合同价款的因素之一。技术成果的先进性、技术成果实施转化和应用的程度、当事人享有的权益和承担的责任、技术成果的经济效益等，亦与技术开发成本一样，是技术开发合同定价的重要考虑因素。

本案中，北航大学向新冶公司发包生产线制造项目的1.702亿元仅是钒钛铁分离技术工业化示范项目技术开发成本的一部分，而该项目的技术开发成本也仅是整个合同定价的考虑因素之一。

四、关于规模化工业试验项目投资判断的性质问题

规模化工业试验阶段是科学技术转变为生产力的关键阶段。这一阶

段，技术与资本缺一不可。投资方和技术方应在各尽其责的基础上精诚合作，抵御风险，解决问题，以期成功。关于是否向规模化工业试验项目投资的判断，尽管离不开对技术和项目的理解，但本质上仍是一种商业判断。磋商阶段，技术方应确保其所供技术并非虚假，所做规划未有不实；至于估算项目产值，核算项目成本，预测项目利润等商业分析理应由投资方自行完成。

本案中，北航大学固然是对钒钛铁分离技术工业化示范项目的商业价值提出了参考意见，但是否投资该项目仍应是钦州锐丰公司自己的商业判断。涉案合同载明的还原铁、钛渣、钒渣等项目一期工程产品均系行业内的常见产品，钦州锐丰公司完全有能力自行估算项目产值，并在此基础上判断以3.15亿元的对价签订涉案合同是否符合其商业利益。钦州锐丰公司主张北航大学虚报项目成本和产值，使其陷入错误判断，缺乏依据。

编写人：最高人民法院　骆电　廖继博

36

浙江唐德影视股份有限公司与上海灿星文化传播有限公司、世纪丽亮（北京）国际文化传媒有限公司诉前行为保全案

——阅读提示：采取诉前行为保全措施需要考虑哪些因素？

【裁判要旨】

审查是否应当责令被申请人停止相关行为，主要考虑以下因素：申请人是否是权利人或利害关系人；申请人在本案中是否有胜诉可能性；是否具有紧迫性，以及不立即采取措施是否可能使申请人的合法权益受到难以弥补的损害；损害平衡性，即不责令被申请人停止相关行为对申请人造成的损害是否大于责令被申请人停止相关行为对被申请人造成的损害；责令被申请人停止相关行为是否损害社会公共利益；申请人是否提供了相应的担保。

【案号】

诉前保全民事裁定：北京知识产权法院（2016）京 73 行保 1 号

复议民事裁定：北京知识产权法院（2016）京 73 行保复 1 号

【案情与裁判】

申请人：浙江唐德影视股份有限公司（以下简称浙江唐德公司）

被申请人：上海灿星文化传播有限公司（以下简称上海灿星公司）

被申请人：世纪丽亮（北京）国际文化传媒有限公司（以下简称世纪丽亮公司）

请求与答辩

2016 年 6 月 7 日，申请人浙江唐德公司针对上海灿星公司、世纪丽亮公

司向北京知识产权法院提出诉前行为保全申请，请求法院责令：被申请人上海灿星公司和世纪丽亮公司立即停止在歌唱比赛选秀节目的宣传、推广、海选、广告招商、节目制作或播出时使用包含“中国好声音”“the Voice of China”的节目名称，以及使用浙江唐德公司的第 G1098388 号和第 G1089326 号注册商标和涉案节目标识。其主要理由是：一、荷兰 Talpa 公司授权制作了第1—4 季“中国好声音”，并约定包括节目名称“中国好声音”“the Voice of China”和节目标识等知识产权都归属 Talpa 公司。2016 年，Talpa 公司将第 5 -8 季“中国好声音”节目的开发、制作、宣传和播出独家授权申请人，并明确授权其可以自己名义进行维权。据此，申请人享有的权利基础如下：1. 对第 G1098388 号和第 G1089326 号注册商标享有独占使用权；2. 对节目标识一和节目标识二享有独占使用权，前述标识构成未注册驰名商标；3. 对在歌唱比赛真人选秀娱乐节目制作及播出服务中使用的“中国好声音”“the Voice of China”节目名称享有独占使用权，前述节目名称构成知名服务特有名称。二、被申请人在没有授权的情况下，擅自宣传、推广和制作第 5 季“中国好声音”（后更名为“2016 中国好声音”）节目（以下简称涉案被控侵权节目），构成对申请人享有的驰名商标权和知名服务特有名称权的侵犯。三、本案情况紧急，如果不及时阻止被申请人录制和播出涉案被控侵权节目，将会造成难以弥补的损害和难以消除的侵权影响。

被申请人上海灿星公司辩称：一、申请人浙江唐德公司对诉前行为保全申请事项表述较为宽泛且不清晰，其主张的要求禁止的有关行为范围不明确。二、申请人对上海灿星公司的有关行为禁令请求内容，因许可人 Talpa 公司已就相同的行为内容向香港仲裁机构申请仲裁，并申请临时禁令措施，因此对相同内容的案件不应再由法院主管。三、申请人申请的诉前行为保全不符合专属管辖和地域管辖的规定。四、申请人主张的权利基础并不稳定，其是否有需要保护的合法权益有待法院实体审理予以认定，其所有请求均不具有胜诉可能性。五、申请人基于知名服务特有名称及未注册驰名商标申请诉前行为保全，缺乏相应的法律依据。六、申请人的合法权益不存在难以弥补的损失情况。七、采取保全措施对被申请人造成的损害将远远大于不采取保全措施对申请人带来的所谓损害。八、“2016 中国好声音”是浙江卫视已报批并获准播出的节目名称，整个节目的制作将采用全新的自有节目模式及元素，符合国家鼓励原创的指导精神，应当予以鼓励。综上，请求法院驳回申请人的保全申请。

法院审理查明

2012年4月3日，Talpa公司与IPCN公司签订《电视节目授权协议“THE VOICE OF CHINA”》，授权制作第1季“中国好声音”，并约定“原名称和约定名称”等均为Talpa公司的独家财产。

2013年5月28日，Talpa公司与星空华文中国传媒有限公司（以下简称星空华文公司）签订《节目模式许可协议“THE VOICE OF CHINA”系列》（以下简称《模式许可协议》），该协议约定了第二、三、四季本地系列节目，其中约定：当地节目名称为“‘The Voice Of China’ – Zhong Guo Hao Sheng Yin”；包括节目模式、制作宝典、当地系列节目名称、节目标识以及当地节目标识，已经制作完成的节目、当地系列节目等均归属于Talpa公司。

2013年11月29日，Talpa公司与星空华文公司和梦响强音文化传播（上海）有限公司（以下简称梦响强音公司）签订《“THE VOICE OF CHINA”—多季节目模式许可协议附录》，该协议为Talpa公司与星空华文公司签订《模式许可协议》的补充协议。

2016年1月8日，Talpa公司向星空华文公司和梦响强音公司等发出《“中国好声音”——终止通知》。

2016年1月22日，香港高等法院就Talpa公司的申请对星空华文公司和梦响强音公司作出禁令。

2016年1月28日，Talpa公司与浙江唐德公司签署《“……好声音”协议 用于Talpa节目模板“……好声音”的独家管理、许可和应用》；2016年5月10日，Talpa公司出具《授权书及确认函》。

2016年2月5日，Talpa公司针对星空华文公司和梦响强音公司向香港国际仲裁中心提出仲裁申请；2016年5月6日，Talpa公司对该两公司向香港国际仲裁中心提出请求确认权属和临时禁令的申请。

2016年6月22日，香港国际仲裁中心就Talpa公司对星空传媒公司、梦响强音公司提出的有关仲裁申请作出《关于权利宣告救济的部分最终裁决和关于临时措施的裁决》，其中记载：“Talpa公司对于‘当地节目名称’，即‘The Voice of China’ – Zhong Guo Hao Sheng Yin，享有独占的、基于合同的权利。……”

另，Talpa公司拥有的第G1098388号、第G1089326号国际注册商标在中国取得领土延伸保护，上述两商标处于有效期。浙江唐德公司提交了多份公证书，用以证明上海灿星公司制作的“2016 中国好声音”节目将于6月录像、7月播出，校园海选活动的主办方为世纪丽亮公司；还提交了国家图书馆出具的有关检索目录、检索报告及有关网络媒体报道，用以证明“中国好声音”“the Voice of China”已经在中国相关公众中建立起极高知名度；还提交了部分媒体报道，用以证明上海灿星公司制作的“2016 中国好声音”在北京市开展校园海选，并在北京召开宣传片发布会。

2016 年 6 月 25 日，浙江卫视向法院出具《关于“中国好声音”节目名称合法权益的声明》。

判理和结果

北京知识产权法院经审理认为：本案属于法院主管且北京知识产权法院对本案具有管辖权。浙江唐德公司作为 Talpa 公司相关知识产权的独占被许可人，有权提出本案保全申请。上海灿星公司存在使用第 G1098388 号、第 G1089326 号注册商标及构成侵权的可能性；“中国好声音”和“The Voice of China”被认定为电视文娱节目及其制作服务类的知名服务特有名称，Talpa 公司拥有有关节目名称权益，以及上海灿星公司和世纪丽亮公司构成不正当竞争，均亦存在较大可能性。鉴于涉案被控侵权节目马上将进行录制和播出，故本案具有紧迫性。本案采取保全措施，符合损害平衡性，且没有证据证明责令停止涉案行为将会损害社会公共利益，浙江唐德公司也提交了相应担保。综上，本案满足采取诉前行为保全的构成要件。

北京知识产权法院于 2016 年 6 月 20 日作出（2016）京 73 行保 1 号民事裁定：一、上海灿星公司立即停止在歌唱比赛选秀节目的宣传、推广、海选、广告招商、节目制作过程中使用包含“中国好声音”“the Voice of China”字样的节目名称及第 G1098388 号、第 G1089326 号注册商标；二、世纪丽亮公司立即停止在歌唱比赛选秀节目的宣传、推广、海选、广告招商过程中使用包含“中国好声音”字样的节目名称。

该裁定送达后，上海灿星公司、世纪丽亮公司在法定期限内向北京知识产权法院申请复议。北京知识产权法院于 2016 年 7 月 4 日作出（2016）京 73 行保复 1 号民事裁定：驳回上海灿星公司、世纪丽亮公司的复议请求。

【法官评述】

该案涉及商标侵权及不正当竞争纠纷案件采取诉前行为保全的判断标准问题。该案涉及的问题较为全面，不仅包括诉前行为保全判断要件的分析，还包括审查范围、主管与管辖以及诉前行为保全的性质、担保金额和形式的确定等问题，具有较高的研究价值。

行为保全，是指在终审判决作出前，法院责令当事人作出一定行为或者禁止其作出一定行为。

该案中，法院将采取诉前行为保全措施的判断要件归纳为以下因素：申请人是否是权利人或利害关系人；申请人在本案中是否有胜诉可能性；是否具有紧迫性，以及不立即采取措施是否可能使申请人的合法权益受到难以弥补的损害；损害平衡性，即不责令被申请人停止相关行为对申请人造成的损害是否大于责令被申请人停止相关行为对被申请人造成的损害；责令被申请人停止相关行为是否损害社会公共利益；申请人是否提供了相应的担保。

一、申请人是否是权利人或利害关系人

诉前行为保全申请人是否具有权利或权益基础，是判断是否采取保全措施的重要考虑因素，同时也可视其为胜诉可能性判断要件的组成部分。需要强调，在权属存在争议或处于待定状态的情况下，仍然可以根据案情进行权属可能性的判断，并作为决定是否采取诉前行为保全措施的考虑因素之一。

该案中，被申请人主张有关争议应由香港仲裁庭裁决，且Talpa公司对“中国好声音”中文节目名称享有的权益基础不稳定。对此，法院指出：无论是香港高等法院作出的临时禁令，还是香港仲裁庭裁决对Talpa公司提出的临时措施申请的处理，以及法院所采取的保全措施，均是为保障当事人实体权益的最终实现而采取的一种从属于仲裁或诉讼程序的程序性措施，并非仲裁及侵权诉讼案件的最终审理结论，且各自具有较强的独立性。也即是，香港仲裁庭裁决中所作出的最终权利宣告裁决，对Talpa公司提出的临时措施申请的处理，以及香港高等法院根据香港仲裁庭裁决对其作出的临时禁令所可能作出的调整，均不必然影响本院对是否采取诉前行为保全措施的判断和实施。上海灿星公司作为“中国好声音”节目的制作公司，其并不否认其制作的第1~4季“中国好声音”节目系在Talpa公司授权使用的节目模式基础上制作完成，而该节目所衍生的合同项下包括当地系列节目名称、当地节目标识等权益或权利也约定归属于Talpa公司。尽管关于“中国好声音”中文节目名称的归属问题尚为香港国际仲裁中心的仲裁事项，姑且不论相关权益归属问题是否属于仲裁范围，仅从各方无争议的授权合同约定以及“中国好声音”节目实际播出使用中文名称这一基础事实考量，在目前尚无有效相反证据的情况下，可以初步判断，已获Talpa公司独占许可使用授权的浙江唐德公司具有主张拥有“中国好声音”中文节目名称相关权益的证据基础。至于浙江唐德公司是否确实拥有“中国好声音”中文节目名称权益，属于后续实体审理内容，但不影响浙江唐德公司拥有程序性救济的权利。

二、申请人在本案中是否有胜诉可能性

考虑胜诉可能性的目的在于防止当事人滥用申请权，避免作出错误的行为保全。实践中的争议在于，达到何种程度的胜诉可能性才能满足采取行为保全措施的条件。有观点认为，行为保全实际上会产生先予执行的法律后果，为防止权利滥用，只有在胜诉可能性达到“确定无疑”或“基本确信”的情况下才能考虑采取行为保全措施。但是，诉前行为保全案件一般具有时间紧迫的特点，而且诉讼程序不够完整，相当一部分案件甚至难以全面听取被申请人的意见，因此，要求法官作出“确定无疑”的判断不仅客观上存在困难，而且在诉前阶段就认定申请人基本可以胜诉不免有未审先判的嫌疑。对胜诉可能性的要求高，固然会减少错误的行为保全，但是过高的胜诉可能性要求将明显限制行为保全制度的适用范围，无法充分发挥制度功能，不利于及时有效地保护权利人。同时，审查胜诉可能性并非避免错误的唯一途径，要求当事人提供担保可以发挥同样的功能。因此，对于胜诉可能性的要求应当采取一个相对灵活的标准，在避免错误与保护申请人权利之间寻求平衡。

三、是否具有紧迫性，以及不立即采取措施是否可能使申请人的合法权益受到难以弥补的损害

具有紧迫性，通常认为是诉前行为保全与诉中行为保全的本质区别。提出诉前保全申请，缘由在于情况紧急，且这种紧迫性表现为不立即采取保全措施将会使申请人合法权益受到难以弥补的损害。

对于难以弥补的损害的理解，首先，从制度价值来看，“难以弥补的损害”对应的是损害赔偿制度的缺陷，是指申请人通过诉讼得到胜诉判决的情形下，存在执行判决仍不能弥补的损害或者因被申请人无赔偿能力致使判决难以执行。其次，从性质表征来看，“难以弥补的损害”表现为难以计算、难以恢复原状或者金钱赔偿难以救济的损害。最后，从判断标准来看，难以弥补的损害不同于胜诉可能性，前者应当从损害的性质、后果进行判断，后者应当根据实体法规定从请求权的成立要件进行判断，不能根据申请人具有胜诉可能性推定其存在难以弥补的损害。

四、损害平衡性和不损害社会公共利益

采取行为保全措施，应当注重对双方当事人的利益进行平衡，即不责令被申请人停止相关行为对申请人造成的损害是否大于责令被申请人停止相关行为对被申请人造成的损害。损害平衡性还被认为是比例原则在民事行为保全中的具体适用，即在实现目标与所采取的手段之间寻求必要的平衡。该案中，法院考虑到采取行为保全措施并不会影响节目更名后的制作和播出，而不采取行为保全措施将可能使申请人丧失竞争优势，且会显著增加申请人的维权成本和维权难度，据此认定采取保全措施符合损害平衡性。

五、担保

担保的目的在于确保在行为保全错误的情形下被申请人能够得到足额的赔偿。对于担保金额和担保形式的确定，需要综合考虑采取诉前行为保全措施的各判断因素以及该保全措施可能会对被保全人造成的损失进行判断。对于是否适用以反担保形式解除行为保全，该案明确指出，除非权利人或利害关系人同意，否则反担保不应在行为保全中适用。

在诉前行为保全案件中，除应明晰判断要件外，还须重点关注以下事项：首先，要明确诉前行为保全是一项程序性保障措施，其并非针对诉讼案件的实体审理，亦非必然成为后续诉讼案件的审理结果。其次，诉前行为保全的申请人是否是适格主体，其是否拥有权利或权益基础，本质上同样属于基于在案证据基础上的可能性判断。再次，对于胜诉可能性的要求应当采取一个相对灵活的标准，在避免错误与保护申请人权利之间寻求平衡。要避免在诉前阶段就过于强调实体判断，并作出保全申请人可以胜诉的不当认定。最后，要注重诉前行为保全的紧迫性特点，高度重视对是否存在难以弥补的损害的认定，准确界定社会公共利益的范围，合理确定担保金额和担保形式。

编写人：北京知识产权法院　陈勇

附件：

第 G1098388 号注册商标

第 G1089326 号注册商标

节目标识一

节目标识二

37

深圳市恒大饮品有限公司诉吉林冰泉食品股份有限公司、湖北承恩山泉饮品股份有限公司、湖北凤源春武当道茶生物科技有限公司不正当竞争纠纷案

——阅读提示：被诉商品仅是对知名商品特有的名称、包装、装潢的部分进行模仿，是否构成“混淆”？被诉商品取得的外观设计专利权与知名商品的权益保护存在权利冲突时该如何解决？如何认定接受委托生产、加工的企业在所生产、加工的商品构成侵权时的责任？

【裁判要旨】

在“混淆”的认定过程中，因侵权商品仅是对知名商品特有的名称、包装、装潢的部分进行模仿，需从整体视觉效果的差别进行判断。

在“特有的名称、包装、装潢”的认定过程中，因被诉商品存在外观设计专利权与知名商品权益保护的权利相冲突，需按保护在先权利予以解决。

对于同处于饮用水行业的企业，其对接受委托生产、加工的饮用水是否侵犯饮用水行业内的知名商品的权益应具备更高的注意义务，明知委托方具备攀附的故意，仍为其提供生产、加工服务，应认定成立共同侵权，承担连带责任。

【案号】

一审：吉林省长春市中级人民法院（2016）吉01民初310号

【案情与裁判】

原告：深圳市恒大饮品有限公司（以下简称深圳恒大公司）

被告：吉林冰泉食品股份有限公司（以下简称吉林冰泉公司）

被告：湖北承恩山泉饮品股份有限公司（以下简称承恩山泉公司）

被告：湖北凤源春武当道茶生物科技有限公司（以下简称凤源春公司）

请求与答辩

原告深圳恒大公司与被告吉林冰泉公司、被告承恩山泉公司、被告凤源春公司不正当竞争纠纷案于2016年3月29日在吉林省长春市中级人民法院立案受理。

原告深圳恒大公司诉请：一、请求判令确认“恒大冰泉”矿泉水系知名商品并依法享有知名商品特有名称、包装、装潢的合法权益；二、请求判令确认三被告共同侵犯原告知名商品特有的包装、装潢合法权益，构成不正当竞争行为；三、请求判令三被告立即停止不正当竞争行为，立即停止生产、销售或许诺销售带有侵犯原告知名商品特有包装、装潢的商品，销毁包括库存在内所有侵权产品上的包装、装潢；四、请求判令三被告连带赔偿原告经济损失人民币300万元、原告为本案支付的调查取证等维权费用人民币5万元，共计305万元。事实与理由：“恒大冰泉”矿泉水是包装饮用水行业的知名商品，被告吉林冰泉公司通过委托被告承恩山泉公司、被告凤源春公司生产销售的“长白山泉”饮用水，在瓶体、瓶贴等上与原告知名商品的包装、装潢极其近似，混淆消费者，三被告的行为构成不正当竞争行为。

被告吉林冰泉公司辩称：一、答辩人使用的矿泉水瓶享有合法的外观设计专利权，有自己的商标，与原告商标有显著区别，不会造成普通消费者混淆和误认。二、“恒大冰泉”矿泉水并不是知名商品，其名称、包装装潢更不是原告所特有的名称、包装、装潢，与答辩人的产品有明显区别，并不构成近似和混淆。三、原告的诉讼请求不符合法律法规的相关规定，300万元赔偿数额没有事实依据和法律依据，依法应当驳回。

被告承恩山泉公司辩称：一、同意吉林冰泉公司的答辩意见。二、答辩人系受吉林冰泉公司的委托从而生产涉案“长白山泉”，没有进行不正当竞争的故意，不应该承担法律责任。

被告凤源春公司答辩称：一、同意吉林冰泉公司的答辩意见。二、答辩人系受吉林冰泉公司的委托从而生产、销售涉案“长白山泉”，没有进行不正当竞争的故意，不应该承担法律责任。

法院审理查明

一、关于“恒大冰泉”商品名称、包装、装潢的事实

恒大集团申请注册的第13401599号“恒大冰泉”商标与第13401600号“恒大冰泉 EVERGRANDE SPRING”商标，截至2015年5月29日，仍处于异议申请中。“恒大”商标已在先被江西恒大高新技术股份有限公司（以下简称江西恒大）注册，江西恒大已以“恒大冰泉”商标涉嫌侵犯“恒大”商标权提起诉讼，且被依法受理。“冰泉”系行业通用名称。

另查明，“恒大冰泉”矿泉水外包装箱为白色纸箱，纸箱上“恒大冰泉、EVERGRANDE SPRING、长白山天然矿泉水”字体为蓝色，俯视纸箱正面印刷“恒大冰泉”，侧面印有恒大冰泉、长白山天然矿泉水，底部使用雪山背景；“恒大冰泉”矿泉水瓶体为透明塑料瓶，瓶盖、瓶贴为蓝色，瓶贴正面突出显示“恒大冰泉”，下方以雪山为背景，“恒大冰泉、EVERGRANDE SPRING、长白山天然矿泉水”字体为白色、飘带为黄色。瓶体上部呈锥形、下部为圆柱形，在瓶体上部有五条向左旋转的螺纹、瓶底部有雪山状凹陷。该矿泉水瓶已于2014年4月9日获得ZL201330528802.6号外观设计专利授权公告，专利权人为恒大长白山公司，申请日为2013年11月6日，但截至2015年9月24日，该专利正处于无效审查程序中。

二、关于“长白山泉”饮用水包装、装潢的事实

“长白山泉”饮用水外包装箱为蓝色纸箱，纸箱主视角三面装潢相同，均印有长白山泉™、天然饮用水、雪山标志、汉语拼音“CHANG BAI SHAN QUAN”，其中“长白山泉™、天然饮用水”字体为白色，汉语拼音“CHANG BAI SHAN QUAN”为黄色，下侧使用雪山背景，右侧有饮用水瓶体包装、装潢照片；“长白山泉”饮用水瓶体为透明塑料瓶，瓶盖、瓶贴使用蓝色，瓶贴正面突出显示长白山泉™、天然饮用水、雪山标志、汉语拼音“CHANG BAI SHAN QUAN”，“长白山泉™、天然饮用水”字体为白色，汉语拼音“CHANG BAI SHAN QUAN”为黄色，瓶贴下方使用雪山背景。瓶体上部呈锥形、下部为圆柱形，在瓶体上部有五条向右旋转的螺纹、瓶底部有

凹陷。该矿泉水瓶已于 2015 年 8 月 5 日获得 ZL201530067547.9 号外观设计专利授权公告，专利权人为吉林冰泉公司，申请日为 2015 年 3 月 20 日。

判理和结果

本院认为，根据本案已查明的事实，对本案的争议焦点认定如下：

一、原告与三被告存在竞争关系

原告深圳恒大公司为独立法人，经恒大集团、恒大长白山公司授权，享有“恒大冰泉”矿泉水商品特有的名称、包装、装潢权益，全权负责“恒大冰泉”矿泉水的经营运作和维权工作。被告吉林冰泉公司作为“长白山泉”饮用水的委托方，从事“长白山泉”饮用水的经营活动。被告承恩山泉公司与被告凤源春公司的经营范围均包括饮料［瓶（桶）装饮用水］加工，受吉林冰泉公司的委托，生产加工“长白山泉”饮用水。原告与三被告均符合《中华人民共和国反不正当竞争法》（以下简称反不正当竞争法）第二条第三款所规定的经营者资格，在饮用水行业存在着竞争关系。

二、“恒大冰泉”矿泉水是知名商品

知名商品是指在中国境内具有一定的市场知名度，为相关公众所知悉的商品。对知名商品的认定，应当综合考虑该商品的销售时间、区域、营业额和服务对象，进行宣传的持续时间、程度和地域范围，作为知名商品受保护的情况等因素，进行综合判断。本案中，“恒大冰泉”矿泉水自 2013 年 11 月 9 日伴随亚洲足球冠军联赛决赛推出后，立即在全国范围内进行了密集的广告宣传，在具有较大影响力的媒体上进行了传播，聘请了明星做代言等，迅速在饮用水行业打开知名度，并已实际销往中国大陆地区，为相关公众所知悉，故应认定“恒大冰泉”矿泉水属于知名商品。

三、暂不确认“恒大冰泉”为知名商品的特有名称，对“恒大冰泉”矿泉水的包装、装潢属于特有包装、装潢予以认定

依据《最高人民法院关于审理反不正当竞争民事案件应用法律若干问题的解释》第二条规定，具有区别商品来源的显著特征的商品的名称、包装、装潢应当认定为知名商品特有的名称、包装和装潢。本案中，“恒大”二字尚处于商标权诉讼之中，“冰泉”二字为商品的通用名称，显著性非常弱，且原告请求确认“恒大冰泉”为特有名称的主张与本案被告方是否侵犯其知名商品特有包装、装潢的合法权益无关，故本院对“恒大冰泉”是否为特有名称暂不予以确认。

关于特有包装、装潢，包装是指为识别商品以及方便携带、储运而使用在商品上的辅助物和容器；装潢是指为识别与美化商品而在商品或者其包装上附加的文字、图案、色彩及其排列组合。本案中，“恒大冰泉”矿泉水瓶体上部为呈锥形、下部为圆柱形，在瓶体上部有五条向左旋转的螺纹、瓶体下部有瓶贴、瓶底部有雪山状凹陷；瓶身及外包装上的装潢，在文字、色彩、图案及排列组合上，寓意明确，该装潢图案、底色与名称融为一体，具有明显的区别性特征，为“恒大冰泉”矿泉水所特有，不仅不为相关商品所通用，而且还是相关公众识别商品来源的重要依据。故“恒大冰泉”矿泉水的包装、装潢属于知名商品特有包装、装潢。

四、三被告使用“长白山泉”饮用水的包装、装潢对原告的相关权益构成不正当竞争

根据反不正当竞争法第五条第（二）项规定，经营者不得擅自使用知名商品特有的名称、包装、装潢，或者使用与知名商品近似的名称、包装、装潢，造成和他人的知名商品相混淆，使购买者误认为是该知名商品。本案中，将“长白山泉”饮用水与“恒大冰泉”矿泉水的包装、装潢进行比对：外包装纸箱上，二者的装潢设计明显不同；矿泉水瓶瓶体上，二者瓶盖均为蓝色、瓶底下部均是圆柱形、上部均为锥形并有五条旋转的螺纹，“恒大冰泉”五条螺纹转向为左，“长白山泉”五条螺纹转向为右，瓶底均有凹陷，但形状不同；瓶贴上，二者均采用蓝色并配有雪山为背景，色泽上均选用黄色配白色，在文字、色泽、图案的排列组合上大体相同。虽然“长白山泉”的瓶体容量为558ml较“恒大冰泉”的500ml稍大，但通过原告提供的二者的对比照片可见，二者整体视觉效果差别甚小，在瓶体、瓶贴包装、装潢上能够造成混淆，构成了对原告知名商品特有包装、装潢权益的侵害。

关于“长白山泉”饮用水瓶获得了外观设计专利的事实，“长白山泉”饮用水瓶于2015年3月20日申请外观设计专利，而“恒大冰泉”矿泉水瓶于2013年11月6日申请外观设计专利，于2013年11月9日借助亚冠赛事推出使用，故“长白山泉”饮用水瓶的外观设计属于在后权利，依据诚实信用原则，在后权利不得以不正当手段侵害他人的在先权利。

五、原告请求三被告连带赔偿经济损失、合理支出以及要求三被告停止生产、销售、许诺销售被控侵权产品的主张应予支持

关于原告请求三被告承担连带赔偿责任，根据《中华人民共和国侵权责任法》（以下简称侵权责任法）第八条规定：“二人以上共同实施侵权行为，

造成他人损害的，应当承担连带责任。”本案中，“恒大冰泉”矿泉水属知名商品，其包装、装潢属于特有包装、装潢，被告吉林冰泉公司在“长白山泉”饮用水上使用与“恒大冰泉”矿泉水瓶体、瓶贴近似的包装、装潢，其主观具备攀附的故意。被告承恩山泉公司与被告风源春公司同处于饮用水行业，应当知晓“恒大冰泉”矿泉水瓶体、瓶贴的包装、装潢，而仍为被告吉林冰泉公司提供生产加工服务，构成共同侵权。故对原告请求三被告承担连带赔偿责任，本院予以支持。

关于原告请求判令三被告赔偿经济损失人民币300万元、维权费用人民币5万元的主张，因原告无证据证实自己的实际损失，亦无证据证实被告侵权获利，根据《最高人民法院关于审理不正当竞争民事案件应用法律若干问题的解释》第十七条第一款规定，损害赔偿额可参照确定侵犯注册商标专用权的损害赔偿额的方法进行。故本院将综合原告的经营规模、各被告的侵权方式、持续时间、主观过错程度、侵权后果以及合理的维权费用等因素，酌情确定赔偿额。

关于原告要求三被告停止生产、销售、许诺销售被控侵权产品请求，本院予以支持。关于原告要求销毁包括库存在内所有侵权产品上的包装、装潢的请求，本院认为，首先，原告与三被告现有的证据无法证明涉案产品当前库存的情况；其次，即使存在库存，通过判令三被告停止生产、销售、许诺销售被控侵权产品也已经起到了维持市场经济秩序、维护原告的合法权益的目的，故对该请求，本院不再罗列判项。

关于原告请求确认“恒大冰泉”矿泉水系知名商品并依法享有知名商品特有包装、装潢合法权益，以及请求确认三被告共同侵犯原告知名商品特有包装、装潢合法权益，构成不正当竞争行为的主张，因本院已在案件事实和判决理由中予以确认，不再写入判决主文。

综上所述，三被告的行为侵害了原告对知名商品特有包装、装潢权益，违反了公平竞争和诚实信用原则，构成不正当竞争。根据反不正当竞争法第二条、第五条第二项、第二十条，侵权责任法第八条、《中华人民共和国民事诉讼法》第六十四条第一款，《最高人民法院关于审理不正当竞争民事案件应用法律若干问题的解释》第一条第一款、第四条、第十七条第一款规定，判决如下：

一、被告吉林冰泉公司、被告承恩山泉公司、被告风源春公司于本判决生效之日起立即停止生产、销售、许诺销售侵犯“恒大冰泉”矿泉水瓶体、瓶贴特有包装、装潢的产品；

二、被告吉林冰泉公司、被告承恩山泉公司、被告风源春公司于本判决生效之日起十日内连带赔偿原告经济损失（包含合理费用）人民币30万元；

三、驳回原告深圳恒大公司的其他诉讼请求。

【法官评述】

该案是对反不正当竞争法第五条第（二）项全面理解与运用的典型案件，争议焦点包括了第五条第（二）项规定的所有构成要件，即竞争关系、知名商品、知名商品特有的名称、包装、装潢以及混淆，同时还涉及了权利冲突的解决办法及侵权责任的处理规则。

该案在审理过程中，由于各方当事人在每一个争议焦点上均提供了大量的证据，合议庭为了查清事实，适用了最高人民法院《关于适用〈中华人民共和国民事诉讼法〉的解释》第二百三十条的规定，征得各方当事人同意后，将本案的法庭调查和法庭辩论合并进行，起到了很好的审理效果。

该案在裁判过程中，合议庭始终把持着诚实信用的标尺，从“整体视觉效果差别”的角度判断混淆，运用“保护在先权利”的理念解决外观设计专利权与知名商品权益保护的权利冲突，使用“共同侵权”规则惩处接受委托生产、加工的企业，打击了“搭便车”破坏公平竞争的行为，保护了知名商品的合法权益，维护了市场竞争秩序。

编写人：吉林省长春市中级人民法院　姜晓涛

38

北京爱奇艺科技有限公司诉深圳聚网视科技有限公司不正当竞争纠纷案

——阅读提示：适用反不正当竞争法一般条款判定不正当竞争行为的条件是什么？提供他人视频内容时屏蔽片前广告是否构成不正当竞争？

【裁判要旨】

市场经营者针对其他经营者实施的竞争行为，虽然没有法律明确予以规制，但其他经营者确因该竞争行为受到了实际损害，且该行为因违背了诚实信用原则和公认商业道德确具有不正当性，可适用反不正当竞争法第二条一般条款认定该行为为不正当竞争，以维护公平的市场竞争秩序。

【案号】

一审：上海市杨浦区人民法院（2015）杨民三（知）初字第1号

二审：上海知识产权法院（2015）沪知民终字第728号

【案情与裁判】

原告（被上诉人）：北京爱奇艺科技有限公司（以下简称爱奇艺公司）

被告（上诉人）：深圳聚网视科技有限公司（以下简称聚网视公司）

起诉与答辩

2014年12月29日，爱奇艺公司起诉称：其系网络视频平台“爱奇艺”的经营者，其商业模式主要为“广告＋免费视频”。聚网视公司开发了“VST全聚合”软件，实现无需观看视频广告，即可观看“爱奇艺”平台的视频内容，导致“爱奇艺”平台访问量、客户端下载量下降，降低了广告曝光率，侵害了爱奇艺公司的正当权益，请求判令聚网视公司：1. 赔偿爱奇艺公司经济损失 992000 元、律师费 50000 元、公证费 14250 元；2. 就其不正当竞争行为在其官方网站刊登声明，消除影响。

聚网视公司辩称：其与爱奇艺公司属不同行业，非竞争关系；通过“VST 全聚合”软件播放来源于爱奇艺公司的视频时不播放视频前的广告是因两内容片源不同造成的，其未通过技术屏蔽爱奇艺公司片前广告，不构成不正当竞争行为。请求驳回爱奇艺公司的诉讼请求。

法院审理查明

爱奇艺公司成立于 2007 年 3 月 27 日，系国内知名视频内容提供商，通过爱奇艺网站、客户端等移动平台，向网络用户提供视频播放服务。爱奇艺公司主要依托“广告 + 免费视频”（即在视频内容播放前播放广告以收取广告费，用户通过观看时长不一的片前广告，获得免费视频观看）或收取会员费的（用户支付费用成为会员后，无须观看视频前广告即可观看视频）商业模式，通过广告费、会员费的收取支付视频版权、带宽、推广等支出，维持运营。爱奇艺公司广告计费方式分为按每千人展现量或每发布天数，广告主根据播放器中统计接口的数据结算。

聚网视公司成立于 2013 年 11 月 22 日，其开发并运营的“VST 全聚合”软件系安装于安卓平台手机、电视机顶盒等的客户端软件。

2014 年 5 月 4 日至 2015 年 3 月 26 日，爱奇艺公司通过多次公证证明智能电视、手机等在安装“VST 全聚合”软件后，可直接播放爱奇艺网站视频而不播放片前广告。“VST 全聚合”软件通过内嵌爱奇艺公司对其视频内容设置的密钥，而实现直接播放视频内容的目的。

一审判理和结果

虽然爱奇艺公司的经营范围是视频提供，而聚网视公司是计算机软硬件的开发销售，但聚网视公司开发经营的“VST 全聚合”软件为提供视频的软件，两公司为竞争关系。

爱奇艺公司通过让用户观看视频前广告为对价向用户提供免费视频，通过广告播放获取利益或者通过让会员免看广告，收取会员费的商业模式获取利益，应受法律保护。爱奇艺公司对于其视频内容设置了密钥，聚网视公司通过技术破解取得密钥，达到绕开爱奇艺公司片前广告，直接获取正片播放的目的。其虽未实施直接去除片前广告的行为，但客观上实现了无须观看片前广告即可直接观看正片的目的，能使部分不愿观看片前广告又不愿支付会员费的用户转而使用“VST 全聚合”软件，进而造成爱奇艺公司用户的减少和广告收入下降，损害爱奇艺公司合法权益。因此，聚网视公司“VST 全聚合”软件实现的绕开爱奇艺公司广告直接播放视频的功能，违反了诚实信用原则和公认的商业道德，构成不正当竞争。据此，依照《中华人民共和国反不正当竞争法》（以下简称反不正当竞争法）第二条第一款、第二款、第二十条，《中华人民共和国侵权责任法》第十五条第一款第（一）项、第（六）项、第（八）项，第二款规定，判决：一、聚网视公司赔偿爱奇艺公司经济损失及合理费用 360000 元；二、聚网视公司就其不正当竞争行为在其官网首页上端连续 72 小时刊登声明，消除影响。

聚网视公司上诉称：“VST 全聚合”软件采用的密钥来源于互联网的公开信息，并非其破解取得。绕开爱奇艺公司片前广告直接播放视频是技术原因造成，聚网视公司没有主观故意，其行为不构成不正当竞争。

爱奇艺公司答辩称：爱奇艺公司的密钥是保密的，无法从公开渠道获得；聚网视公司绕开片前广告的原因是其实施了技术手段；该技术手段，可任意获取爱奇艺公司视频，侵害的后果和危害性远大于侵害某具体作品的信息网络传播权，为不正当竞争。

二审判理和结果

聚网视公司主张“VST 全聚合”软件采用的密钥源于公开渠道，需提供证据佐证。但聚网视公司未能提供证据证明。而爱奇艺公司提供的证据能够证明其对提供的视频采取了加密措施，聚网视公司是破解爱奇艺公司的验证算法，取得密钥实现无须观看片前广告直接获得视频的目的。

爱奇艺公司依托“广告 + 免费视频”或者收取会员费的经营模式，通过广告费和会员费谋求商业利益的经营行为受法律保护。绕开广告直接播放爱奇艺公司视频是聚网视公司采取技术手段的结果，聚网视公司凭借技术使其用户在无须付出时间成本和费用成本的情况下，观看爱奇艺公司的视频，这将导致部分爱奇艺公司用户转而成为聚网视公司的用户以及爱奇艺公司广告点击量和会员费收入的下降。聚网视公司让其用户观看爱奇艺公司视频，但其并未支付营运成本，该成本仍由爱奇艺公司承担。聚网视公司明知该技术会出现自己得利他人受损的后果，仍实施该技术，违背了诚实信用原则和公认的商业道德，其行为不具有正当性。构成不正当竞争。据此判决驳回上诉，维持原判。

【法官评述】

本案系互联网技术发展而出现的新类型案件。聚网视公司的“VST全聚合”软件在播放爱奇艺公司视频时，却不播放其片前广告，爱奇艺公司可否依据反不正当竞争法第二条一般条款提起诉讼并获得保护？

一、反不正当竞争法一般条款具有可适用性

随着经济技术发展，新类型不正当竞争行为的增多，使得反不正当竞争法规定的具体不正当竞争行为的滞后性、局限性日益突出。但反不正当竞争法立法目的是维护市场的竞争秩序，对于经济技术发展所产生的可能导致自由和公平竞争失衡的情况，法院不能以法无明确规定为由而拒绝救济。早在2001年，为规制因互联网发展而出现的域名抢注问题，《最高人民法院关于审理涉及计算机网络域名民事纠纷案件适用法律若干问题的解释》第七条第一款就明确，人民法院在审理域名纠纷案件中，可以适用反不正当竞争法第二条第一款认定反不正当竞争法没有具体规定的不正当竞争行为。随着网络技术和网络商务的进一步发展，基于技术与商业模式交织的新类型不正当竞争行为更趋多样，反不正当竞争法第二条一般条款在维护自由公平的竞争秩序上具有更强的可适用性。3Q大战、百度与360搜索插标案等裁判中都适用了一般条款来认定不正当竞争行为。但一般条款亦是一把双刃剑，过于宽泛的适用，也会成为自由公平竞争的障碍。因此，在适用该条款认定具体行为是否构成不正当竞争时应严格把握适用条件。

二、反不正当竞争法一般条款的适用条件

一般条款在司法实践中具有可适用性并不意味着其是兜底条款，对该条款的适用，应严格把握适用条件。实践中，并无司法解释对该条款明确适用条件，但最高人民法院在2010年10月18日作出的关于山东省食品进出口公司等与马达庆等不正当竞争纠纷案件的民事裁定中对该条款的适用条件做了明确：“适用反不正当竞争法第二条第一款和第二款认定构成不正当竞争应当同时具备以下条件：一是法律对该种竞争行为未作出特别规定；二是其他经营者的合法权益确因该竞争行为而受到了实际损害；三是该种竞争行为因确属违反诚实信用原则和公认的商业道德而具有不正当性或者可责性……”① 其后，司法政策再次指出“反不正当竞争法未作特别规定予以

① 最高人民法院（2009）民申字第1065号民事裁定。

禁止的行为，如果给其他经营者的合法权益造成损害，确属违反诚实信用原则和公认的商业道德而具有不正当性，不制止不足以维护公平竞争秩序的，可以适用原则规定予以规制。”① 上述条件的设定防止了对一般条款适用的随意性，明确了一般条款与具体规则适用的顺位，明确了自由公平竞争与不正当竞争的界限，为之后法院判定新类型不正当竞争行为确立了评判标准。

三、绕过广告直接播放视频的行为是否构成不正当竞争

涉案行为属于网络环境下技术发展所产生的新行为，爱奇艺公司主张适用一般条款认定不正当竞争，法院在判定时仍应根据上述的标准，把握好维护市场竞争秩序和促进自由公平竞争间的平衡。

（一）法律对涉案行为是否作出特别规定

司法政策早在2011年对此就作了阐述“严格把握反不正当竞争法原则规定的适用条件，凡属反不正当竞争法特别规定已作明文禁止的行为领域，只能依照特别规定规制同类不正当竞争行为，原则上不宜再适用原则规定扩张适用范围”“反不正当竞争法补充保护作用的发挥不得抵触知识产权专门法的立法政策，凡是知识产权专门法已作穷尽性规定的领域，反不正当竞争法原则上不再提供附加保护……”② 因此，适用反不正当竞争法第二条的前提是该行为不仅在不正当竞争法中没有具体规定，而且在其他法律、法规中也没有具体规定，以防止宽泛适用一般条款，削弱专门法和具体条款的作用。涉案行为在反不正当竞争法具体条款中并无规定，但聚网视公司系通过破坏爱奇艺公司对视频内容采取的加密措施，达到绕开爱奇艺公司片前广告直接播放视频的目的，那么对该行为是否可以适用《中华人民共和国著作权法》（以下简称著作权法）第四十八条第（六）项对于技术措施保护的规定予以规制？但著作权法第四十八条第（六）项针对的是未经著作权人或者与著作权有关的权利人许可，故意避开或者破坏权利人为其作品、录音录像制品等采取的保护著作权或者与著作权有关的权利的技术措施的行为，其目的是保护作品，而本案爱奇艺公司主张保护的是依托“广告＋免费视频”或者通过收取会员费的商业模式谋取利益

---

① 法发〔2011〕18号《最高人民法院关于充分发挥知识产权审判职能作用推动社会主义文化大发展大繁荣和促进经济自主协调发展若干问题的意见》。

② 法发〔2011〕18号《最高人民法院关于充分发挥知识产权审判职能作用推动社会主义文化大发展大繁荣和促进经济自主协调发展若干问题的意见》。

的经营行为，这并非著作权法保护的客体。同时，聚网视公司也只是以破坏技术措施为手段，实现不当利用他人成果，获取自身交易机会的目的。诚如爱奇艺公司在审理中所认为的，涉案行为是对其经营方式的整体的破坏，并非针对某特定作品著作权。因此，本案并非著作权法规制的范围，又无其他知识产权专门法可适用，故符合反不正竞争法一般条款适用条件。

（二）爱奇艺公司的合法权益是否因该竞争行为受到了实际损害

首先，爱奇艺公司向一般用户提供"广告+免费视频"以及向会员用户收取会员费用后提供无广告的视频播放的商业模式，并不违反反不正当竞争法的基本原则和法律禁止性的规定，故其经营行为应受到反不正当竞争法的保护。其次，爱奇艺公司经过多年的经营，拥有了一定数量的用户和知名度。竞争的本质在于用户争夺，而用户的形成需要长期的积累，需要通过影视作品的丰富度、经营的个性化来吸引和维护，而影视作品的丰富度、网站的个性化是需要投入人力、物力维护而取得的。基于国内网络用户倾向免费服务的消费习惯，爱奇艺公司通过提供播放广告来取得经济利益，支付版权和运营费，既达到吸引维护用户目的，又能够满足自身生存发展需要。但是聚网视公司的"VST全聚合"软件能够使用户既能免费又能免于观看片前广告就可观看爱奇艺公司视频，这会改变用户的长期消费习惯，使得部分爱奇艺公司用户会转而成为聚网视公司用户。最后，爱奇艺公司的播放器中带有广告播放次数的统计接口，广告主根据统计数据与其进行结算。聚网视公司的"VST全聚合"软件播放爱奇艺公司视频却不播放广告，必然影响爱奇艺公司的广告收入。综上，爱奇艺公司的合法权益显然会因聚网视公司涉案行为受到实际损害。

（三）该种竞争行为是否属违反诚实信用原则和公认的商业道德而具有不正当性或者可责性

市场竞争的结果必然会导致不同经营者之间市场利益的此消彼长，竞争目的是追求市场利益的最大化，势必会产生特定经营者的利益受损，但基于竞争具有自由和公平的双重性，法律规制的仅是不正当竞争造成的损害，即便给他人造成损害是判断行为是否具有正当性的必要条件，"但其本质并不在于这种损害的存在，而在于损害或者竞争行为是否正当"①，因

① 孔祥俊著：《反不正当竞争法的创新性适用》，中国法制出版社2014年版，第18页。

此，只有当竞争行为违反了诚实信用原则和公认的商业道德，通过不正当手段攫取他人合理预期的商业利益时，才能被反不正当竞争法所禁止。而反不正当竞争法所要求的商业道德是指商业领域普遍认知和接受的行为标准，不能仅从特定经营者的角度作出评判，应综合具体行业特性，对经营者的行为方式、主观状态及其后果等予以评判。

首先，聚网视公司“VST全聚合”软件之所以能够绕开爱奇艺公司广告达到直接播放视频的目的，是其破解爱奇艺公司技术措施取得视频播放密钥后实现的。聚网视公司利用技术手段取得密钥的行为方式显然违反诚实信用原则和公认的商业道德，具有不当性。

其次，聚网视公司虽认为绕开广告直接播放视频是技术不能克服原因造成的，并非其主观追求的结果。但作为“VST全聚合”软件的开发运营者其应当知晓实施的技术会产生绕开爱奇艺公司广告直接播放视频的结果、会对爱奇艺公司的用户以及广告播放产生的影响，知晓“VST全聚合”软件在向用户提供爱奇艺公司视频时，其并不需要支付相应对价，版权费、带宽等必要运营成本仍由爱奇艺公司负担，但仍开发经营软件，其目的在于获取爱奇艺公司多年经营所获得的用户，以谋求自身的竞争优势，具有明显的不劳而获的主观恶意。

最后，爱奇艺公司的商业模式未违反现有法律又未违反商业道德，据此进行的经营活动应受法律保护。聚网视公司“VST全聚合”软件绕开广告直接播放视频，所撼动的就是其通过多年经营所积累的用户和谋取商业利益的基石——广告，会导致爱奇艺公司用户数量减少，广告收益下降，但聚网视公司在赢得爱奇艺公司用户的同时，并未支付版权和营运成本，其向用户提供的视频内容的相应支出仍然由爱奇艺公司承担，显然损害了爱奇艺公司的合法权益。

综上，聚网视公司通过破解技术措施实现了绕过爱奇艺公司片前广告直接播放视频，违反了诚实信用原则和公认的商业道德，损害了爱奇艺公司的合法权益，其行为具有不当性，构成不正当竞争，应依法承担消除影响、赔偿损失的民事责任。

编写人：上海知识产权法院　杨韡

39

李瑞河、漳州天福茶业有限公司诉刘建致擅自使用他人企业名称、姓名纠纷案

——阅读提示：自然人姓名能否受到反不正当竞争法的保护？他人使用自然人姓名构成不正当竞争行为应具备哪些法律要件？

【裁判要旨】

自然人姓名经权利人商业性使用，在特定商品上已经具有区别来源的标识性作用，他人无正当理由，在相同商品上和宣传用语中使用与该姓名相同的文字标识，客观上容易造成相关公众混淆误认的，应当认定这种行为构成擅自使用他人姓名的不正当竞争行为，应承担相应的法律责任。

【案号】

一审：漳州市中级人民法院（2014）漳民初字第376号

二审：福建省高级人民法院（2016）闽民终563号

【案情与裁判】

原告（被上诉人）：漳州天福茶业有限公司（以下简称天福公司）

原告（被上诉人）：李瑞河

被告（上诉人）：刘建致

起诉与答辩

天福公司、李瑞河于2014年9月4日提起诉讼称：李瑞河于20世纪90年代初来到福建省漳浦县创办天福茶庄，经营两岸茶业，是台湾天仁集团及大陆天福集团创办人，其营销系统遍布世界各地。同时，2000年至2013年间，李瑞河获漳州经济建设功臣、新中国60年茶事功勋、福建省优秀人才、

践行福建精神十大人物、第三届福建省道德模范等多项殊荣称号。天福公司生产的“天福 813”“天福 813 人参乌龙茶”“金玉满堂”“高山乌龙茶”及其他茶叶包装上均有签署“李瑞河”名字。由此可见，天福公司及李瑞河在当地具有很高的知名度，“李瑞河”这一名字家喻户晓。刘建致与李瑞河同在福建省漳浦县，理应知晓“李瑞河”及其知名度，但刘建致未经天福公司及李瑞河同意，在其经营的茶叶上使用“李瑞河”名字进行销售，使公众误认为是天福公司生产的茶叶而从中非法牟利，刘建致的行为构成不正当竞争。为此，请求依法判令：1. 刘建致停止侵害，停止在其生产、销售的茶叶中使用“李瑞河”名字；2. 刘建致赔偿天福公司、李瑞河经济损失人民币 50 万元；3. 本案诉讼费由刘建致承担。

刘建致辩称：李瑞河与天福公司是两个独立的主体，无法律上的关联；刘建致使用“李瑞河”受商标法的保护，是合法使用，不会使公众误认为是天福公司产品。请求驳回天福公司、李瑞河的诉讼请求。

法院审理查明

李瑞河系天福公司总裁，天福公司的经营范围主要包括茶叶及相关产品的生产、销售，经营期限：1998 年 12 月 24 日至 2048 年 12 月 23 日。天福公司生产销售的部分茶叶产品包装上均有签署“李瑞河”名字。天福公司使用在茶叶产品上的“天福 TIANFU”商标曾被认定为驰名商标。包括中国商标网、百度百科、中央电视台栏目和人民日报海外版等许多媒体都有刊登报道台商李瑞河在大陆创业，开办经营茶叶公司获得巨大成功的相关内容。李瑞河本人也因为在茶业经营领域的巨大成就获得“两岸个人成就奖”“2010 中国十大经济新闻人物”“福建省优秀人才”“福建省践行福建精神十大人物”“第三届福建省道德模范”等多项荣誉。刘建致系福建省漳浦县“飘香四海茗茶店”的经营者，其在销售的茶叶上使用“李瑞河”文字标识，店招和小货上均上挂着或贴着“李瑞河茗茶”广告牌。李瑞河的委托代理人向福建省漳浦县公证处申请对在刘建致的飘香四海茗茶店前面向过路行人进行调查询问的内容进行录音保全，被询问的路人均表示看到“李瑞河茗茶”就认为是天福公司的李瑞河，“飘香四海茗茶店”是由天福公司开办的。另外，刘建致曾注册有“李瑞河 LI RUI HE”商标，但经天福公司提出无效宣告请求，该商标已经被国家工商行政管理总局商标评审委员会宣告无效。

一审判理和结果

“李瑞河”名字已被天福公司在生产销售茶叶等经营活动中广泛使用，相关宣传报道在宣传“李瑞河”时同时宣传“天福”，在宣传“天福”时也同时宣传“李瑞河”，经过多年在茶叶生产经营活动中的使用和宣传，“李瑞河”已享有一定市场知名度，为相关公众所知悉，并与天福公司建立起稳定的关联关系，二者之间已密不可分。因此，李瑞河与天福公司和本案有直接利害关系，具有作为本案原告的主体资格。根据查明的事实，足以证明李瑞河作为知名的茶业经营者，在刘建致注册、使用“李瑞河 LI RUI HE”商标之前在茶业领域内已具有较高知名度，可以将“李瑞河”姓名认定为1993年施行的《中华人民共和国反不正当竞争法》（以下简称反不正当竞争法）第五条第（三）项规定的“姓名”。刘建致作为茶叶产品经营者，在其销售的产品上擅自使用具有一定市场知名度、已为相关公众所知悉的李瑞河的姓名，使公众产生混淆误认，引人误认为是天福公司的商品，系利用天福公司、李瑞河的知名度和商誉，达到宣传推广自己的目的，构成不正当竞争行为。遂判决刘建致停止侵权，赔偿天福公司、李瑞河经济损失5万元。

上诉与答辩

刘建致不服一审判决，向福建省高级人民法院上诉称：1. 一审判决将天福公司与李瑞河作为共同原告，并将本案定为“擅自使用他人企业名称、姓名纠纷”错误。2. 天福公司已向国家工商行政管理总局商标评审委员会申请宣告刘建致的“李瑞河 LI RUI HE”商标无效，又以该商标侵犯其企业名称、姓名为由提起诉讼，属于重复诉讼，违反一事不再理。3. 刘建致使用“李瑞河 LI RUI HE”商标的由来有其自身的独特内涵，其产品包装及户外广告有自己的创意，在包装中均有注明生产厂家和经销商，天福公司一直是以“天福茗茶”作为商标使用，消费者不会以为“李瑞河”茶业为天福茗茶，且刘建致与天福公司的产品及经营范围不交叉，不会产生不正当竞争。故该商标的注册和使用并不会导致消费者混淆误认而致使天福公司利益受到损害。请求撤销一审判决，依法发回重审或改判驳回天福公司、李瑞河的全部诉讼请求。

天福公司、李瑞河答辩称：刘建致的上诉理由缺乏事实和法律依据，请求予以驳回。

二审审理查明

刘建致于2011年10月24日申请注册第10098609号“李瑞河 LI RUI HE”商标，并于2012年12月21日获得注册。

二审判理和结果

天福公司成立于1998年，经营范围为生产加工茶具、茶叶等，李瑞河系天福公司的创办者，经过长期的经营和宣传，二者之间已密不可分，均与本案诉讼有直接的利害关系。一审法院根据李瑞河的申请，追加其作为共同原告参加诉讼，符合法律规定。天福公司和李瑞河以刘建致在其经营活动中擅自使用“李瑞河”姓名构成不正当竞争为由提起本案诉讼，属于不正当竞争法律关系的范畴，本案不存在两个不同的诉讼标的。

天福公司向国家工商行政管理总局商标评审委员会申请宣告刘建致的第10098609号“李瑞河 LI RUI HE”商标无效为行政程序，天福公司及李瑞河向人民法院提起本案诉讼为民事诉讼程序，二者系不同的法律程序，不符合《最高人民法院关于适用〈中华人民共和国民事诉讼法〉的解释》第二百四十七条第一款规定的“重复诉讼”的构成要件。

根据百度百科、人民日报时代潮、人民网人民日报海外版、新华网、茶点西西网等网络、媒体对李瑞河相关事迹的报道，以及李瑞河曾获“两岸个人成就奖”“2010中国十大经济新闻人物”等荣誉称号的事实可知，在刘建致第10098609号“李瑞河 LI RUI HE”注册商标申请日之前，李瑞河在茶业经营领域就已经具有了一定的知名度，并早已为相关公众所知悉，李瑞河的“姓名”已与天福公司形成了不可分割的关系，根据《最高人民法院关于审理不正当竞争民事案件应用法律若干问题的解释》第六条第二款的规定，“李瑞河”可以认定为反不正当竞争法第五条第（三）项规定的“姓名”。并且，天福公司生产的“天福813人参乌龙茶”“金玉满堂玫瑰绿茶”“高山乌龙茶”产品外包装上均签署有李瑞河的“姓名”。刘建致与天福公司同在福建省漳浦地区，且从事相同行业，理应知道李瑞河与天福公司的关系及李瑞河在茶业经营领域的知名度，但仍在其生产、销售的茶叶产品上使用李瑞河的“姓名”，明显具有搭便车、傍名牌的主观故意，其行为容易使相关公众将其产品误认为与天福公司及李瑞河相关联，应属于反不正当竞争法第五条第（三）项规定的擅自使用他人姓名的不正当竞争行为。

据此，二审判决驳回刘建致的上诉，维持原判。

【法官评述】

本案系适用反不正当竞争法对自然人姓名进行保护的典型案例，本案的裁判对能够标识商品来源的自然人姓名的保护具有较好的启示意义。案件双方争议焦点在于自然人姓名能否受到反不正当竞争法的保护以及他人使用自然人姓名构成不正当竞争行为的法律要件。判断自然人姓名是否为反不正当竞争法保护的“姓名”是审理擅自使用他人姓名构成不正当竞争案件的前提。

一、自然人姓名受反不正当竞争法保护的条件

随着现代商品经济的高速发展和市场竞争的日趋激烈，自然人姓名的功能已经不断扩展，不再局限于标识自然人身份的范围内。在实践中，对自然人姓名进行商业利用也已成为普遍的社会现象，最典型的就是自然人姓名通过商标性的使用或者通过商标申请的行政审批手续转化为商标权，从而使姓名标识获得《中华人民共和国商标法》的强保护。但有时经营者并不一定只是将姓名用作商标标识使用，如果只是将姓名用于普通的商业性使用，能否予以知识产权范畴的保护？对此，《最高人民法院关于审理不正当竞争民事案件应用法律若干问题的解释》给出明确答复，其中第六条规定，在商品经营中使用的自然人的姓名，应当认定为反不正当竞争法第五条第（三）项规定的“姓名”受到保护。该规定的立法前提在于，在很多情况下，当一个自然人在其所从事的商业领域内具有较高的知名度和认可度时，其个人的声望常常成为有价值的商品，则姓名这一原先只是用于区别身份的符号便具有了商业价值。这时自然人的姓名如果被运用于产品推广及宣传，则显然会具有一定的导向性和标识性，姓名中蕴含的无形商业价值将会投射到有形的商品上。自然人个人良好信誉会帮助经营者提高商品的信誉，使消费者产生对特定商品的关注，从而促进商品的销售。上述司法解释规定的核心在于明确并非所有的姓名都能受到反不正当竞争法律的保护，只有当自然人的姓名与特定的商品联系起来，可以产生识别商品来源的使用时，才具有知识产权权利属性。

从本案来说，李瑞河系天福公司的创办者，从对其个人及所创办的天福公司的报道和所获得的诸多荣誉来看，李瑞河在茶业经营领域已经具有了一定的知名度，为相关公众所知悉。特别是李瑞河的“姓名”经过天福公司长期的商业性使用，已经与天福公司及特定的茶叶产品形成了不可分割的关系。“李瑞河”这一自然人姓名从法律实质来说，已经具有了区分

商品和服务来源的标识性作用。因此，“李瑞河”这一自然人姓名显然可以纳入反不正当竞争法所保护的“姓名”范畴。

二、擅自使用他人姓名构成不正当竞争的行为要件

《中华人民共和国民法通则》对于企业名称和自然人姓名的保护作出了基本的规定，这些规定除具有确认基本民事权利的意义外，主要是立足于保护人身权的角度保护企业名称和姓名的。而反不正当竞争法对于企业名称和姓名的保护则是立足于制止仿冒行为，目的是制止造成市场混淆的不正当竞争行为。反不正当竞争法第五条第三项规定，擅自使用他人的企业名称或者姓名，引人误认为是他人的商品属于不正当竞争行为。依据上述规定，擅自使用他人姓名构成不正当竞争需要满足三个法律要件：一是他人姓名依法受反不正当竞争法保护；二是他人进行商业性使用且缺乏正当理由；三是客观上容易造成消费者混淆误认。

具体到本案，关于第一个要件，已如上分析，“李瑞河”的姓名依法可受反不正当竞争法保护。关于第二个要件，《最高人民法院关于审理不正当竞争民事案件应用法律若干问题的解释》第七条规定，在中国境内进行商业使用，包括将姓名用于商品、商品包装以及商品交易书上，或者用于广告宣传、展览以及其他商业活动中，应当认定为反不正当竞争法第五条第（三）项规定的“使用”。刘建致在其销售的茶叶产品上使用了“李瑞河”文字标识，在其店招和对外宣传上使用了“李瑞河茗茶”的广告用语，按照上述规定，这种使用显然属于商业性使用。而李瑞河的姓名早在刘建致使用及注册商标之前就已经具有了较高的知名度，双方同处福建省漳浦地区，属于同业竞争者，刘建致对此不可能不知悉。另外，刘建致所注册的“李瑞河 LI RUI HE”商标被国家工商行政管理总局商标评审委员会最终宣告无效，也可以证明其并无使用该姓名标识的正当理由及合法的权利基础，其主观上对“李瑞河”姓名的使用明显具有搭便车、傍名牌的故意。关于第三个要件，从李瑞河和天福公司提供的公证人员向普通消费者所作的随机调查内容来看，可以证实刘建致的行为客观上已经造成相关公众将刘建致的产品误认为与天福公司及李瑞河相关联。综上分析，刘建致的行为应属于擅自使用他人姓名的不正当竞争行为，依法应承担相应的法律责任。

编写人：福建省高级人民法院　张丹萍　蔡伟

40

兖州市量子科技有限责任公司诉邹城兖煤明兴达机电设备有限公司等侵犯商业秘密纠纷案

——阅读提示：被控侵权人未经法院允许擅自转移被控侵权产品，致使技术比对无法进行，法院能否认定其构成侵权？被控侵权人拒不提供其真实财务资料，能否参考权利人的主张和提供的证据计算被控侵权人的侵权获利？

【裁判要旨】

被控侵权人擅自转移、拆卸法院查封的被控侵权设备，导致法院无法确定现存设备与法院保全的被控侵权设备的一致性，应认定其实施了实质性破坏行为，可据此推定被控侵权设备使用的技术与权利人要求保护的技术秘密相同。

在按照侵权人因侵权所获得的利益确定侵权人承担的赔偿数额时，如被控侵权人拒不提供其真实财务资料，则可参考权利人的主张和提供的证据计算被控侵权人的侵权获利。

【案号】

一审：山东省济宁市中级人民法院（2011）济民三初字第165号

二审：山东省高级人民法院（2016）鲁民终1364号

【案情与裁判】

原告（被上诉人）：兖州市量子科技有限责任公司（以下简称量子公司）

被告（上诉人）：邹城兖煤明兴达机电设备有限公司（以下简称明兴达公司）

被告（上诉人）：吴宝庆

被告（上诉人）：何金良

起诉与答辩

原告量子公司于2011年12月8日向法院起诉称：量子公司系专门生产甲带式给料机的公司，经多年研究形成了其特有的甲带式给料机商业秘密。吴宝庆、何金良曾是量子公司工作人员，分别掌握了技术秘密和经营信息秘密。后二人离开量子公司，到明兴达公司任职，分别负责生产、销售工作。明兴达公司利用吴宝庆、何金良掌握的量子公司的商业秘密，生产制造出甲带式给料机，并销售至全国各地。为维护量子公司的合法权益，特诉至法院，请求判令明兴达公司、吴宝庆、何金良：1. 立即停止侵犯量子公司商业秘密的行为；2. 连带赔偿量子公司经济损失300万元；3. 承担本案诉讼费、律师代理费及其他合理费用。

被告明兴达公司辩称，涉案甲带式给料机系通用产品，量子公司主张的所有密点可以通过简单测绘或“反向工程”获得，明兴达公司并未侵犯量子公司的商业秘密，量子公司主张经济损失300万元没有依据。

被告吴宝庆辩称，吴宝庆仅作为量子公司车间工作人员，本身不属于知悉商业秘密的人员，不应当承担侵犯商业秘密的责任。

被告何金良辩称，其与量子公司根本没有建立劳动关系，不存在侵犯其商业秘密的行为，请求驳回量子公司的诉讼请求。

一审法院查明

量子公司系专业生产甲带式给料机的公司，历经多年研究出最佳的甲带式给料机工装工艺等机密技术。量子公司在经营过程中通过业务洽谈、参加行业展会等方式，形成了特有的客户信息。甲带式给料机产品给量子公司带来了巨大的经济效益。量子公司2006年颁发的《员工手册》《兖州市量子科技有限责任公司保密制度》以及与职工签订的《劳动合同书》《承诺书》《量子科技人员在离职保密协议书》等都设有保密条款，规定了职工的保密义务。量子公司的生产车间门口也挂有“生产重地谢绝参观”的牌子。

2004年2月，吴宝庆到量子公司工作，系量子公司车间及供应科第一负责人。2006年3月，何金良到量子公司工作，担任销售部区域经理。二人分别与量子公司签订了《劳动合同书》《量子科技人员在离职人员保密协议书》。2009年7月，吴宝庆、何金良离开量子公司，后到明兴达公司分别担任副总经理、销售副总，负责生产、销售工作。

2011年12月2日，一审法院依量子公司申请对明兴达公司进行了诉前证据保全，在明兴达公司厂房内对3台涉案给料机进行了查封。2012年8月17日，一审法院依量子公司申请对保全的涉案给料机进行现场勘验，发现明兴达公司擅自撕毁了封条，并转移、拆卸了保全查封的给料机。一审法院依量子公司申请依法调取了明兴达公司《投标文件》。

2013年4月2日，一审法院依量子公司申请并经明兴达公司同意对涉案技术信息进行了委托鉴定。主要鉴定意见为量子公司主张保护的11项技术信息中有6项属于不为公众所知悉的技术信息（即为非公知技术）。2014年10月，山东省科学技术厅专利保护技术鉴定中心作出《科技查新报告》认为，国内外均未发现有与量子公司的主张保护的11项技术信息相同的文献报道。

另查明，明兴达公司销售同一客户的甲带式给料机的价格低于量子公司售价的一半。量子公司为维权支付律师代理费用2万元、鉴定费用17.2万元。

一审判理和结果

一审法院认为：一、量子公司主张的商业信息是反不正当竞争法所保护的商业秘密。明兴达公司认为上述技术信息为公知技术或是普通数学公式的抗辩主张无相关有效证据予以佐证。明兴达公司虽主张相关技术信息系通用技术或可以通过反向工程的方式获得，但并未提供证据证明。因此，量子公司主张保护的技术信息具有秘密性。关于经营信息，量子公司与其多家客户建立了持续、稳定的交易关系，相应的交易意向、交易需求、交易习惯等信息，无法从公开信息渠道或通过简单的劳动所能获悉，因此亦具有秘密性。量子公司对其商业秘密采取了保密措施。且明兴达公司、吴宝庆、何金良对其价值性亦无异议。故量子公司主张的上述技术信息和经营信息具备商业秘密的构成要件，应当受法律保护。二、明兴达公司、吴宝庆、何金良的行为侵犯了量子公司的商业秘密。吴宝庆、何金良非法披露了其掌握的量子公司的商业秘密给明兴达公司。明兴达公司根据非法获得的商业秘密生产、销售了甲带式给料机。同时，明兴达公司对一审法院诉前保全的证据进行了非法拆卸等破坏行为，应当承担对其不利的后果。三、明兴达公司、吴宝庆、何金良所应承担的法律责任。明兴达公司、吴宝庆、何金良共同实施了侵犯量子公司商业秘密的行为，应当承担连带责任。关于赔偿数额及合理费用的问题。1. 明兴达公司2008年、2009年、2010年三年的营业额总计66956.01万元，即使该营业额不全部是销售甲带式给料机所得，明兴达公司的侵权获利额也是特别巨大的，故量子公司请求赔偿经济损失 300 万元应予支持。2. 量子公司为制止侵权行为而支付的合理费用共计 19.2 万元，有发票为证，应予支持。综合吴宝庆、何金良的过错程度、侵权时间、侵权情节等因素，酌定吴宝庆、何金良在 80 万元范围内承担连带赔偿责任。

据此，一审法院依照《中华人民共和国民法通则》第一百三十条、第一百三十四条，反不正当竞争法第十条、第二十条，《中华人民共和国专利法》第六十五条，《最高人民法院关于审理不正当竞争民事案件应用法律若干问题的解释》第十七条，《中华人民共和国民事诉讼法》（以下简称民事诉讼法）第六十四条、第一百四十二条之规定，判决：一、自判决生效之日起，明兴达公司、吴宝庆、何金良立即停止侵犯量子公司涉案商业秘密的行为；二、自判决生效之日起十五日内，明兴达公司赔偿量子公司经济损失及为制止侵权行为所支付的合理费用共计 319.2 万元，吴宝庆、何金良对上述赔偿额在 80 万元范围内承担连带责任。

上诉与答辩

明兴达公司、吴宝庆、何金良共同上诉：请求撤销一审判决，驳回量子公司的全部诉讼请求，一、二审案件受理费由量子公司负担。事实和理由：1. 量子公司的甲带式给料机系通用产品，不存在技术秘密。2. 一审法院认为本案无法进行技术秘密点比对错误。一审法院查封了三台甲带式给料机，明兴达公司仅因生产需要拆掉其中一台的电机，一审法院查封的甲带式给料机并未遭受破坏，完全具备同一性比对的条件。3. 一审法院认定明兴达公司、吴宝庆、何金良侵犯量子公司的客户信息秘密错误。4. 一审判决吴宝庆、何金良承担责任错误。一审以推定方式认定明兴达公司侵犯了量子公司的商业秘密，但该推定不应适用于吴宝庆、何金良。此外，何金良与技术秘密没有关系，而明兴达公司的销售业务均来自招投标，故何金良未侵犯量子公司商业秘密。5. 一审法院确定的赔偿数额不当。投标文件为投标所用，存在夸大成分，明兴达公司 2008 年至 2010 年仅销售了一台甲带式给料机，一审法院根据明兴达公司的投标文件认定明兴达公司的营业额、并判令明兴达公司赔偿 300 万元错误。

量子公司辩称，一审法院认定事实清楚，适用法律正确，请求二审法院驳回上诉，维持原判。

二审审理查明

1. 投标文件的事实。2011 年 7 月 15 日，明兴达公司针对榆林神华能源有限责任公司甲带式给料机采购进行投标，制作投标文件。该文件第 12 页“近三年销售情况一览表”中载明，明兴达公司向蒲县宏远煤业集团有限公司销售甲带式给料机 54 台、向靖远煤业集团有限责任公司销售甲带式给料机 5 台、向神木县聚隆矿业有限公司销售甲带式给料机 8 台，该文件第 35 至 49 页是上述销售情况的中标通知书及合同，总价款为 767.02 万元。在该文件第 32—34 页“GLD800 和 GLD2000 带式给料机部分业绩表”中，明兴达公司共销售两种规格甲带式给料机 988 台。

2. 有证据证明销售的数量。根据明兴达公司提供的销售发票，其 2010 年至 2011 年 11 月 30 日共销售甲带式给料机 29 台，总金额 2840258.92 元；根据其投标文件近三年销售情况一览表及合同，其截至 2011 年 7 月 15 日在上述 29 台之外另销售甲带式给料机 67 台，总价款 767.02 万元；2011 年 10 月明兴达公司与榆林神华能源有限责任公司签订采购合同，向郭家湾煤矿提供甲带式给料机 4 台，价款 51 万元。以上共计销售甲带式给料机 100 台，总价款 11020458.92 元。

二审判理和结果

二审法院认为：

第一，关于关于量子公司主张的技术信息和经营信息是否构成商业秘密的问题。其一，关于技术信息，经鉴定，量子公司主张保护的 11 项技术信息中 6 项为非公知技术，具有秘密性。明兴达公司虽主张甲带式给料机系通用产品，但未提供有效证据证明，对其主张不予支持。关于经营信息。量子公司的客户构成其长期稳定的特定客户，相关交易信息相关公众通过公共渠道无法获得或不容易获得，具有秘密性。其二，量子公司对其商业信息采取了保密措施，故量子公司的技术信息和经营信息具备商业秘密的保密性。其三，量子公司主张保护的技术信息和经营信息具有实用性和价值性。故量子公司主张保护的技术信息和经营信息符合商业秘密的法定构成要件，构成商业秘密。

第二，关于明兴达公司、吴宝庆、何金良是否侵犯了量子公司的商业秘密问题。其一，明兴达公司擅自撕毁了三台设备的封条并进行了转移、拆卸，因此，一审法院认为无法比对、并根据举证责任认定明兴达公司生产的甲带式给料机侵犯了量子公司的技术秘密并无不当。明兴达公司主张其在2010年吴宝庆到明兴达公司工作前就生产了甲带式给料机，但其提供的证据不能证明该主张。吴宝庆作为量子公司的车间负责人，在其离职到明兴达公司工作后，将其掌握的技术信息非法披露给明兴达公司，而明兴达公司明知吴宝庆存在上述行为，仍获取并使用量子公司的技术秘密生产甲带式给料机，故二者的行为侵犯了量子公司的技术秘密。其二，何金良作为量子公司的销售人员，其在离职进入明兴达公司任职后，将其掌握的特定客户信息及包括价格在内的经营信息非法披露给明兴达公司，而明兴达公司明知何金良存在上述行为，仍获取并使用量子公司的经营信息销售甲带式给料机，故二者的行为侵犯了量子公司的经营信息秘密。

第三，关于原审法院确定的责任承担方式和赔偿数额是否适当的问题。因明兴达公司、吴宝庆、何金良侵犯了量子公司的商业秘密，应承担停止侵权、赔偿损失等民事责任。明兴达公司、吴宝庆、何金良共同实施了侵犯量子公司商业秘密的行为，应当承担连带责任。关于赔偿数额及合理费用的问题。本案中，量子公司主张以明兴达公司的侵权获利计算赔偿数额，主要依据系明兴达公司制作的投标文件。明兴达公司认可该文件系其制作，但主张内容中的业绩和财务报表并不真实，是为了中标进行了夸大。对此，二审法院认为，因明兴达公司在法院要求下无正当理由拒不提供真实的账簿、资料，二审法院对投标文件及其内容真实性予以确认并依据该投标文件计算明兴达公司的侵权获利。根据明兴达公司投标文件自认的业绩，其在2011年7月前已经销售甲带式给料机988台；根据明兴达公司提供的销售发票和合同，能够认定其在2011年11月30日量子公司起诉前已经至少销售了100台甲带式给料机，销售收入为11020458.92元，依此能够计算其甲带式给料机的平均销售价格为每台11.02万元；明兴达公司自认利润率为20%，量子公司主张其公司利润率高达40%，考虑到明兴达公司系非法获得他人技术秘密及经营信息进行生产销售，并无研发投入和开拓客户的成本，故确定明兴达公司利润率不低于30%。以利润率30%计算，明兴达公司2011年7月前的侵权获利就高达3266.328万元（988台×11.02万元/台×30%）。即使按照明兴达公司现有销售发票和合同对应的100台甲带式给料机计算，其获利也高达330.6万元（11020458.92元×30%），故一审法院确定明兴达公司赔偿300万元并无不当。且在一审法院确定赔偿数额300万的情形下，明兴达公司消极举证，并未提供证据证明实际销售情况，在法院多次释明下，其仍未积极提供真实的财务资料来证明其真实销售情况，该怠于举证的行为也能够证明其实际获利大于一审法院确定的赔偿数额。关于合理开支，因量子公司提供了发票，一审法院予以支持并无不当。因吴宝庆、何金良与明兴达公司共同实施了侵权行为，一审法院根据二者过错程度、侵权情节等确定二者在80万元内与明兴达公司承担连带责任亦无不当，应予维持。

据此，二审法院依据民事诉讼法第一百七十条第一款第（一）项之规定，终审判决：驳回上诉，维持原判决。

【法官评析】

2016年7月7日，最高人民法院陶凯元副院长在全国法院知识产权审判工作座谈会上提出了“司法主导、严格保护、分类施策、比例协调”的16字司法政策，在提到“严格保护”的政策时，陶开元副院长指出，应进一步加大损害赔偿力度，并大力推进诉讼诚信建设，有效运用证据机制强化严格保护的法律效果。本案很好的贯彻了“严格保护”的司法政策，有效运用证据机制强化了严格保护的效果，加大了损害赔偿力度。以下结合本案涉及的问题详细阐述。

一、关于在被控侵权人未经法院允许擅自转移被控侵权产品，致使技术比对无法进行的情况下，法院能否直接认定其构成侵权的问题

“严格保护”政策要求对一方当事人故意毁损、隐匿证据、伪造证据、阻碍和抗拒证据保全或者妨碍证人作证的，可以推定该证据或证人所证明的事实不利于该方当事人。并对抗拒证据保全、证据保全后转移证据、毁损证据的妨碍事实查明的不诚信诉讼行为，要坚决依法予以制裁。本案中，一审法院根据量子公司的申请，在明兴达公司厂房内对3台被诉侵权给料机进行了查封，后一审法院进行现场勘验时，发现明兴达公司擅自撕毁了封条，并转移、拆卸了保全查封的被诉侵权给料机。一审法院遂作出罚款决定书，对明兴达公司作出罚款20万元的决定。明兴达公司提出异议申请，二审法院作出复议决定书，维持了一审的决定书。一审法院亦据此认为，明兴达公司对一审法院诉前保全的证据给料机擅自撕毁封条，进行转移、拆卸，实施了实质性破坏行为，致使无法与量子公司的技术秘密进行同一性比对，其依法应当承担相应的不利后果。明兴达公司二审虽主张

一审法院保全了三台设备，其仅拆卸了一台，且拆卸的电机并非量子公司主张保护的技术秘密，因此可以进行比对，并申请二审法院进行比对鉴定，但二审法院认为，根据一审法院勘验时拍摄的照片，明兴达公司擅自撕毁了三台设备的封条并进行了转移、拆卸，其擅自破坏证据的行为已经导致法院无法确定现在的甲带式给料机设备与一审法院保全的设备的一致性，因此，一审法院认为无法比对，并根据举证责任认定明兴达公司生产的甲带式给料机侵犯了量子公司的技术秘密并无不当，对明兴达公司的申请亦不予准许。这种"严格保护"的处理方式对于擅自转移、毁损保全证据的不诚信诉讼行为起到了有效的威慑作用，维护了法律的尊严。

二、关于被控侵权人拒不提供其真实财务资料，能否参考权利人的主张和提供的证据计算被控侵权人的侵权获利的问题

商业秘密侵权纠纷赔偿数额的确定，根据《最高人民法院关于审理不正当竞争民事案件应用法律若干问题的解释》第十七条规定，可以参照确定侵犯专利权的损害赔偿额的方法进行。《最高人民法院关于审理侵犯专利权纠纷案件应用法律若干问题的解释（二）》第二十七条规定："权利人因被侵权所受到的实际损失难以确定的，人民法院应当依照专利法第六十五条第一款的规定，要求权利人对侵权人因侵权所获得的利益进行举证；在权利人已经提供侵权人所获利益的初步证据，而与专利侵权行为相关的账簿、资料主要由侵权人掌握的情况下，人民法院可以责令侵权人提供该账簿、资料；侵权人无正当理由拒不提供或者提供虚假的账簿、资料的，人民法院可以根据权利人的主张和提供的证据认定侵权人因侵权所获得的利益。"这一规定是"严格保护"司法政策在法律规定中的具体体现。"严格保护"不仅要求建立激励当事人积极提供证据的诉讼机制，同时还要求建立必要的惩罚和强制机制。在一方当事人已经尽力举证仍无法提供相关证据的，有证据证明对方当事人持有该证据但无正当理由拒不提供的，可以推定一方当事人所主张的需要以该证据证明的事实为真实。之所以这样做，是因为虽然法律明确规定了在确定侵权赔偿数额时，应依照权利人受到的损失、侵权人获得的收益、参照许可使用费、法定赔偿的计算方式顺序选择进行计算，但权利人受到的损失及侵权人的获利很难查明。虽然侵权人对其侵权获利能够证明，但其一般都消极对待。因为其担心一旦提交相应的证据，会被法院视为认可由已方承担证明责任，如果其所提供的证

据不能达到证明标准，会承担败诉的风险。针对这种想法，法院应结合具体的案情，根据当事人距离证据的远近、法律的规定充分地行使释明权，以充分引导当事人举证，使裁判结果尽量接近客观真实。经法院充分释明，如果当事人拒不提供证据或者提供虚假的证据的，可直接推定其承担不利后果。具体到本案中，量子公司主张以明兴达公司的侵权获利计算赔偿数额，主要依据系明兴达公司制作的投标文件。明兴达公司认可该文件系其制作，但主张内容中的业绩和财务报表并不真实，是为了中标进行了夸大。二审中，在二审法院多次释明下，明兴达公司虽提供了自己的财务账簿等证据，但分多次提供，怠于举证，且其二审中提供的财务报表与其一审中自认的投标文件相矛盾；会计账簿日期与会计凭证标号未一一对应，即日期在前的凭证号顺序却在日期在后的凭证号之后，明显不符合常理，明兴达公司对此未做出合理解释；明兴达公司提供的发票和记账凭证日期相矛盾，如发票日期为2011年5月10日，但记账凭证日期为2011年5月3日，也即其在发票出具前就已经做好了记账凭证，记账凭证明显不真实，且上述情况并非个例；投标文件载明明兴达公司2011年对外签订多份合同，但其提供的2011年的记账凭证均无上述合同的对应发票。综上事实，二审法院认为，因明兴达公司在法院要求下无正当理由拒不提供真实的账簿、资料，再综合考虑明兴达公司对投标文件真实性认可、明兴达公司无相反证据证明其主张的有夸大成分、投标文件中的合同能够对应并支持业绩表中的数据等事实，二审法院对投标文件及其内容真实性予以确认并依据该投标文件确定了明兴达公司的侵权获利的相关计算依据。

编写人：山东省高级人民法院　张金柱

41

湖南富丽真金家纺有限公司诉湖南富丽真金家具有限公司不正当竞争纠纷案

——阅读提示：经营者以赠送他人商品的形式进行促销，是否属于以“其他方法”作引人误解的虚假宣传？在中国裁判文书网公布裁判文书是否属于消除影响的具体形式，如何确定消除影响的具体形式？

【裁判要旨】

经营者的字号、商标等商业标识与他人的相同或近似，经营者以赠送他人生产商品的形式促销自己的商品，容易使相关公众误认为经营者销售的商品来源于他人或者与他人有特定联系的，属于1993年施行的《中华人民共和国反不正当竞争法》（以下简称反不正当竞争法）第九条第一款规定的以“其他方法”作引人误解的虚假宣传。

消除影响是承担侵权责任的方式，侵权人拒不履行消除影响义务时法院公布裁判文书属于执行措施，在中国裁判文书网公布裁判文书是法院的司法公开措施，三者不能等同。消除影响应从侵权行为造成不良影响的方式、途径、范围等方面，由侵权人有针对性地进行解释、说明，让相关公众获取正确信息，恢复被侵权人的商誉。

【案号】

一审：湖南省长沙市中级人民法院（2015）长中民五初字第01755号

二审：湖南省高级人民法院（2016）湘民终545号

【案情与裁判】

原告（上诉人）：湖南富丽真金家纺有限公司（以下简称家纺公司）

被告（上诉人）：湖南富丽真金家具有限公司（以下简称家具公司）

起诉与答辩

家纺公司于2015年10月30日向法院起诉称：我公司拥有第1182822号注册商标，2010年获得驰名商标保护，公司品牌有极高的知名度和美誉。家具公司宣传开展“购买富丽真金床垫，送富丽真金床上用品”活动，构成引人误解的虚假宣传。请求判令家具公司：1. 立即停止不正当竞争行为；2. 在纸质传媒、网络传媒、家具公司网站上刊登消除影响声明；3. 赔偿家纺公司损失300万元及维权合理费用12万元；4. 负担本案诉讼费用。

家具公司一审辩称：我公司与家纺公司经营范围没有交叉，不属于同业竞争者；我公司的商标合法注册，与家纺公司的商标有明显区别，我公司未使用家纺公司的字号、商标用于宣传，不存在虚假宣传行为；赠送的家纺公司产品从正规渠道购入，家纺公司的商标权已用尽。

一审审理查明

家纺公司于2003年9月22日成立，经营范围为生产床上系列用品与其配套的包装袋及产品自销。富丽（湖南）寝具有限公司于1998年6月14日注册第1182822号“”商标，核定使用商品为第24类的床罩、枕套、被子、被罩、床单等，有效期至2018年6月13日。该公司许可家纺公司使用该商标，许可期限自2003年10月1日至2013年6月13日，后于2009年1月28日将商标转让给家纺公司，2010年10月8日该商标被国家工商总局商标局认定为驰名商标。

家具公司于2007年6月成立，经营范围为家具研发、设计、加工、销售。株洲市普特床具厂于2002年4月21日注册第1751420号“”商标，核定使用商品为第20类的床、弹簧床垫、垫子（床垫）、家具、沙发等，有效期至2022年4月20日。该厂许可家具公司使用该商标，许可期限自2007年7月1日至2017年12月31日，后于2013年1月22日将商标转让给家具公司。2013年和2015年，家具公司购买家纺公司生产的床上用品7万余元。

在常德市常德大道旁的“居和嘉美国际家居生活广场”内标有“富丽真金”字样的店铺，宣传资料标有“富丽真金家具开业大酬宾，任选以下床垫，赠相应精美睡眠产品一套”“Free Gold Mattress 富麗真金”等字样，名片标有“湖南富丽真金家居有限公司”等字样。顾客购买床垫（外包装上标有“Free Gold Mattress 富麗真金”），赠送家纺公司生产的秋被一床。

在长沙市岳麓区杜英路的“广大环球家具超市”内标有“富麗真金”字样的商铺，摆放有外包装标有“Free Gold Mattress 富麗真金”等字样的床垫，墙上悬挂标有“富麗真金”等字样的图片，名片标有“富丽真金家居”等字样。在另一家标有“富麗真金”字样的商铺，墙上悬挂标有“富麗真金”“富麗真金 Free Gold”等字样的标识牌，店铺内陈列有外包装标有“富麗真金 湖南富麗真金家具有限公司出品”等字样的床垫。在另一家标有“富丽真金半价店”等字样的商铺，墙上悬挂标有“富麗真金”“Free Gold 富麗真金”等字样的标识牌，陈列有外包装标有“Free Gold 富麗真金”等字样的床垫。

在长沙市三湘路的“三湘南湖家具城”，外墙有标注“富麗真金”字样的标识牌，在一楼一家标有“富麗真金”字样的商铺，入门处的地面摆放标有“富麗真金床垫 软床 实木床”等字样的门垫，墙壁上悬挂标有“富麗真金 Free Gold”字样及“Free Gold 富麗真金 富丽真金床垫全国统一销售价目表”等字样的标识牌，店内陈列有外包装标注“富麗真金”字样的床垫，宣传册及名片有“Free Gold 富麗真金”等字样。在二楼一家标有“富麗真金”等字样的商铺，墙壁上悬挂标有“富麗真金”字样的标识，陈列有外包装标注“富麗真金家居 产品使用说明书”等字样的床及外包装有“Free Gold Mattress 富麗真金”等字样的床垫，墙壁上悬挂标有“Free Gold Mattress 富麗真金健康科学睡眠”等字样的标识牌，宣传册及名片上有“Free Gold 富麗真金”字样。

一审判理和结果

一审法院认为：1. 关于是否构成不正当竞争的问题。家具公司虽然在销售自己的产品时赠送家纺公司生产的产品，但并未对外宣称赠品系由家具公司生产，且家纺公司的证据不能证明家具公司有其他虚假宣传的行为，故家具公司的上述行为不属于反不正当竞争法第九条规定的虚假宣传。家纺公司商标于2010年10月8日即被认定为驰名商标，家具公司应当知道其知名度，从家具公司赠送家纺公司床上用品的行为也能证明家具公司对家纺公司的经营情况有所了解。家具公司在店面标识及宣传册、门店名片等处将其注册商标中的“富丽真金”文字写成包含繁体麗字的“富麗真金”，既无正当理由，又不符合一般的汉字及商标使用习惯，又与家纺公司注册商标中“富麗真金”文字的简繁体搭配形式相同，明显具有攀附家纺公司注册商标知名度、引人误解的主观故意，故家具公司的行为符合反不正当竞争法第二条的适用条件，构成不正当竞争。

2. 关于责任承担的问题。家具公司因侵权所获得的利益及家纺公司因被侵权所受到的损失均难以确定，家纺公司请求适用法定赔偿。基于不正当竞争行为涉及的产品、家具公司的经营规模、经营时间、过错程度、家纺公司为维权支付的律师费、公证费等因素综合考虑确定赔偿数额。对于家纺公司提出的要求家具公司在纸质传媒、网络传媒、家具公司网站上一并刊登消除影响声明的请求，一审法院认为家纺公司未能举证证明家具公司的不正当竞争行为对其名誉造成了影响，且判决书生效后将在中国裁判文书网公布，能够起到声明的作用，故对家纺公司的该请求不予支持。

基于上述理由，一审法院判决：1. 家具公司立即停止在销售本公司产品时赠送家纺公司床上用品的不正当竞争行为；2. 家具公司赔偿家纺公司损失20万元（含合理维权费用）；3. 驳回家纺公司的其他诉讼请求。

上诉与答辩

家纺公司上诉请求：1. 确认家具公司的行为违反了反不正当竞争法第九条的规定；2. 家具公司赔偿家纺公司损失300万元及合理维权费用12万元；3. 家具公司在纸质传媒、网络媒体、家具公司网站上刊登消除影响的声明；4. 家具公司负担一、二审诉讼费用。事实和理由：（1）家具公司在其网站、微信公众号等平台上大肆宣传赠送活动，在门店招牌、名片、宣传册、产品上单独使用纯文字标识时，刻意将“富丽真金”中简体的“丽”字改为繁体的“麗”字，使相关公众误认为家具公司与家纺公司存在关联关系，甚至认为家具公司销售的床垫系家纺公司生产，属于利用广告或其他方法对商品的生产者作引人误解的虚假宣传。（2）承担侵权责任的方式可以合并适用，判令消除影响有法律依据。在中国裁判文书网上公布裁判文书并不能起到消除影响的作用，家具公司应在纸质传媒、网络媒体、家具公司网站上刊登消除影响的声明。（3）家纺公司的商标曾获驰名商标保护，具有极高的知名度和美誉度，维权耗费了大量人力、物力、财力，家具公司的主观恶意明显、门店众多、销售范围广、侵权时间长、销售规模大、利润高，一审确定的赔偿数额过低。

家具公司二审的答辩意见与其上诉理由一致。

家具公司上诉请求：撤销一审判决，驳回家纺公司的上诉请求。事实和理由：1. 家具公司与家纺公司经营范围不同，不属于同业经营者，不构成竞争关系；家具公司使用繁体“麗”字是其合法权利，选择家纺公司的产品作为赠品属于正常的商业促销行为；两公司的商标标识明显不同，家具公司的行为不会造成消费者误认或者扰乱社会经济秩序；家具公司的赠送行为没有给家纺公司造成任何损害，反而带来了利益，家具公司的行为不构成不正当竞争。2. 家纺公司利益没有任何损害，一审判决赔偿 20 万元缺乏依据。3. 家纺公司具有恶意诉讼炒作之嫌，试图限制家具公司的正当经营。

家纺公司二审的答辩意见与其上诉理由一致。

二审审理查明

二审法院确认一审查明事实，另查明：家具公司在产品包装、门店名片、宣传资料上多处标注的企业名称含有“富麗真金”，宣传资料宣称该企业品牌源自台湾系出名门；在产品包装、说明书、宣传展示资料上使用其商标时标注的字样为“富麗真金”；在卖场、店招、宣传册、广告栏、门店名片上大量使用“富麗真金”标识或文字。家具公司在网站、微信、门店宣传资料上，宣称购买“富丽真金”床垫，赠送“富丽真金”床上用品。

对于选择赠送家纺公司产品的原因，家具公司解释称：“因家纺公司生产的床上用品市场声誉好，所以我公司销售自己生产的床垫时，选择赠送家纺公司床上用品”“另一个优秀的富丽真金品牌为我公司的富丽真金产品提供了认同感和亲近感，亦提供了优先考量的机会”。

家具公司的网站显示，该公司产品遍布湖南及周边省市，远销海内外。家具公司在湖南省有 70 多家专卖店，在广西和贵州各有 2 家专卖店。2015 年 7 月 17 日、2016 年 6 月 15 日，家纺公司分别支付诉讼服务费各 10 万元。

二审判理和结果

二审法院认为：1. 关于是否构成虚假宣传的问题。家具公司与家纺公司的企业字号相同，产品具有紧密关联性和互补性，家纺公司的商标具有较高的知名度，两公司商标的主要构成要素相同，这本身就易导致相关公众产生误认，家具公司理应严格规范自身经营行为，避免相关公众误解。但家具公司不规范使用自己的企业名称和注册商标，在可供赠送的同类床上用品品牌繁多的情况下，选择家纺公司生产的“富麗真金”床上用品作为赠品，并宣称为“富丽真金”床上用品。导致赠送行为成为变相的宣传手段，不当地将家纺公司商标的知名度和商誉转借至家具公司的床垫等商品上，淡化家具公司商品与家纺公司商品在商标表象、来源及发展背景等方面的差异，混淆家具公司和家纺公司这两家不同的经营主体，足以让相关公众误认为“富丽真金”床垫等商品来源于家纺公司，或者家具公司与家纺公司有关联公司、授权生产等特定联系，家具公司由此不当获取了竞争优势和交易机会，故家具公司销售自己商品时赠送家纺公司床上用品的行为属于反不正当竞争法第九条第一款规定的以“其他方法”作引人误解的虚假宣传。

2. 关于责任承担的问题。对于赔偿数额，二审法院考虑家纺公司商标的知名度和市场价值及合理维权支出，家具公司主观恶意、经营规模、地域范围、持续时间、销售额，家具公司未按法院要求提交经审计的财务报表等情况，酌情确定赔偿数额为50万元。二审法院认为，消除影响是侵权人在其侵权行为不良影响范围内消除对被侵权人不利后果的民事责任承担方式，在中国裁判文书网公布裁判文书是人民法院的司法公开措施，两者在性质、表现形式、受众范围、影响程度等方面均有较大差异。消除影响应从侵权行为造成不良影响的方式、途径、范围等方面，由侵权人有针对性地进行解释、说明，让相关公众获取正确信息，恢复被侵权人的商誉。本案中，家具公司系通过其公司网站、微信、门店的虚假宣传对相关公众施加影响，在中国裁判文书网公布本案裁判文书显然不足以消除影响。考虑到家具公司行为造成的影响范围、消除相关公众误解的途径等因素，法院责令家具公司在其公司网站、微信及《潇湘晨报》上刊登声明以消除影响。

基于上述理由，二审法院判决：1. 维持一审判决第一项、第三项；2. 变更一审判决第二项为家具公司赔偿家纺公司损失50万元（含合理维权费用）；3. 家具公司于判决生效之日起三十日内，连续十五日在其公司网站、微信首页显著位置刊登声明，连续三日在《潇湘晨报》刊登声明，为家纺公司消除影响（声明内容需经法院审核）；如家具公司未按要求消除影响，法院将采取公告、登报等方式，将判决的主要内容和有关情况公布于众，费用由家具公司负担。

【法官评述】

对于反不正当竞争法及司法解释未明确规定、但又明显应该受到法律规制的不正当竞争行为，如何适用合适的法律，在实践中有不同的裁判方法。有的法官直接适用原则条款，即反不正当竞争法第二条第一款进行审查判断。但有的法官认为，从适用法律规则而言，应优先适用反不正当竞争法及司法解释关于不正当竞争行为的具体条款，反不正当竞争法第二条第一款作为兜底的原则条款，应严格和谨慎适用，只有某种不正当竞争行为确有规制的必要，而又无法通过具体条款进行处理时，才可以适用第二条第一款。本案中，反不正当竞争法第九条规定了以广告进行虚假宣传的情形，并用“其他方法”对虚假宣传的其他情形作了兜底规定，但经营者以赠送他人商品的形式进行促销是否属于“其他方法”并不明确。一审法院直接适用反不正当竞争法第二条第一款进行审查，但二审法院并没有直接适用该条款，而是优先适用反不正当竞争法第九条第一款，与一审法院的裁判方法、法律依据均不同。通过表象分析实质，将赠送他人生产商品这种比较新颖的宣传手段纳入反不正当竞争法调整，进一步明确了属于“其他方法”的具体情形。

侵权责任法、知识产权法律及司法解释将消除影响规定为侵权人承担侵权责任的方式之一，但知识产权案件中侵权人承担消除影响责任的具体形式，各地法院的裁判观点并不一致。部分法院以裁判文书将在中国裁判文书网公布，相关案件事实能为公众获知，足以达到消除影响的作用为由而不支持消除影响的诉请。本案二审法院认为：消除影响是侵权人在其侵权行为不良影响范围内消除对被侵权人不利后果的民事责任承担方式；侵权人拒不履行消除影响义务的，人民法院可以采取在网络上发布公告或者公布裁判文书等合理的方式执行，此处的公布裁判文书属于执行措施；根据司法公开原则和最高法院的规定，在中国裁判文书网公布相关裁判文书属于人民法院的司法公开措施，三者不能等同。确定消除影响具体形式时，应全面审查不良影响是如何形成的，分析造成不良影响的方式、途径、范围等，进而由侵权人从这些方面有针对性地进行解释、说明，让相关公众获取正确信息，做到有的放矢。

编写人：湖南省高级人民法院　徐康

42

湖南省梦洁家纺股份有限公司与深圳市富安娜家居用品股份有限公司、南通市名巢靓家家居用品有限公司商业诋毁纠纷上诉案

——阅读提示：被特许经营者实施了不正当竞争的侵权行为后，特许经营权拥有者与被特许经营者是否应承担连带责任？

【裁判要旨】

特许经营本质上是两个独立的法律主体之间在以知识产权为核心的特许经营权许可使用基础上的包含商品买卖、租赁等在内的复杂的复合合同关系。在侵权纠纷中，法律未明确规定特许经营权拥有者（以下简称特许人）与被特许经营者（以下简称被特许人）承担连带责任的情况下，如认定二者承担连带责任，则必须符合民事侵权责任的一般构成要件，如被侵权人未进行合理的通知，无证据证明特许人就所涉侵权行为与被特许人具有共同故意或为被特许人侵权提供帮助行为，也无证据证明被特许经营者的行为符合法律规定的应承担连带责任的其他情形，则特许人不应对被特许人给权利人造成的损害承担连带责任。

【案号】

一审：湖南省长沙市岳麓区人民法院（2014）岳民初字第05415号

二审：湖南省长沙市中级人民法院（2016）湘01民终1380号

【案情与裁判】

原告：湖南省梦洁家纺股份有限公司（以下简称梦洁公司）

被告：南通市名巢靓家家居用品有限公司（以下简称名巢公司）

被告：深圳市富安娜家居用品股份有限公司（以下简称富安娜公司）

起诉与答辩

原告梦洁公司于2014年8月28日向人民法院提出诉讼请求：1. 判令被告名巢公司立即停止对原告进行商业诋毁的不正当竞争行为；2. 判令被告名巢公司、富安娜公司就其实施的对原告进行商业诋毁的不正当竞争行为，在被告名巢公司的微信平台、《中国工商报》《知识产权报》发表澄清声明，消除影响；3. 判令被告名巢公司、富安娜公司共同赔偿原告经济损失和合理支出共100万元。事实和理由：梦洁公司发现名巢公司在微信公众号为“海安富安娜家纺”的微信平台上（微信号：fuanna - haian），发布一则消息《3.15家纺不合格品牌，看看你家的床品合格吗?》：“不合格床品涉及湖南梦洁、恒源祥等品牌上黑榜……”。梦洁公司认为，其与富安娜公司、名巢公司均属家纺行业同业竞争者，名巢公司利用3.15消费者权益保护日主题的敏感话题，通过其微信公众平台故意捏造、散布虚伪事实，贬损原告的商业信誉和商品声誉，构成商业诋毁的不正当竞争行为。被告富安娜公司作为特许人，应共同承担侵权责任。

被告名巢公司辩称：其行为不构成不正当竞争。

被告富安娜公司辩称：被告名巢公司的行为未构成诋毁竞争对手商誉，不属于商业诋毁行为。同时，富安娜公司对名巢公司的行为不具有法定监管义务，原告要求富安娜公司承担连带责任于法无据，请求法院驳回原告诉讼请求。

法院审理查明

原告梦洁公司与被告富安娜公司均系中国家纺行业的知名企业。2014年3月17日，被告名巢公司在微信公众号为“海安富安娜家纺”的微信平台上（微信号：fuanna - haian）发布一则消息《3.15家纺不合格品牌，看看你家的床品合格吗?》：“不合格床品涉及湖南梦洁、恒源祥等品牌上黑榜……2014年03月15日17：31　3月15日讯（记者）。……”

2015年6月17日，北京市消费者协会作出如下说明：“……被曝光的26个样品中没有标称梦洁公司生产的样品。三、经测试，标称梦洁公司生产的样品包装盒贴纸与产品耐久标上标注的产品尺寸不一致”。2013年1月5日，湖南省纤维检验局曾就湖南梦洁公司在“北京市消费者协会床上用品比较试验结果”中被抽检的货号、规格为1010114190、1010114189号的床品出具检验报告，检验项目包括“成分含量、甲醛含量、PH值、色牢度、水洗尺寸变化率、工艺质量”等，检验结果为合格。

另查明，被告名巢公司系被告富安娜公司在江苏省海安县的加盟商。名巢公司在其微信公众平台（微信号为：fuanna－haian）上使用了富安娜的企业标识，该标识与富安娜公司在全国各地的部分加盟商微信平台标识使用的企业LOGO、字母、文字及颜色排列组合基本一致，具有连锁品牌的特征。另外，本案自2014年8月28日受理后，至庭审期间，被告富安娜公司一直未采取必要措施要求名巢公司停止涉案行为。

一审判理和结果

被告名巢公司在微信公众号上发布消息的行为，构成商业诋毁。关于责任的承担方面，特许人对被特许人使用其商标、商号的经营活动负有监督管理责任，有能力对被特许人实施的商业诋毁行为予以监管而未采取必要的监管措施，导致商业诋毁行为的损害后果进一步扩大，特许人主观上存在过错，客观上因其疏于监管导致被特许人的商业诋毁损害行为后果的扩大，因此特许人对此应承担连带责任。依据《中华人民共和国反不正当竞争法》（以下简称反不正当竞争法）第十四条，《最高人民法院关于审理不正当竞争民事案件应用法律若干问题的解释》第十七条，《中华人民共和国商标法》（以下简称商标法）第六十三条，《中华人民共和国民法通则》（以下简称民法通则）第一百零六条，《中华人民共和国侵权责任法》（以下简称侵权责任法）第二条、第六条、第十五条之规定，判决如下：一、名巢公司在其微信公众平台上发表澄清声明，消除影响；二、名巢公司赔偿梦洁公司经济损失人民币150000元；三、富安娜公司对上述第二项中的90000元赔偿额与名巢公司承担连带责任；四、驳回原告梦洁公司的其他诉讼请求。案件受理费13800元，由原告梦洁公司承担3800元，被告名巢公司、富安娜公司共同承担10000元。

上诉人富安娜公司上诉请求：1. 撤销一审（2014）岳民初字第05415号判决，依法进行改判；2. 判令被上诉人承担一审、二审全部诉讼费用；3、发回重审。事实和理由：原审判决名巢公司对被上诉人构成不正当竞争，属认定事实错误；原审判决上诉人富安娜公司承担连带责任，属于认定事实和适用法律错误。

上诉人名巢公司上诉请求：1. 撤销（2014）岳民初字第05415号民事判决书并依法改判；2. 被上诉人承担一、二审的诉讼费用。事实和理由：被告名巢公司的行为未构成商业诋毁。

被上诉人梦洁公司针对两上诉人的上诉请求一并辩称：一审判决认定事实清楚，适用法律正确。

二审判理和结果

上诉人名巢公司在其公众微信平台上发布不实消息，让相关公众误认为原告公司的产品是不符合国家标准的，其行为对原告的商业信誉、商品声誉造成损害，构成对原告公司的不正当竞争。

关于上诉人富安娜公司的责任承担问题。结合案件中的证据，可以认定名巢公司与富安娜公司之间具有对富安娜商标及企业标识等经营资源的特许经营关系。就责任承担问题，法院认为，特许人富安娜公司对被特许人名巢公司应有一定的管理义务，特许人对自己的商业信誉，如对品牌管理及对竞争对手的商业评价更应当谨慎管理，以免误导消费者，富安娜公司本身知名度较高，其有责任对其经销商针对竞争对手的网络行为进行必要的监管。具体到本案而言，在本案所涉商业诋毁行为发生后，如梦洁公司采取合理地通知措施，则富安娜公司应采取力所能及的管理措施，但本案中并无证据证明梦洁公司进行了合理的通知，故不能仅因富安娜公司与名巢公司有特许经营关系而认定富安娜公司应对名巢公司的侵权行为承担连带责任。法院还认为，特许人富安娜公司与被特许人名巢公司是两个完全独立的法律主体，被特许人名巢公司以自己的名义对外开展经营活动，在法律未明确规定特许人与被特许人承担连带责任的情况下，如认定二者应承担连带责任，则必须符合民事侵权责任的一般构成要件。梦洁公司并未提交证据证明富安娜公司就本案所涉诋毁行为与名巢公司具有共同故意或为名巢公司商业诋毁提供帮助行为，也没有证据证明富安娜公司的行为符合法律规定的应承担连带责任的其他情形，梦洁公司甚至不能证明其进行了合理的通知，故原审判决富安娜公司应对名巢公司给梦洁公司造成损害的扩大部分与名巢公司承担连带责任缺乏事实与法律依据，二审法院予以纠正。

依据反不正当竞争法第十四条，《最高人民法院关于审理不正当竞争民事案件应用法律若干问题的解释》第十七条，商标法第六十三条，民法通则第一百零六条，侵权责任法第二条、第六条、第十五条，《中华人民共和国民事诉讼法》第一百七十条第一款第（二）项之规定，判决如下：一、撤销湖南省长沙市岳麓区人民法院（2014）岳民初字第 05415 号民事判决第三项；二、维持湖南省长沙市岳麓区人民法院（2014）岳民初字第05415号民事判决第一项、第二项；三、驳回被上诉人湖南省梦洁家纺股份有限公司的其他诉讼请求。一审案件受理费13800元，二审案件受理费27600元，共计41400元，由上诉人南通市名巢靓家家居用品有限公司负担23800元，由被上诉人湖南梦洁家纺股份有限公司负担17600元。

【法官评述】

特许经营的经营模式发展迅速，规模逐渐扩大，已成为国民经济发展的一个增长点，该经营模式向多行业领域拓展，亦成为企业扩张的主要手段，目前，有关方面的法律法规包括《商业特许经营管理条例》《商业特许经营信息披露管理办法》等，但这些法律法规规制的重点均在于特许人与被特许人之间的法律关系，对于被特许人在开展商业活动中实施的不正当侵权行为后，特许人与被特许人对外如何承担责任的问题并未详细规定，故法院在审理案件时，判断特许人与被特许人对外如何承担责任，只能适用侵权责任法等法律。由于特许人与被特许人是两个完全独立的法律主体，被特许人虽然使用了特许人的名称、商标、专有技术等商业资源，但在对外的商业活动中，仍以自己的名义进行经营。在被特许人实施了不正当竞争侵权行为后，被侵权人应采取合理的通知措施，通知特许人及被特许人，如果被侵权人没有证据证明其进行了合理的通知，以及没有证据证明特许人具有共同故意或为被特许人的侵权行为提供了帮助等承担连带责任的情形，则应由被特许人自行承担因侵权所产生的停止侵权、赔偿损失的民事责任，特许人无须承担连带责任。

但这并不是说特许人就一定不需要对外承担连带责任。对于特许经营的经营模式，正是因为特许人良好的商业信誉，使其在消费者心中有不同于一般商家的重要地位，特许人对被特许人应有一定的管理义务，特许人对自己的商业信誉，如对品牌管理及对竞争对手的商业评价更应当谨慎管理，以免误导消费者，特别是在信息时代，通过网络信息发布的未经核实的信息，极易误导消费者。如果特许人的知名度较高，则其更有责任对其被特许人针对竞争对手的网络行为进行必要的监管。在发生商业诋毁行为后，被侵权人亦应采取合理的通知措施，如通过发律师函的形式，通知特许人及被特许人，在被侵权人采取了合理的通知措施后，特许人则应采取力所能及的管理措施，如果在被侵权人通知了特许人以后，其仍然不采取合理的管理措施，甚至放任损害结果的扩大，则特许人与被特许人应承担连带责任。

编写人：湖南省长沙市中级人民法院　蔡晓

43

北京紫御湾科技有限公司诉华润水泥（平南）有限公司技术服务合同纠纷案

——阅读提示：如何判定执行国家产业政策是否构成履行合同的不可抗力或情势变更？

【裁判要旨】

一、执行国家产业政策是否构成合同履行的不可抗力或情势变更，关键在于判断合同所提供的技术成果是否与国家产业政策的技术要求相冲突，应由主张“情势变更”或“不可抗力”的一方进行举证；二、在一方已完全履行合同义务之后，如果不能证明另一方终止履行有法定情形的，守约方的合同利益应予完全保护。

【案号】

一审：广西壮族自治区贵港市中级人民法院（2015）贵民三初字第63号

二审：广西壮族自治区高级人民法院（2016）桂民终161号

【案情与裁判】

原告（二审上诉人）：北京紫御湾科技有限公司（以下简称紫御湾公司）

被告（二审被上诉人）：华润水泥（平南）有限公司（以下简称华润公司）

起诉与答辩

紫御湾公司2015年10月13日向法院起诉称，华润公司严重违反双方于2005年11月3日签订的《节能服务协议》及此后签订的多份《节能服务补充协议》，在合同履行期限未满单方终止履行合同，拒付应付合同款项，特提起诉讼，请求：一、判令被告支付节电收益款 1870836 元，违约金 318940.89 元（暂计至 2015 年 9 月 25 日，此后按日 0.05% 支付至被告还清款项之日止），合计 2189776.89 元；二、被告承担本案全部诉讼费用。

华润公司辩称：本案技术服务合同妨碍技术进步，紫御湾公司提供的串调装置是淘汰技术；停用紫御湾公司提供的串调设备是适应国家环保要求，响应国家节能减排号召；国家法律变动、环保政策调整构成不可抗力，即便不构成不可抗力，也属于“合同成立以后客观情况发生了当事人在订立合同时无法预见的、非不可抗力造成的不属于商业风险的重大变化，继续履行合同对于一方当事人明显不公平或者不能实现合同目的”的情势变更，华润公司有权解除合同。请求驳回紫御湾公司诉请。

一审审理查明

紫御湾公司与华润公司于 2005 年 11 月 3 日签订编号为 ZYWHR001《节能服务协议》，约定由紫御湾公司全资为华润公司提供水泥生产线的节能设备的设计、生产、安装及日常维护，紫御湾公司根据节能设备运行情况按照一定比例的节能效益向华润公司收取节能效益款，其中节电效益分享期限为六年，第一年至第三年节电款总额 70% 归紫御湾公司，30% 归华润公司，第四年至第六年节电款总额 50% 归紫御湾公司，50% 归华润公司。上述期间更换节电设备元件成本及维修费用由紫御湾公司负担。节能设备运行累计六年后，在华润公司全部履行本协议约定义务的前提下，紫御湾公司将节能设备无偿赠与华润公司。第七年至第十年的节电收益均归华润公司所有，当设备需要紫御湾公司维护时，费用由华润公司负担。华润公司未能按照约定时间支付节电收益款，则按应付金额日万分之五支付违约金。此后，双方又签订多份《节能服务补充协议》，最终约定紫御湾公司的节电装置投入运行后，每年正常运行时间按 7920 小时计算（全年按 330 天，每天 24 小时），六年累计运行时间为 47520 小时。按月读取节电时间和结算节电效益。节电装置运行时间在 0～23760 小时内节电款总额 70% 归紫御湾公司，30% 归华润公司，节电装置运行时间在 23760～47520 小时内节电款总额 50% 归紫御湾公司，50% 归华润公司。节电效益分享期限为六年，即 47520 小时。使用期满后，华润公司付清相关报酬后该节能设备归华润公司所有。相关协议签订后，紫御湾公司为华润公司安装了三套节能设备投入使用并产生了节能效果，华润亦一直按照双方约定的比例和支付方式支付节电收益款给紫御湾公司。至

2014年10月份，三线的两套设备运行时间已满，设备所有权已归华润公司所有，一线设备的窑头排风机累计运行时间28735.34小时，剩余运行时间18784.66小时，窑尾排风机累计运行时间34711.61小时，剩余运行时间12808.39小时。2014年10月10日，华润公司以紫御湾公司的一线节电设备不适应国家减排要求为由未经紫御湾公司同意，单方面停止使用并拆除一线的节能设备，并于2015年1月27日结清了2014年10月10日前紫御湾公司应得的节电收益款给紫御湾公司。紫御湾公司认为华润公司擅自停用一线节电设备，造成其预期收益损失，已构成违约，遂提起本案诉讼。一审庭审中，华润公司明确表示不再使用紫御湾公司提供的尚未用满约定时间的节电设备。在一审庭后调解中，对紫御湾公司在剩余时间的预期收益应如何计算的问题，紫御湾公司认为应按“剩余时间合同预期收益=2014年9月份每小时收益×剩余时间”的公式计算，即紫御湾公司的损失为窑尾预期收益（9月份收益17979.09元÷9月份运行时间240小时×剩余时间12808.39小时）+窑头预期收益（9月份收益8610.5元÷9月份运行时间240小时×剩余时间18784.66小时）。华润公司认为应按“合同预期收益=华润公司2014年1-9月份平均每小时节电款×剩余时间×分成比例”的公式计算，但应扣除紫御湾公司为维护其设备应支出人工维护服务费37.9万元，维修配件费21.88万元，以及扣除其占有设备价值份额66.75万元后退回设备给紫御湾公司，华润公司只应补偿紫御湾公司节电收益款为19.365万元。

一审判理和结果

双方签订的《节能服务协议》及补充协议实质是紫御湾公司为华润公司提供节电技术服务，华润公司接受服务并支付报酬的协议，依照《中华人民共和国合同法》（以下简称合同法）第三百五十六条第二款“技术服务合同是指当事人一方以技术知识为另一方解决特定技术问题所订立的合同，不包括建设工程合同和承揽合同”的规定，应认定双方公司签订《节能服务协议》及补充协议是技术服务合同。双方签订的《节能服务协议》及补充协议是在平等、自愿、协商一致的情况下签订的，并没有出现合同法第五十二条、第五十三条、第三百二十九条规定的无效情形，应认定该《节能服务协议》及补充协议合法有效。华润公司主张紫御湾公司提供的串调装置是淘汰技术、双方签订的合同妨碍了技术进步、应确认合同无效未能提供证据证明，依法不予采纳。

合同法第一百一十七条第二款规定“本法所称不可抗力，是指不能预见、不能避免并不能克服的客观情况。”华润公司虽因政府减排要求需要对其原有减排系统进行改造，但华润公司未能提供证据证明紫御湾公司提供的节能设备不适应其减排需要，且紫御湾公司的节能设备不适应其减排需要确实不能克服，因此，政府要求华润公司减排不构成华润公司不履行合同的不可抗力；情势变更是指合同有效成立后，因不可归责于双方当事人的事由发生情势变更而使合同的基础动摇或者丧失，若继续维持合同会显失公平，因此允许当事人通过协商或者司法程序变更合同内容或者解除合同。政府虽然要求华润公司减少排放物，但华润公司并未提供证据证明政府禁止其使用紫御湾公司的节能设备，也就是说华润公司用不用紫御湾公司的设备完全由其自己决定，因此，政府的减排要求不能成为“因不可归责于双方当事人的事由”而且，双方签订的《节能服务协议》是一份双赢的合同，只要继续履行合同，双方都会获得节电款的收益，不存在“若继续维持合同会显失公平”的情形，因此，政府要求华润公司减少排放物不属于华润公司不履行合同的情势变更。对华润公司主张其停用紫御湾公司的设备属丁不可抗力或者情势变更，不予采信。

双方签订合同后，紫御湾公司已依照合同约定全资为华润公司提供了节能设备和对该设备进行维护、维修，经紫御湾公司验收合格并使用多年没有异议，应认定紫御湾公司提供的节电设备符合合同约定，紫御湾公司已履行了其合同义务，华润公司未经紫御湾公司同意擅自停用部分节电设备，致使该部分节电设备使用时间没有达到合同约定的时间，紫御湾公司的合同预期目的没有实现，华润公司的行为已经构成违约。依照合同法第一百零七条“当事人一方不履行合同义务或者履行合同义务不符合约定的，应当承担继续履行、采取补救措施或者赔偿损失等违约责任。”的规定，华润公司依法应承担违约责任。又因华润公司在法庭上明确表示不再使用紫御湾公司提供的尚未用满约定时间的节电设备，虽然华润公司的履行期限尚未届满，但依照合同法第一百零八条“当事人一方明确表示或者以自己的行为表明不履行合同义务的，对方可以在履行期限届满之前要求其承担违约责任”的规定，紫御湾公司有权请求华润公司承担违约责任。由于华润公司的违约行为致使紫御湾公司的合同预期目的不能实现，根据《节能服务协议》中“因华润公司原因导致节能方案不能执行，华润公司应赔偿甲方的损失”的约定以及合同法第三百六十二条第一款“技术服务合同的委托人不履行合同义务或者履行合同义务不符合约定，影响工作进度和质量，不接受或者逾期接受工作成果的，支付的报酬不得追回，未支付的报酬应当支付”的规定，华润公司应赔偿紫御湾公司因此遭受的损失，即应依合同约定支付紫御湾公司上述节电设备剩余时间应得的节电款分成。对紫御湾公司的损失应如何认定的问题，因双方在调解时均认可分享节电收益款按“分享节电收益款 = 剩余时间 × 每小时节电收益”的公式计算，双方的分歧在于上述公式中“每小时节电收益”以哪个月的收益为参数，紫御湾公司主张应以其2014年9月平均每小时收益为参数，而华润公司主张应以2014年1月至9月平均每小时节电款 × 分享比例为参数。从双方认可华润公司提供的2014年1月至9月《华润水泥（平南）有限公司与北京紫御湾科技有限公司合作节能电费计算表》看，华润公司每个月的用电量并不是固定的，这反映了华润公司根据生产需要而用电的客观事实，紫御湾公司每月获得的节电款分成也不是固定的，而是有时多于9月，有时少于9月。因此，紫御湾公司主张的每小时收益参数显然不符合客观实际，华润公司主张每小时收益参数更符合华润公司的用电的客观实际，应采信华润公司的计算方法，认定紫御湾公司的合同预期节电款收益为1498050.57元［窑尾预期收益（1月至9月总节电826590元 ÷ 总运行时间5929.25小时 × 剩余时间12808.39小时 × 分成比例50%）+ 窑头预期收益（1月至9月总节电费364213元 ÷ 总运行时间5654.33小时 × 剩余时间18784.66小时）× 分成比例50%］。至于华润公司主张应扣除紫御湾公司人工、维护服务费37.9万元，维修配件费21.88万元和扣减华润公司方占有设备份额66.75万元的问题，因华润公司并无证据证明在剩余时间里紫御湾公司为维护其设备应支出人工、维护服务费37.9万元，维修配件费21.88万元，依法不予采信。但考虑到维护和维修设备是紫御湾公司的义务，如果设备继续运行，紫御湾公司也必然要支出人工费和配件费，这部分支出应从紫御湾公司应得的预期收益款中扣减。鉴于双方没有提供证据证明这部分支出应为多少，法院酌情确定为紫御湾公司应得预期收益款的10%，即149805.05元。至于华润公司提出要扣减其占有设备份额66.75万元后退回设备给紫御湾公司的问题，因华润公司支付了紫御湾公司应得的预期收益款，就视为华润公司履行了合同，设备的所有权就归华润公司所有，且紫御湾公司不同意华润公司退回设备，因此，华润公司提出扣减这项款的理由不成立，不予支持。至于紫御湾公司要求华润公司支付逾期付款违约金的问题，双方虽然有“华润公司未能按照约定时间支付节电收益款，则按应付金额日万分之五支付违约金”和“按月读取节电时间和结算节电效益”的约定，但因双方并没有约定华润公司每个月必需的用电量，也没有约定合同履行届满的具体时间，实践中又是以华润公司的实际用电量来计算紫御湾公司的收益，在华润公司没有实际使用一线节电设备的情况下，无法确定华润公司每月应付多少节电收益分享款给紫御湾公司，也无法确定华润公司合同履行届满的具体时间。所以，紫御湾公司请求华润公司支付逾期付款违约金没有事实依据，不予支持。

判决：一、华润公司应支付紫御湾公司预期节电收益款 1348245.5 元，限于本判决生效后一个月内付清；二、驳回紫御湾公司的其他诉讼请求。

华润公司不服一审判决，向广西壮族自治区高级人民法院提起上诉。二审期间，华润公司以双方达成庭外和解为由，申请撤回上诉，二审法院经审查后认为，华润公司申请撤回上诉是自行处分其诉讼权利的行为，不违反法律规定，裁定：准许华润公司撤回上诉。

【法官评述】

科学技术是第一生产力，科技创新日益成为驱动发展的核心要素，通过购买技术服务提升生产效能、提高产品竞争力，成为越来越多企业借助“外脑”发展企业的有效途径，各种技术合同数量激增，相关的各类纠纷也随之增多。技术服务合同纠纷主要与其所提供的技术是否达到使用方预期的经济效益直接相关，同时，国家产业政策的调整、环境保护的需要，对生产技术的应用和改进有着很大的引导甚至产生强制性的作用，由此可能影响到相关技术服务合同的履行，本案就是一起较为典型的以执行国家环保产业政策发生“不可抗力”或“情事变更”为由拒绝继续履行技术服务合同的案例，本案判决对于如何判定执行国家产业政策是否对合同的履行构成“不可抗力”或“情事变更”，以及合同不履行之后守约方的利益应如何保护的问题提出了相关规则，为今后类似案件的审理提供可借鉴的参考。

一、执行国家产业政策是否构成合同履行的不可抗力或重大情势变更，关键在于判断合同所提供的技术成果是否与国家产业政策的技术要求相冲突，应由主张“不可抗力”或“情势变更”的一方进行举证

本案华润公司是一家水泥生产企业，在生产过程中会产生大量粉尘，

因此，政府根据国家环保节能减排政策，要求其进行除尘设施改造升级，为此，华润公司在进行除尘设施改造过程中拆除了紫御湾公司根据双方签订的技术服务合同为其安装的合同使用期限未满的节电设备，并以因执行国家环保减排政策发生“不可抗力”或“情势变更”为由拒绝继续履行合同。判断一项技术的应用是否与国家产业政策相冲突，应当以该技术的应用效果与国家产业政策要实现的目的进行比较，本案华润公司主张执行的国家环保节能减排政策所要实现的目的就是减少能源的消耗和环境污染物的排放，本案技术服务合同提供的是一种节电设备，通过安装使用该技术设备，可以减少生产设备在生产过程中的用电量，其实就是一种节能技术，是国家环保产业政策所倡导和要求的，而且在安装使用之后确实一直起到节电效果，双方由此都获得了节能效益，华润公司在诉讼中所举证据只证明了其在执行国家环保政策中政府要求其解决除尘问题即减排（减少排污）问题，与是否使用紫御湾公司提供的节电技术并不冲突，华润公司不能证明紫御湾公司提供的技术与国家环保节能减排政策相冲突，因此，判决在分析“不可抗力”或“情势变更”构成要件的基础上，认定华润公司执行国家环保减排政策对履行本案技术服务合同不构成“不可抗力”和“情势变更”，华润公司拒绝履行合同的抗辩理由不成立，华润公司单方拆除紫御湾公司安装的节电设备并拒绝继续履行合同的行为构成违约。

二、在一方已完全履行合同义务之后，如果不能证明另一方终止履行有法定情形的，守约方的合同利益应予以完全保护

平衡合同所涉及各方利益是审理合同纠纷案件的关键。若一方完全履行了合同义务，就应当享有合同充分履行而获得的全部利益，如果另一方在合同履行期间终止履行，又不能证明其终止履行符合法定情形的，那么完全履行合同义务一方有权要求终止履行方继续履行直至其合同利益的完全实现，或者赔偿其合同完全履行应获得的利益。本案华润公司在合同履行期间单方终止履行合同，其终止事由是执行国家环保减排政策发生“不可抗力”或“情势变更”，而紫御湾公司提供的是节能技术，与国家环保减排政策并不冲突，执行国家环保减排政策不构成合同履行的“不可抗力”，该技术在实际应用中为双方产生了节电效益，继续履行没有产生对华润公司“显失公平”的后果，而是双方受益，因此也不构成“情势变

更”的情形，因此，判决认定华润公司终止履行合同不能证明存在法定情形，判令华润公司按合同剩余履行期限在酌情扣减相关费用之后赔偿紫御湾公司应获得的全部节能效益款。

编写人：广西壮族自治区高级人民法院　骆金盛

IP

2016年中国法院50件典型知识产权案例

二、知识产权行政案件

（一）专利行政案件

44

吕汉杰诉林明海、汕头市知识产权局专利行政处理决定纠纷案

——阅读提示：地方性法规和部门规章对于专利行政部门处理专利侵权纠纷案件期限的规定不一致的，应如何适用？如何适用行政诉讼法创设的确认违法判决？

【裁判要旨】

行政诉讼中，在地方性法规与部门规章对同一事项规定不一致的情况下，对于全国性事项应适用部门规章。《广东省专利条例》与《专利行政执法办法》对专利侵权纠纷的行政处理期限规定不一致，应当适用《专利行政执法办法》的规定。行政行为程序轻微违法，但对原告权利不产生实际影响的，适用确认判决，但不撤销行政行为。

【案号】

一审：广州知识产权法院（2015）粤知法专行初字第6号

二审：广东省高级人民法院（2016）粤行终1134号

【案情与裁判】

原告（上诉人）：吕汉杰

被告（被上诉人）：汕头市知识产权局

第三人（原审第三人）：林明海

起诉与答辩

2015年6月23日，吕汉杰向广州知识产权法院提起诉讼，请求撤销汕头市知识产权局作出的汕知纠（2011）21号《专利纠纷案件处理决定书》（以下简称处理决定书）。

汕头市知识产权局辩称：吕汉杰没有提出调解请求，吕汉杰称本案没有进行调解与事实不符。依照行政诉讼法的规定，汕头市知识产权局作出处理决定的审理期限应优先适用地方性法规《广东省专利条例》的规定。本案不存在超期审理的情况。

林明海述称，吕汉杰称本案没有调解的陈述与事实不符。汕头市知识产权局作出处理决定的时间符合法规的规定，不存在超期审理的情况。请求依法维持该处理决定。

一审审理查明

林明海于2011年5月14日向国家知识产权局申请了名为"台灯（819手表夹子）"的外观设计专利，并于2011年9月7日获得授权，专利号为ZL201130133096.6，该专利目前处于有效状态。

根据广东省汕头市潮南公证处出具的（2011）汕潮南证内字第1204号公证书显示，申请人林明海的代理人发现汕头市德杰电子实业有限公司及网站www.gddejie.com的部分内容侵犯其权益，在公证处登陆上述网址，对网页的部分内容进行保全公证。

2011年11月30日，林明海以吕汉杰侵犯其上述案涉专利权为由请求汕头市知识产权局处理。

2011年12月2日，汕头市知识产权局向吕汉杰发出《专利执法勘验检查通知书》，称派出工作人员到吕汉杰处进行现场勘验、检查，发现有台灯图册，图册中标明企业名称为"汕头市德杰电子实业有限公司"及"科洋"商标。汕头市知识产权局在检查中对吕汉杰做了询问笔录，该笔录记载：吕汉杰陈述称其正在将"汕头市潮南区两英德杰高频工艺包装制品厂"变更为"汕头市德杰电子实业有限公司"；其申请的商标为"科洋"；涉嫌被诉侵权的四款台灯型号为KY－6636、KY－6618、KY－6647、KY－6613为该厂生产；涉案产品从今年（即2011年）开始生产，现在已经没有生产。但吕汉杰拒绝在笔录中签名。

2012年11月28日，汕头市知识产权局对该案进行了口头审理。在口头审理中，林明海确认案涉产品与其外观设计专利相近似，吕汉杰认为两者有些相似，但认为涉案产品不是吕汉杰生产的，被诉产品标示为汕头市德捷电子有限公司。

2012年3月24日，吕汉杰以专利复审委员会对案涉专利无效宣告请求进行审查为由，申请汕头市知识产权局中止审理。汕头市知识产权局在2012年3月26日作出中止审理通知书，中止该案的审理。汕头市知识产权局以专利复审委员会已经作出审查决定为由，于2012年11月16日作出恢复审理通知书，恢复对该案的审理。汕头市知识产权局在2012年12月27日以吕汉杰认为专利复审委员会的审查决定尚未生效，其将在法定期限内提起行政诉讼为由，决定再次中止审理。2015年3月31日，汕头市知识产权局以案涉中止审理的情形已经消失为由，决定恢复对该案的审理。汕头市知识产权局分别在2015年4月27日和2015年5月20日分别通知吕汉杰和林明海，由于案情复杂，分别延长结案时间一个月及半个月。汕头市知识产权局对于上述的中止审理通知书和延长结案时间通知均分别送达了吕汉杰和林明海。吕汉杰在庭审中确认收到了上述通知。

汕头市知识产权局在处理过程中以被诉侵权产品与林明海的案涉专利进行了比对，认为：将林明海的专利设计与被诉侵权产品进行比对，两者外观形状相似，不同之处属于细小的局部差别，对整体外形轮廓不会产生视觉改变，对两者整体视觉效果不产生显著的影响，被诉产品落入林明海的案涉专利的保护范围。

汕头市潮南区工商行政管理局2012年3月21日作出的汕潮南工商处字（2012）51号《行政处罚决定书》记载，该局经检大队于2012年2月28日对当事人（汕头市潮南区两英德杰高频工艺包装制品厂）进行检查，现场查获封存涉嫌编造虚假“汕头市德杰电子实业有限公司”的商品生产企业名称生产的“科洋KEYANG”牌手电筒、充电式台灯等物品。另查明，汕头市潮南区两英德杰高频工艺包装制品厂为个体经营，经营者为本案吕汉杰，经营范围及方式为生产、加工、销售包装制品、塑料工艺品、服装袋配件、文具袋。

2015年5月28日，汕头市知识产权局作出处理决定书，认定被请求人吕汉杰制造的产品侵害了请求人（即本案第三人林明海）ZL201130133096.6外观设计专利权，责令被请求人吕汉杰立即停止侵犯请求人林明海专利号为ZL201130133096.6外观设计专利权的行为。

一审判理和结果

一审法院认为，吕汉杰实施了制造与涉案专利外观近似的产品的行为，构成专利侵权；汕头市知识产权局专利处理程序合法。根据2015年《中华人民共和国行政诉讼法》（以下简称行政诉讼法）第六十三条第一款、第三款的规定，人民法院审理行政案件，以法律和行政法规、地方性法规为依据；地方性法规适用于本行政区域内发生的行政案件；人民法院审理行政案件，参照规章。部门规章《专利行政执法办法》和地方性法规《广东省专利条例》在审理期限上的规定不完全相同，应当优先适用地方性法规的规定。汕头市知识产权局处理期限并未超过条例规定的期限。判决维持汕知纠（2011）21号专利纠纷案件处理决定。

二审审理查明

二审另查明，汕头市知识产权局在2012年11月28日进行的口审中，主审员告知了口审的最后程序为调解。在最后总结发言中，原审第三人林明海陈述称可以调解，具体条件得庭后商议，上诉人吕汉杰也表示可以调解。二审中，吕汉杰当庭确认其没有提交请求书请求汕头市知识产权局调解涉案的专利纠纷，认可汕头市知识产权局征询过双方是否愿意调解。汕知纠（2011）21号专利行政处理案立案日期为2011年12月1日，决定日期为2015年5月28日，扣除两次中止处理的期间，处理期限为7个月零4天。

二审判理和结果

二审法院认为，根据汕头市知识产权局进行行政处理时施行的《专利行政执法办法》第二十条的规定，请求管理专利工作的部门调解专利纠纷的，应当提交记载请求调解的具体事项和理由等内容的请求书。吕汉杰并未按照前述法定的要求提出调解请求，其上诉提出汕头市知识产权局未经调解作出处理决定违法无据。国家知识产权局对于专利侵权纠纷的处理期限的要求是明确的、一贯的。根据汕头市知识产权局受理林明海与吕汉杰的专利侵权纠纷及作出处理决定期间施行的《专利行政执法办法》关于处理期限的规定，汕头市知识产权局处理林明海与吕汉杰的专利侵权纠纷期间，扣除中止期间后，达到7个月零4天，超过了5个月的最长处理期限，应当认定为程序违法。但汕头市知识产权局处理林明海与吕汉杰专利侵权纠纷程序完整，并无剥夺、限制吕汉杰权利的情形，虽然处理期限超出了《专利行政执法办法》的规定，该违法情节轻微，并未影响专利处理决定实体的公正性。对吕汉杰提出撤销专利处理决定的诉讼请求，不予支持。依照行政诉讼法第七十四条第一款第（二）项和第八十九条第一款第（二）项、第三款之规定，判决：一、撤销广州知识产权法院（2015）粤知法专行初字第6号行政判决；二、确认汕头市知识产权局作出的汕知纠（2011）21号《专利纠纷案件处理决定书》程序违法；三、驳回吕汉杰关于撤销汕头市知识产权局作出的汕知纠（2011）21号《专利纠纷案件处理决定书》的诉讼请求。

【法官评述】

2015年5月1日施行的行政诉讼法实现了很多制度创举，受到了实务界和学术界各界的高度评价，修订增加的确认判决是重要内容之一，新修订的行政诉讼法第七十四条规定的即新增加的确认判决。该条列举了适用确认判决的五种情形，很好的地解决了以往只存在维持判决、撤销判决、责令履行法定职责判决和变更判决的情况下，对于一些行政案件，如果拘泥于行政诉讼法有关判决形式的规定，勉强适用维持判决或者撤销判决，不仅在法律逻辑上难以自圆其说，而且判决效果欠佳，往往伤及行政判决与审判权的合理行使，损害人民法院判决的严肃性和权威性的问题。[①] 该条在吸收《最高人民法院关于执行〈中华人民共和国行政诉讼法〉若干问题的解释》有关确认判决部分规定的基础上，对于行政上行为程序轻微违法，但对原告权利不产生实际影响的情形，增加规定了确认违法判决。本案是适用该增加确认违法判决的典型案例。

本案中，汕头市知识产权局对林明海提出的查处吕汉杰侵害其ZL201130133096.6号外观设计专利权行为的请求程序及作出《专利纠纷案件行政处理决定书》，处理结论正确，处理程序完整，没有发生剥夺、限制吕汉杰权利的情形，但是存在超期处理的可能。而这个可能是否可以确定，要看适用的是地方性法规《广东省专利条例》还是部门规章《专利行政执法办法》的规定。二者作出了不同的规定。如果适用前者，则在处理

① 江必新：《中华人民共和国行政诉讼法及司法解释条文理解与适用》，人民法院出版社2016年版，第492页。

期限内，如果适用后者，则超越了处理期限，构成程序违法。该案从法律的适用规则和行政诉讼重在审查行政行为合法性的立法精神出发，适用了后者，对于促进依法行政、高效行政、优质行政意义重大，为新设法律制度的落地提供了鲜活的案例。

一、专利行政处理中的调解

根据《中华人民共和国专利法》第五十七条的规定①，未经专利权人许可，实施其专利，即侵犯其专利权，引起纠纷的，专利权人或者利害关系人可以请求管理专利工作的部门处理；进行处理的管理专利工作的部门应当事人的请求，可以就侵犯专利权的赔偿数额进行调解。可见调解不是法律规定的前置程序，而是依行政相对人申请的程序。关于行政相对人请求调解的方式，法律、法规未作要求，部门规章作了具体的要求。本案汕头市知识产权局进行行政处理时施行的《专利行政执法办法》（2011年2月1日施行）第二十条的规定，请求管理专利工作的部门调解专利纠纷的，应当提交记载请求调解的具体事项和理由等内容的请求书。吕汉杰在上诉状和二审法庭调查中均明确认可其未向汕头市知识产权局提交调解请求书。吕汉杰并未按照前述法定的要求提出调解请求，其上诉提出汕头市知识产权局未经调解作出处理决定违法无据。

二、专利行政处理中地方性法规与部门规章冲突的选择适用

现行有效的地方性法规《广东省专利条例》（2010年12月1日起施行）第三十六条规定："专利行政部门处理专利侵权纠纷案件，调解不成的，应当在受理案件之日起六个月内作出处理决定；情况复杂需要延长期限的，经本部门负责人批准，可以延长三个月。"国家知识产权局公布的《专利行政执法办法》（2011年2月1日起施行）第十九条规定："管理专利工作的部门处理专利侵权纠纷，应当自立案之日起4个月内结案；案件特别复杂需要延长期限的，应当由管理专利工作的部门负责人批准；经批准延长的期限，最多不超过1个月；案件处理过程中的公告、鉴定、中止等时间不计入前款所述案件办理期限。"《专利行政执法办法》与《广东省专利条例》对专利行政部门处理专利侵权纠纷案件的期限规定并不一致。《最高人民法院关于审理行政案件适用法律规范问题的座谈会纪要》规定：

---

① 已被修订为2008年《专利法》第六十条。

"地方性法规与部门之间对同一事项的规定不一致的，人民法院一般按照下列情形适用：(1) 法律或者行政法规授权的部门规章作出的实施性规定的，其规定优先适用…… (4) 地方性法规对于属于地方性事务的事项作出的规定，应当优先适用……"及时原则，是管理专利工作的部门处理专利侵权纠纷应当遵守的基本原则之一。专利行政执法具有程序简单、处理快捷的特点。专利行政部门处理专利侵权纠纷案件的期限的规定，关系到行政行为的快速、高效处理和对权利人的及时、有效救济的问题，应当由国家知识产权主管部门作出全国性的统一规定较为适宜。《广东省专利条例》系2010年12月1日施行，当时，国家知识产权局并未对专利侵权纠纷的行政处理期限作出统一规定，《广东省专利条例》作为地方性法规作出规定并无不妥，应予适用。但是，在《广东省专利条例》施行后，国家知识产权局修订的《专利行政执法办法》在2011年2月1日施行。在专利侵权纠纷的行政处理期限已经有了统一的明确规定之后，应当适用《专利行政执法办法》的规定。而且，2015年5月29日再次修订的《专利行政执法办法》第二十一条规定："管理专利工作的部门处理专利侵权纠纷，应当自立案之日起3个月内结案。案件特别复杂需要延长期限的，应当由管理专利工作的部门负责人批准。经批准延长的期限，最多不超过1个月。案件处理过程中的公告、鉴定、中止等时间不计入前款所述案件办理期限。"为了加强专利权的保护，新修订的《专利行政执法办法》进一步缩短了处理专利侵权纠纷的办案期限，较之前的《专利行政执法办法》又作出了缩短一个月的规定，足可见国家知识产权局对于专利侵权纠纷的处理期限的要求是明确的、一贯的。基于上述理由，吕汉杰上诉提出一审未依据《专利行政执法办法》认定本案行政处理期限错误的理由成立，应予以支持。由于本案汕头市知识产权局受理林明海与吕汉杰的专利侵权纠纷及作出处理决定的期间，是2011年2月1日施行的《专利行政执法办法》施行期间，关于处理期限的规定，应当适用行政行为时的规定即适用该办法，而非2015年5月29日修订的《专利行政执法办法》。

三、专利行政处理中程序瑕疵的认定

行政程序是指作出行政行为的过程要求，包括步骤、顺序、方式、时间等。我国有关行政程序的规定，散见于有关行政管理的法律、法规、规章以及其他合法有效的规范性文件之中。对于行政程序的合法性审查，原有行政审判实践一般区分为违反法定程序和程序瑕疵；对违反法定程序的，撤销或者确认违法，而对于违反法定程序性质不严重的，视为程序瑕疵，一般仅在判决书中指出或者发司法建议给行政机关。但对于如何区分违反法定程序和程序瑕疵，尚无明确的标准。行政诉讼法第七十四条第一款第（二）项的规定是本次修法新设，吸纳了行政审判实践的经验。本次修法中立法机关经反复推敲、几易其稿，最终规定使用“程序轻微违法、但对原告权利不产生实际影响”的表述。意味着对于程序违法性质或者情节较重的，应当首先确认违法。① 立法上进行区分，能避免判决撤销不实际影响原告权利的程序违法行为所导致的程序空转，同时通过对行政行为的程序违法性进行否定性评价，监督行政机关依法行使职权。需要强调的是，适用本项的前提条件有两个，即程序轻微违法与对原告权利不产生实际影响。如果行政程序并非轻微违法，即使对原告的权利不产生实际影响，也不构成程序瑕疵，而是违反法定程序。同时，只能字面理解本项规定的“对原告权利不产生实际影响”，不能将其理解为对原告权利产生的实际影响小。

编写人：广东省高级人民法院　欧丽华

---

① 江必新：《中华人民共和国行政诉讼法及司法解释条文理解与适用》，人民法院出版社2016年版，第494页。

（二）商标行政案件

45

深圳市柏森家居用品有限公司诉国家工商行政管理总局商标评审委员会商标驳回复审行政纠纷案

——阅读提示：商标驳回复审行政案件中对于证明诉争商标或引证商标知名度证据的考虑。

【裁判要旨】

由于商标驳回复审程序为单方程序，引证商标权利人并无机会提交有关引证商标知名度的证据。为维护程序的正当性，在商标驳回复审程序中通常不应当考虑与知名度有关的证据。

【案号】

一审：北京知识产权法院（2015）京知行初字第466号

二审：北京市高级人民法院（2015）高行（知）终字第3425号

申请再审：（2016）最高法行申362号

【案情与裁判】

原告（被上诉人、再审申请人）：深圳市柏森家居用品有限公司（以下简称柏森公司）

被告（上诉人、被申请人：国家工商行政管理总局商标评审委员会（以下简称商标评审委员会）

起诉与答辩

柏森公司于 2015 年 2 月 5 日起诉称：一、申请商标系原告独创，与商号“柏森”相对应，与引证商标一、引证商标二不构成使用在类似商品上的近似商标，不会造成消费者的混淆误认。二、申请商标经过原告的广泛使用，已具有较高知名度。综上，申请商标的申请注册不属于《中华人民共和国商标法》（以下简称商标法）第三十条规定之情形，请求人民法院依法撤销商标评审委员会于 2014 年 11 月 26 日作出的商评字（2014）第 87886 号《关于第 11977963 号“BESON”商标驳回复审决定书》（以下简称被诉决定）。柏森公司当庭提交了关于长期使用的证据，用于证明申请商标经过长期使用已具有较高知名度。

商标评审委员会答辩称：被诉决定认定事实清楚，适用法律正确，审查程序合法，请求人民法院依法予以维持。

一审审理查明

引证商标一为第 3352410 号“美洲野牛 BISON 及图”商标（商标图样附后），申请日为 2002 年 10 月 30 日，2008 年 1 月 21 日核准注册，核定使用在第 20 类的办公家具、婴儿学步车、床垫、可充气广告物等商品上，商标专用期限至 2018 年 1 月 20 日止。

申请商标二为第 5631303 号“邦元 · 名匠 beson 及图”商标（商标图样附后），申请日为 2006 年 9 月 26 日，2010 年 1 月 21 日核准注册，核定使用在第 20 类的相框、个人用扇（非电动）、家庭宠物箱等商品上，商标专用期限至 2020 年 1 月 20 日止。

诉争商标为第 11971963 号“BESON”商标（商标图样附后），申请日为 2012 年 12 月 28 日，指定使用在第 20 类的凳子（家具）、办公家具、家具、镜子（玻璃镜）等商品上。

针对该申请，商标局作出驳回通知，对申请商标的注册申请予以驳回。

申请商标的原权利人深圳市耀华宜家家具有限公司（以下简称耀华公司）不服，于法定期限内向商标评审委员会提出复审申请，其主要理由为：申请商标与引证商标一、二有所区别，未构成使用在相同或类似商品上的近似商标，请求给予申请商标初步审定。

在此基础上，商标评审委员会于 2014 年 11 月 26 日作出被诉决定。

一审判理和结果

北京知识产权法院经审理认为：申请商标指定使用的凳子（家具）、办公家具、家具、镜子（玻璃镜）等商品与引证商标一核定使用的办公家具、婴儿学步车、床垫、可充气广告物等商品，引证商标二核定使用的相框、个人用扇（非电动）、家庭宠物箱等商品，具有基本相同的功能、用途、生产部门、销售渠道、消费对象，若在上述商品上使用相近似的商标，会使相关公众认为上述商品或服务系由同一主体提供，或其提供者之间存在特定联系，从而造成混淆误认，故申请商标指定使用的商品与引证商标一、二核定使用的商品构成类似商品。

申请商标由英文“BESON”组成，引证商标一由中文“美洲野牛”、英文“BISON”及图组成，引证商标二由中文“邦元·名匠”、英文“beson”及图组成。鉴于商标的中文部分对于相关公众而言，易于呼叫及辨识，是主要识别部分，因此将上述商标进行对比，虽申请商标与引证商标一的英文部分只相差一个字母，与引证商标二的英文部分相同．但考虑到英文“BISON”并非引证商标一的唯一显著认读部分，其显著识别部分还包含中文“美洲野牛”，英文“beson”亦并非引证商标二的唯一显著认读部分，其显著识别部分还包含中文“邦元·名匠”，因此，若将申请商标与引证商标一、二同时使用在同一种或类似商品上，相关公众施以一般注意力，不会对商品的来源产生误认或者认为其来源之间有特定的联系，故申请商标分别与引证商标一、二不构成近似商标。

因此，申请商标与两件引证商标并不构成使用在相同或类似商品上的近似商标，申请商标的申请注册不属于商标法第三十条规定的情形，被诉决定相关认定错误。依据《中华人民共和国行政诉讼法》第七十条第（一）项、第（二）项之规定，北京知识产权法院判决：撤销被诉决定；商标评审委员会重新作出决定。

上诉与答辩

商标评审委员会不服原审判决，向北京市高级人民法院提起上诉，请求撤销原审判决，维持被诉决定，其上诉理由为：申请商标完整包含于引证商标二，与引证商标一字母部分在呼叫、外观等方面相近，共同使用在同一种或类似商品上，易对商品来源产生混淆误认，构成商标法第三十条所述之情形。

柏森公司服从原审判决。

二审审理查明

二审期间，柏森公司提交了部分合同、发票、荣誉证书，用以证明申请商标的使用、宣传和获奖情况。

二审判理和结果

北京市高级人民法院经审理认为：申请商标与引证商标一、引证商标二构成类似商品，但是，引证商标一为组合商标，其中中文“美洲野牛”英文“BISON”、野牛图形均为显著部分。引证商标二也是组合商标，英文“beson”亦为其中显著部分。引证商标二中，虽然“be”“son”之间被一门状图形分开，但该门状图形颜色较浅，“be”“son”之间距离较近，相关公众施以一般注意力，仍易将其读为“beson”。申请商标与引证商标一、二的显著部分在字母构成、发音方面均高度近似，同时使用在类似商品上，相关公众施以一般注意力，易对其指定使用的商品来源产生混淆或误认。柏森公司在二审期间提交的证据不是商标评审委员会作出被诉决定的依据，且因本案为商标申请驳回复审行政纠纷，对于引证商标一、二的实际使用情况尚不知晓，仅凭柏森公司的证据亦不足以证明申请商标与引证商标一、二能够区分。

综上，北京市高级人民法院判决：申请商标与与引证商标一、二构成使用在类似商品上的近似商标。原审判决对此认定有误，故撤销一审判决，驳回柏森公司的诉讼请求。

申请再审理由与答辩

柏森公司申请再审称：（一）二审存在程序错误，商评委没有出席二审谈话，表明已放弃上诉并应为其行为承担法律责任，柏森公司曾向二审法院提出“上诉人拒不到庭，应按照撤诉处理”的要求，但二审法院没有按照撤诉处理并且二审判决未提及商评委拒不到庭的事实。（二）1. 申请商标与引证商标二共同的群组是2004［申请商标在该群组中的商品为“镜子（玻璃镜）”；引证商标二在该群组中的商品为“相框”］，两商标的商品从功能、用途、生产部门、销售渠道、消费对象上对比区别很大，相关公众不会认为商品来源之间存在特定联系、不容易造成混淆。如果镜子（玻璃镜）与相框近似，再审申请人可以放弃申请商标在镜子（玻璃镜）上的注册，如果放弃镜子（玻璃镜）的注册，则申请商标的商品群组与引证商标二没有重合，两商标的商品不构成类似商品，进而没必要比较申请商标与引证商标二的标样是否近似。2. 申请商标与引证商标的标样不近似。申请商标一由纯英文字母组合，没有特殊含义。引证商标一的含义为“美国野牛”，根据中国人的阅读认知习惯，中文是显著部分，中文“美国野牛”与“BISON”意义对应，申请商标与引证商标一的读音也不相同。因此，相关消费者不会产生误认。引证商标二为组合商标，邦元·名匠是组合商标引证商标二中显著部分，与申请商标差别很大。be 与 son 之间被一门状图形分开，那么就应该分开读，其含义分别为“是”“儿子”。申请商标主要注册在“家具”上，相关消费者注意义务较高，不会产生误认或者认为二者有特定的联系。3. 认定商标是否近似，还要考虑商标的显著性和知名度、所使用商品的关联程度等因素，以是否容易导致混淆作为判断因素。柏森公司在商标评审阶段提交过“beson/柏森”品牌推广合同、发票、照片及获得荣誉等，为补强证据，在二审阶段又提交了证据用于证明申请商标知名度高、显著性强，希望法院考虑柏森公司对申请商标使用、获得的荣誉等证据。综上，柏森公司请求上海市高级人民法院撤销二审判决，维持一审判决，由商评委承担诉讼费。

商评委提交意见认为：第 11971963 号“BESON”申请商标与引证商标一（第 3352410 号“美洲野牛 BISON 及图”商标）及引证商标二（第 5631303 号“邦元·名匠 beson 及图”商标）字母部分的呼叫、拼写等方面相近，共同使用在同一种或类似商品上，易使消费者对商品来源产生混淆误认，已构成使用在同一种或类似商品上的近似商标，违反了商标法第三十条的规定。

申请再审判理和结果

最高人民法院审查认为：商标驳回复审案件为单方程序，引证商标持有人不可能作为诉讼主体参与到该程序中，有关引证商标知名度的证据因而在该程序中无法得以出示，在缺乏对申请商标特别是引证商标进行充分举证和辩论的情况下，商标知名度实际上无法予以考虑。否则，将有违程序的正当性。本案中，只有柏森公司提交证据，试图证明申请商标知名度强、引证商标知名度弱，而引证商标持有人并无机会参与诉讼程序。由于柏森公司的证据均为单方证据，故二审法院认为仅凭柏森公司的证据不足以证明申请商标与引证商标一、引证商标二能够实现区分，该结论并无不当。依照《最高人民法院关于执行〈中华人民共和国行政诉讼法〉若干问题的解释》第七十四条之规定，裁定驳回深圳市柏森家居用品有限公司的再审申请。

【法官评述】

根据最高人民法院印发《关于审理商标授权确权行政案件若干问题的意见》的通知（法发〔2010〕12号）第十六条的规定，人民法院认定商标是否近似，要考虑相关商标的显著性和知名度，但是，商标授权确权行政案件又因商标复审案件和商标异议案件而不同。商标复审案件为单方程序，通常而言，引证商标持有人并不出现，申请商标和引证商标的知名度无法在双方充分举证和辩论的情况下进行比较，人民法院缺少可裁判的依据，商标知名度实际上无法予以考虑，此外，法院依职权调查不能保证查明事实亦并非司法价值所在，而依职权调查的结论通常超越前审法院的审理范围，不宜写入裁判文书作为定案依据。因此，在单方程序中应较少地考虑知名度，仅仅从标样本身进行对比并拉开标样之间的距离，可以有效地防止产生混淆和误认，符合商标注册申请审查的立法本义。

本案中，柏森公司在本案中提交了申请商标的使用证据，包括其使用、宣传和获奖情况，用以证明申请商标的知名度高、显著性强。同时，柏森公司还提交了引证商标一、二的商标查询情况及其在淘宝百度的检索情况的打印件，主张引证商标一和引证商标二基本没有被使用。对此，我们认为，一方面，柏森公司在淘宝和百度的检索情况无法反映家居类产品市场的全貌，不足以证明引证商标一和引证商标二基本没有使用；另一方面，本案始终只有柏森公司在提交证据以证明申请商标知名度强，引证商标一、二知名度弱，而引证商标的持有人并未参与进来。因此，二审法院认定仅凭柏森公司的证据亦不足以证明申请商标与引证商标一、二能够区分，并无不当。

此外，柏森公司的申请时间为2012年12月28日，晚于引证商标一的申请时间2002年10月30日和引证商标二的申请时间2006年9月26日，并且柏森公司2014年3月13日经深圳市市场监督管理局核准才将企业名称从“耀华宜家公司”变更为现在使用的“柏森公司”，应尽量拉开引证商标和申请商标的距离，有利于避免可能发生的混淆。具体而言，申请商标由英文“BESON" 组成，各字母从左到右横向排列，引证商标一为组合商标，从上到下依次为野牛图形、英文“BISON”和中文“美洲野牛”，其中英文“BISON”位于商标中部。引证商标二也是组合商标，从左到右依次为英文“beson”、背后图形类似门框，门框左侧立柱位于字母 e 和 s 之间将其隔开，右侧立柱位于字母 s 后面和中文“邦元·名匠”，其中英文字体略大于右侧的中文。根据上述比对可知，本案中申请商标和引证商标一、二的英文部分均易于辨识，申请商标本身是英文，引证商标是组合商标，其中有中文和英文，呼叫通常会呼叫到中文字体，也不排除呼叫英文的情况，引证商标一英文位于中心位置，引证商标二英文位于左侧起始位置，字体较大，两引证商标英文部分属于商标的显著识别部分。进一步比较该显著识别部分，申请商标与引证商标一的显著识别部分在字母构成、发音方面高度近似。引证商标二的英文为“beson”，字母“e”和“s”之间仅以门柱分开，距离较近，相关公众施以一般注意力，仍易将其读为“beson”，因此，申请商标与引证商标一、二的显著识别部分在字母构成（外观）、发音（呼叫）方面均近似。

编写人：最高人民法院　李剑

46

鹤山三丽雅工艺制品有限公司诉国家工商行政管理总局商标评审委员会、第三人格里高利登山用品有限公司商标异议复审行政纠纷案

——阅读提示：晚于商标注册申请日后取得的著作权登记证书，是否能证明其享有在先的著作权？在商标异议申请后取得的著作权登记证书，是否能证明其享有在先的著作权？双方当事人均进行了著作权登记，在后取得的著作权登记证书，是否能证明其享有在先的著作权？

【裁判要旨】

我国著作权登记采取自愿登记制，著作权登记机关仅进行形式审查，在注册商标申请日之前取得的著作权登记证书，在该作品具有独创性、没有相反证据足以推翻的情况下，可以证明登记证书上记载的权利人在先享有著作权。但是，晚于商标注册申请日后取得的著作权登记证书，不足以证明其享有在先的著作权；在商标异议申请后取得的著作权登记证书，不足以证明其享有在先的著作权；双方当事人均进行了著作权登记，在后取得的著作权登记证书，不足以证明其享有在先的著作权。

【案号】

一审：北京市第一中级人民法院（2014）一中知行初字第1624号

二审：北京市高级人民法院（2015）高行（知）终字第823号

申请再审：最高人民法院（2016）最高法行申2154号

【案情与裁判】

原告（上诉人、被申请人）：鹤山三丽雅工艺制品有限公司（以下简称三丽雅公司）。

被告（被上诉人）：国家工商行政管理总局商标评审委员会（以下简称商标评审委员会）。

第三人（再审申请人）：格里高利登山用品有限公司（以下简称格里高利公司）。

起诉与答辩

三丽雅公司于2014年1月向一审法院起诉称：格里高利公司不具有商标异议申请人的主体资格，不能证明其对“GERGORY山形图案”作品享有著作权。商标评审委员会作出的商评字（2013）第94808号关于第5636685号“GREGORY及图”商标异议复审裁定（以下简称第94808号裁定）认定事实不清、适用法律不当，请求法院撤销该裁定，判令商标评审委员会重新作出裁定。

商标评审委员会答辩称：坚持在第94808号裁定中的意见，该裁定认定事实清楚，适用法律正确，程序合法，请求法院予以维持。

格里高利公司述称：第94808号裁定认定事实清楚，适用法律正确，程序合法，请求法院予以维持。

一审审理查明

第5636685号“GREGORY及图”商标（以下简称被异议商标），由三丽雅公司于2006年9月28日向国家工商行政管理总局商标局（以下简称商标局）提出注册申请，指定使用在第9类“计算器袋（套）、时钟、量具、假币检测器、传真机、电话机、光学品、麦克风、教学投影灯、教学仪器”等商品上。被异议商标于2009年5月21日予以初步审定公告后，格里高利公司不服，向商标局提出异议申请。商标局于2011年10月21日作出（2011）商标异字第41523号商标异议裁定书，认定格里高利公司关于三丽雅公司恶意复制、抢注其在先使用具有较大影响的“GREGORY及图”商标并侵犯其在先著作权和商号权的主张证据不足，裁定被异议商标予以核准注册。格里高利公司不服，于2011年12月20日向商标评审委员会提出异议复审申请，主要理由为：被异议商标损害了格里高利公司对“GREGORY山形图案”美术作品享有的在先著作权、在先商号权；三丽雅公司抢注格里高利公司在先使用并具有较高声誉的商标，违反了诚实信用原则。商标评审委员会作出第94808号裁定认为，格里高利公司“GREGORY山形图案”标志，设计独特，具有独创性，属于我国著作权法保护的美术作品。该图形作品的创作完成时间早于被异议商标申请注册日，格里高利公司对该图形作品享有在先著作权。被异议商标与格里高利公司具有独创性的标志作品完全相同难谓巧合，在未得到著作权人许可的情况下，三丽雅公司将格里高利公司在先享有著作权的作品作为被异议商标申请注册的行为，构成对格里高利公司享有的在先著作权之损害，违反了《中华人民共和国商标法》（以下简称商标法）第三十一条关于申请商标注册不得损害他人现有的在先权利的规定，裁定：被异议商标不予核准注册。另查明，1992年11月16日，边奇国际股份有限公司将该“GREGORY山形图案”作为商标图样向美国专利及商标局提出了注册申请，1994年5月17日获准注册，注册号为1836788。2009年10月27日，国家版权局颁发登记号为2009-F-021614号《著作权登记证书》，其上显示：格里高利登山用品有限公司（Gregory Mountain Products, Inc.）（以下简称原格里高利公司）于1992年从边奇国际股份有限公司处受让取得了“GREGORY山形图案”的著作权。2010年，原格里高利公司与珠穆朗玛联合Ⅱ有限公司合并为格里高利公司。格里高利公司继受了原格里高利公司的所有权利和义务，包括但不限于其所有的知识产权。尤其包括其背包业务以及背包业务相关的知识产权（包括“GREGORY山形图案”的著作权、商标权和相关权利）。2006年12月7日，广东省版权保护联合会颁发的登记号为19-2006-F-1487号《著作权登记证书》上显示：萧焯帆于2000年9月27日创作完成龙皇组合图，著作权人为三丽雅公司。

一审判理和结果

一审法院认为：本案应适用2001年商标法进行审理。商标法第三十一条规定，诉争商标注册不得损害他人现有的在先权利。其立法目的，在于尽可能避免在同一标志上同时存在两种以上相互冲突的有效的民事权利或权益。格里高利公司主张的“GREGORY山形图案”标志属于我国著作权法保护的美术作品。上述图形作品在我国的著作权登记时间虽然晚于被异议商标申请注册日，但其上显示原格里高利公司于1992年从他人处受让取得了该图形作品的著作权。格里高利公司于2010年又继受了原格里高利公司包括该图形作品著作权在内的相关知识产权。结合边奇国际股份有限公司早在1992年即将该图形作品作为商标图样向美国专利及商标局提出注册申请事实可知，上述图形作品的创作完成时间早于被异议商标申请注册日。因此，在三丽雅公司未提交相反证据的情况下，可以认定格里高利公司为涉案作品的作者，享有涉案作品的著作权。被异议商标与格里高利公司主张的作品图案在整体外观上几乎完全相同。三丽雅公司提交的著作权登记证明中显示的作品创作完成日期晚于格里高利公司“GREGORY 山形图案”作品的完成日期。虽然三丽雅公司亦提交了其创作被异议商标的手稿等材料，考虑到“GREGORY 山形图案”作品具有较强的独创性，两幅作品完全相同难谓巧合。故在未得到著作权人许可的情况下，三丽雅公司申请注册被异议商标，构成对格里高利公司享有的在先著作权之损害，违反了商标法第三十一条关于申请商标注册不得损害他人现有的在先权利的规定。一审法院判决维持商标评审委员会作出的第94808号裁定。

上诉与答辩

三丽雅公司不服一审判决，上诉称：1. 在仅有当事人陈述的情况下，一审判决认定格里高利公司继受了原格里高利公司的所有权利和义务，并据此作出判决，缺乏事实和法律依据。2. 一审判决依据格里高利公司提交的著作权登记证书认定原格里高利公司于1992年从边奇公司处受让取得了“GREGORY 山形图案”的著作权，缺乏事实和法律依据。该认定与格里高利公司主张的案件事实相冲突，且格里高利公司提交的著作权登记证书实际属于当事人陈述，不足以证明作品著作权归属。3. 一审判决依据格里高利公司提交的著作权登记证书、经公证认证的确认函和美国商标注册信息认定其为涉案作品的作者，享有涉案作品的著作权，属于认定事实和适用法律错误。请求撤销一审判决及被诉裁定。

商标评审委员会、格里高利公司服从一审判决。

二审审理查明

格里高利公司在商标评审期间向商标评审委员会提交的《著作权登记证书》载明：“申请者 Gregory Mountain Products, Inc.（美国）经 Bianchi International Corporation（美国）转让，取得了美术作品《Gregory山形图案》在中国范围内的著作权，转让期限自1992年起至永久。申请者Gregory Mountain Products，Inc. 申请对上述权利进行登记。经中国版权保护中心审核，对申请者的上述权利予以登记。登记号为：2009－F－021614；发证日期为：2009年10月27日。”格里高利公司在商标评审期间向商标评审委员会提交了格里高利公司自行出具的确认函，该确认函载明：“本确认函于2012年3月5日由格里高利登山用品有限公司（Gregory Mountain Products，LLC.）（其为一家根据美国特拉华州法律组建和存续的有限公司）签署。a. 原格里高利登山用品有限公司（Gregory Mountain Products，Inc.，下称原格里高利公司），2010年与珠穆朗玛联合Ⅱ有限公司（Everest MergerⅡ，LLC）合并，合并后名称为格里高利登山用品有限公司（Gregory Mountain Products，LLC.，下称格里高利公司）。b. 格里高利公司继受了原格里高利公司的所有权利和义务，包括但不限于原格里高利公司的所有知识产权。”本案诉讼期间，格里高利公司向法院提交的美国特拉华州州务卿2014年5月5日出具的文件载明：“我，特拉华州州务卿杰弗里·W. 布洛克，特此证明：‘格里高利登山用品限责任公司’是依据特拉华州的法律正式注册成立的公司，根据本办公室截至2014年5月5日的记录显示，该公司是一个信誉良好的合法存续的公司。我进而证明，上述‘格里高利登山用品有限责任公司’成立于公元2010年4月23日。”

二审判理和结果

二审法院认为：被异议商标所使用的图形作品设计独特，具有独创性，已构成我国著作权法所保护的美术作品。根据《中华人民共和国著作权法》（以下简称著作权法）第十一条、《最高人民法院关于审理著作权民事纠纷案件适用法律若干问题的解释》第七条的规定，虽然格里高利公司主张其著作权最初来源于边奇公司的授权，并提供了边奇公司在美国申请注册相关商标的证据，但上述证据未经翻译和公证认证。著作权法第十一条所指的“署名”是表明作者身份的署名，向公众传达的意思是署名者系作品创作者，而申请注册商标及相应公告中载明商标申请人及商标注册人的信息仅仅表明注册商标权的归属，并不属于著作权法意义上在作品中表明作者身份的署名行为。因此，格里高利公司仅依据边奇公司在美国申请商标注册的相关文件并不足以证明其对涉案作品享有著作权。虽然格里高利公司亦提交了《著作权登记证书》以及相关确认函，用以证明其享有涉案作品著作权，但该确认函系格里高利公司自行出具，证明力较弱；《著作权登记证书》所证明的内容仍然是原格里高利公司从边奇公司处受让取得了涉案作品的著作权进而格里高利公司从原格里高利公司处继受取得了涉案作品的著作权。此外，即使存在格里高利公司因公司合并而从原格里高利公司处继受其全部权利义务关系的事实，格里高利公司所主张的最初权利来源仍然是边奇公司的让与行为。仅有商标申请注册文件不足以证明涉案作品的著作权归属。故格里高利公司提交的证据尚不足以证明其对涉案作品享有著作权。

格里高利公司在本案中提交了《著作权登记证书》，用以证明其享有涉案作品的著作权，但三丽雅公司同样也在本案中提交了该公司享有涉案作品著作权的《著作权登记证书》，且三丽雅公司的《著作权登记证书》的形成时间明显早于格里高利公司的《著作权登记证书》的形成时间。在格里高利公司和三丽雅公司就相同的作品均提供了《著作权登记证书》，而两证书所载明的著作权人不同，不能据此得出其中的一方当事人享有著作权而另一方不享有著作权的结论。商标评审委员会支持格里高利公司的相关主张，认定被异议商标的申请注册损害了格里高利公司在先享有的著作权，缺乏事实依据，依法应予纠正。二审判决：撤销一审判决及商标评审委员会作出的第94808号裁定，由商标评审委员会重新作出裁定。

申请再审理由与答辩

格里高利公司申请再审称：二审法院遗漏格里高利公司提交的“GREGORY山形图案”创作说明书、商标注册及转让记录、公司刊物和产品宣传册等合法出版物及在先生效判决等大量核心证据及诉讼理由，违背行政诉讼法关于证据的采信标准，仅根据部分证据作出“GREGORY山形图案”的著作权并非由格里高利公司享有的错误认定。格里高利公司提交的上述证据至少可证明在1992年该作品已创作完成且作为商标使用，最初的权利人为边奇公司，结合该作品在1992年至今在公开出版物中发表，在中国进行著作权登记及生效判决的认定，足以形成完整的证据链，推翻三丽雅公司的在后著作权证据，证明“GREGORY山形图案”著作权归格里高利公司享有。足以三丽雅公司与格里高利公司处于相同领域，且长期向美国、日本等地提供知名登山包贴牌加工服务，应当知道格里高利公司的商标图案，属于恶意抄袭及抢注涉案作品，侵害了格里高利公司的在先著作权，被异议商标应不予注册。三丽雅公司还违反商标法第四十一条第一款的规定。请求：1. 撤销二审判决；2. 维持一审判决。

三丽雅公司答辩称：格里高利公司提交的美国专利商标局注册的商标注册信息未经翻译和公证认证；其提交的20世纪90年代的产品宣传资料、媒体报道及公司刊物，除少部分来自于我国台湾地区外，其余都来自美国和日本，形成于我国台湾地区的证据未办理法定证明手续、形成于国外的证据未进行翻译和公证认证，上述证据不具合法性和真实性，不能作为认定案件事实的依据。请求驳回格里高利公司的再审申请。

商标评审委员会提交意见称，商标评审委员会及一审法院认定格里高利公司对“GREGORY山形图案”享有在先著作权，认定事实清楚，适用法律正确，程序合法。格里高利公司的再审请求和理由应予以支持。请求撤销二审判决，维持商标评审委员会作出的裁定和一审判决。

申请再审审查查明

最高人民法院查明：二审法院于2011年10月18日作出的（2011）高行终字第760号行政判决中认定：边奇公司在异议复审期间将其背包业务（包括但不限于格里高利知识产权）分立至格里高利登山用品有限责任公司（LLC）（以下简称原格里高利公司前身），后边奇公司合并至三珐理兰公司并停止存续，原格里高利公司前身随后变更为格里高利登山用品有限公司（INC）（即原格里高利公司）。2009年10月12日，商标评审委员会作出商评字（2009）第25735号裁定，被异议商标予以核准注册。该案被异议商标与本案被异议商标的“GREGORY山形图案”完全相同，但该案被异议商标核定使用的商品为第18类的“钱包、书包、帆布背包、带轮购物袋、购物袋、手提包、旅行包、公文包、用于装化妆用品的手提包（空的）、雨伞”。三丽雅公司在第18类上注册的“GREGORY山形图案”商标为主商标，另外在其他不同类别上分别注册了22个相同的“GREGORY山形图案”商标作为防御商标。英文“GREGORY”，原为古代罗马教皇之名，现为常见男子名。再审审查期间，格里高利公司明确表示，该公司在美国注册的“GREGORY山形图案”最早于被异议商标申请日之后的2009年开始在中国使用。对格里高利公司再审提交的证据认证如下：品牌设计及开发副总裁约翰·西尔斯的宣誓书，约翰·西尔斯自2002年起就职于边奇公司，不能证明十年前的“GREGORY山形图案”的创作情况。三方协议书在边奇公司停止存续签署，真实性存疑。Pamela Beverly签名的创作说明书，格里高利公司二审期间明确表示创作说明书非由创作者起草，系从香港传真到美国签名，该证据没有原件，没有经过公证认证，该创作说明书上的签名人是否为创作者仍存疑。原格里高利公司与珠穆朗玛联合Ⅱ有限公司于2010年5月28日签署的合并证明，合并后的实体格里高利公司于2010年4月23日先已成立，后签署《合并协议和计划》，不符合常理。格里高利公司商标注册及转让信息，该证明经过翻译并公证认证，并能与其他证据印证，对其证明力予以确认。“GREGORY山形图案”演变过程的页面与格里高利公司在本案中主张著作权的山形图案的创作及使用时间不相吻合。

申请再审判理和结果

最高人民法院认为：格里高利公司主张涉案“GREGORY山形图案”的著作权归其享有，主要理由是：Pamela Beverly创作了“GREGORY山形图案”，边奇公司享有该图形的著作权，边奇公司将该图形的著作权转让给原格里高利公司前身，原格里高利公司前身更名为原格里高利公司，原格里高利公司与珠穆朗玛联合Ⅱ有限公司合并成立格里高利公司，格里高利公司继受了原格里高利公司的所有知识产权，故格里高利公司对“GREGORY山形图案”享有在先的著作权。格里高利公司为证明其上述主张提交了相应的证据。1. 关于商标注册证。格里高利公司提交了边奇公司于1992年11月16日向美国专利及商标局申请注册“GREGORY山形图案”商标、1994年5月17日获准注册的证据以证明其享有“GREGORY山形图案”的在先著作权。首先，著作权法规定“在作品上署名的公民、法人或者其他组织为作者”，商标申请人及商标注册人信息仅仅能证明注册商标权的归属，不属于著作权法规定的表明作品创作者身份的署名行为，因此，格里高利公司提交的边奇公司在美国申请并核准注册“GREGORY山形图案”商标的证据不足以证明该涉案作品的著作权最早归边奇公司享有。其次，被异议商标于2006年9月28日申请注册，原格里高利公司前身于2008年3月3日成立，格里高利公司字号最早的使用时间晚于被异议商标申请日，且“GREGORY山形图案”中英文文字“GREGORY”是整个图案的组成部分，“GREGORY”系常见男子名，故格里高利公司商标注册证上显示的“GREGORY”不能视为格里高利公司的署名行为。最后，商标具有地域性，持有美国的商标注册证，仅能证明商标注册人从著作权人处获得了在美国申请注册该图形商标的权利，不能据此证明其当然享有在中国行使著作权的权利。2. 关于著作权登记证书。格里高利公司为证明其对“GREGORY山形图案”享有在先著作权，在商标评审期间向商标评审委员会提交了2009年10月27日颁发的《著作权登记证书》，载明原格里高利公司经边奇公司转让，取得了美术作品“GREGORY山形图案”在中国范围内的著作权，转让期间自1992年起至永久。首先，我国著作权登记采取自愿登记制，著作权登记机关仅进行形式审查，在注册商标申请日之前取得的著作权登记证书，在该作品具有独创性、没有相反证据足以推翻的情况下，可以证明登记证书上记载的权利人在先享有著作权。本案被异议商标于2006年9月28日申请注册，格里高利公司取得《著作权登记证书》晚于被异议商标注册申请日三年多，故在后取得的著作权登记证书，不足以证明其享有在先的著作权。其次，被异议商标于2009年5月21日予以初步审定公告，格里高利公司自公告之日起三个月内，向商标局提出异议申请，随后进行著作权登记，格里高利公司在商标异议申请后取得的著作权登记证书，不足以证明其享有在先的著作权。最后，三丽雅公司于2006年12月7日早于格里高利公司对与涉案“GREGORY山形图案”构成实质性近似的被异议商标图形亦进行了著作权登记，故格里高利公司在后取得的著作权登记证书，不足以证明其享有在先的著作权。3. 关于边奇公司与格里高利公司权利转让。根据法院查明的事实，边奇公司1992年11月16日申请注册“GREGORY山形图案”；原格里高利公司前身于2008年3月3日成立；边奇公司将其背包业务分立至原格里高利公司前身；原格里高利公司前身于2008年8月22日变更为原格里高利公司；虽然格里高利公司所提交的两次经过公证认证的证据存在不符合常理的情形，原格里高利公司与珠穆朗玛联合Ⅱ有限公司合并成立格里高利公司的时间无法确定，但不影响对上述两公司合并成立格里高利公司事实的认定。即便如此，仍不足以证明涉案作品的著作权归格里高利公司享有。理由如下：首先，格里高利公司再审期间提交了三方协议书以证明Pamela Beverly创作“GREGORY山形图案”的著作权归边奇公司享有、边奇公司将该作品著作权转让给了原格里高利公司，因边奇公司在三方协议书签订之日已停止存续，该证据存疑，不能证明原格里高利公司通过三方协议书受让了涉案作品的著作权。其次，格里高利公司在商标评审期间提交了其自行出具的确认函，确认格里高利公司继受了原格里高利公司的所有权利和义务，包括但不限于原格里高利公司的所有知识产权，因该确认函系由格里高利公司自行出具，不具有证明效力，且在不能证明原格里高利公司通过受让取得“GREGORY山形图案”的著作权情况下，格里高利公司无法从原格里高利公司处继受该作品的著作权。最后，格里高利公司提交了边奇公司将“GREGORY 山形图案”商标转让给原格里高利公司前身的证据，该证据具有证明商标权发生转移的效力，但不能证明“GREGORY 山形图案”著作权发生了转移，故格里高利公司提交的上述证据不能证明涉案“GREGORY 山形图案”作品的著作权归其享有。如前所述，格里高利公司提交的宣誓书、创作说明书、三方协议书等证据均存在疑点；格里高利公司提交的缓存公司网站页面、公司发行物、产品标签上著作权声明及报道列表相关页面等证据，因未提供翻译，不具备合法的证据形式，不予采信。因此，格里高利公司提交的证据均不能证明涉案“GREGORY 山形图案”作品的著作权归其享有，二审法院认定被异议商标的注册未损害格里高利公司在先享有的著作权并无不当。商标评审委员会在针对被异议商标提出的异议复审申请重新进行评审时，可以对证据作进一步审查。此外，关于被异议商标的注册是否违反商标法第四十一条第一款的规定，鉴于本案被异议商标尚未获得注册，且格里高利公司未提交支持其上述主张的证据，对其该项主张不予支持。关于格里高利公司提出二审法院漏审证据的问题，因格里高利公司二审期间提交的域外证据未办理公证认证手续或未经翻译，缺乏证据的形式要件，不能作为证据使用，二审法院不存在漏审情形。综上，裁定驳回格里高利公司的再审申请。

【法官评述】

在本案申请再审期间，《最高人民法院关于审理商标授权确权行政案件若干问题的规定》尚未出台，对于商标法第三十一条前半段在先权利中关于在先著作权的认定，采用较为严格的证据标准。即严格按照现行著作权法及相关司法解释的规定，予以认定。

著作权法第十一条规定：“著作权属于作者，本法另有规定的除外。创作作品的公民是作者。由法人或者其他组织主持，代表法人或者其他组织意志创作，并由法人或者其他组织承担责任的作品，法人或者其他组织视为作者。如无相反证明，在作品上署名的公民、法人或者其他组织为作者。”《最高人民法院关于审理著作权民事纠纷案件适用法律若干问题的解释》第七条规定：“当事人提供的涉及著作权的底稿、原件、合法出版物、著作权登记证书、认证机构出具的证明、取得权利的合同等，可以作为证据。在作品或者制品上署名的自然人、法人或者其他组织视为著作权、与著作权有关权益的权利人，但有相反证明的除外。”

最高人民法院在案件中明确：商标申请人及商标注册人信息仅仅能证明注册商标权的归属，不属于上述著作权法规定的表明作品创作者身份的署名行为。持有美国的商标注册证，仅能证明商标注册人从著作权人处获得了在美国申请注册该图形商标的权利，不能据此证明其当然享有在中国行使著作权的权利，故格里高利公司提交的边奇公司在美国申请并核准注册商标的证据不足以证明该涉案作品的著作权最早归边奇公司享有。格里高利公司主张保护的图形作品中英文文字是整个图案的组成部分，该英文文字系常见男子名，故其商标注册证上显示的英文文字也不能视为格里高利公司的署名行为。

我国著作权登记采取自愿登记制，著作权登记机关仅进行形式审查，在注册商标申请日之前取得的著作权登记证书，在该作品具有独创性、没有相反证据足以推翻的情况下，可以证明登记证书上记载的权利人在先享有著作权。而本案中，格里高利公司与三丽雅公司均提交了著作权登记证书。从时间上看，三丽雅公司在申请注册被异议商标后2个多月即取得著作权登记证书，而格里高利公司是在被异议商标予以初步审定公告后，在公告之日起3个月内向商标局提出异议申请，随后进行著作权登记，显然，三丽雅公司的著作权登记证书早于格里高利公司取得。格里高利公司晚于被异议商标注册申请日，在商标异议申请后进行著作权登记，在三丽雅公司之后取得著作权登记证书，即便著作权登记证书中显示的创作时间在先，仍不足以证明其当然享有在先的著作权。

格里高利公司提交的其他证据因欠缺证据的形式要件，或证据内容存疑，均不能证明涉案“GREGORY山形图案”作品的著作权归其享有。值得指出的是，最高人民法院根据案件现有的证据认定被异议商标的注册未损害格里高利公司在先享有的著作权。但是，仍然给格里高利公司提供了补充提交证据的机会，即商标评审委员会在针对被异议商标提出的异议复审申请重新进行评审时，格里高利公司可以再补充提交证据，商标评审委员会可以对证据作进一步审查后，作出裁定。

编写人：最高人民法院　李嵘

47

布鲁特斯SIG有限公司诉国家工商行政管理总局商标评审委员会商标驳回复审行政纠纷案

——阅读提示：证明商标是否应当具备显著性？

【裁判要旨】

商标法虽然对证明商标的申请主体、使用主体及基本功能作出了专门规定，但商标法关于注册商标应当具备显著特征的要求，同样适用于证明商标。

【案号】

一审：北京市第一中级人民法院（2014）一中知行初字第6074号

二审：北京市高级人民法院（2015）高行（知）终字第1927号

申请再审：最高人民法院（2016）最高法行申2159号

【案情与裁判】

原告（上诉人、再审申请人）：布鲁特斯SIG有限公司（以下简称布鲁特斯公司）

被告（被上诉人、被申请人）：国家工商行政管理总局商标评审委员会（以下简称商标评审委员会）

起诉与答辩

2007年2月14日，布鲁特斯公司向国家工商行政管理总局商标局（以下简称商标局）提出“蓝牙”（证明商标）商标注册申请。商标局于2009年8月3日驳回了申请商标的注册申请。布鲁特斯公司不服商标局的驳回决定，向商标评审委员会提出复审申请。2013年12月9日，商标评审委员会作出商评字（2013）第129452号《关于第5918201号“蓝牙”（证明商标）商标驳回复审决定》（以下简称第129452号决定），对申请商标予以驳回。

布鲁特斯公司不服第129452号决定，向北京市第一中级人民法院提起诉讼，请求法院判决撤销第129452号决定，并判令商标评审委员会重新作出决定。主要理由为：1. 第129452号决定所依据的理据不适用于申请商标的申请，属事实认定错误，适用法律错误。2. 商标评审委员会没有反映出其在评审过程中曾经考虑布鲁特斯公司提供的关键证据，属评审错误和对事实的认定错误，并对布鲁特斯公司造成不公。

商标评审委员会辩称：第129452号决定认定事实清楚，适用法律正确，程序合法，请求法院依法予以维持。

一审审理查明

申请商标为第5918201号“蓝牙”证明商标，由布鲁特斯公司于2007年2月14日向商标局提出注册申请，指定使用在国际分类第42类“计算机编程；与数据、声音、影像及照明的录制、传送及复制有关的计算机硬件及软件咨询”等服务上。

2009年8月3日，针对申请商标注册申请，商标局以申请商标违反了2001年修正的《中华人民共和国商标法》（以下简称商标法）第十一条第一款第（二）项和第二十八条的规定为由，驳回了申请商标的注册申请。

布鲁特斯公司不服商标局所作驳回决定，向商标评审委员会提出复审申请。2013年12月9日，商标评审委员会作出第129452号决定，对申请商标予以驳回。商标评审委员会认为：“蓝牙”是一种支持设备短距离通信的无线技术，能在包括移动电话、PDA、无线耳机、笔记本电脑、相关外设等众多设备之间进行无线信息交换，因此，“蓝牙”作为商标使用在“计算机编程，与数据、声音、影像及照明的录制、传送及复制有关的计算机硬件及软件咨询”等服务上，直接表示了指定服务的技术特点，缺乏商标应有的显著性，难以起到区分商品来源的作用，已构成商标法第十一条第一款第（二）项规定之情形，不宜作为商标注册。

一审判理和结果

“蓝牙”指“蓝牙”技术或“蓝牙”系统，为一种近距离无线通信技术名称，能在包括移动电话、笔记本电脑等众多设备之间进行无线信息交换，因此，“蓝牙”作为商标使用在“计算机编程，与数据、声音、影像及照明的录制、传送及复制有关的计算机硬件及软件咨询”等申请商标指定使用的服务上，直接表示了指定服务的服务内容和服务方式等，缺乏商标应有的显著性，难以起到区分服务来源的作用，已构成商标法第十一条第一款第（二）项规定之情形，不宜作为商标注册。综上，一审法院依据1989年通过的《中华人民共和国行政诉讼法》第五十四条第（一）项之规定，判决：维持商标评审委员会作出的第129452号决定。

上诉与答辩

布鲁特斯公司不服一审判决，向北京市高级人民法院提起上诉，请求撤销第129452号决定及一审判决，判令商标评审委员会重新作出决定。其上诉理由为：1. 申请商标是证明商标，证明商标设置和注册的目的是向社会公众证明某一商品或服务所具有的特定品质。布鲁特斯公司提交的证据可以证明申请商标符合证明商标的要求，同时具备证明商标所应有的显著性。如果申请商标不予核准注册，会导致误买误购，损害相关公众的利益，造成不良影响。2. 布鲁特斯公司的“BLUETOOTH”商标已经在美国取得证明商标注册，“WIFI”证明商标已经在中国被核准注册，根据审查标准一致性原则，申请商标应当获准注册。3. 第129452号决定和一审判决对申请商标采取了和普通商标同样的审查和审理标准，属认定事实错误，适用法律错误。

商标评审委员会服从一审判决。

二审判理和结果

商品或服务商标的基本功能在于指示商品或者服务的来源。尽管证明商标与商品或服务商标的功能不尽相同，对其进行可注册性审查的标准亦不完全相同。但是，证明商标是否具备可注册性，还应当依据商标法的有关基本规定审查。

本案中，申请商标的标志为汉字“蓝牙”，众所周知，“蓝牙”是一种支持设备短距离通信的无线技术，能在包括移动电话、PDA、无线耳机、笔记本电脑、相关外设等众多设备之间进行无线信息交换，因此，“蓝牙”使用在“计算机编程，与数据、声音、影像及照明的录制、传送及复制有关的计算机硬件及软件咨询”等服务上，直接表示了指定服务的技术特点，缺乏商标应有的显著性，已构成商标法第十一条第一款第（二）项规定之情形，不宜作为商标注册。第 129452 号决定及一审判决认定申请商标不符合商标法第十一条第一款第（二）项规定的结论正确。据此，二审法院判决：驳回上诉，维持一审判决。

申请再审理由与答辩

布鲁特斯公司不服二审判决，向最高人民法院申请再审，请求撤销一审、二审判决及第 129452 号决定，判令商标评审委员会重新作出决定。其主要理由为：（一）证明商标与普通商标在区分功能、权利主体、使用主体等方面具有明显区别。证明商标要求的表征特定品质不同于商标法第十一条第一款第（二）项规定的“显著性”标准。（二）“Bluetooth”及其对应的中文翻译“蓝牙”均由布鲁特斯公司的创始成员爱立信公司独创，文字本身与申请商标指定使用的商品和服务并无固有的联系。申请商标具有极强的内在显著性，并不属于商标法第十一条第一款第（二）项规定的直接表示了指定商品、服务的技术特点的情形。（三）布鲁特斯公司的在先商标“Bluetooth”和“Bluetooth 及图”已核准注册。申请商标“蓝牙”系英文注册商标“Bluetooth”的中文直译和延续。根据审理标准一致及商誉延续原则，申请商标理应获得注册。（四）布鲁特斯公司的“Bluetooth”商标及“蓝牙”商标一直都是仅使用在符合特定技术标准和要求的商品和服务上；且申请商标经过相关主体的长期使用以及布鲁特斯公司的有效监督和管理，具有较高的知名度，与特定技术标准联系更为紧密。

商标评审委员会提交意见称，第 129452 号决定认定事实清楚、适用法律正确、作出程序合法，请求本院予以维持。

申请再审判理和结果

最高人民法院认为，本案再审的争议焦点是：申请商标是否违反了商标法第十一条第一款第（二）项的规定。

商标法第三条第一款规定，“经商标局核准注册的商标为注册商标，包括商品商标、服务商标和集体商标、证明商标”。第三款规定：“本法所称证明商标，是指由对某种商品或者服务具有监督能力的组织所控制，而由该组织以外的单位或者个人使用于其商品或者服务，用以证明该商品或者服务的原产地、原料、制造方法、质量或者其他特定品质的标志。”商标法第十一条第一款规定："下列标志不得作为商标注册：（一）仅有本商品的通用名称、图形、型号的；（二）仅直接表示商品的质量、主要原料、功能、用途、重量、数量及其他特点的；（三）缺乏显著特征的。"①

显著性是商标发挥识别不同商品或者服务功能的基础。虽然《商标法》第三条第三款对证明商标的申请主体、使用主体及基本功能作出了规定，但其作为注册商标的一种类型，应当符合注册商标的一般性规定，具有显著性，便于识别，符合商标法第十一条的规定。

布鲁特斯公司在商标评审阶段提交的《麦克米伦高阶英汉双解词典》《新牛津英汉双解大词典》等词典，虽然特别明确将"Bluetooth"解释为"蓝牙"（商标），但同时，也具有"一种可在移动电话、网络及电脑间进行电子通讯的电信技术""移动电话、计算机以及其他电子设备的短程无线互联标准""蓝牙技术"的相关技术性表述。布鲁特斯公司在再审审查期间提交的《计算机世界》上涉及蓝牙的文章，通常将"蓝牙"描述成"一种近距离无线数据通信技术""一项技术标准"。并且《计算机世界》《微电脑世界》上记载了采用蓝牙技术或者蓝牙模块的蓝牙手机、蓝牙 PC 卡、蓝牙网卡、蓝牙打印机、蓝牙笔记本电脑、蓝牙耳机、蓝牙键盘、蓝牙鼠标、蓝牙数码相机等产品。

虽然"蓝牙"最初是作为"Bluetooth"的中文翻译为中国消费者所认识，"Bluetooth"亦作为在先商标在中国核准注册，核定使用在"计算机编程，与数据、声音、影像及照明的录制、传送及复制有关的计算机硬件及软件咨询"等服务上。但相关证据表明，由于布鲁特斯公司及电子通信领域的公司长期将"蓝牙"作为"一种近距离无线通信技术"使用在音箱、耳机、打印机、手机、鼠标等产品上，并开展相关标准化活动，蓝牙技术、蓝牙产品已迅速普及并被广大消费者所接受，相关公众普遍认为蓝牙是一种能在移动电话、PDA、无线耳机、笔记本电脑、相关外设等众多设备之间进行无线信息交换的短距离无线通信技术，蓝牙产品就是包含短距离无线通信技术的产品。布鲁特斯公司在再审阶段曾称"申请商标一直都是仅使用在符合特定技术标准和要求的商品和服务上，与特定技术标准联系更为紧密。"因此，蓝牙作为一种短距离无线通讯技术，注册使用在"计算机编程，与数据、声

① 已被修订为 2013 年《商标法》第十一条第（三）项：其他缺乏显著特征的。

音、影像及照明的录制、传送及复制有关的计算机硬件及软件咨询”等服务上，直接表示了指定服务的技术特点，缺乏商标应有的显著特征，属于商标法第十一条第一款第（二）项所指情形。布鲁特斯公司在再审阶段提交的其关于申请商标使用和知名度的相关证据，不足以证明其“蓝牙”商标未直接表示指定服务的技术特点，已具备注册商标应有的显著性。一审、二审法院关于申请商标不符合商标法第十一条第一款第（二）项的相关认定并无不当。

由于商标授权确权行政案件遵循个案审查原则，其他商标获准注册的情形亦不能成为申请商标予以初步审定的当然依据。

综上，布鲁特斯公司的各项申请再审理由均不能成立，一审、二审判决及第129452号决定认定事实清楚，适用法律正确。依照《关于执行〈中华人民共和国行政诉讼法〉若干问题的解释》第七十四条之规定，最高人民法院裁定：驳回布鲁特斯公司的再审申请。

【法官评述】

我国商标法规定的注册商标包括：商品商标、服务商标和集体商标、证明商标。证明商标是指由对某种商品或者服务具有监督能力的组织所控制，用以证明该商品或者服务的原产地、原料、制造方法、质量或者其他特定品质的标志。证明商标的主要特点是：（1）证明商标是由对某种商品或者服务在所欲证明的事项上具有监督能力的组织申请注册，这种监督能力是一种保证能力、检验能力，只有这样才能发挥证明商标的证明功能，保护消费者的利益；（2）证明商标持有人不得使用该商标，而只能由被该组织认定的单位或者个人使用；（3）证明商标的作用是证明该商品或者服务的原产地、原料、制造方法、质量或者其他特定品质。

证明商标在注册与管理方面有其特殊性，不同于一般的商标。商标法第三条第三款对证明商标的申请主体、使用主体及基本功能作出了规定；国家工商行政管理总局制定的《集体商标、证明商标注册和管理办法》（2003年6月1日起施行）对证明商标的注册和管理专门作出了规定。但是，证明商标作为注册商标的一种类型，它与普通商标也有着共同性，因此商标法中关于商标专用权的基本规定对其是适用的，即证明商标必须符合商标法第十一条的规定，具有显著特征。

商标的显著性，又被称为区别性或者识别性，强调商标所具有的区分商品或者服务来源的识别作用。正因为商标所具有的显著特征，从而能够将这种商品或者服务的提供者与其他同种或者类似商品或服务的提供者区分开来。商标的显著性取决于商标标识与相关商品或者服务之间的关系。一个标识与其所指代的商品或服务之间的联系越密切，则显著性越弱；反之，则显著性越强。

根据布鲁特斯公司提交的证据显示，“Bluetooth”是1998年5月由爱立信、IBM、英特尔、诺基亚、东芝5家公司共同倡议和提出的一个短距离无线网络技术规范。“Bluetooth”作为商标在美国、中国等多个国家获得核准注册。2004年，“Bluetooth”被商标局核准注册在第42类“与数据通信、卫星通信及电信领域相关的咨询；技术研究；计算机软件出租”等服务上。中国的消费者通过“Bluetooth”的中文翻译认识了“蓝牙”。蓝牙技术自诞生后迅速得到了普及和推广，“蓝牙”作为“一种近距离无线通信技术”广泛地使用在音箱、耳机、打印机、手机、鼠标等产品上。在申请商标申请注册日前，蓝牙技术、蓝牙产品、蓝牙标准已被中国广大消费者所接受。因此，“蓝牙”更多地指代一种技术、一项标准，如果将其注册使用在“计算机编程，与数据、声音、影像及照明的录制、传送及复制有关的计算机硬件及软件咨询”等服务上，指向了该服务的技术特点，缺乏作为商标应有的显著性。

编写人：最高人民法院　傅蕾

IP

2016年中国法院50件典型知识产权案例

三、知识产权刑事案件

48

沈靓、杜文龙等假冒注册商标罪、销售假冒注册商标的商品罪、销售非法制造的注册商标标识罪案

——阅读提示：明知他人实施侵犯知识产权犯罪，而为其提供便利条件、帮助的共犯与其他侵犯知识产权犯罪之间的界定？主标及副标成套使用时，如何计算商标标识数量？

【裁判要旨】

销售假冒注册商标标识，在没有共同假冒注册商标故意的情况下，不宜认定为假冒注册商标的帮助犯，应分别定罪量刑。

商标分为主标和副标，并且在长期使用过程中均是以主副标配套使用时，在计算非法注册商标标识时，应该认定一套为一件商标。

【案号】

一审：安徽省蚌埠市禹会区人民法院（2016）皖0304刑初23号

二审：安徽省蚌埠市中级人民法院（2016）皖03刑终194号

【案情与裁判】

公诉机关：安徽省蚌埠市禹会区人民检察院

被告人：沈靓、杜文龙、周锋元、苏木禹

指控与辩护

蚌埠市禹会区人民检察院指控，被告人沈靓于2010年4月注册成立蚌埠市威胜体育用品有限公司，2015年2月注册成立蚌埠市鼎盛体育用品有限公司，沈靓为上述二家公司实际经营人。公司成立后，被告人沈靓先后在我市

仁和集、燕山乡定庵村租赁厂房生产假冒“斯伯丁”“NBA”“耐克”“阿迪达斯”等品牌篮球对外销售。通过物流运输向广州、厦门、兰州、成都等多地市下线买家销售假冒“斯伯丁”“耐克”“阿迪达斯”等品牌篮球金额共计130余万元。蚌埠市鼎盛体育用品有限公司自2014年11月至2015年5月，利用淘宝网注册的鼎盛户外运动、盛世运动户外店、名邦运动、王者掌控等四家网店，销售假冒“斯伯丁”“耐克”“阿迪达斯”等品牌篮球金额共计70余万元。

被告人杜文龙自2013年被被告人沈靓聘为蚌埠市威胜体育用品有限公司生产厂长，其在明知沈靓无“斯伯丁”“耐克”“NBA”“阿迪达斯”品牌公司生产授权的情况下，为其负责生产假冒的“斯伯丁”“耐克”“NBA”“阿迪达斯”等品牌篮球并联系下线买家通过物流对外发货销售。

自2013年至2015年期间，被告人周锋元等人在明知被告人沈靓在无“斯伯丁”“耐克”“NBA”“阿迪达斯”品牌公司授权生产、销售的情况下，先后为沈靓提供假冒的“斯伯丁”“耐克”“NBA”“阿迪达斯”商标标识及商标印制模板。后蚌埠市禹会区人民检察院在法院建议下变更起诉，将该起指控事实变更为2015年6月被告人周锋元为沈靓提供其非法制造的“斯伯丁”“耐克”篮球商标标识共7000套（每套3件商标标识）及商标印制模版。

2015年4月至6月被告人周锋元等人在明知被告人沈靓在无“斯伯丁”“耐克”“NBA”“阿迪达斯”品牌公司授权生产、销售的情况下，先后从沈靓处购进价值6万余元假冒“耐克”篮球对外销售。

自2014年至2015年期间被告人苏木禹明知被告人沈靓生产的“斯伯丁”“耐克”篮球为假冒产品，先后多次从被告人沈靓、杜文龙处购买假冒的“斯伯丁”“耐克”篮球，共计12万余元，并以每个球加价4～5元的价格销售广州本地及周边城市。

2015年5月12日，蚌埠市工商行政和质量技术监督管理局，在鼎盛体育用品有限公司办公场所查扣假冒“斯伯丁”“NBA”“耐克”篮球1008只，在蚌埠市威胜体育用品有限公司位于本市定庵村生产窝点查扣假冒“耐克”篮球288只。经“斯伯丁”“NBA”“耐克”三家品牌公司认定，上述查扣1296只篮球均为假冒产品，三家公司并未授权蚌埠市威胜体育用品有限公司、蚌埠市鼎盛体育用品有限公司生产并销售上述品牌篮球。

公诉机关认为，被告人沈靓、杜文龙、周锋元未经注册商标所有人许可，在同一种商品上使用与其注册商标相同的商标，销售金额达200余万元，情节特别严重，三人行为触犯了《中华人民共和国刑法》（以下简称刑法）第二百一十三条、第二十五条第一款的规定，应当以假冒注册商标罪追究刑事责任。被告人沈靓在共同犯罪中起主要作用，是主犯，被告人杜文龙、周锋元在共同犯罪中起次要、辅助作用，是从犯，应当从轻或者减轻处罚。被告人苏木禹明知是假冒注册商标的商品而故意予以销售，销售金额较大，其行为触犯了刑法第二百一十四条的规定，应当以销售假冒注册商标的商品罪追究其刑事责任。后变更为被告人沈靓、杜文龙未经注册商标所有人许可，在同一种商品上使用与其注册商标相同的商标，情节特别严重，应当以假冒注册商标罪追究刑事责任。被告人沈靓在共同犯罪中起主要作用，是主犯，被告人杜文龙在共同犯罪中起次要、辅助作用，是从犯，应当从轻或者减轻处罚。被告人周锋元明知是假冒注册商标的商品而予以销售，销售数额较大；被告人周锋元销售擅自制造他人注册商标标识，情节严重，应当以销售假冒注册商标的商品罪、销售非法制造的注册商标标识罪追究其刑事责任，被告人周锋元在判决宣告前犯数罪，应当数罪并罚。被告人苏木禹明知是假冒注册商标的商品而故意予以销售，销售金额较大，应当以销售假冒注册商标的商品罪追究其刑事责任。

被告人沈靓对上述指控未表示异议。其辩护人冉广杰提出的辩护意见是：一、本案应当以单位犯罪定性追责；二、本案不宜区分主从犯；三、由于没有证明购买假冒篮球的购买人及数量的充分证据，认定的犯罪数额存在争议；四、被告人沈靓是初犯、偶犯，积极主动认罪、悔罪，态度诚恳稳定，假冒篮球的社会危害性较低。被告人沈靓符合适用缓刑条件，建议对其适用缓刑。其辩护人黄保轩提出的辩护意见是：一、本案认定假冒他人注册商标证据不足，商标权人或授权人向蚌埠市工商行政管理局或侦查机关出具的涉案篮球使用的商标和其注册商标相同的鉴定函，不具有证明力，被告人沈靓使用阿迪达斯商标的商品篮球和阿迪达斯商标权证核定的商品（球类和器材、运动用类）属于类似商品，不属于同一种商品，该生产数额应当扣减；二、认定生产、销售数额巨大证据不充分，对网上销售的指控，缺少相应买受人的证言佐证，对线下销售的指控，不能仅凭被告人的供述来认定生产假冒篮球的数量及销售数额；三、被告人沈靓以单位名义组织生产假冒注册商标产品并销售，不应对单位的全部犯罪行为承担责任；四、蚌埠市工商局查获后向蚌埠市公安局移送案件时，告诉被告人沈靓等电话通知，被告人沈靓接到电话通知后即到办案单位，应认定为自动投案，被告人沈靓能如实供述自己主要犯罪事实，应认定为自首；被告人沈靓到案后态度诚恳、如实供述、悔罪深刻，积极配合侦查机关及时侦破案件，庭审时自愿认罪；被告人沈靓愿意尽最大能力积极缴纳罚金。建议法庭对被告人沈靓适用缓刑。

被告人杜文龙对上述指控未表示异议。其辩护人提出的辩护意见是：一、本案是法人犯罪，被告人杜文龙是威胜公司聘用人员，每月领取固定工资，充其量是该公司生产车间的一个组长；二、被告人沈靓还委托张磊生产假冒篮球，对此杜文龙不负责任，杜文龙对外发货，是按照沈靓下单发货，对销售不应负责任；三、被告人杜文龙是初犯，是受雇人员，应对其参与生产的部分假冒商品从轻或减轻处罚，建议对其处以三年以下徒刑并宣告缓刑。

被告人周锋元对上述指控未表示异议。其辩护人提出的辩护意见是，被告人周锋元尚有3000套假冒商标未交付，所销售的假冒注册商标均未投入生产，且被告人周锋元出于生计在学校周边零卖篮球，社会危害性较小，被告人周锋元认罪态度好，积极退赃，愿意缴纳罚金，建议法院对其宣告缓刑。

被告人苏木禹对上述指控不表示异议。其辩护人提出的辩护意见是，被告人苏木禹主观恶性较小，社会危害性较小，系初犯、偶犯，自愿认罪且认罪态度较好，愿意主动退赃并缴纳罚金，按照《最高人民法院关于贯彻宽严相济刑事政策的若干意见》的规定，对此类犯罪依法予以刑事处罚的，也应当尽量适用缓刑等非监禁刑。综上，建议对其从轻处罚并适用缓刑。

法院审理查明

一、被告人沈靓、杜文龙假冒注册商标的犯罪事实

被告人沈靓于2010年4月16日注册成立蚌埠市威胜体育用品有限公司，2015年2月25日注册成立蚌埠市鼎盛体育用品有限公司，沈靓为上述2家公司实际经营人。2013年开始，被告人沈靓从赵原芳（音）处购买假冒"斯伯丁""耐克""阿迪达斯"等模具和印标，2013年年底从殷广来处购买上述假冒商标，2015年从周锋元处购买7000套商标，尚未投入生产使用。被告人沈靓先后在本市仁和集、燕山乡定庵村租赁的厂房内生产篮球，除生产自己品牌、代加工品牌外，还生产假冒他人品牌"斯伯丁""耐克""阿迪达斯"等篮球，篮球副标上有的印有"NBA"字样。2013年被告人沈靓聘请被告人杜文龙到其处开始做篮球，半年后杜文龙在明知沈靓无"斯伯丁"

“耐克”“NBA”“阿迪达斯”品牌公司生产授权的情况下，仍为其负责生产并联系下线买家通过物流对外发货销售。2014 年年底至 2015 年 3 月被告人沈靓委托定远县超凡饰品有限公司代加工“斯伯丁”“耐克”“阿迪达斯”篮球，价值人民币 110412 元，被告人杜文龙亦参与其中。被告人沈靓所生产的假冒篮球线下通过物流运输等形式向本地、广州、西安、郑州、厦门、成都等多地市下线买家销售，通过被告人沈靓出具给买家的销售对账单，被告人沈靓对对账单中的假冒型号编码予以确认，自 2012 年 11 月 28 日至 2015 年 6 月 6 日以每只篮球 27 元至 45 元不等价格销售，销售假冒“斯伯丁”“耐克”“阿迪达斯”等品牌篮球金额共计 1374996.1 元。被告人沈靓所生产的假冒篮球线上利用淘宝网注册的名邦运动、鼎盛户外运动、盛世运动户外店、王者掌控等四家网店，自 2014 年 11 月起至 2015 年 5 月下架止销售假冒“斯伯丁”“耐克”“阿迪达斯”等品牌篮球金额共计 750317.39 元，销售价格从每只篮球 29.9 元至 111.6 元不等。其中有虚假交易（刷单）情况，从有利于被告人的角度，扣除被告人沈靓自认、合理的刷单 20 万元，线上非法经营数额 550317.39 元。

2015 年 5 月 12 日，蚌埠市工商行政和质量技术监督管理局在鼎盛体育用品有限公司（禹会区金域名城 24 栋 104 号）办公场所查扣假冒“SPALDING”“s_ SPALDING”“NBA”“ ”“ ”篮球 1008 只，在蚌埠市威胜体育用品有限公司位于我市定庵村生产窝点查扣假冒“ ”篮球 288 只，以上查扣篮球共计 1296 只，从有利于被告人角度，按每只篮球标价 27 元计算，非法经营数额 34992 元。经 SGG 利是高有限公司、耐克体育（中国）有限公司、NBA 体育文化发展（北京）有限责任公司认定，现场查扣的 1296 只篮球均为假冒产品。上述三家公司和阿迪达斯体育（中国）有限公司并未授权蚌埠市威胜体育用品有限公司、蚌埠市鼎盛体育用品有限公司生产并销售上述品牌篮球。现场查扣制球机器 6 台、业务电脑主机三台、模具一 10 副、模具二 6 副。

二、被告人周锋元销售假冒注册商标的商品犯罪事实和销售非法制造的注册商标标识犯罪事实

2015 年 4 月 24 日至 6 月 6 日被告人周锋元在明知被告人沈靓无“耐克”等品牌公司授权生产、销售的情况下，先后六次从沈靓处购进 1956 只假冒“耐克”编码 977C 篮球销售，每只进价 32 元，共计 62592 元，被告人周锋

元以每只篮球40元到50元不等在学校门口销售，从中获利19000元左右。2015年5月份被告人周锋元向沈靓提供“s_ SPALDING”、副标“NBA”、气孔标“S－SPALDING”“ ”的模具和商标，商标有7000套，模具8块，模具一块80元，商标一套6角5分。其中“ ”商标3000套，每套商标包括主标“ ”一件、通用副标、气孔标各一件，共计假冒商标标识3000件；“s_ SPALDING”商标4000套，每套商标包含主标“s_ SPALDING”、副标“NBA”、气孔标“S－SPALDING”完整商标3件，共计假冒商标标识12000件，但有3000套“s_ SPALDING”尚未交付即被查获，7000套商标款已直接从购买的篮球款中扣除，被告人周锋元从中获利400元。

2015年8月13日侦查人员对周锋元位于厦门市集美区灌口镇大井脚里35号三楼住处及一楼生产场所进行搜查，现场扣押被告人周锋元“SPALDING”“s_ SPALDING”“NBA”模具及“s_ SPALDING”商标标识一袋（该商标标识包装袋显示由“小吴”邮寄给周锋元）、大型生产机器、电脑等。该批假冒商标标识尚未投入生产使用。被告人周锋元退出赃款19400元。

三、被告人苏木禹销售假冒注册商标的商品犯罪事实

自2014年1月3日至2015年4月22日期间，被告人苏木禹明知被告人沈靓生产的“斯伯丁”“耐克”篮球为假冒产品，先后多次从被告人沈靓处购买假冒的“斯伯丁”“耐克”不同型号篮球，共计3729只，每只30元至42元不等，计126651元。嗣后，以每个球加价4～5元的价格销售广州本地及周边城市，已全部售完。盈利在10%左右即从中获利12000元。被告人苏木禹退出赃款12000元。

被告人苏木禹于2015年11月19日被抓获，临时羁押在广州市荔湾区看守所。

一审判理和结果

法院认为，被告人沈靓、杜文龙未经注册商标所有人的许可，在同一种商品上使用与其注册商标相同的商标，且系假冒两种以上注册商标，非法经营数额达196万余元，属于情节特别严重，二人的行为已构成假冒注册商标罪。公诉机关指控的事实清楚、证据充分，罪名成立。在共同假冒注册商标犯罪中，被告人沈靓为实际经营人，总体负责假冒注册商标篮球的生产、销售，起主要作用，系主犯，应当按照其所参与的全部犯罪处罚；被告人杜文

龙是聘用人员，按照被告人沈靓的要求从事生产管理工作，起次要作用，系从犯，应当对其减轻处罚。被告人沈靓、杜文龙如实供述自己的罪行，自愿认罪，依法可以从轻处罚，对辩护人的此节辩护意见予以采纳。被告人沈靓、杜文龙的辩护人提出的本案应当以单位犯罪定性追责的意见，经查，单位犯罪的主观方面是指刑法规定的成立单位犯罪必须具备的单位犯罪主体对其实施的危害行为及其危害结果所持的心理态度，单位的认识和意志是群体的认识和意志，是单位全体共同的或者是其决策层的认识和意志，这是单位作为一个整体承担刑事责任的主观依据，集体意志是单位犯罪与自然人犯罪的主要区别之一，它必须经过一定的程序形成，或是由单位内有权对本单位事务作出决策的机构集体研究决定；或是由单位主管人员和负责人员以单位的名义作出决定并付诸实施，单位内任何个别成员的意志，非经上述程序转化成集体的意志，就不可能成为单位犯罪的构成要素。本案实际经营人及决策者均为沈靓个人。且该案中资金往来均为沈靓本人及其妻子本人账户。另外，《最高人民法院关于审理单位犯罪案件具体应用法律有关问题的解释》规定，公司、企业、事业单位设立后，以实施犯罪为主要活动的，不以单位犯罪论处。故对辩护人提出的此意见不予采纳。被告人沈靓的辩护人提出的认定的犯罪数额存在争议问题，经查：一、被告人沈靓对自己所编的假冒注册商标的篮球型号及对应数额进行供述并在庭前会议中予以确认；二、有其他同案犯的供述及证人证言相佐证，对辩护人的此意见不予采纳，但在量刑时对被告人的认罪态度将予以充分考虑。被告人沈靓的辩护人提出的本案认定假冒他人注册商标证据不足，商标权人或授权人向蚌埠市工商行政管理局或侦查机关出具的涉案篮球使用的商标和其注册商标相同的鉴定函，不具有证明力。被告人沈靓使用“阿迪达斯”商标的商品篮球和“阿迪达斯”商标权证核定的商品（球类和器材、运动球类）属于类似商品，不属于同一种商品，该生产数额应当扣减的意见，经查：一、商标权人或授权人对自己的注册商标及商标标识最熟悉，对产品的防伪秘密点最掌握，对自己的产品具有完备的鉴别能力，可以对涉案产品是否为本公司生产进行判断，具有一定的合理性，在证明产品真伪方面具有无法替代的价值，且提供了营业执照、商标注册证等，加之被告人亦无相反证据予以推翻，综合全案事实和其他证据，可以认可商标权人或授权人出具的被控侵权产品的鉴定意见；二、篮球运动是以投篮、上篮和扣篮为中心的对抗体育运动之一，是可以增强体质的一种运动，篮球属于第 28 类的球类及器材，对辩护人的以上辩护意见不予采纳。被告人沈靓的辩护人提出的被告人沈靓应认定为自首的意见，经查，2015年7月16日经侦支队办案民警在蚌埠市鼎盛体育用品有限公司办公场所内将被告人沈靓抓获，不符合自动投案的规定，对辩护人提出的此意见不予采纳。被告人杜文龙的辩护人提出的被告人沈靓外加工篮球数额应予以扣除的意见，因被告人沈靓外加工篮球被告人杜文龙均参与其中，对此辩护意见不予采纳。被告人沈靓、杜文龙大肆生产假冒产品，不符合适用缓刑的条件，对辩护人提出的适用缓刑的意见不予采纳。

被告人周锋元明知是假冒注册商标的商品而予以销售，销售金额达6万余元，属于销售金额数额较大，其行为已构成销售假冒注册商标的商品罪；被告人周锋元销售擅自制造他人注册商标标识，且系两种注册商标标识，注册商标标识达15000件，属于情节严重，其行为业已构成销售非法制造的注册商标标识罪；被告人周锋元在判决宣告以前一人犯数罪，依法应当数罪并罚。被告人周锋元如实供述自己的罪行，依法可以从轻处罚。被告人周锋元自愿认罪，积极退赃，酌情从轻处罚。对其辩护人提出的辩护意见予以采纳。被告人周锋元除了销售假冒产品，还销售假冒他人商标标识，不符合适用缓刑的条件，对辩护人提出的适用缓刑的意见不予采纳。

被告人苏木禹明知是假冒注册商标的商品而予以销售，销售金额达12万余元，属于销售金额数额较大，其行为已构成销售假冒注册商标的商品罪。被告人苏木禹如实供述自己的罪行，依法可以从轻处罚。鉴于被告人苏木禹认罪态度好，积极退赃，有悔罪表现，没有再犯罪的危险，宣告缓刑对所居住社区没有重大不良影响，司法所亦评估为具备矫正条件，依法可宣告缓刑，对辩护人提出的此辩护意见予以采纳。

为维护社会主义市场经济秩序，保护知识产权权利不受侵犯，根据被告人的犯罪情节、社会危害性、认罪悔罪态度等，案经本院审判委员会讨论，依照刑法第二百一十三条、第二百一十四条、第二百一十五条、第二十五条第一款、第二十六条第一款和第四款、第二十七条、第六十七条第三款、第六十九条、第七十二条第一款和第三款、第七十三条第二款和第三款、第五十二条、第五十三条、第六十四条及《最高人民法院、最高人民检察院关于办理侵犯知识产权刑事案件具体应用法律若干问题的解释》第一条第二款第（二）项、第二条第一款、第三条第一款第（二）项和《关于办理侵犯知识产权刑事案件具体应用法律若干问题的解释（二）》第四条的规定，判决如下：一、被告人沈靓犯假冒注册商标罪，判处有期徒刑三年零八个月，并处罚金人民币130万元。二、被告人杜文龙犯假冒注册商标罪，判处有期徒刑二年，并处罚金人民币100万元。三、被告人周锋元犯销售假冒注册商标的商品罪，判处有期徒刑六个月，并处罚金3万元；犯销售非法制造的注册商标标识罪，判处拘役五个月，并处罚金4000元。决定执行有期徒刑六个月，并处罚金34000元。四、被告人苏木禹犯销售假冒注册商标的商品罪，判处有期徒刑十一个月，宣告缓刑一年，并处罚金65000元。五、被告人周锋元违法所得19400元及被告人苏木禹违法所得12000元予以没收；六、扣押的假冒注册商标的商品及假冒商标标识、制球机器6台、业务电脑主机三台、模具一10副、模具二6副、生产设备、电脑等，依法予以没收。

上诉与答辩

宣判后，沈靓上诉提出：1. 认定商标相同的证据，应当是具有鉴定资质机构出具的鉴定意见。但本案一审公诉机关提交的鉴定函和确认函是商标权人或授权人向工商行政管理部门和侦查机关出具的案涉篮球使用的商标和其注册商标相同的“鉴定函”，该函仅能算做被害人陈述，不具有鉴定意见应有的证明力。2. 一审认定上诉人线下销售案涉品牌篮球计1374996.1元及网上销售非法经营数额550317.39元，缺乏证据支持，属于事实不清。仅凭查获的账单不能认定上诉人实际生产假冒他人注册商标商品的准确数额。3. 本案属于单位犯罪，一审法院判处罚金没有依据。综上，一审判决认定事实不清、证据不足。请求二审法院查清事实后，依法予以改判或将本案发回重审。

沈靓的辩护人提出：一审判决认定事实没有达到排除合理怀疑的标准，涉案数额认定依据不足。本案定性的依据是商标注册证和扣押单，没有提供具有鉴定资质的鉴定机构的鉴定意见，不具有法律效力。本案鉴定人与被害人有利害关系，鉴定人是权利人的代理人，有商业利害关系。外国企业职工不具有鉴定资质；本案有网上销售和线下销售，网上销售数额一审认定有误，线下销售数额需要公诉方提供详细的证据才能证明。被告人沈靓只对其生产销售的行为承担责任。沈靓以单位的名义组织生产假冒注册商标的产品并销售，应当将案涉公司列为被告单位参加本案的诉讼。沈靓只是公司的实际经营者，其只应对自己所参与的犯罪行为承担相应的刑事责任，而不应对单位的全部犯罪行为承担责任。一审判决量刑过重，数额认定依据不足，请求二审法院依法改判或将本案发回重审。

杜文龙上诉提出：其作为打工人员，每月固定工资2000多元，请求二审法院对其予以改判缓刑、免除罚金。

杜文龙的辩护人提出：1. 本案系在蚌埠地区发生，没有达到情节特别严重的程度。2. 本案是单位犯罪，一审判决认定不属单位犯罪是错误的。3. 沈靓是实际经营者，杜文龙只是公司员工，虽然参与了制假，充其量只是胁从，不能不分主次，要有所区别。4. 本案假冒的商标是球，不能造成人身的损害，只是非法侵权，可以处罚，不能过于严厉处罚，杜文龙属于初犯，积极认罪，请求二审法院依法对其改判缓刑，免除罚金。

蚌埠市人民检察院认为，一审认定事实清楚，证据充分，量刑适当，建议维持一审判决。

二审经审理查明的事实与一审一致。

二审判理和结果

（一）关于本案的定性问题。经查，上诉人沈靓、杜文龙未经注册商标所有人的许可，在同一种商品上使用与其注册商标相同的商标，且系假冒两种以上注册商标，非法经营数额达196万余元，属于情节特别严重，二人的行为已构成假冒注册商标罪。沈靓及其辩护人提出案涉“鉴定函”不具有鉴定意见的证明力、现有证据不足以证明其使用的商标与商标权人的注册商标标识相同，经查，案涉商标系在中国境内依法注册的商标，且在商标注册有效期内。商标权利人出具的鉴定文本应属于被害人陈述而非刑事诉讼证据中的鉴定意见，其内容为被害单位的辨认。除上述鉴定文本外，相关证人证言及被告人的有罪供述，均能证实被告人生产、销售假冒商品的事实。一审法院对案涉相关鉴定函予以采纳正确，以假冒注册商标罪对沈靓、杜文龙定罪处罚，定性准确。故对该上诉理由及辩护意见不予采纳。

（二）关于本案是否为单位犯罪。沈靓、杜文龙及其辩护人提出本案应当以单位犯罪定性追责，经查，单位犯罪，一般指公司、企业、事业单位、机关、团体为本单位或者本单位全体成员谋取非法利益，由单位决策机构按照单位的决策程序决定，由直接责任人员具体实施的犯罪。《最高人民法院关于审理单位犯罪案件具体应用法律有关问题的解释》规定，公司、企业、事业单位设立后，以实施犯罪为主要活动的，不以单位犯罪论处。本案中，综合被告人供述及相关证据，能够证实案涉二公司的实际经营人及决策者均为沈靓个人，主要生产假冒品牌篮球并对外销售，且资金往来均为沈靓本人及其妻子账户。故本案不符合单位犯罪的构成要件，依法不以单位犯罪论处。对上诉人及其辩护人的上述意见及理由，本院不予采信。

（三）关于犯罪数额。沈靓及其辩护人提出一审认定的犯罪数额证据不足，经查，本案所涉的对账单、交易记录、资金往来明细、证人证言、辨认笔录等证据，结合沈靓对自己所编的假冒注册商标的篮球型号及对应数额进行供述并在一审庭前会议中予以确认，上述证据相互印证，足以认定，故该上诉理由不予采信。

（四）关于量刑一节。刑法第二百一十三条规定："未经注册商标所有人许可，在同一种商品上使用与其注册商标相同的商标，情节严重的，处三年以下有期徒刑或者拘役，并处或者单处罚金；情节特别严重的，处三年以上七年以下有期徒刑，并处罚金"。《最高人民法院、最高人民检察院关于办理侵犯知识产权刑事案件具体应用法律若干问题的解释》第一条第二款规定："具有下列情形之一的，属于刑法第二百一十三条规定的'情节特别严重'，应当以假冒注册商标罪判处三年以上七年以下有期徒刑，并处罚金：（一）非法经营数额在二十五万元以上或者违法所得数额在十五万元以上的；（二）假冒两种以上注册商标，非法经营数额在十五万元以上或者违法所得数额在十万元以上的；（三）其他情节特别严重的情形。"经查，一审法院依照上述规定，根据沈靓、杜文龙的犯罪事实、犯罪性质和情节、非法经营数额和社会危害性及坦白、自愿认罪等情节，已对其从轻和减轻处罚。《最高人民法院、最高人民检察院关于办理侵犯知识产权刑事案件具体应用法律若干问题的解释（二）》规定："对于侵犯知识产权犯罪的，人民法院应当综合考虑犯罪的违法所得、非法经营数额、给权利人造成的损失、社会危害性等情节，依法判处罚金。罚金数额一般在违法所得的一倍以上五倍以下，或者按照非法经营数额的50%以上一倍以下确定。"一审法院据此判处的罚金数额，符合法律规定。原判量刑适当，上诉人及辩护人提出的量刑、罚金处罚过重及使用缓刑的理由、意见不予采信。

本院认为，原审判决认定事实清楚、证据确实充分、适用法律正确、量刑适当、审判程序合法。上诉人的上诉理由及辩护人的辩护意见均不予采纳。依照《中华人民共和国刑事诉讼法》第二百二十五条第一款第（一）项的规定，裁定驳回上诉，维持原判。

【法官评述】

通过该案的审理，对于正确认定知识产权犯罪中共犯具有积极的指导意义：

厘清了假冒注册商标罪中提供便利条件、帮助的共犯与其他侵犯知识产权犯罪之间的关系。根据《最高人民法院、最高人民检察院关于办理侵犯知识产权刑事案件具体应用法律若干问题的解释》第十六条的规定："明知他人实施侵犯知识产权犯罪，而为其提供贷款、资金、账号、发票、证明、许可证件，或者提供生产、经营场所或运输、储存、代理进出口等便利条件、帮助的，以侵犯知识产权犯罪的共犯论处。"

在本案中，公诉机关最初以被告人周锋元为被告人沈靓提供假冒商标标识，认为被告人周锋元构成假冒注册商标罪共犯，应以假冒注册商标罪追究其刑事责任，后经法院审查，建议公诉机关予以变更。被告人周锋元在明知被告人沈靓无商标权利人授权的情况下，仍然向被告人沈靓提供假冒的商标标识，此种行为是构成假冒注册商标罪的共犯还是单独构成其他侵犯知识产权犯罪，是本案的定性焦点问题，这就要对提供便利条件、帮助的共犯范围进行界定，首先，根据张明楷《共同犯罪认定方法》中的理论，张明楷教授认为传统刑法理论认定共同犯罪存在不区分正犯与侠义共犯、不分别考察参与人行为与正犯结果之间的因果性等缺陷。共同犯罪中正犯是指构成要件实现过程中的核心人物。在共同犯罪中的正犯造成了法益侵害结果（包括危险）时，只有参与人的行为对该结果做出了贡献，才可能构成共犯。即考察参与人行为与正犯结果之间的因果关系，只有当帮助行为与正犯结果之间具有物理的或者心理的因果性时，帮助犯才对正犯结果负责。帮助行为与正犯结果之间的物理因果性，主要表现为：(1) 没有帮助行为，就不可能发生正犯结果；(2) 帮助行为使正犯结果的范围扩大；(3) 帮助行为使正犯结果的程度加重；(4) 帮助行为使正犯结果提前；(5) 帮助行为使正犯结果发生的危险性增大（使结果发生更为容易）。帮助行为与正犯结果之间的心理的因果性，主要表现为强化正犯造成结果的决意，或者使正犯安心实施法益侵害行为，造成法益侵害结果。就本案而言，被告人周锋元帮助行为与被告人沈靓生产假冒注册商标的行为不存在因果性，不能认定为共犯。同时，根据张明楷教授关于共同犯罪的理论，即使认定被告人周锋元提供假冒商标标识的帮助行为系共同犯罪的帮助犯，也应对被告人周锋元处以其他罪名的犯罪，不应承担假冒注册商标罪全部责任。其次，刑法具有谦抑性，对于刑法条文的理解不宜适用广义解释，为侵犯知识产权犯罪提供便利条件、帮助的仅是在提供贷款、资金、账户、经营场所等范围，不能随意扩大。就本案而言，如果认定被告人周锋元向被告人沈靓销售假冒商标标识的行为系为侵犯知识产权犯罪提供便利条件、帮助，以假冒注册商标罪共犯论处，被告人周锋元即要承担假冒注册商标罪的刑事责任，这一方面不符合罪刑责相适应原则，另一方面也使非法制造、销售非法制造的注册商标标识罪再无存在的意义。因此，在充分考虑罪刑责相适应原则及新的共同犯罪理论的情况下，法院认为被告人周锋元构成非法制造、销售非法制造的注册商标标识罪。

编写人：安徽省禹会区人民法院　聂红梅　蒋涛

49

邓丰成、程先荣等假冒注册商标罪、销售假冒注册商标的商品罪上诉案

——阅读提示：采取线下线上等方式生产、销售假冒注册商标商品的行为如何认定？

【裁判要旨】

未经许可，将与他人核准注册、合法使用的相同或者相近的商标标识用于制售同类产品的外包装上并将该产品对外销售的，制售行为人可能构成假冒注册商标商品犯罪，应分别以假冒注册商标罪、销售假冒注册商标商品罪进行追诉。

未经许可，将他人注册商标或与他人注册商标相近似的商标标识用于网店进行促销宣传，构成涉诉商标的使用行为，网店注册人、控制人应依法承担销售假冒注册商标商品罪。

网络电商平台上的网店网络交易行为可以区分为线上下单和线下交割两个环节。公安机关在追诉网店假冒销售侵犯商标商品的刑事责任时，可以从网络电商平台后台提取的涉诉交易数据作为指证犯罪的证据。在认定犯罪数额时，公安机关从网商平台获取的涉诉交易订单和交易支付记录等数据可以作为确定网店销售假冒他人注册商标商品行为的销售数额的依据，但该部分网络数据中应该合理地排除非真实交易数据。

【案号】

一审：湖北省武汉市江岸区人民法院（2015）鄂江岸知刑初字第6号

二审：湖北省武汉市中级人民法院（2016）鄂01刑终147号

【案情与裁判】

原公诉机关：湖北省武汉市江岸区人民检察院

被告人（上诉人）：邓丰成

原审被告人：程先荣

原审被告人：裴松杨

案件由来

湖北省武汉市江岸区人民法院审理湖北省武汉市江岸区人民检察院指控原审被告人邓丰成、程先荣犯假冒注册商标罪、原审被告人裴松杨犯销售假冒注册商标的商品罪一案，于2015年12月8日作出（2015）鄂江岸知刑初字第00006号刑事判决。原审被告人邓丰成不服，提出上诉。

一审审理查明

周黑鸭食品有限公司系第7936086号、第6716524号、第6313764号、第7932619号系列“周黑鸭”注册商标所有人，前述商标核定使用商品类别为《商标注册用商品和服务国际分类》第29类，核定商品使用范围包括腌肉、死家禽、板鸭等，均在注册有效期内。被告人邓丰成、程先荣未经“周黑鸭”注册商标所有人许可，在同一种商品上使用与其注册商标相同的商标。被告人裴松杨明知其销售的涉案“周黑鸭”商品属于假冒“周黑鸭”注册商标的商品而予以销售。被告人邓丰成、程先荣系夫妻关系。自2012年下半年起，被告人邓丰成开始利用自己掌握的熟食品卤制技术，雇人卤制鸭脖、鸭锁骨等13种食品并予以销售。具体销售方式包括网络销售和网络外常规交易。网络销售，即通过以被告人程先荣名义注册的“周黑鸭网络直营店”和以被告人邓丰成名义注册的“武汉周黑鸭网络量贩店”两个淘宝网店铺，以“周黑鸭”商标作为网络宣传，经由快递公司将自制的熟食产品销往全国各地；常规交易，即直接向购买人提供卤制好的食品，本案被告人裴松杨即为主要购买人。其间，被告人邓丰成主要负责食品原料、调料、包装的采购和送货、收款等工作，被告人程先荣主要参与销售。

被告人裴松杨在知晓被告人邓丰成、程先荣假冒“周黑鸭”卤制产品后，自2013年6月起，自被告人邓丰成、程先荣处购进卤制食品，通过登记在其名下的“汇臣美商贸”“湖北特产周黑鸭店”两个淘宝店铺，以“周黑鸭”商标作为网络宣传并销售涉案“周黑鸭”产品。

2014年4月3日，公安机关将被告人程先荣、裴松杨抓获，并在位于本市江岸区汉黄路岱家山临2号2楼现场查获了被告人邓丰成、程先荣封装的假冒“周黑鸭”注册商标系列食品一批，同时查获了食品卤制用山梨酸钾、水溶辣椒精、牛骨髓浸膏等辅料若干，抽真空机、封口机、台式电脑、笔记本电脑等作案工具若干以及假冒“周黑鸭”注册商标包材19000个，现场还查获了网络销售手写记账本5本、网络外常规交易送货单26本及部分网络销售快递单若干。公安机关另在本市江岸区百步亭小区景兰苑301栋3单元204室查获了被告人裴松杨销售的假冒“周黑鸭”注册商标系列食品一批和日期喷码器等作案工具若干。案发后，被告人邓丰成接公安机关的通知于2014年4月9日向公安机关主动投案，供述了自己的主要犯罪事实。

根据公诉机关的指控与被告人邓丰成、被告人程先荣及其辩护人的辩解，原审结合在案证据，综合考虑刑事案件证明标准认定：被告人邓丰成、程先荣假冒注册商标的非法经营数额合计269921.35元，包括网络销售部分金额256227.45元和网络外常规交易部分金额13693.90元。有关网络销售部分。在案证据主要涉及两被告人供述、支付宝销售记录及现场查获的网络销售手写记账本，其中，支付宝销售记录核算的销售金额为521314.60元，网络销售手写记账本核算的销售金额为256227.45元。有关网络销售部分的金额，因公安机关现场查获的两被告人网络销售记账本系被告人亲自手写，其上记载的买家姓名、购买时间、购买食品类型、交易金额等信息清楚、明确，且可与支付宝销售记录相互印证，应作为认定网络犯罪数额的依据。对于支付宝销售记录，综合考虑两被告人供述及电子商务交易现状等因素，原审认为，两被告人所称的正品交易、虚假交易等情形无法排除合理怀疑，故该证据显示的金额不能单独作为认定本案犯罪数额的依据。有关网络外常规交易部分。在案证据主要有公安机关现场查获的销售给被告人裴松杨的送货单，该送货单显示此类交易包括四个类型，即有“周黑鸭”商标的盒装产品和抽真空袋装产品以及无“周黑鸭”商标的抽真空袋装产品和散装卤制产品。两被告人所涉犯罪应限于前两个交易类型，即有“周黑鸭”商标的盒装产品和抽真空袋装产品。对于后两个类型，即无“周黑鸭”商标的抽真空袋装产品和散装卤制产品的销售金额，因未假冒“周黑鸭”商标，对应交易金额不应计入犯罪数额。经核对送货单，应计入犯罪数额的前两个交易行为中，仅“周黑鸭”商标的盒装产品有明确标注可以单独核算，总计 13693.90 元，对于有“周黑鸭”商标的抽真空袋装产品涉及的销售金额及数量，因记录方式原因，无法与不应计入犯罪数额的无“周黑鸭”商标的抽真空袋装产品和散装卤制产品交易区分，故无法认定此类型交易的犯罪数额。

根据公诉机关的指控与被告人裴松杨及其辩护人辩解，原审同样结合在案证据，综合考虑刑事案件证明标准认定：被告人裴松杨网络销售假冒注册商标的商品的销售金额合计 138378.94 元，包括经公安机关走访调查后确认的假冒“周黑鸭”食品交易 124685.04 元和自被告人邓丰成处购进的有“周黑鸭”商标的盒装产品 13693.90 元。本案公诉机关指控被告人裴松杨的 1387231.58 元销售金额中的 124685.04 元交易，经公安机关走访调查后确认交易标的均为有“周黑鸭”商标的抽真空袋装产品，属于销售假冒注册商标的商品行为，应计入被告人裴松杨的犯罪数额中；另外的 13693.90 元的交易标的，均系购自被告人邓丰成处的有“周黑鸭”商标的盒装产品，且与前述公安机关走访调查的交易标的互不重合，故亦应计入被告人裴松杨的犯罪数额中。对于被告人裴松杨网络交易的其他部分，因无确实、充分的证据证实均系假冒“周黑鸭”产品，且被告人裴松杨的辩护人提供了部分虚假交易的证据，被告人裴松杨的雇员亦曾证实存在正品交易的情况，在无法区分交易标的合法与否情况下，原审对该部分的金额不作为犯罪数额认定。

一审判理和结果

被告人邓丰成、程先荣未经“周黑鸭”注册商标所有人许可，在同一种商品上使用与其注册商标相同的商标，非法经营数额合计 269921.35 元，情节特别严重，应以假冒注册商标罪追究刑事责任。公诉机关指控罪名成立，原审予以确认。在共同犯罪中，被告人邓丰成起主要作用，系主犯；被告人程先荣主要参与网络销售，起次要或者辅助作用，系从犯，本案对被告人程先荣可减轻处罚。被告人邓丰成自动投案，如实供述自己的罪行，系自首，本案可从轻处罚。被告人程先荣归案后能如实供述罪行且自愿认罪，可从轻处罚。被告人裴松杨明知其销售的“周黑鸭”为假冒“周黑鸭”注册商标的商品仍进行销售，且销售金额合计 138378.94 元，数额较大，其行为已构成销售假冒注册商标的商品罪，应以销售假冒注册商标的商品罪追究刑事责任。公诉机关指控的罪名成立，原审予以确认。被告人裴松杨到案后能如实供述自己的罪行且自愿认罪，可以从轻处罚。原审并认为，有关被告人程先荣对非法经营数额的异议，原审部分予以采纳。有关被告人程先荣辩护人所提的被告人程先荣为从犯的辩护意见，原审予以采纳。有关被告人裴松杨及其辩护人对非法经营数额的异议，原审部分予以采纳。对于被告人邓丰成、程先荣所提的网络销售中有部分食品为散装交易或未使用“周黑鸭”注册商标的真空袋交易，此类交易不涉假冒注册商标行为的辩解，原审认为，两被告人注册的两家淘宝网店铺均以“周黑鸭”商标作为宣传，且其具体的产品描述、图片展示、链接内容均带有“周黑鸭”字样。根据《最高人民法院、最高人民检察院关于办理侵犯知识产权刑事案件具体应用法律若干问题的解释》第八条第二款“刑法第二百一十三条规定的‘使用’，是指将注册商标或者假冒的注册商标用于商品、商品包装或者容器以及产品说明书、商品交易文书，或者将注册商标或者假冒的注册商标用于广告宣传、展览以及其他商业活动等行为”之规定，不论两被告人网络销售的食品本身是否包装成“周黑鸭”商标的食品，因其淘宝网店铺均以“周黑鸭”商标作为宣传，依法属于“在同一种商品上使用与其注册商标相同的商标”行为，被告人的辩解无理，原审不予采纳。对于被告人程先荣辩护人所提的公安机关立案后的销售金额不应认定为非法经营数额的辩护意见，无事实及法律依据，原审不予采纳。对于被告人程先荣辩护人所提的被告人程先荣没有参与被告人邓丰成与被告人裴松杨之间的交易，对应的犯罪事实与被告人程先荣无关的辩解，与事实不符，原审不予采纳。

一审法院根据被告人邓丰成犯罪的事实、犯罪的性质、情节和对于社会的危害程度，判决认定被告人邓丰成犯假冒注册商标罪，判处有期徒刑三年，并处罚金人民币250000元；认定被告人程先荣犯假冒注册商标罪，判处有期徒刑二年，缓刑三年，并处罚金人民币100000元；认定被告人裴松杨犯销售假冒注册商标的商品罪，判处有期徒刑二年，缓刑二年，并处罚金人民币130000元；公安机关扣押的涉案物品及作案用生产工具予以没收。

主要上诉理由

原审查明事实不清，上诉人邓丰成有销售正品“周黑鸭”商标食品、为了冲网络平台销量存在虚假交易以及获取销售信誉；上诉人有自首情节，依法可以从轻，且无犯罪前科，属于经济犯罪，可以酌情从轻或减轻量刑；考虑上诉人家庭情况，依法从轻量刑更利于上诉人的改造及社会稳定。其辩护人支持其上诉理由并认为，一审认定涉案金额过高，应重新核实证据后予以定罪量刑：上诉人实际从2012年11月左右开始经营网店，一审认定其自

2012年6月假冒注册商标罪事实所依据证据不足，且上诉人存在销售正品及虚假交易冲销量情况，上诉人所销售的抽真空包装即“白鸭子”并未假冒注册商标予以销售，另网络销售的邮费不应计算在非法经营额之内。

二审审理查明

2014年4月3日，公安机关将原审被告人程先荣、原审被告人裴松杨抓获，并在位于本市江岸区汉黄路岱家山临2号2楼现场查获了上诉人邓丰成、原审被告人程先荣封装的假冒“周黑鸭”注册商标系列食品一批，同时查获了食品卤制用山梨酸钾、水溶辣椒精、牛骨髓浸膏等辅料若干，抽真空机、封口机、台式电脑、笔记本电脑等作案工具若干以及假冒“周黑鸭”注册商标包材19000个，现场还查获了网络销售手写记账本5本、网络外常规交易送货单26本及部分网络销售快递单若干。公安机关另在本市江岸区百步亭小区景兰苑301栋3单元204室查获了原审被告人裴松杨销售的假冒“周黑鸭”注册商标系列食品一批和日期喷码器等作案工具若干。案发后，上诉人邓丰成接公安机关的通知于2014年4月9日向公安机关主动投案，供述了自己的主要犯罪事实。

二审判理和结果

关于上诉人邓丰成及其辩护人提出的涉案金额中存在销售正品、刷信誉的虚假交易、未假冒注册商标等情形。结合本院认证意见，根据涉案支付宝交易记录与手写记账台账的一一核对，手写台账中存在“刷单”“空包”记录，但并未计入最终核算的非法经营数额，以上诉人邓丰成、原审被告人程先荣手写记账台账中经核对认定的金额作为非法经营数额并无不当，且上诉人邓丰成注册的两家淘宝网店铺均以“周黑鸭”商标作为宣传，其具体的产品描述、图片展示、链接内容均带有“周黑鸭”字样。故对上诉人邓丰成及其辩护人提出的该项上诉理由不予支持。

关于上诉人邓丰成及其辩护人提出的网络销售的邮费不应计算在非法经营额之内的上诉意见。因本案涉嫌犯罪的网络销售行为以快递方式进行，快递寄件行为属于假冒注册商标犯罪行为不可分割的一个部分，从非法经营数额的认定上来看，快递费用与购买原材料、购买包材费用等均不应从非法经营数额中扣除。故对上诉人邓丰成及其辩护人提出的该项上诉理由也不予支持。

二审驳回上诉，维持原判。

【法官评述】

本案事实虽非复杂，但犯罪行为人在实施犯罪过程中使用了互联网网店实施犯罪。这一犯罪情节涉及知识产权犯罪案件中诸多实体法和程序法适用问题。本案中，被告人邓丰成、程先荣采用互联网网上平台进行销售，犯罪工具网络化程度较高，犯罪证据隐蔽性较强，犯罪技术性特征十分明显，以致在犯罪构成、犯罪数额方面认定难度较大。二审法官通过审查实施犯罪行为的犯罪证据，解读出被告人在实施犯罪过程中利用其实体店加工、网店交易、网下交割这一方式实施犯罪，非法获利，由此判定被告人通过多个淘宝网店账户向公众公开销售自制的假冒周黑鸭商标商品的犯罪事实。互联网交易模式本属知识产权民事侵权案件中认定民事法律关系构成的范畴，在刑事侦审过程中，需要侦审人员更多了解互联网的技术结构及功能运作的技术问题。如不理解互联网交易模式的，在办理刑事追诉案件中可能会走一些弯路。从这一点上看，本案或许可以提供一些有益的借鉴和帮助。

在办理利用互联网实施犯罪行为的案件过程中，网络证据的固定、提取、采信技术性强是本案证据认定中的又一特点。网店依托网络电商平台进行店铺展示、促销宣传，通过网络完成网络交易和网络收付。网络交易可以区分为线上交易和线下交割两个环节。线上完成下单和支付宝预支付，线下完成快递交割和确认收货、确认支付行为。这样，网店交易和网店绑定支付应该能够一一对应，确定最终交易数额。网络刷单就是利用网络线上交易、线下交割的时间差和支付宝支付预支付程序时间差，人为地将网络交易的两个连续环节进行差时分割，并停止已经预授权的预付款的行为。从本质上讲，网络刷单是一个不诚信的非真实的交易行为。因此，在办案过程中，可以将公安机关获取的网商平台涉诉交易订单和支付记录等数据作为确定网店销售假冒他人注册商标商品行为的销售数额的依据，但必须合理地排除非真实交易记录。如果侦讯机关没有查获手写账本或者行为人本身就无手写账单的，是不是当然不能依据网络数据来认定案件的犯罪数额呢？这一问题绝非一概而论，而是根据个案情况予以个案认定。

编写人：湖北省武汉市中级人民法院　许继学

50

彭梵侵犯商业秘密罪上诉案

——阅读提示：如何区别商业秘密民事侵权与构成侵犯商业秘密刑事犯罪？在侵犯商业秘密罪中如何确定给商业秘密权利人造成重大损失？

【裁判要旨】

区别商业秘密民事侵权与构成侵犯商业秘密罪的重要界线是以造成“重大损失”为判定标准，损失的大小在构成罪与非罪时具有决定性的作用，重大损失是构成该罪的必要结果要件。行为人只有侵权行为，但没有给权利人造成重大损失，不能以犯罪论处，只能按一般侵权行为处理。判断行为人的行为是否给权利人造成重大损失，应根据犯罪的整体情况进行综合分析判断，如投入研发成本的丧失、销售收入的减少、为保护商业秘密所产生的成本等。在损失计算方面应该具有谦抑性，严格把握，亦即无确凿证据加以证明的损失及可算可不算的损失应排除在损失之外。本案中，现有证据不能证明涉案商业秘密因被告人的犯罪行为而为公众所知悉，权利人的商业秘密仍处于相对保密状态，故不能仅以权利人的研发投入确定损失数额。被告人设立公司后未按相关会计制度进行规范的财务核算，无法对其销售利润作出科学鉴定，权利人亦无有效证据证明其实际损失数额。因此，以被告人因犯罪所获利润来确认权利人销售收入的减少，是相对合理的确定损失的方法。

【案号】

一审：贵州省贵阳市中级人民法院（2016）黔01刑初105号

二审：贵州省高级人民法院（2016）黔刑终593号

【案情与裁判】

公诉机关：贵州省贵阳市人民检察院

被告人：贵阳时代沃顿科技有限公司（以下简称沃顿公司）

指控与辩护

贵州省贵阳市人民检察院起诉指控：沃顿公司在研发、生产、销售反渗透膜过程中形成商业秘密，并制定保密制度与员工签订保密协议。被告人彭梵明知沃顿公司员工叶俊东、赵小阳、宋涛（另案处理）以不正当手段获取沃顿公司商业秘密，并与叶俊东、赵小阳、宋涛共谋非法使用沃顿公司商业秘密进行生产、销售反渗透膜，造成沃顿公司经济损失375.468万元，其行为已构成侵犯商业秘密罪。

被告人彭梵及其辩护人提出，涉案的技术信息以及经营信息不属于沃顿公司商业秘密；彭梵不知道叶俊东、赵小阳、宋涛与沃顿公司之间签订有保密协议，主观上不具有侵犯沃顿公司商业秘密的故意；在案证据不能证明涉案期间沃顿公司的经济利益遭受到重大损失。

一审审理查明

沃顿公司在研发、生产、销售反渗透膜过程中形成了相应的商业秘密，并制定保密制度，与员工签订保密协议，明确对商品供销渠道、客户名单、价格等经营秘密及配方、工艺流程、图纸等技术秘密进行保护。2004年7月、8月，叶俊东、赵小阳、宋涛（三人另案处理）大学毕业后进入该公司工作。其中，叶俊东先后任生产主管、物流中心副主任、西南区销售经理，对生产反渗透膜的PS溶液配制、刮膜及复膜图纸等技术秘密有一定了解，掌握供销渠道、客户名单、价格等经营秘密。赵小阳任工艺研究工程师，是技术秘密PS溶液及LP/ULPPVA配制配方、工艺参数及配制作业流程的编制人。宋涛任电气工程师，掌握刮膜、复膜图纸等技术秘密。叶俊东、赵小阳、宋涛均与沃顿公司间签有保密协议。2008年至2012年，被告人彭梵为沃顿公司供应标签，通过与沃顿公司康燕、叶俊东等人接触，其了解到沃顿公司的生产反渗透膜技术在国内处于领先水平，且沃顿公司与员工之间签了保密协议，对公司的经营信息及技术进行保护。

2010年，被告人彭梵与叶俊东商量生产反渗透膜，后二人邀约沃顿公司工程师赵小阳、宋涛参加，四人共谋成立公司，约定由彭梵作为主要出资人，出资172万元占30%股份，叶俊东、赵小阳、宋涛均占一定技术股，其中叶俊东出资68万元占30%股份，赵小阳、宋涛均出资20万元分别占19.5%股份。约定分工为：叶俊东负责提供沃顿公司的采购及销售渠道，彭梵负责主要出资、采购原材料、联系客户，赵小阳负责生产工艺，宋涛负责生产设备。后于2011年4月13日注册成立重庆嘉净源商贸有限公司（以下简称嘉净源公司），为隐藏身份，彭梵以谭春林名义持股31%，叶俊东、赵小阳、宋涛以各自岳母的名义分别持股30%、19.5%、19.5%。其中，赵小阳、宋涛均未以资金形式实际出资。2011年7月20日，彭梵在四川省武胜县成立华封彭梵水处理设备加工门市部（以下简称武胜门市部），为嘉净源公司生产反渗透膜。

被告人彭梵与叶俊东、宋涛、赵小阳共谋生产反渗透膜之后，叶俊东、宋涛、赵小阳于2011年1月至5月相继离开沃顿公司，并违反保密制度复制该公司涉密资料私自保存。其中，叶俊东从该公司电脑系统复制客户信息，并连同供应商资料、价格信息等其他涉密资料私自保存；宋涛复制该公司小线3复膜总图、小线刮膜改造总图、02刀槽图等涉密资料后保存在笔记本电脑上；赵小阳在沃顿公司办理辞职手续期间，擅自将该公司PS溶液及LP/ULPPVA配制配方、工艺参数、配制作业流程等秘密文件刻录光盘带回家中。

2011年4月、5月起，宋涛在其掌握的沃顿公司小线3复膜总图、小线刮膜改造总图、02刀槽图等涉密图纸基础上，按赵小阳所提工艺要求进行修改，设计、制作生产反渗透膜设备并调试。2012年2月，宋涛将设备调试好后，武胜门市部开始生产反渗透膜，并发货给彭梵以嘉净源公司名义销售。其中，叶俊东将沃顿公司供应商、客户信息等经营秘密提供给彭梵，彭梵明知以上信息来源于沃顿公司而使用，负责联系采购生产原料及销售反渗透膜。2012年11月，彭梵、叶俊东为掩盖使用沃顿公司技术的事实，经二人共谋后，彭梵向上海应用技术学院以5万元价格购买“高通量复合反渗透膜及其制备方法”专利技术。

截至2013年3月，武胜门市部及嘉净源公司生产、销售反渗透膜179176支。结合沃顿公司2012年及2013年1月至3月期间各型号反渗透膜销售单支毛利鉴定，经计算得出被告人彭梵伙同叶俊东、宋涛、赵小阳等人侵犯沃顿公司商业秘密所造成的经济损失为375.468万元。

一审判理和结果

贵州省贵阳市中级人法院认为：被告人彭梵明知沃顿公司员工叶俊东、赵小阳、宋涛与沃顿公司签订有保密协议并掌握沃顿公司商业秘密，彭梵与叶俊东、赵小阳、宋涛分工合作，其与叶俊东商议经营反渗透膜后，邀约赵小阳、宋涛一起成立嘉净源公司销售反渗透膜，且为该公司投资172万元占股30%，并由其单独成立武胜门市部生产反渗透膜供嘉净源公司销售，嘉净源公司的经营管理也是由彭梵与叶俊东负责。彭梵伙同叶俊东、赵小阳、宋涛共谋非法使用了沃顿公司的商业秘密，实施了侵犯他人商业秘密的行为，造成商业秘密的权利人375.468万元的经济损失，后果特别严重，其行为均已构成侵犯商业秘密罪。依照《中华人民共和国刑法》第二百一十九条、第二十五条第一款、第二十六条第一款、第五十二条、第五十三条、第六十一条，《最高人民法院、最高人民检察院关于办理侵犯知识产权刑事案件具体应用法律若干问题的解释》第七条第二款之规定，判决：被告人彭梵犯侵犯商业秘密罪，判处有期徒刑四年，并处罚金人民币2万元。

上诉请求及理由

彭梵上诉请求：请求二审法院撤销原判，改判其无罪。具体理由为：原判认定事实不清，定罪量刑错误。1.《鉴定报告》不符合法定程序和条件，不应被采纳。2. 沃顿公司的技术信息及经营信息不是商业秘密。3. 认定彭梵"明知"涉案技术信息及经营信息是沃顿公司商业秘密的证据不足。4. 认定给权利人造成375.468万元损失的计算有误。

二审判理和结果

贵州省高级人民法院认为：本案的主要争议焦点在于：一、鉴定报告是否应当被采纳；二、涉案技术信息及经营信息是否属于沃顿公司的商业秘密；三、彭梵是否"明知"涉案技术及信息是沃顿公司的商业秘密；四、沃顿公司的损失数额如何确定。

关于焦点一，广东省专利信息中心知识产权司法鉴定所出具的《鉴定意见书》以及四川西部知识产权司法鉴定所出具的《商业秘密司法鉴定意见书》是否应当被采纳。

上述两份鉴定报告系贵州省贵阳市中级人民法院（2014）筑民三（知

刑）初字第1号刑事案件中委托鉴定所形成的证据，且该证据已为生效刑事裁判文书所采纳。一审庭审时两份鉴定报告均经过举证质证，广东省专利信息中心知识产权司法鉴定所、四川西部知识产权司法鉴定所均具有知识产权司法鉴定资质，鉴定人员均具有司法鉴定人执业证，其受公安机关委托围绕申请鉴定事项进行鉴定，鉴定过程、分析说明、鉴定意见等符合《最高人民法院关于适用〈中华人民共和国刑事诉讼法〉的解释》（法释〔2012〕21号）第八十四条之规定，现彭梵并无相反证据足以推翻上述已经生效的刑事裁判文书。本案中，根据生效的刑事裁判文书认定的事实来认定本案事实，于法有据，该两份鉴定报告可以作为定案根据被原审法院采纳。

关于焦点二，涉案技术信息及经营信息是否属于沃顿公司的商业秘密。

首先，贵州省贵阳市中级人民法院（2014）筑民三（知刑）初字第1号生效刑事裁判文书，已明确认定涉案经营信息及技术信息为非公知信息。其次，上述非公知信息为沃顿公司的生产技术信息，能够为沃顿公司带来竞争优势和经济利益。最后，沃顿公司对相关技术信息和经营信息，通过与员工签订《保密协议》和《竞业限制协议》等方式，已采取保密措施。因此，沃顿公司生产反渗透膜的技术信息和经营信息符合商业秘密的构成要件，属于商业秘密。

关于焦点三，彭梵是否“明知”涉案技术信息及经营信息是沃顿公司的商业秘密。

一是彭梵曾是沃顿公司的标签供应商，其明知叶俊东、赵小阳、宋涛系沃顿公司员工，了解他们各自的工作范围、掌握的经营信息和技术信息。二是2011年4月13日，注册成立重庆嘉净源商贸有限公司时，为隐藏身份，彭梵、叶俊东、赵小阳、宋涛分别以他人名义各自持股。三是公司成立后，彭梵、叶俊东共谋向上海应用技术学院以5万元价格购买“高通量复合反渗透膜及其制备方法”专利技术。四是彭梵与叶俊东负责嘉净源公司的经营管理，嘉净源公司在经营过程中，曾向沃顿公司的供应商购买原料，部分沃顿公司的客户也向嘉净源公司签订了反渗透膜购销合同，购买了嘉净源公司的产品。以上事实足以证实彭梵对于叶俊东、赵小阳、宋涛与沃顿公司之间签有保密协议的事情是知道的，即其明知嘉净源公司生产、销售反渗透膜所使用的技术信息和经营信息属于沃顿公司的商业秘密。

关于焦点四，沃顿公司的损失数额如何确定。

本案中，一是现有证据无法证明涉案商业秘密因嘉净源公司及彭梵、叶俊东、赵小阳、宋涛的侵权行为而为公众所知悉，故不能仅以沃顿公司的研发投入数额确定赔偿数额。二是鉴于沃顿公司无有效证据证明其实际损失的具体金额；且彭梵等人设立公司后未按相关会计制度规定进行规范的财务核算，其在生产、销售反渗透膜产品过程中的销售收入、销售成本和销售利润率不能进行司法会计鉴定。结合《司法会计鉴定报告》中关于“沃顿公司2012年及2013年1月至3月期间各型号反渗透膜销售单支毛利鉴定”，经计算武胜门市部的该四种反渗透膜生产支数乘以沃顿公司在该期间正常的销售价格下的利润，得出沃顿公司因彭梵等侵犯其商业秘密所造成的损失为375.468万元。

综上，彭梵明知叶俊东、赵小阳、宋涛以不正当手段获取沃顿公司的商业秘密，并与叶俊东、赵小阳、宋涛共同非法使用沃顿公司的商业秘密进行生产、销售反渗透膜，其主观上对非法使用沃顿公司商业秘密的情况应当是明知的，客观上也实施了侵犯沃顿公司商业秘密的行为，造成沃顿公司375.468万元的经济损失，后果特别严重，其行为已构成侵犯商业秘密罪。

【法官评述】

本案有以下值得研究的问题：

1. 侵权行为的认定。只要权利人能证明被告人所使用的信息与自己的商业秘密具有一致性或者相同性，同时能证明被告人有获取其商业秘密的条件，而被告人不能提供或者拒不提供其所使用的信息是合法获得或者使用的证据的，就可以根据有关证据，认定被告人的行为构成对商业秘密的侵害。

2. 损失大小的认定。损失既可以是直接损失，又可以是间接损失，既包括有形损失，也包括无形损失。一般可以估算，不必苛求精确。在行为构成犯罪的前提下，损失的大小决定着量刑的轻重，在估算方面应该具有谦抑性，因为，在权利人的经济权益和行为人的人身权益之间的选择上，后者一旦遭受不应有的损害是不易恢复的，而前者一旦受到不公对待是可以通过多种途径、多种方式予以满足的。所以，应优先选择使人身权益免受不应有的伤害。

此外，需要注意的是，实践中，有些法官直接将是否构成商业秘密作为委托鉴定内容。我们认为，委托鉴定的对象应当是事实问题，而非法律问题，司法鉴定中不应将“某项信息是否构成商业秘密”作为委托鉴定的事项。只有法官依自身能力确实无法判断，但可借助于科学、技术或其他专业知识帮助法官理解的“事实问题”，才可以进行委托鉴定。

编写人：贵州省高级人民法院 秦娟

图书在版编目（CIP）数据

中国知识产权指导案例评注：中国法院知识产权司法保护10大案件和50件典型案例全文及评述．第9辑／最高人民法院知识产权审判庭编．—北京：中国法制出版社，2018.8

ISBN 978－7－5093－9543－1

Ⅰ．①中…　Ⅱ．①最…　Ⅲ．①知识产权－案例－中国　Ⅳ．①D923.405

中国版本图书馆CIP数据核字（2018）第126340号

策划编辑　李小草（lixiaocao2008@sina.cn）

责任编辑　李小草　张海洋（zhanghaiy@163.com）　　封面设计　蒋　怡

中国知识产权指导案例评注（第9辑）

ZHONGGUO ZHISHI CHANQUAN ZHIDAO ANLI PINGZHU（DIJIUJI）

编者／最高人民法院知识产权审判庭

经销／新华书店

印刷／三河市紫恒印装有限公司

开本／730毫米×1030毫米　16开　　印张／32.5　字数／413千字

版次／2018年8月第1版　　2018年8月第1次印刷

中国法制出版社出版

书号 ISBN 978－7－5093－9543－1　　定价：108.00元

北京西单横二条2号

邮政编码100031　　传真：66031119

网址：http：//www.zgfzs.com　　**编辑部电话：66010405**

市场营销部电话：66033393　　**邮购部电话：66033288**

（如有印装质量问题，请与本社印务部联系调换。电话：010－66032926）